Lyotard et le langage

Lyotard et le langage

sous la direction de
Corinne Enaudeau et Frédéric Fruteau de Laclos

KLINCKSIECK

CONTINENTS PHILOSOPHIQUES
collection fondée par Richard Zrehen
14

déjà parus :
Levinas à Jérusalem, sous la direction de Joëlle Hansel.
Jean-Michel Salanskis, *Heidegger, le mal et la science.*
Lyotard à Nanterre, sous la direction de Claire Pagès.
Jean-Michel Salanskis, *L'Émotion éthique. Levinas vivant I.*
Jean-Michel Salanskis, *L'Humanité de l'homme. Levinas vivant II.*
Jean-François Lyotard, *Rudiments païens. Genre dissertatif*
Drôles d'individus. De la singularité individuelle dans le Reste-du-monde, sous la direction d'Emmanuel Lozerand
Raymond Ruyer, *L'Embryogenèse du monde et le Dieu silencieux*
Jean-Michel Salanskis, *L'herméneutique formelle. L'Infini, le Continu, l'Espace*
Jean-François Lyotard, *L'Inhumain. Causeries sur le temps*
Jean-François Lyotard, *Leçons sur l'Analytique du sublime*
Gilbert Simondon ou l'invention du futur, sous la direction de Vincent Bontems

Cet ouvrage a été publié avec le soutien
du Centre d'histoire des synthèses de pensée moderne
de l'université Paris 1 Panthéon-Sorbonne

illustration de couverture :
planisphère de Mercator, 1587.

isbn : 978-2-252-04036-2

Remerciements

Différentes institutions ont contribué au financement de la présente publication. Les auteurs tiennent à remercier l'université Paris 1 Panthéon-Sorbonne, le Centre d'histoire des systèmes de pensée moderne (EA 1451) de la Sorbonne et son directeur Christian Bonnet, le programme de recherche franco-allemand ANR/DFG Critique, Actualité, Société (« CActuS ») et son directeur français Gérard Raulet, le magazine PhiloMag, la Société internationale de recherche Emmanuel Levinas, enfin le Groupe sociétés, religions, laïcités de l'École pratique des hautes études (UMR 8582).

Ils sont particulièrement redevables à Gaëlle Bernard d'avoir donné à cette réflexion sur Lyotard et le langage sa première impulsion.

Liste des abréviations des œuvres de Jean-François Lyotard

Ph = *La Phénoménologie* [1954], Puf, « Quadrige », 2006.

« Figure forclose » = « Figure forclose » [1969], *L'Écrit du temps*, n° 5, 1984, p. 63-105.

DF = *Discours, figure* [1971], Paris, Klincksieck, 2002.

DMF = *Dérive à partir de Marx et Freud* [1973], Paris, Galilée, 1994.

DP = *Des dispositifs pulsionnels* [1973], Paris, Galilée, 1994.

ÉL = *Économie libidinale*, Paris, Minuit, 1974.

IP = *Instructions païennes*, Paris, Galilée, 1977.

TDuch = *Les Transformateurs Duchamp* [1977], *Écrits sur l'art contemporain et les artises*, vol. III, H. Parret (éd.), Leuwen, Leuwen University Press, 2010.

RP = *Rudiments païens* [1977], Paris, Klincksieck, 2011.

CPM = *La Condition postmoderne*, Paris, Minuit, 1979.

AJ = *Au juste* [1979], avec J.-L. Thébaud, Paris, Bourgois, « Titres », 2006.

Dfd = *Le Différend*, Paris, Minuit, 1983.

Monory = *Jacques Monory. L'assassinat de l'expérience par la peinture* [1984], *Écrits sur l'art contemporain et les artistes*, vol. VI, Leuwen, Leuwen University Press, 2013.

Enth = *L'Enthousiasme, La critique kantienne de l'histoire*, Paris, Galilée, 1986.

QP = *Que peindre ? Adami, Arakawa, Buren* [1987], *Écrits sur l'art contemporain et les artises*, vol. V, Leuwen, Leuwen University Press, 2012.

HJ = *Heidegger et les « juifs »*, Paris, Galilée, 1988.

Inh = *L'Inhumain. Causeries sur le temps* [1988], Paris, Klincksieck, 2015.

GA = *La Guerre des Algériens. Écrits 1956-1963*, Paris, Galilée, 1989.

Péré = *Pérégrinations*, Paris, Galilée, 1990.

LAS = *Leçons sur l'analytique du sublime*, Paris, Galilée, 1990.

LE = *Lectures d'enfance*, Paris, Galilée, 1991.

MP = *Moralités postmodernes*, Paris, Galilée, 1993.

« Examen oral » = « Examen oral. Entretien avec Jean-François Lyotard », in N. Brügger, F. Frandsen et D. Pirotte (dir.) *Lyotard, Les déplacements philosophique*, Bruxelles, De Boeck-Wesmael, 1993.

Misère = *Misère de la philosophie*, Paris, Galilée, 2000.

KA = *Karel Appel. Un geste de couleur* [1998], *Écrits sur l'art contemporain et les artistes*, vol. I, H. Parret (éd.), Leuwen, Leuwen University Press, 2009.

TD I = *Textes dispersés I : esthétique et théorie de l'art, Écrits sur l'art contemporain et les artistes*, vol. IVa, H. Parret (éd.), Leuwen, Leuwen University Press, 2011.

TD II = *Textes dispersés II : artistes contemporains, Écrits sur l'art contemporain et les artistes*, vol. IVb, H. Parret (éd.), Leuwen, Leuwen University Press, 2011.

Corinne Enaudeau

Introduction
Des articulations du langage

L'œuvre de Jean-François Lyotard propose une écriture tendue pour un enjeu tenace : la pensée peut-elle faire droit à ce qui échappe par principe à la limpidité du langage ? Comment faire entendre en mots intelligibles l'en-deçà de l'ordre dans lequel la rationalité – discours et savoir – prend forme et autorité ? Lyotard veut résolument tenir les deux bouts de la chaîne : l'articulation et l'inarticulable, sans lâcher le « différend », intraitable à toute médecine, qui les divise, ni d'ailleurs les différences scindant, à une extrémité, le discours articulé en genres irréductibles (spéculatif, scientifique, narratif, normatif, éthique…) ou, à l'autre bout, le sentiment du différend lui-même et la donation sensible qui inquiète l'art ou l'écriture. Que l'établissement de ces distinctions relève lui-même de la rigueur conceptuelle, qu'il faille encore parler pour dire qu'il y a de l'informulable en reste autoriserait à moquer cet effort d'une pensée pour situer, par concepts, ce qui ne se laisse pas concevoir, si la philosophie pouvait accréditer une bonne fois que son seul genre de discours légitime est la spéculation, qu'elle a la vertu métalangagière de conceptualiser tous les autres, de les subsumer sous les règles de son savoir, et que tout le reste n'est que divertissement. Mais elle ne le peut justement pas. Le scepticisme antique – ouvrant la voie à la contestation – refusait déjà de se laisser enfermer dans le système d'assertions qu'il récuse, en réclamant un déphasage entre son énonciation et la teneur de son énoncé. Dénoncer chez Lyotard l'« auto-contradiction performative » (déjà opposée aux sceptiques) inhérente à toute « critique totale de la raison », comme le fait Karl Otto Apel[1], ne vaudrait que si Lyotard visait une telle critique et si la philosophie avait bien pour seul périmètre une discussion argumentée

1. K. O. Apel, « Esquisse d'une théorie philosophique des types de rationalité. Le défi d'une critique totale de la raison », *Le Débat*, n° 49, Paris, Gallimard, 1988, p. 141-163.

qui, par sa « force d'obligation intersubjective », conduirait au consensus. Ce que l'inculpé conteste justement – le consensus ne donne pas son objectif au *logos* philosophique –, rejetant ainsi le grief d'auto-contradiction performative et ceux d'irrationalité et de relativisme qui lui font suite. On ne peut en effet dire que Lyotard est sceptique : il ne doute pas de la possibilité de juger, il ne tient pas les différends scindant le *logos* pour des divergences d'opinions, ruinant le vrai ou le juste. « Nous ne confondons pas paisiblement, écrit Lyotard, le oui et le non, – par exemple sous le prétexte qu'une certaine "philosophie" est finie et qu'il est temps de goûter aux doux vertiges de la présence immédiate…[2] ». Qu'il faille trancher, manquerait-on de doctrine pour se guider, est une obligation pour qui refuse, comme lui, que tout soit permis. Il s'agit donc de ne sombrer ni dans une pensée « aimable et courbe, parfois basse » qui « s'égare, va ici et là, se trompe et rit de soi, visite ses ennemis », ni dans la « rigueur presque psychotique » d'une pensée théorique déclarant « "je dis le vrai et je dénie à quiconque ou à quoi que ce soit l'autorité de me discuter, car j'ai déjà pensé son objection" ».

Avancer entre ces deux écueils demande plus que d'opposer la rationalité à ce qui lui échappe, plus que de faire saillir le « figural » au sein des articulations de la représentation conceptuelle mais aussi figurée. Il faut chercher par quelle compression l'ordre inhérent au représentable – bonne forme ou catégorie – enterre ses autres. Il faut donc comprendre quels types de langage la rationalité met en œuvre, quels autres elle exclut et au nom de quelles règles. *Discours, figure* prend certes déjà appui sur la linguistique et sur Frege pour montrer quels écarts et oppositions, quelles négations (les trois « non ») tout énoncé suppose. Mais ce livre de 1971 n'analyse pas la pluralité des discours ni n'interroge le mode de légitimation de chacun. *La Condition postmoderne* le fera en 1979. On y a vu le tournant langagier de la pensée de Lyotard, parce que l'emprunt aux « jeux de langage » de Wittgenstein y lance un pont vers la philosophie analytique et sa matrice langagière. Pourtant, ce tournant, s'il désigne non l'appel à la seule tradition « analytique » anglo-saxonne mais l'inféodation de toute question au langage, s'est en fait amorcé en amont de *La Condition postmoderne*, dans le travail de Lyotard sur les sophistes, ces « artistes du langage » auxquels *Le Différend* accorde d'ailleurs, en 1983,

2. J.-F. Lyotard, « Un avertissement », in N. Brügger, F. Frandsen, D. Pirotte (dir.), *Lyotard, les déplacements philosophiques*, Bruxelles, De Boeck-Wesmael, p. 8. Pour les citations suivantes : p. 7.

plusieurs « Notices » : « Gorgias », « Protagoras » et « Antisthène ». Loin d'être accessoire, ce moment de la réflexion, nommé « païen », sollicité dans les articles ici rassemblés[3], consiste à explorer, outre les « discours renversants[4] » de la sophistique, de « petits récits » – hassidiques, par exemple – ou encore des discours « saturés », brassant tous les genres littéraires et théoriques, c'est-à-dire des « satires » (au sens de la *satura*) où Diderot excellerait après Varron, selon Lyotard. Ce qui intéresse alors ce dernier, c'est la « rétorsion » des discours de savoir, c'est l'« indifférence pour la capitalisation[5] », pour la recollection et le résultat d'un raisonnement, ainsi que l'humour, force insolente du faible, dont s'accompagne cette rétorsion. On le voit, la centralité du langage dans la réflexion de Lyotard est ancienne. Elle se fait patente, dès 1976, avec l'analyse du « paradoxe du menteur » d'Eubulide[6] ou dans les *Instructions païennes* de 1977 et l'usage de la « pragmatique[7] », venue de Peirce et d'Austin.

Dans ce mitan des années 1970, Lyotard cherche, au sein même du discours, la riposte à l'hégémonie respective des rationalités théorique et économique. Outre le recours à des textes contestés ou ignorés par la philosophie, cette riposte contrevient, en raison même de sa visée, à la langue académique de la discipline et s'énonce avec rage. L'outrance est délibérée, elle ne durera pas, sans être pour autant reniée. Du moins marque-t-elle le moment où Lyotard a commencé de prendre l'écriture elle-même pour enjeu de son travail, ce qui est une autre manière d'envisager son tournant langagier[8]. Résister à l'hégémonie d'un genre de discours, c'est refuser sa sémantique, mais aussi sa rhétorique, aussi plate qu'elle se veuille. Faire droit à des phrases en suspens, interdites de parole, ou à des silences demandant l'invention de nouveaux idiomes, bref témoigner de l'inarticulé ou de l'inarticulable, et ce, dans le champ même de la philosophie, demandera de travailler entre chair et cuir, entre

3. Cf. les articles de Charlotte Murgier et Sophie Nordmann traitant respectivement des Grecs et des Hassidim.
4. Les *logoi kataballontes* de Protagoras sont capables de rendre plus fort l'argument le plus faible, de transformer la *doxa* en lui faisant admettre le paradoxal.
5. *RP*, p. 58.
6. « Sur la force des faibles », *L'Arc*, n° 64, « Lyotard », Aix-en-Provence, 1976, p. 4-12 ; rééd. *L'Arc/Inculte*, Paris, Éditions Inculte, 2010.
7. Selon *Instructions païennes*, c'est un terme désignant les rapports compliqués entre celui qui parle, ce dont il parle et celui qui l'écoute (*IP*, p. 16).
8. Sophie Nordmann montre ainsi comment la rétorsion analysée par Lyotard est mise en œuvre par sa propre écriture.

la puissance évocatrice et la rigueur conceptuelle des mots. Ce rapport à la matière du langage, Lyotard l'a vu à l'œuvre chez Merleau-Ponty, dans une écriture charnelle, disant le chiasme de la chair. Gageons qu'il cherche, quant à lui, une écriture désaccordée pour dire le différend. Là encore, il n'y en aura pas qu'une seule, pas plus que le langage n'est un genre unique ni ne se totalise en un métalangage souverain. Pendant vingt-cinq ans, à travers livres et articles, des écritures diverses vont ainsi se succéder, dans une fidélité non négociable au pluriel, à la pluralité des événements, des phrases, des différends.

Mais l'écriture n'est pas le seul enjeu de l'outrance des années 1970. L'exaspération des textes a pour source, ancienne, une dramatique du discours héritée d'un militantisme d'extrême-gauche. À ceci près que désormais la théorie marxiste est elle-même prise à parti, pour autant que sa mise en scène du drame révolutionnaire impose une langue dialectique où toute objection est d'avance réfutée, d'avance surmontée par le grand récit de l'histoire de l'humanité. C'est de cette hégémonie théorique que Lyotard s'échappe en quittant « Socialisme ou barbarie » en 1965, de l'obstination à maintenir une vérité sur l'histoire que le mouvement ouvrier ne cesse de démentir. Le groupe militant acceptait certes la discussion, il la postulait même. « Le débat portait sur des contenus [...], écrit Lyotard en 1982 ; mais l'enjeu était la manière d'exprimer ces contenus. Or comment cette sorte d'expression appelée le marxisme pouvait-elle se mettre en jeu et débattre d'elle-même comme d'un contenu parmi d'autres ? La difficulté était logique[9]. » Il ajoute : « L'idiome était plus important que le référent, il paraissait être l'enjeu même du différend ». De cette expérience du différend, du mépris subi et du renoncement induit, Lyotard aura hérité une colère mais, plus encore, l'objet de sa pensée. Car ce différend n'est pas seulement personnel, précise-t-il, il engage « l'intelligence du temps présent[10] » : l'intelligence politique, mais d'abord l'intelligence du langage lui-même, que requiert toute discussion théorique, politique ou non. Quand Lyotard demande : « selon quelles règles débattre des règles à adopter pour le débat[11] ? », la question n'est nullement rhétorique, elle s'adresse à tous les tenants de l'éthique de la discussion. « De bonnes âmes pensent remédier à cette difficulté

9. « Mémorial pour un marxisme : à Pierre Souyri », *Esprit*, 61 (1), 1982 ; *Péré*, p. 98. Pour la citation suivante, p. 102.

10. *Péré*, p. 97.

11. *Péré*, p. 102 ; même référence pour la citation suivante.

au moyen du dialogue, poursuit-il. Mais les règles du dialogue ? ». Il est illusoire de croire que ce dernier est neutre, qu'il enveloppe de sa bonne volonté toute argumentation possible, quand il a d'avance imposé le cadre et la fin des échanges d'arguments. S'ouvre ici un différend, sur le différend justement, que plusieurs contributions du volume prennent pour objet[12]. La question politique mais aussi philosophique s'en trouve singulièrement compliquée, selon Lyotard, car il n'y a pas de métalangage pour imposer aux différends le mode de leur règlement. Est-ce à dire que la communauté civile ne peut se construire qu'à condition d'oublier l'impossibilité et l'illégitimité qui menacent son unité, et de dénier ce qui reste irréductible au partageable, au communicable, au communiel, selon les mots de Lyotard[13] ? Plusieurs auteurs abordent la question[14], mais sous des angles différents, puisque cet intraitable renvoie aussi bien à l'hétérogénéité irréductible entre genres de discours (et non entre langues ou cultures) qu'à l'étrangeté, l'étrangèreté du « passager clandestin[15] » (naissance et mort, enfance, inconscient) qui occupe l'esprit sans avoir de rapport avec lui. Si « une chose mal circonscrite [...] "habite" la société sans même s'y faire sentir[16] », quelque chose qui excède l'esprit de chacun et de tous, alors les enjeux sociopolitiques du différend et du consensus sont aussi bien psychiques.

Faire de la philosophie lyotardienne « un mauvais pastiche du renversement des valeurs nietzschéen, où le dissentiment, le différend, l'affrontement, etc., ont été simplement mis à la place du consensus, du dialogue, de la coopération, etc.[17] », c'est commettre l'erreur, relevée autrefois par Niels Brügger[18], d'opposer le dialogue au différend et de croire que le second exclut le premier. Or la philosophie des phrases de Lyotard fait sa place au dialogue : c'est un genre de discours parmi d'autres, dont l'enjeu est de tomber d'accord sur le sens du référent qui est en question[19]. Rien ne s'« oppose » au dialogue, tout au plus y

12. Cf. les articles d'Isabelle Aubert, d'Andreas Niederberger et de Gérard Raulet.
13. *MP*, p. 162.
14. Cf. les contributions d'Isabelle Aubert, de Frédéric Fruteau de Laclos, de Laurence Kahn et de Gérard Raulet
15. *MP*, p. 165.
16. *MP*, p. 163.
17. J. Bouveresse, *Rationalité et cynisme*, Paris, Minuit, 1985, p. 134.
18. N. Brügger, « Où sont passés les jeux de langage ? », in N. Brügger, F. Frandsen, D. Pirotte (dir.), *Lyotard, les déplacements philosophiques*, *op. cit.*, p. 48 *sq.*
19. *Dfd*, p. 10.

a-t-il des genres de discours incommensurables avec lui parce qu'ils ont d'autres enjeux que le consensus : raconter, enseigner, être juste, émouvoir, etc. En tout état de cause, le différend n'est nullement lui-même un genre de discours qui supplanterait celui du dialogue. Il est ce qui travaille entre les genres, du moment où, une phrase arrivant, l'enchaînement de la suivante décide de l'enjeu qui mobilise le discours, du registre où il attend son gain (vérité, justice, efficacité, plaisir...), et ce, aux dépens des fins et donc des genres non retenus. Que le genre épistémique ait longtemps prétendu synthétiser les autres, qu'il les ait étouffés sous couvert de leur donner la légitimité incontestable du vrai, ne demande pas pour Lyotard de renoncer au savoir. Il s'agit seulement, en « veilleur critique », de ne pas dénier l'hétérogénéité des genres ; en bon rationaliste, de connaître la « ration » de chacun. Ce n'est pas la science, mais son hégémonie qui est, pour Lyotard, préjudiciable ; non la rationalité, mais l'unicité de sa *ratio*. Aussi est-ce de Kant – de « la place que le savoir doit laisser » à ce qui n'est pas lui – et non de Nietzsche que la pensée du différend s'inspire, jusque dans son attention au sentiment contradictoire du sublime. Plusieurs articles du présent recueil insistent sur ce fil kantien.

À dire vrai, l'erreur relevée – lire en Lyotard une apologie de l'affrontement – tient à une condensation de la veine encore agonistique de *La Condition postmoderne* et de celle disjonctive du *Différend*. De l'un à l'autre des deux livres (les plus remarqués dans l'œuvre), la discorde langagière passe d'une lutte (d'ailleurs risquée[20]) entre joueurs réunis par un même « jeu de langage » à un « différend » entre des « genres de discours » se disputant l'enchaînement des phrases. Dans ce déplacement, le locuteur perd sa place d'acteur. Loin de préexister au discours pour en user à ses propres fins, y « faire des coups » et gagner contre l'adversaire, il est désormais lui-même situé sur l'une des instances présentées par la phrase – comme celui qui parle ou auquel on parle ou encore celui dont on parle. La parole cesse d'être un jeu, une affaire de stratégie. « On ne joue pas avec le langage. Et, en ce sens, il n'y a pas de jeux de langage », écrit Lyotard dans *Le Différend*[21]. L'erreur serait donc de tenir le différend pour un conflit entre joueurs, d'importer l'anthropologie agonistique de *La Condition postmoderne* dans une philosophie des phrases où l'agonistique est tout au plus, comme le dialogue, un genre de discours parmi d'autres. La difficulté à lire Lyotard est sans doute là, dans les déplacements philosophiques que

20. Cf. l'article de Rieke Trimçev.
21. *Dfd*, p. 199.

sa pensée s'impose, en se mettant en cause. *Au juste*, l'entretien de 1979 avec Jean-Loup Thébaud, est sans doute emblématique de cette mise en question, pour avoir conduit Lyotard à rendre à la justice une place que la « narratique » généralisée[22] ne pouvait lui accorder, et du coup à s'interroger sur le genre dont le juste peut ou non relever, sur la différence entre justices éthique et politique, entre lesquelles, d'ailleurs, la justice proprement langagière reste – on le verra dans le recueil[23] – insituable. Ce n'est pas l'attention au langage qui se fait alors jour – elle bat déjà son plein –, mais l'égard pour une pluralité des idiomes plus radicale que les différences au sein d'un universel de la narration, thématisées dès 1976. Si Lyotard a pu être tenté par le nihilisme nietzschéen, par sa passion guerrière comme par son perspectivisme, c'est dans le seul moment « païen », lorsque la désillusion révolutionnaire le porte à l'excès, l'incite à franchir la distance qui sépare une contestation des vérités marxistes et une « polémique contre la vérité comme telle[24] », ainsi que le remarque Vincent Descombes. Aussi est-ce toujours une erreur d'ignorer le creuset politique dans lequel Lyotard, dès 1950, élabore sa pensée, aborde et déplace la question du langage. La critique menée au nom du « figural » comme au nom de la « rétorsion » et du « différend » puisent successivement à cette même source, même si cette critique prend chaque fois un autre tour et si la portée et la profondeur du « différend » débordent finalement – jusqu'à s'en échapper – le champ sociopolitique où la pensée de Lyotard et le livre de 1983 lui-même trouvent leur ancrage.

Faut-il alors croire que, pour Lyotard, « la prise de position politique est et reste [...] l'épreuve décisive, [que] c'est elle qui doit révéler le sens final d'une pensée » ? Le diagnostic, qui ne désigne pas proprement notre auteur, mais les « quarante-cinq ans de philosophie française » séparant 1933 et 1978, marque l'agacement de Descombes à voir l'option politique promue en critère de légitimité philosophique. Lyotard en tomberait d'accord : « la politique n'est pas tout si l'on croit par là

22. « [...] Vouloir la puissance de jouer, d'entendre et de raconter des histoires. Cette puissance est si commune qu'il est impossible que les peuples s'en laissent priver sans riposte » (*IP*, p. 85-87).
23. Cf. la contribution de Michel Olivier.
24. V. Descombes, *Le Même et l'Autre. Quarante-cinq ans de philosophie française (1933-1978)*, Paris, Minuit, 1979, p. 211. Dans *Philosophie par gros temps*, Descombes reconnaîtra que Lyotard « introduit, avec la notion de *différend*, un point de vue fécond » (Paris, Minuit, 1989, p. 137), même s'il reste en désaccord sur les conclusions politiques à en tirer.

qu'elle est le genre qui contient tous les genres[25] », qu'elle leur donne leur fin dernière et leur validité. Non qu'elle soit elle-même un genre parmi d'autres, même si elle autorise cette « méprise, parce qu'elle a lieu *comme* un genre [je souligne] », comme celui qui serait placé au gouvernement des autres – tel le genre narratif régissant la vie sociale des Cashinahua, le genre délibératif la cité grecque classique ou le genre économique l'Occident capitaliste. La question est plutôt de savoir où situer la politique. Car l'empire qu'un genre particulier s'arroge (jusqu'à inféoder le genre juridique et inscrire son autorité dans le droit) ne suffit pas à faire cesser la dispute entre les genres. Il induit au contraire des exclusions et suscite « la guerre civile du "langage" avec lui-même ». La politique ne se définit donc pas tant par la domination d'un genre sur les autres que par la « menace du différend » inhérente à l'enchaînement des phrases, à leur enrôlement par une fin (l'ancestral, le vrai, le rentable...) incompatible avec celles des autres genres de discours. Aussi Lyotard peut-il affirmer : « Tout est politique si politique est la possibilité du différend à l'occasion du moindre enchaînement ». Du coup, les termes du problème semblent s'inverser. Ce ne sont pas les acteurs politiques qui jouent avec « le » langage pour l'emporter dans une lutte de pouvoir entre hommes, entre groupes. C'est la multiplicité des régimes de phrases qui situe à chaque fois les noms humains sur des instances (destinateur, destinataire, référent, sens), et c'est la dispute entre genres qui fait ainsi participer les hommes – c'est-à-dire les noms humains, individuels ou collectifs – à la guerre civile du langage. Guerre qui se joue par exemple – et par excellence – sur le « peuple », selon que les phrases le concernant relèvent du genre descriptif de la statistique, du genre narratif de l'histoire, ou de celui, juridique, de la Déclaration de droits ou encore du genre normatif de l'idéal. Mais, à ce compte, Lyotard ne perd-il pas de vue la réalité sociale[26] ? Du moins en change-t-il le statut puisque le social est, selon lui, coprésenté dans la moindre phrase, dans la situation pragmatique des instances (destinateur, destinataire, référent et sens) qu'elle présente[27] et qu'il n'a pas d'existence extérieure et antérieure aux phrases. Le social n'est pas un milieu empirique prédonné – telle la « vie matérielle » de Marx ou les « formes de vie » de Wittgenstein – mais la « situation » où s'explicite l'« univers » qu'est la phrase, en tant que cette phrase relève

25. *Dfd*, successivement : n° 192, 199, 198 et 192 de nouveau.

26. Cf. l'article d'Isabelle Aubert.

27. Cf. *Dfd*, n° 193-195.

d'un régime, qu'elle est rapportée à des noms propres (d'hommes, de lieux et de temps) et que, ainsi située, elle est passible d'enjeux, de finalités, de genres de discours incompatibles. Le social est donc bien fait de rapports entre instances et la politique de conflits entre fins, mais leur opération est langagière « avant » que d'être humaine.

Lyotard semble alors en butte à une autre objection : d'en être venu à un « glossocentrisme[28] » qui met le langage – ou plutôt, les phrases – à la place des hommes et prive les locuteurs de toute initiative. Quelles que soient ses raisons de récuser la position focale du sujet et de l'homme – nombre de contributions y font référence –, cet antisubjectivisme n'accorde pas pour autant une victoire sans partage à la « phrase », du moins à la phrase articulée. Car le différend, s'il reste l'intraitable donnant son enjeu dernier à la philosophie de Lyotard, ne disjoint pas les seuls genres de discours entre eux, mais – répétons-le – le discours et ses autres que sont la donation sensible, le sentiment, l'*infantia*. Différend radical qui ne pèse plus sur des phrases articulées en butte à un conflit d'enjeux, mais qui œuvre au sein de la phrase elle-même, suspendant jusqu'à sa possibilité. Ce serait là le « différend même », le différend « à même » la phrase[29], travaillant à la limite de celle-ci, sur ce bord où articulation et silence se disputent la phrase virtuelle, en amont de ces autres différends où des genres de discours se disputent les phrases effectives. Mais peut-on faire du hors-phrase lui-même une quasi-phrase et pourquoi, d'ailleurs, le devrait-on ? Il le faut parce que, selon Lyotard, l'inarticulable met la pensée en dette et que celle-ci ne peut ignorer et taire ce à quoi elle répond. L'hôte muet – la sensation ou l'affect inqualifiable qui habite l'esprit, le pré-occupe ou le hante – se redouble en effet du sentiment de devoir témoigner de lui, de lui donner une existence publique, langagière (tels les poèmes de Celan[30]) ou du moins organisée, aussi inédite soit-elle, le témoignage pouvant d'ailleurs se faire œuvre plastique aussi bien qu'écriture. Les raisons de faire droit au silence ne s'en trouvent pas reculées, puisqu'une dette, elle, ne se justifie pas. L'esprit la sent ou non peser sur lui. Ce que la pensée doit à l'exclu enkysté en elle, c'est justement de la faire penser. Ou plutôt, c'est l'esprit lui-même qui tient cette matière sensitive pour le « partenaire bizarre » qu'il aurait à écouter en dépit de son silence. Faute de s'attacher à ce qui ne peut pas se dire,

28. N. Brügger, « Où sont passés les jeux de langage ? », art. cit., p. 49.
29. Les articles de Geoffrey Bennington et de Gérald Sfez sont centrés sur cette question.
30. Poèmes que convoque l'article de Ronit Peleg.

la pensée, pour Lyotard, ne vaut pas une heure de peine. Le défi que relève l'analyse – restée inachevée – de la « phrase-affect » est alors de soutenir l'aporie : faire entendre qu'il y a de l'inaudible à entendre, ne pas lâcher les deux bouts de la chaîne ; témoigner de la dette de la phrase à son autre et de l'échec à faire parler ce dernier. Aporie qui fait ici l'objet de plusieurs contributions[31].

Ce n'est donc pas un souci de système (bien étranger à Lyotard), le vœu d'une ontologie des phrases ne souffrant aucune exception, qui réclame une phrase pour le hors-phrase. Ce serait plutôt le refus de rendre les armes au mysticisme qui pèse sur toute pensée de l'ineffable et le souci de trouver un recours contre le subjectivisme latent dans la promotion de l'affect, de la dette, aussi radicale que soit la dépossession de soi alors subie par le sujet. Récuser toute instanciation personnelle, alors même que sensation et sentiment sont ici en cause, c'est ce que Lyotard cherche paradoxalement dans la tradition analytique, pour autant que les énoncés y ont une vérité et une pragmatique indépendantes de locuteurs identifiés. En pliant la pensée de l'affect à la même exigence, Lyotard trouverait un garde-fou contre l'emphase de la subjectivité[32]. Ajoutons que la tension de l'écriture ne se trouve pas *ipso facto* neutralisée par un tel recours, mais que sa dramatique – inhérente au différend qu'elle veut inscrire – y perd les accents d'une expression subjective pour viser l'âpreté propre à l'enchaînement des phrases lui-même, et non au sujet écrivant. *La Confession d'Augustin* (texte interrompu par la mort de Lyotard), plus encore que les textes esthétiques, porte à l'incandescence le tissage des voix subjectives. L'« univers de phrase » y est pris dans un tournoiement de ses pôles qui le désarticule en partie sans l'abolir. Serait-ce là le quasi-« univers » par lequel s'approcher de l'absence d'univers de la phrase-affect[33] ? La question reste ouverte.

Le présent recueil ne prétend pas avoir exploré l'ensemble du travail de Jean-François Lyotard sur le langage. Quatre questions nous semblent organiser les réflexions qui nous ont été soumises.

La première est d'évaluer l'autorité que Lyotard reconnaît au *logos*, à travers les traditions successives dans lesquelles il a pu inscrire sa réflexion

31. Celles de Geoffrey Bennington, de Gaëlle Bernard, de Claire Pagès, de François-David Sebbah et de Gérald Sfez.
32. Cette hypothèse est présentée dans la contribution de Jean-Michel Salanskis.
33. Cf. « La phrase-affect (D'un supplément au *Différend*) » [1990], *Misère*, p. 47.

(J.-M. Salanskis). Jusqu'à quel point le langage est-il, en particulier, susceptible de « jeu » (R. Trimçev), entre l'art joyeux de la « rétorsion » (Ch. Murgier, S. Nordmann) et l'effort pour entendre le jeu de langage de l'autre, ce dernier serait-il un « partenaire bizarre », non identifiable (J.-M. Salanskis) ? Si Lyotard affirme avec toujours plus de vigueur l'impératif d'établir et de respecter l'incommensurabilité des genres de discours, le statut de cet impératif reste un problème. Peut-il lui-même appartenir à la diversité à laquelle il commande de veiller ou occupe-t-il une position transcendante, verticale, et non immanente à l'archipel des genres, en dépit de l'horizontalité que Lyotard défend (M. Olivier) ?

La réception des thèses langagières de Lyotard occupe, en second lieu, plusieurs contributions. La polémique entre celui-ci et Habermas sur leurs concepts respectifs de différend et de consensus (I. Aubert) ouvre, par-delà les malentendus, la question de la communauté, c'est-à-dire de la communication dans laquelle la pluralité sociale pourrait ou non donner existence et consistance à l'unité collective. Question socio-politique qu'Axel Honneth reconduit aujourd'hui dans l'analyse de la « reconnaissance » et de ses différents niveaux (A. Niederberger, G. Raulet). La question est alors de savoir comment articuler les relations inter-subjectives et les relations sociales. Faut-il faire droit, contre Lyotard, à un ordre préverbal, constitutif de la relation à autrui – point de vue de la psychologie sociale génétique, objecté au statut transcendantal de l' « enfance » et de l'affect inconscient chez Lyotard (F. Fruteau de Laclos) ? C'est pourtant sur Lyotard lui-même, certes contrebalancé par Ricœur, que la pratique actuelle des psychanalystes anglo-saxons prétend paradoxalement fonder une entente consensuelle de la cure, dans un malentendu sur le genre narratif, sur les petits ou les « grands récits » que Lyotard a étudiés (L. Kahn).

Les auteurs se sont interrogés, dans un troisième temps, sur l'aporie de devoir à la fois donner la parole, faire droit à la phrase interdite ou impossible (J.-F. Rey) et de rester pourtant fidèle à l'inarticulable où elle se garde, voire à ce qui resterait du langage après sa traversée des désastres (R. Peleg). Le déploiement des équivoques du silence, de la pluralité de ses modalités (G. Bernard, Cl. Pagès) questionne la possibilité de témoigner de lui (F.-D. Sebbah) et le sens à accorder au « réel » s'il échappe aux preuves qui avèrent toute « réalité établie » (G. Bernard).

Le dernier pôle de ce recueil concerne le rapport entre les articulations et les désarticulations du discours telles qu'elles opèrent à même le langage ou à sa limite, lorsque le désir ou l'affect inconscients (C. Enaudeau), lorsque le corps et la voix (A. Gualandi), ou encore la sensation brute « arrivent » et déconcertent l'ordre langagier. Se demander pourquoi l'échec du discours peut ou doit, pour Lyotard, se formuler en termes de « quasi »-langage, c'est réfléchir au « tort radical » qui se joue au ras de la phrase (G. Bennington). C'est saisir l'« instant critique » où la phrase subit la double menace de ne pas surgir ou d'arriver déjà captive, enrôlée par une fin. Non qu'il s'agisse pour Lyotard de s'abandonner aux vertiges de l'ineffable, mais il revient à la pensée de trouver le dire imparfait qui inscrirait cet instant : il est de sa responsabilité de donner voix à ce qui la désarticule et la fait penser (G. Sfez).

Première partie

« On ne joue pas avec le langage »

Jean-Michel SALANSKIS

Langage, désir et analyse

Je choisis de traiter du thème du langage chez Jean-François Lyotard à travers un examen de son rapport à la philosophie analytique. À cela, deux raisons évidentes : premièrement, la philosophie analytique a produit au XXe siècle une des grandes « philosophies du langage » symptomatiques de ce que l'on a appelé le « tournant linguistique » ; deuxièmement, Lyotard a eu recours à l'instrument de cette philosophie du langage pour poser et discuter les problèmes qui étaient les siens. Il apparaît à vrai dire clairement comme le seul représentant de la génération subversive de la philosophie française ayant construit un chemin ambivalent par rapport au grand clivage de la philosophie contemporaine. Lyotard n'a pas considéré la philosophie analytique comme par définition autre, il l'a vue plutôt comme un ensemble de ressources à sa disposition, pas moins légitimes comme telles que les autres.

Je m'apprête désormais à offrir une rapide vue d'ensemble de l'intervention de la philosophie analytique dans l'œuvre de Lyotard, avant de commenter plus précisément un document tardif et, pour finir, de tenter quelques réflexions conclusives.

Usages analytiques chez Lyotard

Lyotard consacre à l'article « Sens et dénotation » de Frege un chapitre de *Discours, figure* : « L'épaisseur au bord du discours[1] ». Ainsi, la philosophie analytique se montre dès le coup d'envoi de l'œuvre personnelle. De plus, elle ne le fait pas de manière anecdotique. Non seulement on

1. Cf. *DF*, p. 105-116.

constate que, dans le passage, Lyotard commente presque tout le contenu de l'article de Frege, mais encore il y va pour lui de la réévaluation de ce qui tient le mauvais rôle dans *Discours, figure* : en substance, le langage dans son autosuffisance structurale, le langage ignorant l'extériorité. La relation de référence telle que Frege nous apprend à la considérer est une des façons dont le langage n'appartient pas à la clôture qu'on lui présume et qu'on lui accorde trop facilement. De plus, Lyotard comprend l'article comme la tradition analytique l'a reçu, il entend chez Frege le « revirement réaliste » ayant déterminé la naissance du nouveau paradigme : la reconnaissance que nous ne pouvons pas nous défausser de la prétention de notre langage à viser l'extra-linguistique au-delà de lui (sur le mode de la référence).

Seulement, bien sûr, Lyotard ne se contente pas de la vue frégéenne en l'espèce : par exemple, il la met en rapport avec l'être-au-monde merleau-pontien, ou il surdétermine la relation de la référence par le rapport freudien à l'objet perdu du désir. Néanmoins, il reste que Frege est l'une des ressources philosophiques au moyen desquelles Lyotard élabore le face-à-face conflictuel du discours et de la figure dans ce premier ouvrage.

Économie libidinale est le livre-voyou de Lyotard, de son propre aveu. Celui où il trahit la cause de l'extrême-gauche en répudiant l'aliénation, et en envisageant la condition ouvrière sous l'angle de la jouissance. Celui où il brade le rationalisme philosophique en proposant un portrait libidinalement négatif de la critique et de la vérité. C'est pourtant un livre agréable, clair, intéressant, dont la radicalité compte et que nous devrions continuer à lire et méditer.

Si l'on regarde le livre dans la logique de l'œuvre, on serait tenté de dire qu'après avoir dans *Discours, figure* peint une fresque dualiste, mettant face à face un ordre du langage et une force du désir tenant une place comparable, se partageant l'être, et surtout nouant un rapport de dépendance essentiel, la seconde ne pouvant s'exprimer autrement que négativement par rapport au premier, en tant que bouleversement, Lyotard propose un monisme du désir. Seulement s'agit-il d'un désir qu'on a de la peine à reconnaître, vis-à-vis de sa notion usuelle. Déjà dans *Discours, figure*, sa compréhension comme *Trieb* (poussée) se superposait à sa compréhension comme *Wunsch* (souhait), et tendait à prévaloir sur elle. Maintenant le désir se présente sous le visage d'un déferlement libidinal de l'intense, qui est en même temps segmentation du corps et du monde, et qui se manifeste autant comme blocage que comme agencement.

Pourtant le caractère d'affirmation univoque du désir comme le tout de l'économie du réel a été perçu à l'époque, conduisant à ranger ce livre comme document typique de la philosophie du désir.

À l'époque de ce nouvel ouvrage, Lyotard ne fait pas d'emprunt à la philosophie analytique : elle semble s'être retirée avec le second pôle du précédent dualisme, le langage. Dans la place laissée vacante, néanmoins, je crois pouvoir repérer deux recours à la *modélisation*, la modélisation mathématique même. D'un côté, Lyotard présente et discute, en effet, le modèle rendant compte de l'étalon de la valeur proposé par Piero Sraffa dans un ouvrage de 1960[2] : il l'oppose à la conception marxiste de la valeur comme temps de travail social moyen. Et d'un second côté, il décrit dans les termes de la théorie des jeux la situation de l'héroïne dans *Tosca*, l'opéra de Puccini : le préfet de police offre à l'héroïne la vie sauve pour son amant en échange de sa reddition sexuelle.

Chaque fois, Lyotard entre dans la précision du modèle, montrant sur un exemple numérique le renouvellement des conditions de l'échange et de la production dans le premier cas[3], explicitant la matrice des gains selon les éventualités dans le second cas[4].

Les mathématiques mobilisées sont rudimentaires. Néanmoins, je pense devoir souligner qu'elles ne sont pas de la logique. Lyotard, en l'espèce, conserve la relation positive à la mathématique et à son enseignement qui est traditionnelle dans la philosophie (depuis Platon), mais il ne passe pas par l'épure propositionnelle du langage délivrée par la logique du premier ordre, à laquelle s'est intégralement vouée la philosophie analytique. Le double usage du modèle d'*Économie libidinale* témoigne, certes, d'un lien qui ne se perd pas (avec la chose formelle, disons), mais aussi d'un degré de liberté (à l'égard de l'orientation analytique).

Après *Économie libidinale*, la pensée de Lyotard suit une longue maturation, qui la conduit insensiblement vers cette nouvelle mise au point radicalement dissemblable qui est celle de l'ouvrage *Le Différend*. C'est dans cette période que la référence analytique, en quelque sorte, monte en puissance.

On peut suivre dans le détail cette évolution : déjà, pendant la période postérieure à *Économie libidinale* où Lyotard développe le thème du *païen*

2. Cf. P. Sraffa, *Production de marchandises par les marchandises. Prélude à une critique de la théorie économique* [1960], tr. fr. S. Latouche, Paris, Dunod, 1970.
3. Cf. *EL*, p. 182-183.
4. Cf. *EL*, p. 211.

– qui tient encore le premier rôle dans l'ouvrage de 1979 *Au juste* –, Lyotard s'intéresse aux ruses de langage des Anciens, notamment des sophistes, et ne dédaigne pas, éventuellement, de prendre en compte des réflexions contemporaines de philosophes analytiques : ainsi dans « Sur la force des faibles[5] », il se réfère à l'analyse par Russell du paradoxe du menteur. Dans *La Condition postmoderne*, ouvrage publié en 1979 également, Lyotard situe sa réflexion officiellement dans un cadre langagier, avec comme référence philosophique la notion wittgensteinienne de jeu de langage. Un autre signe de l'évolution en cours, et non des moindres, est que Lyotard, dans la même période, utilise les catégories de la philosophie analytique et/ou le précédent de lectures analytiques pour élaborer ses propres commentaires et interprétations d'auteurs. Il le fait, avec une audace à l'époque non remarquée mais extrême, à propos de Levinas dans « Logique de Levinas[6] », et tout aussi bien à propos d'Aristote et des sophistes grecs dans l'inédit « Les parachronismes ».

Mais enfin c'est avec *Le Différend* que Lyotard s'engage le plus dans la chose analytique. Ce qu'on appelle parfois l'« ontologie des phrases » de Lyotard, en effet, détermine la trame conceptuelle de tout le livre. Et l'on y reconnaît la superposition de l'outil austinien de la théorie des actes de langage et de la distinction frégéenne entre sens et dénotation. Chaque phrase présente un univers qui institue et dispose quatre instances, celles du destinateur, du destinataire, du sens et du référent. En gros, la prise en compte du destinateur et du destinataire nous invite à déterminer l'acte de langage associé à la phrase, cependant que le sens et le référent sont les coordonnées distinguées dans « Sens et dénotation » (coordonnées définies prioritairement par Frege pour des expressions nominales plutôt que pour des propositions, mais Lyotard n'y accorde pas d'importance, envisageant toujours la proposition, au moins lorsqu'elle est déclarative, du point de vue de la solidarité entre sa prétention à la vérité et la revendication de référence des expressions nominales incluses).

La connivence avec l'esprit analytique du livre majeur de Lyotard a deux aspects : d'un côté, le cheminement central de l'idée mise en avant par Lyotard a cours dans l'idiome d'une telle philosophie « austino-frégéenne » ; de l'autre côté, dans les « notices » qui interrompent de

5. « Sur la force des faibles », *L'Arc*, n° 64, « Lyotard », Aix-en-Provence, 1976, p. 4-12 ; rééd. *L'Arc/Inculte*, Paris, Éditions Inculte, 2010.
6. J.-F. Lyotard, « Logique de Levinas » [1978], *Logique de Levinas*, Paris, Verdier, 2015, p. 19-74.

loin en loin ce cheminement, Lyotard analyse volontiers des auteurs de la tradition continentale au moyen de l'outil analytique.

Pour compléter ce récit, il reste à envisager la dernière période de Lyotard, celle qui prend forme progressivement après la publication du *Différend*, et dont le climat se met à prévaloir à partir de la fin des années 1980. C'est la période au cours de laquelle Lyotard met en avant des thèmes comme ceux de la présence, de la chose, de l'enfance, de la phrase-affect, etc. Chacun de ces thèmes offre une façon de comprendre la dépossession intime qui est le plus précieux de notre humanité, tout en étant descriptible comme inscription originaire de l'inhumain en nous. Dans cette période, d'après ce qu'il dit, Lyotard poursuit le rêve d'une suite du *Différend* qui présenterait les choses du côté ou du point de vue du corps. Une telle formulation paraît exiger de Lyotard qu'il n'abandonne pas le « référentiel » de l'ontologie des phrases. On serait donc en droit d'attendre, dans cette période, un exposé par Lyotard de la dépossession ultime qu'il avait en vue dans le langage des phrases et de leur présentation d'univers.

Je dirais, cependant, que, la plupart du temps, il ne le fait pas, même dans un texte comme celui sur la phrase-affect dont c'est apparemment l'agenda[7]. Une telle abstention s'explique aisément si l'on y réfléchit. Jugé à l'aune de l'oscillation entre langage et désir dont nous avons déjà parlé, *Le Différend* correspond à l'évidence à une période du « tout langage » contrastant avec le « tout désir » d'*Économie libidinale* : en effet, un principe commandant l'ouvrage est que l'on s'y refuse à prendre en compte quoi que ce soit qui ne viendrait pas par l'intermédiaire d'une phrase, en tant que composante directe ou indirecte de sa présentation. L'ouvrage dénonce régulièrement le crédit que l'on fait à des entités supposées avoir leur stature dans une extériorité et un surplomb vis-à-vis des phrases. Mais le projet de comprendre ou de prendre les choses

7. Dans ce texte, en substance, Lyotard commence par caractériser la phrase-affect comme phrase dégénérée, qui ne présente pas d'univers : c'est depuis l'affect que nous voyons cela, pas depuis les phrases. Puis il en vient à exposer le différend de la *phônè* (la voix animale confuse) et du *logos* (la voix articulée). Il conclut : « Il faut élaborer le statut du monde ou du chaos incorporel associé à l'affect, le statut de la Chose » (*Misère*, p. 54), dans un point numéroté 19 qui dit assez clairement que cette nouvelle recherche n'a plus la « linguistique transcendantale » du *Différend* comme méthode. Désormais, le langage articulé n'est plus ce par quoi nous accédons à ce qui compte pour nous et comprenons ce qui nous arrive, il est plutôt ce *contra* quoi s'appréhendent les réalités d'une autre dimension.

du point de vue du corps ne signifie-t-il pas forcément ajouter le corps comme référence fondamentale, c'est-à-dire cesser de le concevoir comme présenté par les phrases ?

Nous venons d'insister sur le problème de savoir comment, dans la problématique langagière du *Différend*, quelque chose comme le corps pouvait vraiment revenir. Mais il y a, pour et dans la dernière période de Lyotard, un autre problème : celui de savoir quelle figure du désir pourrait encore être acceptable. De fait, dans les textes ciselés et tout à fait impressionnants des années 1988-1998, Lyotard ne nous décrit en un sens pas le désir, justement : il en a décalé et altéré la figure au point de le rendre méconnaissable. Les mots disant la dépossession (chose, présence, affect, sensibilité, enfance) viennent à la place. Pourtant, on ne peut que le comprendre et le ressentir, c'est bien de « la même chose » qu'il s'agit : du corps, du rêve, du sensible, du sentiment, de tout ce qui est posé dès *Discours, figure* comme l'autre du *logos* et à quoi le *logos* fait tort. Et par-dessus tout, cette « région » est celle dont le champion, indéfectiblement, est l'art avec sa faculté de sidération. Si « désir » veut dire attente indécise de la nouvelle œuvre, faisant rupture et dessaisissement pour notre chair ou notre sentiment, alors c'est encore du désir qu'il s'agit. Un étrange désir fait de suspension du temps, d'attente, de dette, de solitude avant toute communauté. Mais un désir qui fait encore écho à l'acception hégélienne du mot, ayant régné dans les années de formation et de maturation de Jean-François Lyotard : le mot était alors devenu, pour autant qu'il nommait une déstabilisation rongeant tout réel, quasi-synonyme de la négativité. Sans doute perdait-il à l'occasion sa couche de signification subjective et intentionnelle, non sans en exprimer la nostalgie, néanmoins.

Un texte exceptionnel

Pour tenter d'apporter un éclairage, un élément de compréhension au nœud que je décris, je voudrais simplement évoquer un texte exceptionnel où, me semble-t-il, Lyotard tente vraiment de présenter sa « dernière problématique » dans les termes du dispositif langagier du *Différend*. Ce texte, l'article « Un partenaire bizarre », est à l'origine (sous un autre titre) la préface écrite par Jean-François Lyotard pour la traduction française du recueil édité par Rajchman et West, *La Pensée américaine contemporaine*

(*Post-Analytic Philosophy* pour l'édition américaine)[8]. Il est reproduit dans *Moralités postmodernes*[9].

Cet article, tel qu'il est écrit, remplit à vrai dire trois fonctions au moins : 1) d'une part, il aide à mettre en scène la césure entre ce qui est appelé l'espace américain de la philosophie (mais où nous reconnaissons l'espace analytique) et l'espace français ; 2) d'autre part, il présente les contributions rassemblées par Rajchman et West dans le recueil, représentatives pour eux de la phase post-analytique de la philosophie analytique, celle qui aurait été initiée par Quine ; 3) en troisième lieu, il tente de justifier, dans un langage de la discussion audible par quelqu'un comme Rorty, non seulement la problématique du différend, mais aussi celle de la *chose*.

Lyotard, donc, dans notre texte, présente la césure analytico-continentale, voire même la césure franco-analytique. Position paradoxale pour celui qui, à beaucoup d'égards, a pour originalité de l'avoir négligée, ignorée : d'avoir considéré le massif analytique non pas comme un dispositif étranger, irréductible, dont il fallait prendre la mesure et que, peut-être, il fallait combattre, mais comme un langage disponible de plus.

Comment présente-t-il donc cette césure ? Lapidairement, dès la fin du premier paragraphe, avec les mots suivants : « Je crois que nous pensons sincèrement que les vraies questions ne sont pas sujettes à argumentation et que seule l'écriture peut les *accueillir*[10] ». Cette évaluation simple et brève rejoint ce que j'aurais envie d'appeler le préjugé mutuel. La philosophie analytique se comprend bien elle-même, la plupart du temps, comme une méthodologie s'étant substituée à celle de la philosophie antérieure en posant que tout débat devait avoir comme forme l'échange d'arguments en vue du vrai (ce qui suffirait à forcer la voie logico-linguistique). De même, il me semble, la philosophie française des années 1960-1970, à laquelle Lyotard appartient, revendique en effet un certain rôle de l'écriture, comme voie d'une prestation essentielle de la pensée. Mais le crédit fait à l'écriture est bien ce que la philosophie analytique reprocherait volontiers à la philosophie « française » (comme trope « littéraire »), de même que celle-ci tiendrait rigueur à celle-là de son choix absolu de la norme logique (comme méconnaissance d'un « reste »).

8. Cf. J. Rajchman & C. West, *La Pensée américaine contemporaine* [1985], tr. fr. A. Lyotard-May, Paris, Puf, 1991, p. 5-30.
9. Cf. *MP*, p. 111-130.
10. *MP*, p. 111.

À l'issue d'une telle entrée en matière, le débat se fait plus subtil, dans la mesure où Lyotard s'attache à répondre non pas à la donnée d'un tel clivage, mais à la façon dont Rorty tente de l'enjamber. Lyotard, d'un côté, montre que plusieurs des thèses « universalistes » de la philosophie analytique contemporaine ne le gênent pas, de l'autre côté, tente de faire entendre que la « conciliation » désirée par Rorty n'en est pas une et n'est pas souhaitable. C'est dans ce mouvement que l'on trouve les formulations auxquelles je m'intéresse surtout.

Ce que soutient Rorty en effet, c'est que la philosophie française a raison de refuser le réductionnisme ravalant tout au plan de l'argumentation en vue du vrai, mais qu'elle a tort de ne pas voir que les « percées » de langage ne sont jamais insulaires ; elles sont plutôt, suggère-t-il, toujours d'emblée dialectiquement articulées avec les vocabulaires anciens. Comme Lyotard le rapporte :

> Rorty admettait d'abord que les philosophes anglo-saxons (entendez : traditionnels) occupent « une position invraisemblable » quand « ils prétendent que tout le monde a toujours parlé le même langage, que les questions de vocabulaire sont "simplement verbales", et que ce qui compte est l'argumentation ». Ils feraient bien, concluait-il, de devenir « un peu plus français ». Mais il ajoutait d'autre part : « Nous, Anglo-Saxons, estimons que la philosophie française gagnerait à admettre que l'adoption d'un nouveau vocabulaire ne peut se faire que si l'on peut parler des faiblesses de l'ancien et si l'on peut naviguer, dialectiquement, entre l'ancien et le nouveau vocabulaire ». Il concluait : « Il nous semble que nos collègues français sont trop prêts à trouver ou créer un îlot linguistique et à inviter les gens à s'y installer, et pas assez intéressés par la création de ponts entre ces îlots et la grande terre. »[11].

Lyotard, dans la suite de l'article, se défend contre l'accusation d'insularisme de Rorty et, en même temps, déplace la discussion. Il s'attache à montrer que le modèle de Rorty est celui de la conversation cognitive, où tout débat porte sur ce qui est vrai, et où les hétérogénéités sont seulement des différences de vocabulaire (comme dans la description par Kuhn du rapport entre un état de la science et le précédent). Mais le problème aux yeux de Lyotard n'est pas celui de la traduction, ni celui de l'existence de formes de pensée qui seraient totalement irréductibles à notre schème

11. *MP*, p. 112.

conceptuel. Vis-à-vis de tous ces sujets, cela ne le gêne pas d'adopter une position universaliste simple, de valider l'idée d'une homogénéité *a priori* de tous les efforts en vue du vrai, entraînant une mutuelle transparence en dernière instance. Quine, Rorty et Davidson sont probablement plus ébranlés que Lyotard à cet égard par le relativisme pourfendu par Sokal, à en juger par les discussions substantielles qui sont les leurs à propos de la menace de l'éclatement du savoir en provincialismes.

L'hypothèse du différend est plutôt que le langage partagé enveloppe des enjeux, règles ou procédures incommensurables. Lyotard dit *procédures de la levée du dissentiment*. Nous avons de telles procédures, dit Lyotard, mais pas les mêmes dans les affaires éthiques, esthétiques et épistémiques. Et il rappelle que c'est en quoi consistait la découverte critique kantienne, autant que dans l'option de rendre le savoir relatif à ses conditions de possibilité. Le différend, au fond, surgit dès que l'on fait droit à une diversité intrinsèque des procédures de légitimation, appartenant au langage même qui nous met ensemble, et nous rend capables de tout recevoir par traduction.

Il n'y a, bien sûr, pas d'accord réel sur cette notion du différend. Beaucoup de philosophes analytiques, bien qu'ils ne tournent pas précisément leur esprit de ce côté, pensent confusément que tout doit pouvoir être ramené à une dispute sur le vrai. Ou, plus faiblement, qu'à défaut d'une telle présupposition, nous sommes condamnés à la violence. Ou encore, que la démocratie libérale requiert une telle présupposition. Mais à vrai dire, nombre de philosophes continentaux, ou de théoriciens révolutionnaires marxistes ou post-marxistes, le pensent aussi : c'est ce qui fait de la « différence » de Lyotard autre chose que l'écart analytico-continental.

Allant plus loin, Lyotard cherche à nous persuader que le point de vue qui ramène tout à la procédure cognitive comporte sa propre violence. Il utilise en l'espèce un raisonnement fondé sur un trait de la vaste conversation en vue du vrai vers laquelle Rorty veut le rapatrier : celle-ci exige en tout cas la permutabilité du *Je* et du *Tu* comme condition pragmatique minimale et fondamentale. Celui qui a été le *Tu* d'un acte de langage peut devenir le *Je* dans l'acte de langage qui enchaîne : cela s'appelle répondre dans une interlocution.

Lyotard oppose alors le cas de l'écriture littéraire. Les « auteurs » ne sont pas des interlocuteurs devant lesquels nous sommes appelés à nous commuer en *Je*. Dans un premier temps, Lyotard commente ce rapport en disant que le destinataire de l'œuvre est structurellement indéterminé, et que c'est ce qui permet le phénomène de *misreading* (dans les termes de Harold Bloom) : des lectures réputées mauvaises, ne confirmant pas les codes de lecture établis.

De cette analyse encore assez classique, Lyotard se décale en ajoutant une nouvelle hypothèse, à savoir que le destinataire de l'œuvre est en fait son commanditaire :

> Le destinateur, écrivain, penseur, ne sait pas et n'a pas su à qui ou à quoi ce qu'il écrit ou pense s'adresse. Il n'a su qu'une chose ; formulée pragmatiquement, c'est qu'il *devait* écrire et penser comme il l'a fait. Il sait aussi que l'œuvre réalisée n'est pas à la hauteur de ce devoir. Il reste en dette. Le destinataire indéterminé qui lui a commandé l'œuvre reste insatisfait de ce qui lui est livré, et l'auteur reste son débiteur. C'est ainsi qu'il reste du même coup débiteur de tous ses destinataires ultérieurs, lecteurs, critiques, commentateurs, qui, en essayant de proposer des écoutes de l'œuvre, se mettent à la place de son destinataire possible[12].

Le glissement, ici, s'opère au milieu de la citation. Le « destinataire indéterminé », que nous comprenions comme le lecteur futur, devient le commanditaire, que, dans une logique simple, nous placerions plutôt dans le passé de l'œuvre. En même temps, s'introduit le lexique de la prescription et de la dette (à moins que ce lexique ne fasse son entrée plus tôt, avec le *devait* en italique, interprétant d'emblée l'œuvre comme réponse à une demande). L'indétermination et la dette tolèrent, de la sorte, une superposition de sens. L'indétermination est à la fois celle du futur des lectures et de l'antécédence insituable de la commande. La dette est à la fois la dette envers l'instance de qui on reçoit la commande, et la dette de l'auteur envers ses lecteurs, qui vont « donner sens » à l'œuvre selon le schéma du *misreading*.

La conclusion de Lyotard est « […] que le destinataire de l'écriture et de la pensée présente tous les traits d'une entité non empirique, vide si l'on veut, transcendante à toute destination et à toute dénomination "réelles"[13] ». On ne peut qu'en convenir, en ajoutant deux observations : 1) un tel statut se déduit de l'éprouver d'un devoir chez l'artiste, devoir qui se dit jusqu'à un certain point comme nécessité, mais ne s'accomplit dans la formulation de Lyotard que comme fidélité envers le commanditaire. Lyotard ne parvient jamais à se débarrasser en l'espèce de l'élément

12. *MP*, p. 124.
13. *MP*, p. 125.

lévinassien ; 2) la "transcendance" du commanditaire-destinataire fonctionne aussi comme variable, place libre pour les lecteurs-destinataires empiriques, avec l'intervention de leur *hermèneia*.

Lyotard revient une seconde fois, avec un cadre théorique un peu autre, sur ce problème du « commanditaire transcendant ». Cette fois il part de la situation même du différend, en imaginant quelqu'un qui joue à un jeu inconnu, et refuse de nous informer sur ses règles :

> [...] vous jouez au tennis avec vos balles, votre partenaire joue avec elles à un jeu que vous ne connaissez pas. Vous lui demandez à quoi il joue, *il ne vous répond pas*. Qu'est-il raisonnable de faire ?
> Je pense que ce qui est raisonnable est d'essayer d'apprendre le jeu de l'autre[14].

Et Lyotard précise que c'est ce que fait « l'écrivain » : il « [...] essaie d'apprendre à arranger les mots et les phrases comme il présume que son "interlocuteur" muet les arrange[15] ». Il complète cette description en décrivant les deux violences entre lesquelles nous avons à choisir :

> La violence tient dans ce dilemme : ou bien vous récuserez le jeu inconnu de votre partenaire, vous récuserez même que ce soit un jeu, vous l'exclurez, vous reprendrez vos balles et vous chercherez un interlocuteur valable ; et cela est une violence faite à l'événement et à l'inconnu, de sorte que vous cesserez d'écrire ou de penser ; ou bien vous vous ferez à vous-même violence pour essayer d'apprendre les mouvements que votre partenaire silencieux impose aux balles, je veux dire : aux mots et aux phrases, et que vous ignorez. Cela s'appelle la violence d'apprendre à penser ou à écrire, qui est impliquée dans toute éducation.

De tout cela, que pouvons-nous retenir ? D'abord que le lien avec l'*Aufklärung* n'est pas brisé, puisque Lyotard présente l'effort pour apprendre le jeu de l'autre comme ce à quoi nous engage l'éducation, et donc comme le procès même de la formation raisonnable. C'est donc un modèle de la raison et de l'éducation qu'il nous proposerait. Seulement, dans ce modèle, le problème de la violence se complique. En filigrane dans ce que Lyotard évoque de Rorty, nous comprenons que pour ce dernier

14. *MP*, p. 128-129.
15. *MP*, p. 129 pour cette citation et la suivante.

la conversation est simplement l'alternative à la violence, ce qui nous en sauve et nous en excepte[16]. Chez Lyotard, en revanche, il y a deux violences : celle qui refuse la conversation dès que le jeu de langage de l'autre n'est pas identifiable, et celle que l'on exerce sur soi pour rejoindre un tel jeu. L'une mauvaise, l'autre bonne, en substance.

Jusqu'ici, je n'ai pas encore dégagé la pointe la plus aiguë de la pensée de Lyotard dans cette affaire, celle qui le conduit à dénommer le commanditaire transcendant un *partenaire bizarre*. Pour y arriver, il faut « intimiser » la situation décrite à l'instant : la personne qui joue un jeu inconnu n'est pas une autre personne avec laquelle nous ne savons pas comment entrer en commerce, elle est en nous. Telle est la traduction « analytique » de la pensée de la chose par le dernier Lyotard : il y a en nous une instance qui ne comparaît pas dans l'espace du langage sur un mode reconnaissable, en jouant un jeu déjà attesté au sein duquel nous saurions lui renvoyer la balle. Ce partenaire intime récalcitrant, en fait, ne surgit jamais auprès de nous : « Mais, au moment où nous avons affaire à cet autre, en écrivant ou en pensant, il ne *comparaît* nullement : c'est à peine s'il *paraît*, et s'il est en notre *compagnie*[17] ».

Le dernier Lyotard paraît ici creuser l'hypothèse du sentiment nous alertant du différend, proposée dans l'ouvrage *Le Différend*. Nous sommes invités à interpréter ce sentiment comme la condensation intime de coups joués dans un jeu impossible à reconnaître. Lyotard dit la *chose* « cryptée dans l'inconscient, non pas du peintre ou de l'écrivain, mais de la langue de la peinture ou de l'écriture[18] » : nous sommes invités à la comprendre, à la lumière de notre « texte exceptionnel », comme la manifestation intime et parasitaire de l'exercice d'un jeu inconnu par un partenaire bizarre. Penser ou « artifier », du coup, c'est se faire violence en essayant de jouer le jeu inconnu. On comprend alors que, si on le fait, ce qu'on montre aux autres est comme une occurrence de la chose : ce sera, tout aussi bien, pour les regards externes, la manifestation de l'exercice d'un jeu inconnu. Dans la vision de Lyotard, l'éventuelle communauté de la fidélité à la *chose*, comprise ainsi, est par définition tout à fait différente d'une intersubjectivité conversationnelle libérale tournée vers le vrai :

16. Et qui nous fait penser à Éric Weil dans l'introduction de *Logique de la philosophie*, Paris, Puf, 1950, p. 73-78.
17. *MP*, p. 130.
18. *Misère*, p. 104.

elle a plutôt le format d'un graphe aléatoire de transitions sensibles, de dispositions à jouer le jeu inconnu « derrière » ce qui s'offre.

On peut encore remarquer que la « chose » est ainsi une sorte de traduction, dans les termes de la pragmatique du langage, de l'idée d'un « autre en moi » : elle est, littéralement, un autre d'incommensurabilité, qui se produirait comme interlocuteur jouant un jeu inconnu s'il était manifesté à l'extérieur, mais qui intervient plutôt comme hantise silencieuse, du fait qu'il est intime, interne. On peut ici penser au « l'un-pour-l'autre » d'*Autrement qu'être*, qui est, lui aussi, plus ou moins, une interpellation rendue intime.

Enfin, on peut lire à la lumière de tout cela la double valeur donnée par Lyotard au « destinataire indéterminé », comme nous l'observions plus haut : il est le commanditaire obscur, la chose, mais il est aussi celui qui recevra l'œuvre, et la lira de façon imprévisible et divergente. Lyotard le dit dans « La peinture, anamnèse du visible », l'œuvre, si elle est juste comme œuvre, c'est-à-dire si elle répond de façon authentique à la chose, constitue un « là » de la chose : désormais susceptible, donc, de valoir comme tel pour le récipiendaire[19]. Ainsi, tout se passe comme si l'artiste était parvenu à « reconstruire » comme interpellation externe sa hantise interne. Théoriquement, la chose est comprise à partir du modèle de l'interlocuteur vrai – externe, jouant un jeu inconnu – mais elle est reversée ensuite dans l'interne, dans la guise « esthétique ». Comme œuvre, en revanche, elle s'enveloppe dans une quasi-interlocution externe. L'œuvre vaut auprès de ses lecteurs-destinataires comme un interlocuteur jouant un jeu inconnu.

Pour compléter cette vision de la « communication artistique », mentionnons encore ceci que l'œuvre, comme jouée dans une règle inconnue, a le pouvoir de faire sortir le destinataire de ses « grilles de réception », de susciter en lui l'invention d'un nouveau mode (d'un *misreading*). L'indétermination, chez lui, serait donc héritée. Avec l'idée qu'une condition, ici, pour l'auteur comme pour le destinataire, est de désapprendre les codes. L'« anamnèse » consisterait essentiellement en cela. C'est sans doute l'aspect que Lyotard pense le plus difficilement reconductible à la formulation analytique : j'aurais d'ailleurs envie d'objecter, témoignant d'un très ancien désaccord, que, pour ressentir le « jeu inconnu » comme tel, il faut plutôt se souvenir de toutes les règles que les avoir désapprises.

19. *Misère*, p. 107.

Conclusion

Ce texte est à ma connaissance le seul où Lyotard tente sérieusement d'exprimer sa pensée de la chose dans le cadre langagier qu'il avait adopté dans *Le Différend*. Ailleurs, si le langage est nommé, l'intraitable est exposé dans les termes de quelque chose qui n'a pas besoin de la problématique langagière pour être dit et pour peser.

Je voudrais simplement, pour conclure, dire ce qu'une telle situation révèle à mon sens de la pensée de Lyotard d'un côté, mais aussi de notre situation philosophique en général de l'autre côté.

Pour ce qui est de la pensée de Lyotard, ce qui est révélé, je l'ai déjà dit pour l'essentiel, c'est le point aporétique où il se trouve dans sa dernière période. D'un côté, selon ce qu'il déclare expressément, il veut demeurer dans l'axe du *Différend*, c'est-à-dire dans ce qu'on a pu appeler une ontologie des phrases, désignant par là tout à la fois le parti pris pour ainsi dire méthodologique d'examiner toute question à partir des phrases présentant ce qui est en cause, et une certaine idée effectivement ontologique de la phrase comme occurrence, comme mode fondamental de l'événement. Mais de l'autre côté, il veut reprendre les choses dans les termes du corps, décaler son discours vers le corps. Du coup, il s'expose à l'alternative suivante. Ou bien il dépeint fidèlement notre opacité corporelle en tant que ce à partir de quoi se précipitent pour nous la dépossession et la dette, et il est obligé de fonder sa description sur une réalité directement évaluée, indépendamment du référentiel des phrases : l'affect, le cri animal, la présence interruptive, le débordement traumatique du corps par ce qui lui arrive selon la voie sensible, etc. Ou bien il tente en effet de présenter ce qu'il a en tête dans le référentiel des phrases, mais alors il court le risque de déradicaliser, de contredire et affadir ce qui semble exprimé dans la première option. Ainsi, dans notre passage, la chose comme parasite intime devient un partenaire jouant un jeu inconnu intériorisé : une formule qui consonne trop avec le dialogue interhumain, jugeront certains ; une formule qui ne dit pas l'altérité ou l'intensité de l'inhumain charnel en nous.

On peut, certes, répondre que les phrases ont été désanthropologisées déjà dans *Le Différend*. Elles y gardaient cependant le pouvoir, depuis leur détachement impersonnel, de faire comparaître et d'ouvrir à la détermination tout ce qui compte pour les humains, sans qu'il y ait besoin d'accorder un poids *a priori* à une quelconque autre dimension. Que leur impersonnel soit l'impersonnel de l'interhumain permettait d'ailleurs, en même temps, de récupérer et couvrir dans cette problématique certains thèmes de la critique politique.

Je pense que l'enjeu que nous rencontrons ici est central dans la démarche de Lyotard depuis le début, et le demeure pour nous. Certainement, Lyotard a voulu nous enseigner que le désir, quelque exaltation que sa mention déclenche en nous, n'était jamais nôtre. Et tout au long de son œuvre, il a fait subir à sa figure une longue défamiliarisation, culminant dans les derniers textes où il ne reste de la tension du désir que la façon dont nous sommes saisis-débordés par un intraitable qui nous endette, sans que rien ne semble plus venir de nous, pas même l'œuvre dont nous sommes éventuellement les artistes, dont on dit que nous l'avons accueillie plutôt que créée. Et pour nous déposséder du désir, il a largement utilisé les analyses économiques freudiennes et le thème de la pulsion de mort, à côté d'une réinterprétation post-phénoménologique du corps et de la sensibilité (presque totalement en troisième personne).

Mais, du moins il me semble, Lyotard sent bien, en même temps, que la « *Schwärmerei* » nous faisant nous identifier au désir reste encore accessible, au bout de toute cette dépossession : nous pouvons nous concevoir comme par excellence subjectivités traumatisées-endettées, comme les champions de la résistance esthético-affective. Je me demande si, pour lui, la problématique langagière, et spécifiquement sous la forme que lui a donnée la tradition analytique, n'est pas le garde-fou contre une telle *Schwärmerei :* au jeu logico-pragmatique de la phrase dépeint par Frege et Austin, personne ne peut s'identifier, en lui personne ne se retrouve. La philosophie analytique du langage nous fait entrer dans ce dernier et dans les mondes qu'il abrite sans nous laisser la possibilité de vivre ceux-ci comme notre expression, notre réalisation, notre cause. On reste sous le signe de la distinction frégéenne entre le tenir-pour-vrai d'une phrase et sa vérité, par exemple.

Il se pourrait que la ressource analytique ait joué chez Lyotard le rôle de ce sans quoi aucun anti-subjectivisme n'était totalement crédible.

Michel Olivier

Transcendance ou immanence du langage : un problème méthodologique ou métaphysique ?

Dans le cadre d'un séminaire doctoral consacré à Jean-François Lyotard, en 2008, à l'université Paris Ouest Nanterre La Défense, Jean-Michel Salanskis décrivait le parcours de Lyotard comme ponctué de plusieurs révisions profondes. « Lyotard a changé ses axiomes plusieurs fois », nous disait-il, dégageant cinq grandes périodes : la période militante de « Socialisme ou Barbarie », celle de *Discours, figure*, celle d'*Économie libidinale*, la période du *Différend* (celle où la méthodologie langagière est particulièrement marquée), et la dernière période, celle de l'occurrence affective d'« avant » la phrase.

Mais dans la pensée mathématique d'où ce vocabulaire est issu, « Lyotard a changé plusieurs fois ses axiomes », le choix des axiomes n'est pas l'acte premier : ceux-ci sont choisis en vertu de leur capacité à cerner, à maîtriser un univers d'objets ou un questionnement qui les précède. Ce n'est pas parce que l'on change d'axiomes que l'on change radicalement de questionnement. Derrière les révisions successives et radicales de Lyotard, il pourrait donc y avoir une permanence de questionnement, chaque série d'axiomes correspondant à une certaine formulation. Lors du colloque de 2007 « Les transformateurs Lyotard », Corinne Enaudeau ouvrait son exposé sur la proposition d'une telle permanence : « Lyotard a d'emblée travaillé sous l'injonction de résister à l'injustice, en en cherchant le mode d'opération [...]. La politique familière a échoué. Gravement. [...] Tout le travail de Lyotard est comme la scansion d'une seule question : où est l'erreur ? [1] ».

1. C. Enaudeau, « Lyotard : la politique étrangère », in C. Enaudeau, J.-F. Nordmann, J.-M. Salanskis, F. Worms (dir.), *Les Transformateurs Lyotard*, Paris, Sens & Tonka & Cie, 2008, p. 345-346.

La permanence serait quelque chose comme : « chercher l'erreur du politique, sous l'injonction de résister à l'injustice ». Mais dans l'expression même de cette permanence, je vois une difficulté méthodologique. « Chercher l'erreur » est une démarche descriptive, « cognitive » dans le vocabulaire de Lyotard, il s'agit d'en faire la généalogie, d'en saisir la mécanique (qu'est-ce qui, dans la politique, ne se laisse pas penser ?). Or cette démarche ne prend son sens que soumise à l'injonction de justice. L'erreur à penser est erreur en tant qu'elle ne respecte pas une norme de justice. Si une telle norme est donnée d'entrée de jeu, la démarche descriptive peut se mettre en place : il s'agit de saisir le moment où la pensée politique viole la norme juste, déjà identifiée comme telle. Mais si cette norme est attendue comme résultat de la démarche descriptive, surgit une lourde difficulté logique. Comment une démarche descriptive pourrait-elle engendrer une norme à laquelle elle serait soumise ? Si tel n'est pas le cas, comment comprendre l'erreur comme une erreur ? Dans une démarche descriptive, une erreur est une description fausse. Là, nous cherchons une description vraie mais erronée pour autant qu'elle est en infraction à l'égard d'une injonction extérieure à la description.

L'objet de mon exposé est d'analyser cette difficulté méthodologique dans la période langagière de Lyotard (1979-1983), de *La Condition postmoderne* au *Différend*.

Durant cette période, la méthode langagière se révèle franchement radicale. Il ne s'agit pas seulement d'expliciter de façon critique des règles d'enchaînement d'énoncés. Il s'agit, progressivement, de traiter le langage comme déployant les conditions de possibilité de toute socialité, puis de toute pensée, de toute ontologie, de toute métaphysique. Même la transcendance ne peut prétendre transcender le langage, puisque l'expression de la transcendance passe nécessairement par le langage. Lyotard écrit cette phrase extraordinaire dans *Le Différend* : « Le hors "monde", le sujet, est présenté dans un univers de phrase où il est situé sous la relation de transcendance. Mais la transcendance est une situation immanente à l'univers présenté par la phrase qui la déclare[2] ». Le langage devient ainsi une totalité que rien ne peut espérer déchirer. Tout devra bien s'opérer dans le langage.

Notre difficulté méthodologique devient alors celle-ci : dans une telle approche, l'injonction de justice ne saurait précéder la grammaire.

2. *Dfd*, p. 110-111.

Elle aussi lui est immanente. Comment alors en faire une injonction à partir de laquelle juger la grammaire et traquer ses erreurs ? Si l'injustice est saisie comme un fait de grammaire, elle ne peut logiquement être comprise que comme un fait et non comme une faute. Comment alors comprendre ce fait de grammaire comme un mal ?

Je me propose d'essayer d'explorer cette difficulté originaire dans *La Condition postmoderne* et *Le Différend*.

Première étape : *Dans* La Condition postmoderne, *la dimension normative fondamentale du propos ne résulte pas de la méthodologie grammaticale.*

Dans *La Condition postmoderne*, Lyotard s'interroge sur la légitimation (celle du savoir puis, par capillarité conceptuelle, celle des institutions, des lois...). Lyotard écrit d'entrée de jeu ou presque : « Nous avons préféré une procédure : c'est de mettre l'accent sur les faits de langage, et dans ces faits sur leur aspect pragmatique [...]. Le lien social observable est fait de “coups” de langage[3] ». Ce choix est présenté avec prudence comme une simple préférence méthodologique, mais il est fortement justifié quelques pages plus loin : « Nous ne prétendons pas que *toute* la relation sociale est de cet ordre [langagier], cela restera ici une question pendante ; mais que les jeux de langage soient [...] le minimum de relation exigé pour qu'il y ait société, il n'est pas besoin de recourir à une robinsonnade pour le faire admettre[4] ».

La justification est donc celle-ci : la grammaire, notamment dans sa dimension pragmatique, est une condition nécessaire de la socialité. La socialité n'est peut-être pas réductible à la grammaire, mais les faits de langage, régulés par la grammaire, sont sa manifestation observable, nécessairement. Si nous pouvons dégager des champs de forces directement issus de la morphologie générale de la grammaire, alors nous pouvons par là même opérer des inférences nécessaires quant à la socialité.

L'usage qui est fait de cette approche dans *La Condition postmoderne* est bien connu. Rappelons-le brièvement. La caractéristique morphologique fondamentale de la grammaire est son hétérogénéité. C'est l'enseignement de Wittgenstein. La grammaire est une juxtaposition de jeux de langage hétérogènes. Chaque jeu de langage a ses propres règles de légitimation, qui lui sont immanentes. À l'intérieur d'un jeu de langage,

3. *CPM*, p. 20 et 24.
4. *CPM*, p. 32.

tel enchaînement de phrase est légitime, tel autre ne l'est pas. Mais il est impossible de légitimer une phrase universellement. Mais alors comment légitimer, non pas une phrase dans un jeu de langage, mais un jeu de langage dans une société ? En particulier comment légitimer la science auprès d'un peuple qui en ignore la grammaire, légitimation pourtant nécessaire ne serait-ce que pour en solliciter le financement ?

Il se trouve qu'*un* jeu de langage possède cette étrange propriété d'être à la fois spontanément auto-légitimant et universellement légitimant vis-à-vis des autres jeux de langage : celui du récit. Le récit est capable de se mettre lui-même en scène et de mettre en scène les autres jeux de langage dans un espace immédiatement axiologique. Le narratif est donc ce méta-jeu de langage susceptible de distribuer universellement la légitimité aux autres jeux de langage. En Occident, dit Lyotard, ce sont les « grands récits » (« grand » signifiant à prétention universelle) des aventures de la connaissance (récit spéculatif) et des aventures de la liberté (récit de l'émancipation) qui ont assumé ce pouvoir légitimant.

Pourtant, cette légitimation narrative cessera de fonctionner, parce que le savoir se découvre non légitimé de son propre point de vue. Le savoir ne peut pas se voir légitimé par la liberté qu'il engendre. Car d'une théorie vraie il ne résulte pas une décision juste. Il ne se voit pas non plus légitimé par le processus d'engendrement dont il est le moteur, parce que cette légitimation se présuppose : en s'explicitant, elle en appelle toujours à une nouvelle légitimation. Ainsi le narratif est certes seul en situation grammaticale de tout légitimer, mais le savoir fait nécessairement exception. Le jeu de langage de la science, nécessairement, devait se retourner contre le narratif en s'y découvrant non légitimé de son propre point de vue. C'était écrit dans la forme *a priori* de la grammaire. Et le savoir, libéré du narratif et comme livré à lui-même pour s'auto-légitimer, se voit immédiatement inféodé au discours économique, parce que la preuve scientifique nécessite des ressources techniques et donc économiques de plus en plus lourdes. L'économique condamne alors la science à la performativité pour légitimer ses financements.

Remarquons qu'à ce stade, la démarche demeure totalement descriptive. Nulle trace de normativité ou d'injonction. La grammaire est décrite comme hétérogène. Le récit est décrit comme universellement légitimant, mais le savoir est décrit comme devant inexorablement se retourner contre le récit. Enfin, la science est décrite comme inféodée à l'économie et assignée à la performativité. Le processus ainsi décrit est déterminé de part en part par ses conditions grammaticales. Qu'est donc devenue l'injonction de lutter contre l'injustice et qu'est devenue l'injustice dans cette affaire grammaticale ?

La première trace de normativité apparaît dans le chapitre sur la légitimation de la recherche. Lyotard nous prévient que, dans sa réflexion sur la légitimation, il excepte la terreur. Celle-ci est une socialité qui aurait peut-être un pouvoir radicalement légitimant, mais cette légitimation est d'une nature bizarre : le pouvoir de légitimation ne résulte pas d'un meilleur coup dans un jeu de langage, mais de la menace d'éliminer un joueur du jeu. La terreur, en cela, ne mérite pas de compter parmi les jeux de langage. Pourtant la terreur est une forme de socialité et, en tant que socialité, elle devrait se voir méthodologiquement soumise à la grammaire ! Comment justifier qu'elle fasse exception à la méthodologie générale ? Lyotard dit simplement que « Ce cas [de la terreur] se trouve hors jeu de langage[5] » du simple fait que la terreur ne joue pas un jeu mais qu'elle interdit des jeux. Autrement dit, la terreur a une grammaire qui perturbe les autres grammaires, qui ne respecte pas l'autonomie de ces dernières et, en vertu de cela, elle est destituée de son statut de grammaire. Là se joue l'insertion de la norme. La grammaire est une juxtaposition de grammaires hétérogènes (c'est un fait) et aucune d'entre elles ne devra (c'est une norme) faire violence aux autres. Là se joue le point de rencontre, méthodologiquement difficile à suivre, de la description grammaticale et de l'injonction de justice. Mais comment justifier cette rencontre ?

Il n'est pourtant pas rare qu'une grammaire violente les autres. La grammaire économique, par exemple, violente les autres grammaires, sans pour autant cesser d'être une grammaire. Les grammaires idéologiques aussi. Ces violences sont des faits de grammaire, leurs situations péjoratives sur le plan axiologique restent à établir. L'élimination de la terreur, à ce stade, ne se déduit pas de la description grammaticale. Elle est imposée de l'extérieur du raisonnement par le philosophe, procédant ici comme un mathématicien qui élimine un cas dégénéré parce qu'il le juge sans intérêt, par un jugement qui n'est pas mathématique mais qui est issu d'une normativité s'appliquant aux mathématiques. Or, avec la terreur, il ne s'agit pas d'un cas sans intérêt, mais au contraire du cas central, celui de l'injustice ! À ce stade nous ne comprenons pas : une méthodologie grammaticale sophistiquée se voit mise entre parenthèses à son moment crucial.

5. *CPM*, p. 76.

Une seconde incursion du normatif apparaît dans le dernier chapitre de *La Condition postmoderne*, sur la légitimation par la paralogie. La question qu'y traite Lyotard est la suivante : la mécanique grammaticale pousse la science à se voir légitimée par sa performativité, et en cela elle laisse le langage du savoir soumis au langage économique. Or cette soumission est à rejeter. Elle est la conséquence naturelle de la mécanique grammaticale, mais elle est illégitime, il faudrait donc trouver autre chose. Comment Lyotard justifie-t-il grammaticalement ce jugement normatif ? Je vois deux réponses dans le texte, dont aucune ne me semble grammaticalement fondée.

Première réponse : parce que cette soumission relève de la terreur, qui n'est autre que la soumission d'un jeu de langage par un autre. Cela viole l'hétérogénéité de la grammaire. Mais cette hétérogénéité de la grammaire est un fait de grammaire. Elle n'a pas été établie comme un idéal de justice, mais comme un fait de langage. La grammaire se retrouve en situation factuelle de se bousculer elle-même. Cette violence que la grammaire se fait à elle-même semble incarner le mal. Mais au nom de quoi ? Le lien conceptuel entre l'idée d'injustice et la violence que la grammaire se fait à elle-même n'est pas établi à ce stade. Qui se mobiliserait pour pacifier une grammaire et pourquoi ? Y-a-t-il là un non-dit essentiel, par exemple celui de la souffrance du scientifique écarté du jeu ? Mais alors, pourquoi porter une attention particulière à la souffrance des seuls scientifiques, au détriment de celle des travailleurs manuels, indifférents à l'aspiration scientifique et la finançant pourtant par leur impôt ?

Seconde réponse de Lyotard : la performativité de la science ne s'anticipe pas parce que la science est faite d'innovations radicales, de modifications de ses métarègles prescriptives. Nous ne maîtrisons donc pas efficacement l'algorithme de l'efficience, et le projet de la légitimation par l'efficience est vain. L'argument est très étrange. Il revient à rejeter la légitimation par la performativité au nom de la performativité. La soumission à l'économique et donc à la performativité est mauvaise parce qu'elle est fausse, elle ne fonctionne pas, elle n'atteint pas l'efficience. Mais alors, si une innovation permettait d'inféoder le savoir à l'économie avec une authentique maîtrise de l'efficience, la soumission à l'économie serait-elle devenue légitime pour Lyotard ? Nous pouvons en douter : l'injonction de justice n'est pas récupérée proprement par cet argument.

Une troisième incursion du normatif intervient à la toute fin du livre, au moment de généraliser l'instabilité nécessitée par la science à l'ensemble de la société. Le consensus habermassien est impossible en raison de l'hétérogénéité de la grammaire, puisque les consensus ne peuvent être qu'internes à chaque jeu de langage.

Lyotard écrit alors que « le consensus est devenu une valeur désuète, et suspecte. Ce qui ne l'est pas, c'est la justice. Il faut donc parvenir à une idée et à une pratique de la justice qui ne soient pas liées à celles du consensus[6] ».

Mais, encore une fois, comment la justice fait-elle irruption dans cette description grammaticale ? Comment faire le lien entre l'idée de justice et ce qui semble finalement l'incarner dans la grammaire, c'est-à-dire le respect de l'hétérogénéité des jeux de langage et la libre prolifération respectueuse des idiomes ? Nous ne le savons pas, la méthodologie grammaticale – descriptive de part en part – semble s'enrayer à son moment crucial, celui où elle devrait devenir normative. Respect de l'hétérogénéité des jeux de langage, désir de justice, désir d'inconnu et de nouveaux idiomes semblent être des injonctions affines sous la plume de Lyotard, mais cette affinité ne résulte pas – pas encore – de la méthodologie langagière adoptée, et chacune de ces injonctions semble venir de l'extérieur de la démarche. Il fallait que *Le Différend* suive rapidement pour tenter d'établir le lien conceptuel entre justice et grammaire.

Seconde étape : *Dans* Le Différend, *le lien entre l'exigence de justice et la méthodologie grammaticale apparaît avec difficultés.*

La situation s'explicite et s'éclaire dans *Le Différend*. Sur le plan méthodologique, elle se radicalise. Le langage n'est plus en situation de condition de possibilité de la socialité, il est mis en situation absolument englobante. Dans une sorte d'ontologie des phrases, l'unique présupposé de Lyotard est un « il y a des phrases », qui enchaînent, l'une après l'autre mais une seule à la fois, selon des grammaires profondément hétérogènes. Le destinateur de la phrase, son destinataire, son référent (ce dont elle parle) et son sens (ce qu'elle en dit) ne sont que des instances de phrase. Ce qui vient à l'être n'y vient qu'en tant que constituant d'un univers de phrase, c'est-à-dire qu'en tant qu'une de ses instances. La situation relative de ces instances, c'est-à-dire les relations qu'elles entretiennent dans l'univers de cette phrase, constitue le « régime de phrase » dont cette dernière relève.

6. *CPM*, p. 106.

Ainsi la description, la prescription, l'interrogation, le commandement… sont des régimes de phrases. Une autre notion essentielle élaborée par Lyotard est celle de « genre de discours ». Ce dernier se définit par l'enjeu qui constitue l'idée directrice des enchaînements de phrases. Qu'il s'agisse de connaître, d'être juste, de faire rire, de trancher un litige, de gagner du temps, de séduire, de convaincre…, chacun de ces enjeux détermine un genre de discours, c'est-à-dire un mode d'enchaînement des phrases, qui, pour leur part, peuvent relever de régimes de phrases différents. Un « idiome » est un composé, non précisément défini, de genres de discours et de régimes de phrases.

Le point de départ méthodologique est encore l'hétérogénéité. Les idiomes sont intraduisibles les uns dans les autres. Les enchaînements d'un genre de discours à l'autre ne sont pas régulés et perdent toute pertinence puisque les règles d'enchaînement des phrases sont internes aux genres. Une fois posé ce cadre théorique, où l'humain est réduit à occuper la place d'une instance au sein de la phrase (destinateur, destinataire ou référent), où donc toute trace d'anthropomorphisme ou de phénoménologie est bannie, il s'agit, dit Lyotard, d'opérer un examen critique de la grammaire, afin que « le langage se connaisse[7] ». L'enjeu explicité des phrases de Lyotard lui-même dans *Le Différend* est que le langage se connaisse, par un examen critique de ses grammaires et des passages possibles et surtout impossibles entre idiomes.

Lyotard est-il crédible lorsqu'il affirme que l'enjeu du *Différend* est que le langage se connaisse lui-même ? Un enjeu épistémique dont le sujet connaissant serait le langage n'aurait aucun sens. Que le langage se connaisse ne peut signifier ici qu'une chose : que le langage se respecte, cesse de se violenter, se sache violent lorsqu'un idiome tente d'arraisonner les autres idiomes et de les soumettre à ses règles d'enchaînement. L'enjeu de Lyotard est que le langage intègre dans sa grammaire le respect de son hétérogénéité comme une prescription et non comme un fait. Il s'agit de produire cette archi-grammaire qui faisait défaut à *La Condition postmoderne* et qui construit l'affinité entre l'enjeu de justice et le respect de l'hétérogénéité grammaticale. Cet enjeu n'a rien d'épistémique. Il a tout d'un enjeu normatif, qu'il s'agisse d'éthique ou de politique[8].

7. *Dfd*, p. 227.
8. L'enjeu essentiel du *Différend* est politique. Mais dans le cadre de notre problématique, la distinction pertinente n'est pas celle du politique et de l'éthique, mais plutôt celle du normatif/prescriptif et du descriptif. D'une norme, je peux déduire une prescription,

Lyotard va jusqu'à écrire : « Par mal, j'entends et l'on ne peut entendre que l'interdiction des phrases possibles à chaque instant, un défi opposé à l'occurrence, le mépris de l'être[9] ». On entendra aussi que le bien est la possibilité de la venue à l'être de toutes les phrases en tant qu'elles sont, à chaque fois, un « univers », ainsi que la possibilité pour une phrase d'être située par la phrase qui enchaîne dans un idiome inattendu et nouveau. C'est ce que Lyotard appelle le « *Arrive-t-il ?* ».

Ainsi un enjeu normatif, politique et éthique, se camoufle en un enjeu descriptif et épistémique sans sujet. Ce camouflage se trahit d'ailleurs parfois lorsque nous lisons entre les lignes une phrase-silence ou une phrase-sentiment. Dans une froide démarche du savoir qui n'a que lui-même pour enjeu, il n'y aurait nul besoin de sentiment. Bien sûr, ce camouflage est imposé par le choix méthodologique de cette ontologie des phrases : si les phrases précèdent les humains, si ceux-ci ne sont que des instances de phrases, l'enjeu ultime est nécessairement une question de grammaire. La justice et l'éthique doivent devenir des questions de grammaire, leur enjeu doit devenir un enjeu grammatical. Mais comment faire émerger un tel enjeu, normatif, dans le cadre d'une démarche qui n'est que connaissance du langage par lui-même ?

Dans un premier temps, dès le début du *Différend* et jusqu'au chapitre sur l'obligation, la manifestation grammaticale de la justice apparaît dans l'idée que celle-ci passe nécessairement par la possibilité de dire le dommage que l'on a subi, pour demander et obtenir réparation. Or parfois nous subissons un dommage dont le règlement se déroule dans un certain idiome, alors que le dommage ne se signifie pas dans cet idiome. Le dommage est alors inexprimable. Il devient un « tort[10] », le plaignant une victime, la situation grammaticale un « différend ». Il est par exemple possible de se plaindre du déroulement d'un contrat de travail auprès d'un tribunal, mais ce tribunal n'est pas en situation grammaticale de juger d'une éventuelle violence inhérente au fait même de vendre sa force de travail. Ou encore les victimes d'un massacre sans témoin ne peuvent

le passage de l'une à l'autre demeure fluide. Mais d'une description je ne peux déduire qu'une autre description. Et une norme, dès lors qu'elle est entendue comme description de la présence d'une norme et non comme une injonction, perd tout caractère normatif et redevient une description dont on ne peut déduire la moindre prescription. La difficulté méthodologique et logique analysée ici est bien celle inhérente à la distinction entre normatif/prescriptif d'une part et descriptif d'autre part.

9. *Dfd*, p. 204.

10. *Dfd*, p. 18 et 24-25.

témoigner du massacre. Si l'unique idiome reconnu est celui de la preuve historique, il y a différend, qui se manifeste par la phrase-silence. Le scénario de la terreur, qui avait été placé hors grammaire dans *La Condition postmoderne*, devient ici un cas de différend.

L'enjeu de justice commence donc enfin à devenir un enjeu de grammaire. Il ne s'agit pas de protéger des idiomes contre la violence que leur feraient d'autres idiomes. Il s'agit de rendre exprimables les torts, de les ramener à la situation grammaticale de dommage, pour qu'ils puissent être réglés. Et, pour cela, de respecter l'hétérogénéité des idiomes, puisqu'ils sont intraduisibles les uns dans les autres, mais aussi d'encourager les nouveaux idiomes, l'émergence, l'occurrence, le « *Arrive-t-il ?* ». Lyotard écrit qu'« il n'y a plus de victime » est tautologique avec « il n'y a plus de différend »[11]. Le mal est l'arraisonnement de la variété des idiomes par l'un d'eux, la justice est l'attention à ce qui cherche à être dit, via des idiomes qui n'existent peut-être pas encore. Pourquoi ? Parce que le tort doit être dit pour être réparé. Le mode opératoire de la justice serait donc : le respect du type de légitimité immanent à chaque genre de discours et donc l'attention aux nouveaux idiomes pour que les dommages soient entendus. L'exigence de justice est bien manifestée de façon grammaticale.

Le compte y est-il ? Avons-nous là *la* justice ? C'est difficile à admettre. D'une part, cela suppose que l'injustice soit toujours un cas de dommage réparable quoique non réparé faute d'idiome. Mais n'y-a-t-il pas des injustices dans des situations complexes où l'enjeu n'est pas d'exprimer un tort, mais plutôt d'arbitrer entre plusieurs dommages et de comparer l'incomparable ? D'autre part, même dans la situation où l'injustice est un cas de dommage à réparer, en quoi la possibilité de demander justice serait-elle l'enjeu ultime ? L'enjeu ultime n'est pas la demande de réparation, mais l'obtention de la juste réparation. Or la réparation juste suppose une norme originaire qui dise ce qu'est la justice de façon substantielle et non pas seulement formelle, ainsi qu'une théorie du monde à partir de laquelle il serait possible d'agir pour se rapprocher de cette norme originaire. La prolifération des idiomes n'aide en rien à cette tâche. Au contraire, aurait-on envie d'affirmer : une prescription originaire du juste souffrirait d'un différend immédiat avec tous les idiomes proliférant.

11. *Dfd*, p. 49.

Évidemment Lyotard n'ignore pas cela. C'est même de lui que je l'ai appris[12]. Mais vouloir faire mieux que de transformer les torts en dommages semble ici méthodologiquement impossible. Comme si la démarche consistait à expliquer l'échec de la pensée du juste, plutôt qu'à chercher le mode opératoire de la lutte. Et l'échec s'explique fort bien dans cette approche langagière. Tout est magnifiquement dit en quelques phrases dans le chapitre « Le genre, la norme », où l'archi-normativité est explicitée comme désespérément impossible. L'idée même d'un enjeu ultime que serait la justice est grammaticalement impossible. Lyotard le montre ainsi : s'il devait apparaître une finalité suprême qui serait le juste ou le bien et qui régirait en dernière instance les enchaînements de phrases, alors elle devrait s'incarner à son tour dans un genre de discours, puisque le genre est la modalité d'enchaînement des phrases en vertu d'une finalité. Cependant, cela signifierait qu'il existe un genre de discours suprême, susceptible non pas d'arraisonner les autres genres, mais en quelque sorte de les englober, et du point de vue duquel les autres genres seraient jugés selon leur contribution ou leur compatibilité avec ce genre suprême. Or, d'une part, cela contredit l'idée fondamentale de l'hétérogénéité des genres. Et, d'autre part, cela tombe sous le coup du paradoxe de Russell. Ou bien, en effet, ce genre suprême qui englobe tous les enjeux est un genre parmi les genres et il ne saurait prétendre à rien de suprême. Ou bien il n'est pas un genre, mais alors il n'englobe pas tous les enjeux puisqu'il ne saurait englober le sien[13].

C'est pourquoi nous ne pouvons, avec la méthodologie langagière de Lyotard, que renoncer au genre suprême gouverné par l'enjeu de justice et nous contenter de témoigner de la difficulté. L'enjeu de Lyotard ne peut finalement pas être la justice devenue grammaire au sens où nous l'aurions voulu (Lyotard étant inclus dans le « nous »), il n'est qu'un témoignage du différend, c'est-à-dire de l'inextricabilité de l'enjeu de justice. Témoignage du fait qu'on ne juge qu'en vertu d'un enjeu, dans le contexte d'une certaine situation relative des instances de phrases (humains, objets et sens). Les autres enjeux et les autres situations relatives entre instances possibles sont alors inévitablement asphyxiés. De cela au moins nous pouvons témoigner avec Lyotard. Mais n'espérons rien de plus : la grammaire fait de la justice comme enjeu ultime une aporie. Nous avons compris « l'erreur ». Nous enchaînons

12. Cf. *MP*.
13. *Dfd*, p. 200.

par une phrase-silence, puis nous essayons de transformer certains torts en dommages, sorte de politique minimale dans cette ontologie des phrases.

Pourtant, l'enjeu de justice au sens plein, au-delà du respect de l'hétérogénéité, est évoqué dans *Le Différend*. Lyotard écrit : « Quand Yaacob Ytzhak de Lublin accorde à Yichaya que "peut-être nous agissons justement quand nous ne voulons rien obtenir par notre action", il circonscrit l'enjeu du genre éthique : son succès (la justice) serait le désintéressement parfait du moi, le dessaisissement de sa volonté[14] ». Voilà donc affirmé d'une traite, en une seule phrase, l'enjeu dont on sent bien qu'il pourrait être l'enjeu suprême pour Lyotard, et pour nombre de ses lecteurs. Mais comment légitimer qu'il s'agisse de l'enjeu suprême ? C'est impossible, nous le savons déjà, ce serait paradoxal. Cependant, Lyotard enfonce le clou encore plus gravement. Non seulement il ne peut s'agir du genre suprême, mais il ne peut même pas s'agir d'un genre établi. En effet, la notion même de genre suppose une stratégie de victoire relative à un enjeu, ce qui contredit l'idée même de dessaisissement de la volonté. Dans la méthodologie des « univers de phrases », un tel dessaisissement ne peut être qu'une situation relative entre destinateur et destinataire, donc un régime de phrases, qui ne peut rien avoir de normatif[15]. Pour qu'il en soit autrement, il faudrait circonscrire notre enjeu avec des présupposés anthropomorphiques, l'exprimer en termes de phénoménologie des intentions, comme si nous n'étions pas de simples instances de phrases[16]. Il n'y a pas de dessaisissement de la volonté qui engendre un genre. Il y a une phrase qui affirme que la justice est le dessaisissement de la volonté. Cette phrase, pour être légitime, devrait légitimement enchaîner sur une autre phrase en vertu d'un genre qui la précède. Cela n'engendre donc aucun genre.

La méthodologie langagière explique l'erreur, mais rend aporétique l'idée que cette erreur soit une erreur. Elle ne peut apparaître que comme un simple fait de grammaire. En faisant apparaître l'erreur grammaticale, Lyotard l'a dissoute en tant qu'erreur.

Il tente bien de recouvrer cet enjeu suprême d'une façon méthodologiquement acceptable. Le dessaisissement de la volonté serait ce processus grammatical selon lequel une instance destinataire n'enchaîne jamais

14. *Dfd*, p. 189.
15. *Dfd*, p. 172.
16. Cf. *Dfd*, p. 189.

en devenant à son tour l'instance destinatrice. À la suite de la prescription que j'ai reçue, je ne la commente pas. Seul un acte (d'obéissance ou non) est légitime. Cette récupération méthodologique s'appuie sur un petit article, rédigé quelques années auparavant, « La logique de Levinas[17] » (car on aura reconnu Levinas dans cette idée de dessaisissement de la volonté). Lyotard y caractérise la grammaire de l'éthique par un régime de phrases et non par un genre de discours (c'est-à-dire par une situation relative de ses instances et non par un enjeu réglant l'enchaînement des phrases) : le régime prescriptif. Rester destinataire et ne pas devenir destinateur signifie ne pas commenter l'ordre, ne pas le légitimer, mais lui obéir. Ne pas basculer sur un régime descriptif prenant l'ordre pour référent, mais demeurer dans une pragmatique purement prescriptive, incarnée par le petit mot « Obéis ». Il n'y a donc effectivement pas de genre de discours suprême, mais peut-être un régime de phrase suprême si on en respecte la pureté grammaticale.

Mais si le normatif grammaticalement pur se manifeste comme incarnation de l'éthique lévinassienne dans un régime de phrases – le régime prescriptif qui jamais ne bascule en descriptif –, encore faut-il demeurer conforme à la façon dont Levinas introduit cette socialité de l'éthique. Il me semble que tel n'est pas ici le cas. Le dessaisissement de la volonté du destinataire de la phrase prescriptive, ou « passivité », n'est pas décrit par Levinas comme une pragmatique purement prescriptive, mais comme une non-pragmatique, puisque le destinateur de l'ordre est l'absent, « l'illéité » dans le vocabulaire de Levinas, c'est-à-dire le divin en tant que destinateur d'un ordre qui ne se manifeste que dans l'obéissance de son destinataire. Ne décrit-il pas dans « Humanisme et an-archie » cette passivité comme le fait d'obéir à un ordre avant que cet ordre ne se fasse entendre[18], et non avant que l'ordre ne soit commenté ? Ne le décrit-il pas, dans *Autrement qu'être*, comme un commandement qui retentit dans la bouche de celui même qui obéit[19] ? L'absence empirique du destinateur de l'ordre chez Levinas est essentielle à l'éthique et semble perturber la méthodologie grammaticale de Lyotard qui a besoin de quatre instances de phrases.

17. Cet article de 1978 a été republié dans le recueil *Logique de Levinas*, Lagrasse, Éditions Verdier, 2015.
18. Cf. E. Levinas, *Humanisme de l'autre homme*, Montpellier, Fata Morgana, 1972, p. 87.
19. Cf. Id., *Autrement qu'être, ou au delà de l'essence*, La Haye, Martinus Nijhoff, 1974, p. 230.

En outre, comment rendre compatible l'idée présente que l'éthique réside dans la pureté de la pragmatique prescriptive avec celle, par ailleurs soutenue dans *Le Différend*, qui fait de la justice le « *Arrive-t-il ?* », l'attente bienveillante de l'idiome inattendu ? Qu'est-ce qui aurait le privilège de constituer l'horizon suprême : le régime prescriptif pur de l'éthique ou bien l'archi-prescription grammaticale juste d'attendre la naissance de l'idiome nouveau ?

Conclusion

Nous ne faisons que buter sur une même difficulté indépassable, me semble-t-il. La méthodologie grammaticale ne peut pas faire émerger un enjeu qui oriente la grammaire vers le juste, puisque dans cette approche tout lui est immanent. La justice y est condamnée à demeurer un enjeu grammatical parmi d'autres. L'hétérogénéité de la grammaire est bien un fait grammatical, mais l'archi-prescription de respecter cette hétérogénéité, de protéger les idiomes fragiles des idiomes qui les arraisonneraient, n'est pas interne à la grammaire. Elle n'est que la traduction grammaticale de l'injonction non grammaticale de rendre exprimable les torts, traduction qui, en outre, est loin d'épuiser l'idée de justice, nous l'avons vu. Lyotard nous demande d'interrompre la méthodologie grammaticale le temps d'y saisir intuitivement que l'injuste réside dans la violence faite par un idiome aux autres idiomes, et d'en déduire que certains faits de grammaire seraient le mal, alors que la méthodologie retenue réside de part en part dans la situation englobante de la grammaire, à laquelle tout est immanent.

Dans *Le Différend*, être, c'est être une instance de phrases ; être, c'est phraser ou être phrasé. Si la justice, à propos de laquelle Lyotard invoque Levinas, doit constituer un horizon ultime de la pensée, l'injonction ultime qui oriente le « chercher l'erreur », alors elle ne peut qu'être an-archique, « autrement qu'être », donc autrement que phrase. Elle ne peut donc pas émerger comme morphologie de phrases légiférant l'être mais comme orientation de toute phrase, comme ce en vertu de quoi (et non pas ce en conséquence grammaticale de quoi) il y a des phrases qui ne sont pas des phrases-silences.

En tentant d'interpréter Levinas comme morphologie grammaticale et en affirmant que le genre suprême est aporétique, pour en déduire finalement qu'un langage se connaissant lui-même et respectant ses idiomes constituerait notre meilleur horizon de justice, Lyotard semble avoir voulu rendre immanent à la grammaire son désir métaphysique. Comme s'il avait certes trouvé l'erreur, mais au détriment de ce au nom de quoi il la cherchait et de ce au nom de quoi cette erreur est une erreur. Comme si un choix méthodologique était devenu un sacrifice métaphysique.

Charlotte Murgier

Lyotard et les conceptions grecques du *logos*

L'œuvre de Lyotard est parsemée de références à la pensée grecque, le plus souvent sous la forme de développements ponctuels, isolant des points de doctrine ou des anecdotes. De ces références diverses et dispersées, la question du langage constitue sans conteste le centre de gravité. Quoique les citations et allusions soient réparties dans l'ensemble du corpus, c'est dans *Le Différend* que l'importance des Grecs est sans doute la plus manifeste : sur les quatorze notices que compte l'ouvrage, cinq sont consacrées à des penseurs grecs (Protagoras, Gorgias, Platon, Antisthène, Aristote). C'est donc sur cet ouvrage, ainsi que sur la série d'entretiens avec Jean-Loup Thébaud, publiés sous le titre *Au Juste*, que s'appuiera principalement cette analyse isolant trois ensembles de références aux formes et usages du *logos* grec chez Lyotard. On verra aussi à cette occasion quel degré d'adhésion la pensée propre du philosophe entretient avec ces différentes figures, et comment le caractère parfois sélectif de sa présentation ou de ses coups de sonde dans les corpus peut être le reflet de sa sympathie pour les pensées en question.

Un premier ensemble de références concerne le traitement socratico-platonicien du langage qui fait figure de repoussoir, Socrate et Platon ayant tenté d'imposer des règles à l'usage du langage, afin de procurer un ancrage ontologique au *logos* et une stabilité à son cadre pragmatique. À l'opposé, le second ensemble de références, à la pensée aristotélicienne, se présente comme un modèle positif : Lyotard se sert d'Aristote comme d'un guide, voyant en lui le premier penseur à avoir reconnu l'incommensurabilité des genres de discours, anticipant sa propre conception des « régimes de phrases ».

Le dernier pôle de références, le plus fondamental sur la question du langage, est constitué par ceux que Lyotard appelle parfois les « petits Grecs », comprenant les rhéteurs, les sophistes et certains socratiques. Lyotard accorde une attention toute particulière à ces figures que l'histoire de la philosophie a tendance à repousser dans ses marges, dans l'ombre des grands systèmes. On verra que les dialectiques sophistiques, mégariques et cyniques, dans leur maniement débridé d'un langage affranchi des liens de l'ontologie, ouvrent la voie à une relativisation en même temps qu'à une absolutisation du langage, lequel, délivré de la servitude envers la référence, apparaît sans dehors.

Platon ou la discipline du *logos*

La référence lyotardienne à la philosophie platonicienne est d'une tonalité nettement polémique, se situant dans la continuité d'une pensée nietzschéenne invitant à s'émanciper d'une métaphysique qui régit la philosophie occidentale depuis des siècles[1]. À l'intérieur de cette dénonciation du platonisme, par laquelle Lyotard ne se démarque guère de ses contemporains[2], la conception platonicienne du langage est vue comme accordant la prépondérance à un certain genre, la théorie. Tel est le nom de ce discours gouverné par l'exigence de vérité, qui s'efforce d'indexer ce qui est dit sur un référent externe, avec lequel il se doit d'être en adéquation[3]. La théorie qui ne devrait jamais oublier ce qu'elle est, à savoir un genre ou un art parmi d'autres, s'arroge pourtant par là un privilège indu et prétend constituer le seul usage pertinent du langage, les autres n'étant que secondaires, divertissants (l'art) ou déficients (la rhétorique). Platon, désigné comme le grand artisan de cette opération, apparaît donc comme l'adversaire. À côté de ce diagnostic général, on trouve aussi chez Lyotard des analyses plus précises quant aux raisons qui ont poussé Platon à chercher au langage un fondement ou une vérité qui viennent l'autoriser. D'après la notice que lui consacre *Le Différend*, la philosophie platonicienne s'inscrit dans la « problématique de la perte ou du déclin de la réalité du référent[4] », s'efforçant alors de mettre en place les procédures aptes à pallier cette inquiétante défaillance.

1. Cf. « Réécrire la modernité », *Inh*, p. 37.
2. Cf. F. Wolff, « Trios. Deleuze, Derrida, Foucault, historiens du platonisme », in B. Cassin (dir.), *Nos Grecs et leurs modernes, Les stratégies contemporaines d'appropriation de l'Antiquité*, Paris, Seuil, 1992, p. 237-239.
3. Cf. notamment *AJ*, p. 60, et *RP*, p. 162.
4. *Dfd*, p. 42-43.

La conscience du déclin

La notice Platon du *Différend* s'ouvre sur un rappel du procès de Socrate, en mettant en parallèle les accusations portées contre ce dernier – celle de sophistique (en rendant fort le discours faible) et d'impiété (en enseignant de ne pas croire aux dieux) – et celles portées contre le sophiste Protagoras, auquel la tradition impute à la fois la prétention à rendre fort le discours faible et un agnosticisme concernant les dieux. Lyotard interprète cette double accusation faite à Socrate et à Protagoras comme convergeant vers un « genre de discours impie ». L'impiété en question tient au fait que le discours sophistique exige des « preuves » de ce qui devrait normalement précéder et garantir le discours, à savoir l'être ou la divinité[5].

L'ontologie est en effet le discours qui dit l'être, tout en parlant depuis celui-ci : en lui, les instances du destinateur et du référent se trouvent confondues. Le destinataire du discours y est aussi directement témoin, sans nul besoin de procédure d'attestation. Cette belle immédiateté est fissurée par la sophistique qui ouvre le règne de la *logologie*[6], ce discours qui ne part que du discours pour faire exister l'être. La conception comme la pratique platoniciennes du *logos* s'élaborent en réaction à ce diagnostic d'une double perte, celle de l'ontologie et celle de la divinité.

Lyotard accorde ainsi une grande attention aux textes platoniciens attaquant l'impiété, notamment au livre X des *Lois*[7], en en proposant une lecture depuis le cadre théorique fourni par l'analyse contemporaine du discours. Les différentes formes de l'impiété repérées et combattues par Platon sont en effet interprétées à partir du schéma des instances discursives : on peut mal parler des dieux en s'adressant incorrectement aux dieux qui sont alors en position de *destinataires* du discours[8], ou bien en développant un discours mensonger sur les divinités qui sont alors

5. Cf. *Dfd*, p. 39.
6. Cf. *Dfd*, p. 39, et B. Cassin, *L'Effet sophistique*, Paris, Gallimard, 1995, p. 73.
7. Commenté dans *Le Différend*, il est aussi évoqué dans *Instructions païennes* (*IP*, p. 50-53).
8. C'est le discours de l'impie en *Lois* X : on remarquera au passage que ce discours qui se décline en trois temps comporte précisément la structure régressive caractéristique, on le verra plus loin, du *Traité du non-être* de Gorgias : les dieux ne sont pas / rien n'est ; les dieux sont mais sont indifférents / si quelque chose est, c'est inconnaissable ; les dieux ne sont pas indifférents mais sont corruptibles / si quelque chose est connaissable, ce n'est pas communicable.

en position de *référent* du discours[9], ou encore en les faisant mal parler, ce qui les place alors en position de *destinateurs* du discours[10]. Mais une fois ces formes distinguées et les lieux du discours sur l'impiété repérés, Lyotard ne s'intéresse pas au contenu doctrinal des réponses platoniciennes, laissant de côté la longue réfutation de l'athéisme occupant l'intégralité du livre X des *Lois* ou l'abrégé de théologie de *République* II destiné à contrer les représentations fallacieuses des dieux. Il choisit dans *Le Différend* de se concentrer uniquement sur la manière dont Platon réagit, sur le terrain même du langage, à cette mise en question de la divinité, comme de l'être, en examinant le procédé par lequel le discours platonicien s'efforce de stabiliser les différentes instances discursives qui en sont constitutives.

La réaction platonicienne : l'arrimage du logos

Face au constat d'un flottement du langage, déraciné de ses ancrages ontologiques et théologiques par les sophistes (Gorgias pour l'être, Protagoras pour les dieux), Socrate et Platon mettent en place une série de dispositifs discursifs destinés à conjurer ce péril. Ces derniers résident dans la forme du dialogue, oral aussi bien qu'écrit, analysé comme un artifice dont le but est de parvenir à éliminer la nécessité d'attester du référent du discours devant un tiers érigé en témoin ou en juge. Il s'agit d'obtenir l'éviction d'une instance, celle du tiers extérieur au débat, qui serait censée l'arbitrer, et par là de trancher le « différend sur les moyens d'établir la réalité entre les partisans de l'agonistique et les partisans du dialogue[11] ».

Dans la notice Platon (§3-4), Lyotard souligne que le dialogue socratique, tel qu'il est pratiqué par Socrate ou d'autres meneurs de jeu des dialogues de Platon (l'Étranger du *Sophiste*, l'Athénien des *Lois*), s'efforce de discipliner son interlocuteur oral. Pour ce faire, le « meneur de jeu »

9. C'est la dénonciation en *République* II des mythologies traditionnelles représentant les dieux affublés de tous les vices.

10. C'est la critique platonicienne de la *mimèsis* comme mode d'énonciation – *lexis* – direct, en *République* III. Ici Lyotard force quelque peu le trait, ce qui est plutôt rare, puisque cette célèbre critique de l'imitation simple ne concerne pas directement les dieux mais le poète. Socrate distingue le cas où le poète s'efface derrière son discours en laissant parler ses personnages, leur prêtant des propos éventuellement inconvenants – l'imitation simple, forme d'énonciation la plus pernicieuse –, et celui où il se montre, désignant son propre discours comme rapporté par lui – la narration, moins suspecte aux yeux de Platon.

11. *Dfd*, p. 47.

entreprend par exemple de sélectionner par avance ceux à qui il s'adresse, en excluant les rétifs et les perturbateurs, comme ces matérialistes du *Sophiste*, trop grossiers pour qu'on discute avec eux directement. Il essaie aussi d'obtenir de son interlocuteur un accord sur le principe qui doit régler le dialogue, à savoir que le seul avis pertinent pour trancher la discussion est l'accord des locuteurs, excluant tout recours à une personne extérieure pour juger. Cette règle, exprimée en toute netteté par Socrate à destination de Polos dans le *Gorgias* (471d-472c), vise à faire échapper le dialogue aux formes agonistiques, caractéristiques des formes judiciaires ou politiques, du discours, qui, elles, mettent en jeu trois instances – les deux adversaires et le public tiers et juge. Ce processus d'exclusion du tiers juge se double au niveau de l'écriture même du texte platonicien d'une relégation à l'extérieur du dialogue d'un autre type de destinataire, le lecteur. Cette exclusion s'opère selon Lyotard par le biais des prologues à niveaux multiples (jusqu'à quatre dans le *Théétète*) qui forment comme autant de couches éloignant le lecteur de la scène du dialogue, parce que, pas plus que certains des interlocuteurs de Socrate ou de l'Étranger, ce lecteur n'aurait les capacités de jouer le jeu du dialogue selon les règles platoniciennes, ce qui le rend objet d'un soupçon similaire[12].

Pourtant, à côté de cette mise à distance des lecteurs que nous sommes, Lyotard repère un autre dispositif, celui de la métalepse, concept emprunté à Gérard Genette pour désigner la transgression des frontières du récit. L'effacement des marques du discours rapporté (les « dit-il », « répondit-il ») proposé dans le *Théétète*, autrement dit le recours à l'imitation simple pourtant proscrite par la *République*, est analysé par Lyotard comme une métalepse destinée à faire imperceptiblement glisser le lecteur de la position de tiers et de témoin – celle-là même rejetée comme illégitime dans la pratique du dialogue – au rôle de destinataire « direct » des propos de Socrate ou du meneur de l'entretien[13]. Ainsi, par le biais de la métalepse, le dialogue se trouve-t-il échapper, tant au niveau externe (celui du rapport entre lecteur et texte) qu'au niveau interne (celui du rapport des personnages au meneur de l'entretien) à la structure tripartite caractéristique des genres agonistiques – rhétorique, dialectique –, du théâtre que constitue l'espace public. Le lecteur apparaît alors comme un destinataire assagi, apte à se conformer aux réquisits du discours philosophique. Le dispositif oral et écrit du dialogue aurait donc pour

12. Cf. *Dfd*, p. 47.
13. Cf. *Dfd*, p. 47-48.

fonction générale de résorber les différends, de pacifier l'échange sur les moyens d'attester de la réalité du référent, ouvrant ainsi la voie au discours théorique, celui de la connaissance scientifique.

En résumé, on observe qu'à côté de l'assignation du platonisme à la métaphysique, Lyotard s'intéresse de manière plus originale et plus précise aux dispositifs d'écriture platoniciens, analysés comme autant d'efforts et d'effets pour conjurer le péril ouvert par les pensées sophistiques, à savoir le règne de l'agonistique, où le langage n'est plus ordonné à l'expression d'une réalité qui le précède et le fonde mais où la réalité doit s'attester par le moyen du *logos*. Attentif aux dispositifs, à la pragmatique du *logos* platonicien lui-même, il laisse de côté les recherches platoniciennes sur le langage (notamment dans le *Sophiste*) destinées à fonder théoriquement le discours et à l'enraciner dans l'être, vraisemblablement parce qu'elles ressortissent de cette pensée métaphysique dont il faut définitivement s'extirper. Si le Platon « métaphysicien » est dénoncé et congédié d'un revers de main, le Platon « écrivain » retient davantage son attention. Les stratégies discursives platoniciennes relèvent de tentatives plus rusées – mais aussi non exemptes d'ambivalence – de traiter avec le différend ouvert par les discours et les pratiques sophistiques[14]. C'est donc sur le maniement, plutôt que le traitement, platonicien du *logos* que se focalise Lyotard. Et c'est bien plutôt chez Aristote que chez Platon qu'il situe l'une des sources d'inspiration de ses propres analyses du langage.

Aristote : l'exploration du champ du *logos*

Aristote fait de manière générale chez Lyotard l'objet d'une appréciation bien plus positive que son maître. Il n'est pas perçu comme l'un des relais de la tradition métaphysique occidentale, l'un de ceux qui ont tenté d'arrimer le langage à l'être pour le sauver du relativisme, mais comme le découvreur de la pluralité des usages du *logos*. Cette fonction de pionnier est déjà sensible dans le fait que Lyotard reconnaît en lui, classiquement, le premier à avoir formulé la différence entre langage

14. Cf. *RP*, p. 158.

articulé et langage inarticulé, à travers la distinction entre *logos* (discours) et *phônè* (voix) en *Politique* I, 2. Par le *logos,* le langage articulé, qui utilise le moyen du signe arbitraire qu'est le nom, l'homme, seul entre les animaux, dispose de la capacité à signifier utile et nuisible, juste et injuste, les valeurs fondatrices de la communauté politique. Quant à la *phônè*, la voix inarticulée, que l'homme a en commun avec les animaux, elle sert à exprimer ce qui est du côté de la sensation, de l'*aisthèsis*, des sentiments (*pathèmata*). Elle relève de l'affectivité, de l'animalité, de ce que Lyotard appellera l'enfance, autrement dit de ce qui demeure extérieur au cadre pragmatique et sémantique du discours[15].

À côté de cette analyse fondatrice, Aristote est surtout tenu pour le théoricien des genres de discours : il est celui qui, le premier, a fait droit à leur pluralité et leur incommensurabilité. Loin de viser comme Platon à leur réduction au modèle théorique soumis à la juridiction du vrai et du faux, Aristote prend acte de l'hétérogénéité des modalités de la parole :

> On sait depuis Aristote que tous les énoncés n'appartiennent pas à la même classe. Aristote, dans le *De Interpretatione*, à propos de l'exemple de la demande, de la prière (*euchè*) déclare : tout discours est *semantikos* mais tout discours n'est pas *apophantikos ;* c'est-à-dire que tout discours n'est pas propositionnel[16].

Le poétique, le rhétorique, le dialectique, l'éthique font ainsi jeu égal avec le discours scientifique. Ce que Lyotard va thématiser comme intraductibilité des énoncés, irréductibilité des « régimes de phrases » (du prescriptif au descriptif), est d'ores et déjà repéré par Aristote lorsque celui-ci souligne l'autonomie des différentes régions de l'être et la pluralité des modes de discours auxquels ces dernières donnent lieu[17]. Le philosophe a donc fait droit aux « genres de discours » exclus ou soumis par les dispositifs platoniciens : le discours dialectique qui a affaire aux opinions, le discours rhétorique qui s'appuie sur le vraisemblable. Chez lui, les différents genres apparaissent comme autant d'arts, dont les prescriptions sont valables dans leur ordre, plutôt que des savoirs, et ceux de ces arts

15. Cf. « La phrase-affect », *Misère*, p. 53.
16. *AJ*, p. 61.
17. Cf. *AJ*, p. 66.

qui intéressent le plus Lyotard sont ceux qui prennent acte du fait qu'ils travaillent dans le domaine du contingent, de l'opinion[18].

Si la lecture d'Aristote s'avère décisive pour Lyotard, en permettant de formuler un certain nombre d'intuitions et de convictions qui lui sont propres, elle apparaît aussi comme indéniablement sélective, en privilégiant les textes non théorétiques d'Aristote, ceux qui relèvent des formes de la pensée pratique (*Éthiques, Politique*) ou technique (*Rhétorique*). Même lorsque Lyotard fait allusion à la *Métaphysique*, c'est encore pour la tirer, en s'appuyant sur l'interprétation de Pierre Aubenque, du côté d'une lecture dialectique plutôt que d'une lecture dogmatique[19]. Cette lecture a pour effet d'éluder très largement le projet ontologique d'Aristote, lequel se situe dans la continuité, si critique soit-elle, de la réplique platonicienne aux pensées sophistiques. Le penseur désireux de restaurer le lien entre le discours et l'être par-delà les brèches ouvertes par Parménide dans lesquelles s'est engouffrée la sophistique[20], l'adversaire du relativisme protagoréen, bref tout ce pan non négligeable du corpus aristotélicien, se trouve relativisé, voire passé sous silence par Lyotard. C'est l'autre Aristote, celui des affaires humaines et des arts du discours, qui est le plus massivement sollicité[21].

L'appréciation très largement positive de la philosophie aristotélicienne sur la question du langage n'est pas sans lien avec ce que Lyotard nomme « paganisme », cette pensée qui se défie des maîtres, des critères, de la référence[22]. C'est aussi la raison pour laquelle Aristote est placé par Lyotard du même côté que certains « petits Grecs »[23], ces sophistes

18. Cf. *AJ*, p. 72 : « Je crois que l'Aristote de la *Politique* et des *Éthiques*, comme des *Topiques* et de la *Rhétorique* […] est au plus près du paganisme. C'est à dessein que je prends ces différent livres, parce que dans tous les cas, on a affaire à un discours qui essaie d'établir la bonne *tekchnè*, l'art et non pas le savoir, dans une matière où il ne peut pas y avoir de savoir parce qu'on est plongé dans les opinions. La politique appartient à cette sphère, elle n'appartient pas à la sphère du savoir. »
19. Cf. *AJ*, p. 74.
20. Cf. sur ce point B. Cassin, *L'Effet sophistique, op. cit.*, p. 55.
21. Un autre aspect de la philosophie aristotélicienne intéresse beaucoup Lyotard, l'analyse du temps en *Physique* IV, à laquelle la notice Aristote du *Différend* est entièrement consacrée (cf. aussi *Inh.*, p. 33). La question du langage n'y étant pas centrale, nous la laisserons de côté.
22. Sur la notion de paganisme, cf. *AJ*, p. 48-49 et la notice de G. Bernard dans le Glossaire de *Rudiments païens*, p. 172-173.
23. Cf. « Examen oral », p. 138.

et rhéteurs, qui savent se saisir du *kairos*, le moment opportun, pour l'emporter dans la joute verbale, qui savent tirer parti de la connexion entre le discours et le temps, ruser par anticipation, comme on le verra avec Protagoras.

Logologies des « petits Grecs »

Ce troisième modèle, qui informe de manière décisive la réflexion lyotardienne sur le langage, correspond au pôle « païen » de sa pensée. Le point de départ de l'intérêt pour la pensée sophistique semble remonter, d'après ce qu'en dit Keith Crome[24], à la fin des années 1960 où Lyotard aurait commencé à travailler sur la logique sophistique et sur Gorgias. Cet intérêt va croissant durant les années 1970 où il donne un cours sur « Nietzsche et les sophistes » (1974-1976), publie en 1976 un article intitulé « Sur la force des faibles » entièrement consacré aux « petits Grecs ». Les allusions à la pratique sophistique émaillent les textes de cette période (*Rudiments païens* et *Instructions païennes*, 1977) jusqu'à occuper une place de plus en plus déterminante dans les entretiens avec Jean-Loup Thébaud rassemblés sous le titre *Au juste* (1979) et dans *Le Différend* (1983). Les « petits Grecs » recouvrent essentiellement trois groupes : les sophistes et rhéteurs derrière les figures de Protagoras, Gorgias et Corax, les Mégariques avec Eubulide et son paradoxe du menteur, les Cyniques à travers le personnage d'Antisthène, identifié comme le premier cynique. Le point commun de cette constellation hétéroclite tient dans une même propension à jouer avec le langage, à utiliser ses propriétés paradoxales pour renverser une situation, déjouer une attente, remporter une victoire. Ces jeux sont autant de coups qui sont utilisés de manière ponctuelle et locale, n'obéissant à aucune stratégie de longue haleine. Les divers tours ou pièges sophistiques, rhétoriques, dialectiques vont faire office de révélateur, découvrant l'inquiétante étrangeté du discours, mettant en question sa capacité à se rapporter au réel, sauf à présupposer un métalangage non moins problématique qui garantisse les conditions de son bon usage.

24. Cf. K. Crome, *Lyotard and Greek Thought : Sophistry*, Houndmills/New York, Palgrave MacMillan, 2004, p. 1 *sq.*, dont nous suivons les analyses.

Gorgias ou l'impossible attestation de la réalité extra-linguistique

Lyotard s'intéresse à la structure du *Traité du non-être* de Gorgias dans un article de 1978 intitulé « Gorgias » et dans *Le Différend* qui lui consacre une notice au cours de la déconstruction de l'argumentaire négationniste. Dans ces deux textes, Lyotard se penche sur la structure régressive de l'argument du traité, qui s'articule en trois propositions :

(1) Rien n'est.

(2) Si quelque chose est, c'est insaisissable.

(3) Si quelque chose est saisissable, c'est inexprimable.

La stratégie de Gorgias, telle que l'analyse Lyotard qui s'appuie sur l'édition et le commentaire de Barbara Cassin[25], est celle du retrait, de la concession à l'adversaire, du « recul » tactique. Chacune des deux notices consacrées à l'argument souligne sa parenté avec un raisonnement rapporté par Freud dans « Le mot d'esprit et ses rapports avec l'inconscient », à propos d'un différend concernant un chaudron (pas emprunté, ou emprunté percé, ou rendu intact), où l'on retrouve ce même redoublement concessif fondé sur la répétition du « même si… ». Néanmoins la différence notable, pointée par l'article de 1979, entre les deux versions de l'argument concessif tient au statut du dernier énoncé (3) de Gorgias. Celui-ci n'est pas sur le même plan que ceux qui le précèdent, en ce qu'il ne se contente pas de nier, comme dans le cas du chaudron, ce qui vient d'être hypothétiquement concédé. La dernière proposition de Gorgias enveloppe, elle, tout ce qui la précède puisqu'elle met en doute la capacité même du langage à exprimer quoi que ce soit, que cela existe ou non[26].

C'est par là que le raisonnement du sophiste met en exergue le hiatus entre le langage et l'être et signe l'implosion de l'ontologie parménidienne. En faisant entrer le discours ontologique dans le jeu dialectique par le biais de cet argument concessif, Gorgias le soumet en effet à la nécessité d'attester de son objet, de la réalité dont il parle, ce qui ne peut se faire qu'à l'intérieur du langage. C'est ce que résume, selon Lyotard, une phrase du *Traité du non-être* qui fait figure de « méta-principe » :

25. Cf. B. Cassin, *Si Parménide. Le traité anonyme* De Melisso Xenophane Gorgia, Lille, Presses universitaires de Lille, Éditions de la Maison des Sciences de l'Homme, 1980, p. 430.

26. Cf. J.-F. Lyotard « Gorgias », *Art Press International*, n° 20, 1978, Paris, p. 25 : « Chez Gorgias au contraire, le troisième lieu fait la décision parce qu'il inclut les deux premiers dans sa référence : si ce n'est pas exprimable, tout ce qu'on en dit est indécidable, et donc aussi les énoncés que cela est ou n'est pas et que cela est saisissable ou insaisissable. »

> « Si donc rien n'est, les démonstrations disent tout sans exception » (980a9). C'est sous cet aspect à la fois nihiliste et logologique que nous recevons et étudions la question de la réalité. Celle-ci n'est pas octroyée du bout de l'index par une déesse, elle est « à démontrer », c'est-à-dire à argumenter et à présenter comme cas, et une fois établie, elle est un état du référent des phrases cognitives. Cet état n'empêche pas que « rien n'est » tout court[27].

L'ontologie se voit ainsi réduite à n'être qu'un genre de discours parmi d'autres, une pure construction discursive, qui ne jouit plus d'aucune priorité, d'aucun statut privilégié[28].

De ce divorce entre langage et être va hériter Antisthène, dans la lecture qu'en donne Lyotard[29]. Les paradoxes d'Antisthène, qui se dégagent des critiques aristotéliciennes dans la *Métaphysique* et des échos parodiques qu'en offre, suppose-t-on, l'*Euthydème* de Platon[30], consistent pour le premier à soutenir l'impossibilité du faux et de la contradiction, pour le second celle de la définition[31] : ils sont la conséquence du hiatus entre langage et être, mis en évidence avec éclat par l'argument concessif de Gorgias. Cette impossibilité de sortir du *logos* pour atteindre un fondement extralinguistique se trouve exploitée par une série d'autres raisonnements rusés, émanant de sophistes ou de dialecticiens. Ces raisonnements ont en commun une même audace qui consiste à jouer sur cette inquiétante propriété qu'a le langage de faire référence à lui-même.

Les paradoxes de l'autoréférentialité : Protagoras et Eubulide

Dans *Le Différend* et déjà dans l'article « Sur la force des faibles », Lyotard se penche sur l'anecdote rapportée par Diogène Laërce à propos du grand sophiste, et premier à se revendiquer comme tel, Protagoras. À l'occasion d'un litige avec l'un de ses élèves, Protagoras lui oppose le raisonnement suivant en forme de dilemme :

27. *Dfd*, p. 33.
28. Cf. *Dfd*, p. 33.
29. Suivant notamment, semble-t-il, l'analyse de P. Aubenque qui en fait un disciple probable de Gorgias : cf. *Aristote et le problème de l'être*, Paris, Puf, 1962, p. 100-101. Cette interprétation est aujourd'hui critiquée par A. Brancacci, *Antisthène, le discours propre*, Paris, Vrin, 2005.
30. Cf. *Dfd*, p. 62 : « Les deux sophistes de l'*Euthydème* passent par la brèche entre l'être et le dire inscrite dans le poème de Parménide, et que la dialectique de Gorgias a déjà largement ouverte sur le "ni être ni non-être" de ce dont on parle. »
31. Cf. *RP*, p. 46.

> On dit qu'un jour Protagoras réclamait ses honoraires à un élève Evathle, et comme celui-ci protestait qu'il n'avait pas remporté la moindre victoire, Protagoras répliqua : si c'est moi qui dois gagner, il faudra me payer, parce que ce sera moi le gagnant ; et si c'est toi, parce que ce sera toi[32].

Lyotard dévoile le ressort du piège de Protagoras qui consiste à inclure le procès actuel (entre le professeur et son élève) dans la série des procès ayant déjà eu lieu (où son élève devait plaider). Cette auto-inclusion est possible grâce à la propriété qu'a le langage de pouvoir transgresser la frontière entre le discours et la réalité à laquelle il fait référence, grâce à cette « faculté d'une phrase de se prendre elle-même pour référent[33] ». Rien n'astreint le langage à renvoyer à une extériorité, rien ne lui interdit de s'appliquer à lui-même[34].

Le raisonnement sophistique de Protagoras est rapproché dans l'article « Sur la force des faibles » du paradoxe du Menteur, développé par Eubulide, un membre de l'école mégarique, école célèbre pour son maniement redoutable de la dialectique qui a pu la faire taxer d'éristique. Sous sa forme simple (« Je mens ») ou développée par Cicéron dans les *Académiques* (« si tu dis que tu mens et si tu dis vrai, alors tu mens »), ce paradoxe repose sur la même propriété d'autoréférentialité. Exposant la manière dont Russell dissout le paradoxe, édictant la règle qu'une phrase renvoyant à une totalité n'a pas le droit de faire partie de cette totalité, Lyotard en souligne la part d'artifice, l'intrinsèque fragilité, voyant ainsi en Russell

> l'un des plus sympathiques de ces démineurs, parce qu'il ne cache pas son jeu derrière des motifs métaphysiques (et pour cause), et que

32. *Dfd*, p. 19.
33. *Dfd*, p. 20.
34. Lyotard attire aussi l'attention sur le fait que le *logos* de Protagoras ne ruse pas seulement avec le langage, mais aussi avec le temps. Cette auto-inclusion d'un événement (le procès actuel) dans la totalité des cas envisagés fait fond sur une anticipation de l'issue du procès, [qui] « inclut le résultat ultérieur dans la décision actuelle » (« Sur la force des faibles », *L'Arc*, n° 64, « Lyotard », Aix-en-Provence, 1976, p. 8 ; rééd. *L'Arc/Inculte*, Paris, Éditions Inculte, 2010.). *Le Différend* (p. 21) met ainsi en parallèle l'étude aristotélicienne des paradoxes du « maintenant » en *Physique* IV et l'ambiguïté inhérente au déictique temporel dont joue Protagoras – puisque le maintenant est tout à la fois l'origine de la distinction des moments du temps (avant/après) et lui-même partie de la série temporelle.

> sa réfutation se donne presque crûment pour ce qu'elle ne peut manquer d'être, à savoir une décision[35].

Si la solution russellienne a le mérite de faire apercevoir le principe de l'imbroglio sophistique, elle révèle tout autant dans le sophiste celui qui, loin d'ignorer le principe, s'amuse à utiliser à son profit cette propriété du langage, qu'on ne peut conjurer autrement que par une règle qui ne pourra jamais s'autoriser que d'elle-même[36].

Le logos *comme puissance de retournement : Corax*

C'est sur la même propriété d'auto-référentialité que repose le lieu utilisé par le rhéteur Corax. Ce lieu, consigné par Aristote dans la *Rhétorique* qui en démonte et en dénonce le mécanisme de confusion volontaire entre l'absolu et le relatif, est analysé par Lyotard comme un retournement consistant à appliquer l'argument à lui-même. Le client de l'avocat Corax est physiquement fort : il est donc, dans l'absolu, vraisemblable qu'il ait effectivement battu celui qui le traîne en justice pour voie de fait. Corax utilise cette vraisemblance pour le défendre en arguant qu'il est invraisemblable que son client ait accompli un tel acte, sachant pertinemment que sa force physique l'accuserait. La vraisemblance la plus forte (que le fort ait battu le faible) est donc rédupliquée, ce qui a pour effet d'en inverser la valeur : le plus vraisemblable devient ainsi le plus invraisemblable[37].

Ce retournement de la vraisemblance, qui permet de saper la position supposée de force, apparaît donc comme une nouvelle variation sur la propriété d'auto-application : une fois anticipée par le client de Corax, la vraisemblance du fait se voit renversée en invraisemblance, rendant l'argument contraire plus fort, c'est-à-dire plus vraisemblable. Ce dispositif, que Lyotard qualifie de « rétorsion » dès son cours de 1975 sur « Nietzsche et les sophistes »[38], consiste à faire, si l'on peut dire, « rebondir » l'argument contre lui-même, c'est-à-dire à

35. J.-F. Lyotard, « Sur la force des faibles », *art. cit.*, p. 8.
36. Cf. *ibid.*, p. 9.
37. Cf. Aristote, *Rhétorique*, II, 24, 1402 a3-29, et J.-F. Lyotard, « Sur la force des faibles », *art. cit.*, p. 5.
38. À la suite d'Aristote (*Rhétorique* II, 23, 1399a 27-29) : cf. K. Crome, *op. cit.*, p. 95 *sq.* Sur la rétorsion, cf. la notice « rétorsion » du Glossaire de *Rudiments païens* par G. Bernard, p. 175 et ses analyses dans *Lyotard : politique, éthique : la justice improbable*,

> utiliser l'impact de la victime, de son énergie propre, cinétique, psychique, sur l'appareil qui met en marche celui-ci [i.e. le piège] et effectue la rétorsion de force attendue du piégeur[39].

Les usages sophistiques et rhétoriques du *logos* sont ainsi rapprochés par Lyotard des paradoxes dialectiques mégariques (Eubulide) ou cyniques (Antisthène). Si les interprètes tendent aujourd'hui à distinguer plus nettement les raisonnements des « petits socratiques » des entreprises sophistiques, en y voyant davantage l'expression de l'exigence, poussée jusqu'à l'extrême du paradoxe, de raccommoder le discours et l'être, Lyotard les englobe dans un même groupe, marqué du sceau d'une commune marginalité et résistance à l'autorité. Éclipsés historiquement par la philosophie « institutionnelle » de Platon et d'Aristote, ces artistes et artificiers du *logos* suscitent chez Lyotard un intérêt non démenti, d'ordre heuristique. Les textes de la période païenne repèrent chez ces penseurs une série de machinations destinées à déjouer les positions de force et d'autorité, à prendre en otage le discours des maîtres, en jouant de l'absence d'un métalangage autorisé qui viendrait régler le discours et l'indexer sur la réalité[40]. Les notices du *Différend* creusent cette découverte au niveau du langage, en mettant l'accent sur les divers paradoxes issus de l'autoréférentialité, sur la perte du référent consacrée par la destruction gorgienne de l'ontologie et sur l'impossible fondation du langage sur un être qui lui serait extérieur.

À l'issue de ce parcours des modèles grecs du *logos* mobilisés par Lyotard dans sa réflexion sur le langage – le modèle platonicien de la régulation, le modèle aristotélicien de la pluralité, le modèle païen de l'immanence et de la rétorsion –, on voit donc que, pour ponctuelle que soit la référence aux figures grecques du *logos*, elle est suffisamment constante pour être significative. La lecture qu'en fait Lyotard, le plus souvent précise, parfois sélective, s'appuyant sur une connaissance directe des textes et de leurs interprétations par les spécialistes dont il est contemporain, vient nourrir de près ses propres intuitions sur le langage. La pluralité des usages grecs du *logos* fait en effet office de laboratoire :

Lille, Thèse de doctorat, 2010, p. 156. Je remercie ici très vivement G. Bernard de m'avoir communiqué son travail et d'avoir relu le présent texte.

39. « Gorgias », *art. cit.*, p. 25.

40. Cf. *RP*, p. 46.

leur multiplicité parfois débridée met en évidence le rapport problématique que le discours entretient avec l'être, nous découvre la pluralité irréductible des genres du discours, et vient donc relativiser le magistère du modèle théorique dans le discours philosophique. Ces explorations des différentes figures du *logos* grec, complétées par des références plus contemporaines, notamment à Kant et à Wittgenstein, montrent qu'il y a bel et bien des leçons à tirer des machinations langagières forgées, en particulier, par les « petits Grecs ».

Sophie NORDMANN

Rétorsion du temps et rétorsion du langage : la référence au hassidisme chez Lyotard

À partir du début des années 1970, on trouve sous la plume de Lyotard, de manière récurrente et passablement inattendue, la référence à un mouvement religieux juif né en Europe de l'Est à la fin du XVIIIe siècle, le hassidisme. Cette référence apparaît pour la première fois dans un article paru en 1976 dans le cadre d'un livre d'hommage à Ernst Bloch (l'article a pour titre « Puissance des traces, ou contribution de Ernst Bloch à une histoire païenne[1] »), et repris l'année suivante dans *Rudiments païens* sous le titre « Rétorsion en théopolitique[2] ». Elle ne cessera, à partir de ce moment, d'accompagner la réflexion de Lyotard. On la retrouvera notamment dans *Au Juste* et, de manière plus souterraine, dans *Le Différend*. Le hassidisme est ce courant juif mystique et populaire, qui met au cœur de la pratique religieuse la célébration de la Torah dans la joie. Fondé par le Baal Shem Tov (1700-1760), ce mouvement connaîtra un essor important au cours des XVIIIe et XIXe siècles au sein des communautés juives d'Europe de l'Est. La dimension mystique du hassidisme l'oppose à un autre courant majeur dans l'Europe de l'Est des XVIIIe et XIXe siècles, le courant des *Mitnagdim*, fondé par le Gaon de Vilna (1720-1797), à l'orientation résolument rationaliste[3]. Les Hassidim prônent une forme de foi simple et de communion avec Dieu fervente et joyeuse et mettent au cœur de leur enseignement la forme narrative

1. J.-F. Lyotard, « Puissance des traces, ou contribution de Ernst Bloch à une histoire païenne, *Utopie-Marxisme selon Ernst Bloch*, Hommages publiés par Gérard Raulet, Paris, Payot, 1976.
2. *Id.*, « Rétorsion en théopolitique », *RP*, p. 51-63.
3. On peut noter qu'Emmanuel Levinas, hostile à l'aspect mystique du hassidisme, affirmera souvent sa proximité vis-à-vis des *Mitnagdim* : cf. *infra*, p, 79.

du conte[4]. Les contes hassidiques ont été, au cours du XXe siècle, portés à la connaissance d'un plus large public en Europe occidentale, notamment grâce aux travaux de Martin Buber, dont Lyotard est lecteur. Or c'est justement à la manière d'un conte hassidique que s'ouvre cet article où Lyotard, pour la première fois, fait référence au hassidisme, « Rétorsion en théopolitique » :

> À celui-là, petit bachelier en théorie-fiction, un ange était apparu une fois en rêve. « À côté de qui serai-je assis là-haut ? », lui demanda le rêveur. « Tu seras assis à côté de Ernst Bloch de Tübingen », et l'ange disparut. L'enfant se met alors en quête de ce Bloch. On lui dit que c'est un marxiste, et un chrétien millénariste, et un idéaliste, et un Hassidite, et un historien des idées, et un penseur somme toute édifiant, et le dernier grand nihiliste, et le Münzer de l'époque bureaucratique. Le rêveur s'informe, fréquente ces Maisons de prière modernes qu'on nomme bibliothèques universitaires. Il constate en lisant quelques livres que le maître y occupe une place majeure, doctorale. Pas besoin d'aller, comme Rabbi Rafaël de Belz, en banlieue, le soir tombant, en plein Sabbat, pour faire la rencontre d'un inconnu, Yitchak Leib, ivrogne et deux fois impie, et découvrir ensuite qu'il est un Saint, les voies du Seigneur Loué soit-il étant retorses. Non, Ernst Bloch lui apparaît en bonne posture dans l'intelligence et la sagesse reconnues, un docteur honoris causa. C'est pourquoi l'adolescent s'inquiète : « Est-ce donc à côté de ce grand Philosophe que je serai assis là-haut, moi petit Fictif ? En vérité, Dieu, je dois dire que tu as de drôles d'idées ! » La suite de l'histoire est qu'après ces mots il *tombe sans connaissance* devant la porte de la Bibliothèque[5].

Ces lignes ont pour toile de fond un conte hassidique rapporté par Ernst Bloch dans *Traces*, qui s'ouvre sur ces mots : « À celui-ci [il s'agit de Rabbi Rafaël, célèbre pour sa piété et sa connaissance des sciences occultes] un ange était apparu une fois en rêve. "A côté de qui serai-je assis là-haut ?" lui demanda le Rabbi. "Tu seras assis à côté de Ytschak Leib, de Lodz"[6] ». Rabbi Rafaël se met alors en quête de cet Ytschak Leib,

4. Cf. par exemple les Contes du Rabbi Nahman de Bratslav, petit-fils du Baal Shem Tov, publiés en français : *Contes de sagesse de Rabbi Nahman de Braslav*, Adin Steinsalz éd., Paris, Albin Michel, 2014.
5. *RP*, p. 51.
6. E. Bloch, *Traces* [1959], trad. fr. de P. Quillet et H. Hildenbrand, Paris, Gallimard, « Tel », 1968, p. 106.

dont il n'a jamais entendu parler, et finit par le trouver en la personne d'un homme misérable et mécréant. C'est lorsque Ytschak Leib sauve de la noyade Rabbi Rafaël et lui demande avec humour de lui enseigner la prière juive que ce dernier comprend la parole de l'ange, demande à Ytschak Leib sa bénédiction et repart « de son côté, bien réconforté vers la sainte ville de Belz[7] ». Lyotard reprend donc ici, en l'inversant, le motif de ce conte pour introduire son propos : la suite de l'article se présente en effet comme une élucidation de la proposition énigmatique de l'ange suivant laquelle le rêveur sera assis, là-haut, aux côtés d'Ernst Bloch de Tübingen. Au cours de cette quête que nous relate l'article, la référence au hassidisme apparaît encore à deux reprises, sous la forme de l'évocation de contes hassidiques, dont Lyotard trouve la source chez Martin Buber pour le premier et chez Bloch lui-même pour le second.

La première occurrence s'insère dans une section du texte intitulée « L'espérance ». C'est d'espérance au sens blochien dont il est question, et dans cette section Lyotard construit une opposition entre la dialectique hégélienne et l'espérance blochienne. Lyotard situe au départ l'espérance dans la perspective de la dialectique hégélienne et raconte, d'ailleurs, qu'il en tient grief à Bloch. En effet, l'enfant qui, pour tenter d'élucider la parole de l'ange, part à la découverte de Bloch, commence, écrit Lyotard, par

> pester contre l'unité du sujet et la temporalité dialectique qui lui parurent encadrer et soutenir l'idée d'espérance. Idée très académique, se disait ce jeune penseur, qui trouverait très bon accueil chez un Hegel. L'espérance est le mouvement par lequel le *Noch nicht* s'annonce dans le présent du sujet, l'ouvre, le démesure et le recueille dans l'anticipation d'autre chose : mouvement pleinement hégélien[8].

Sans s'arrêter sur l'interprétation que Lyotard livre ici de Bloch, notons qu'il situe l'espérance blochienne par rapport à la dialectique hégélienne, et qu'il commence par les rapprocher. C'est alors qu'intervient la référence au hassidisme, qui va conduire Lyotard à percevoir et creuser l'écart entre dialectique et espérance. À l'aune du détour par le hassidisme, il est en effet conduit à lire dans l'espérance blochienne autre chose qu'une confirmation du mouvement dialectique. Il y découvre un jeu, une rétorsion, et cette rétorsion est celle qui est à l'œuvre dans le récit

7. *Ibid.* p. 108.
8. *RP*, p. 52.

hassidique. « Espérance : juste la marge qu'il faut pour que le système ne soit pas clôturé[9] », écrit-il un peu plus loin. À l'espérance envisagée comme terme du développement dialectique, processuel, s'oppose l'espérance comme jeu qui, au contraire, interdit toute clôture du mouvement dialectique systématique. Si l'espérance est jeu, c'est dans la mesure où elle inverse les signes, celui du trop en trop peu et du trop peu en trop :

> Entre le *Ja* de [l'espérance pulsionnelle] et le *Nicht* ou le *Noch nicht* de [l'espérance édifiante], ce n'est pas une dialectique qui joue, mais *parfois* une sorte de rétorsion, imprévisible, gracieuse, ce que suggère Rabbi Yehiel Mikhal, de Zlothsov, maître d'une pauvreté extrême ; à la question : comment pouvez-vous dire tous les jours dans la prière « Béni sois-tu, Seigneur, qui subviens à tous les besoins », alors que vous manquez de tout ? – réponse : ce dont j'ai le plus besoin, c'est de la pauvreté ; et justement elle m'est accordée[10].

Rétorsion du langage, donc, qui induit une forme de rétorsion du temps, puisque le temps comme espérance apparaît alors comme autre chose que l'odyssée de la conscience et le déploiement dialectique. Ce lien entre la rétorsion du langage et la rétorsion du temps apparaît clairement encore dans un troisième développement, consacré à l'histoire du mendiant qui se trouve être au présent l'acteur de l'histoire racontée au futur et qui est en fait une histoire passée, rétorsion donc du passé en présent, du futur en passé, dont Lyotard trouve la source directement chez Bloch lui-même, dans *Traces*[11] :

> Mais c'est le même Docteur qui nous invite, non pas à déchiffrer cette dissimulation [des intensités et des passions], mais bien à la *chiffrer*, à la maintenir lestée de son opacité, quand dans l'anecdote intitulée « le Trou du présent », il enseigne la rétorsion de l'irréel futur en passé présentement accompli : le mendiant sollicité de faire un vœu, qui raconte qu'il voudrait être roi, mais qu'étant roi il est vaincu par ses ennemis, prend la fuite et se trouve enfin être le conteur actuel de l'histoire (passée donc) qu'il présentait d'abord comme l'objet à venir de son vœu – que nous apprend ce roi-mendiant ? Pas seulement que le narrateur et le héros de l'histoire

9. *RP*, p. 52-53.
10. *RP*, p. 53-54.
11. Pour le texte de Bloch que Lyotard reprend ici, cf. Ernst Bloch, *Traces*, *op. cit.*, p. 85-86.

> sont le même, ni que la réalité et le désir forment un continuum, mais surtout que le temps où baigne ce dernier est susceptible de toutes les torsions, le passé royal se présentant comme un futur illustre, et le futur infortuné (de ce passé) comme le passé immédiat de la mendicité présente ; on prétendait au trône, on espère une chemise[12].

Rétorsion donc du temps, *par* la torsion du langage – là où le régime discursif, ou encore le récit spéculatif, induisent une temporalité linéaire et continue. Bouleversement, donc, de la temporalité, qui est aussi ouverture du temps de l'espérance par lequel, écrit Lyotard, « le moins fort est fait le plus fort[13] ». Ici, rétorsion et espérance positive se confondent, car rien n'est *joué* d'avance justement : le *jeu* est toujours possible, le jeu peut toujours se renverser, car il y a précisément du jeu, dans le langage, et dans la temporalité. Or, cette rétorsion du langage a, pour Lyotard, un nom : l'humour, que Lyotard définit, un peu plus loin dans l'article, comme « l'impossibilité de prendre pied dans l'ailleurs et de le mettre en exploitation[14] ». Dans un double mouvement, Lyotard distingue l'humour de l'ironie, et rapproche l'humour de l'espérance : « le vrai frère de l'espérance affirmative, écrit-il, est l'humour[15] ». L'humour est, en effet, l'infime interstice qui, par le jeu des mots, fait bouger le langage, y introduit du jeu, l'ouvre. Il est le lieu de l'espérance, de la rétorsion, le « *subterfuge de la faible force*[16] ».

En 1976, plusieurs années avant l'élaboration par Lyotard de la problématique des jeux de langage, c'est donc déjà bien le « jeu du langage » qui constitue l'enjeu central de la référence au hassidisme. Elle nous dit le jeu, elle nous dit la rétorsion du langage et du temps. Mais par cette référence, l'article nous dit encore autre chose qui n'est pas, justement, de l'ordre du dit. L'écriture de l'article lui-même est un jeu : elle met en scène la rétorsion dont l'article parle. C'est un article, si l'on peut dire, éponyme : il ne nous *parle* pas seulement de rétorsion, il *est* lui-même une rétorsion. Il ne nous parle pas seulement d'humour, il *est* lui-même écrit sur le mode de l'humour et du jeu. Pour le saisir, il faut en revenir à l'ouverture de l'article.

12. *RP*, p. 55.
13. *RP*, p. 57.
14. *Ibid.*
15. *Ibid.*
16. *RP*, p. 58.

Elle est écrite, on l'a vu, à la manière d'un conte hassidique. C'est donc au sein d'un conte hassidique que prend place la référence au hassidisme : premier jeu, première forme de mise en abyme. Mais encore : la reprise du motif du conte hassidique, sur lequel l'article s'ouvre, est, rappelons-le, l'histoire de l'enfant visité par l'ange, qui lui apprend que là-haut il sera assis à côté d'Ernst Bloch. Dans l'économie propre de l'article, l'enfant, au moment de la visite de l'ange, donc au début de sa quête, ne sait pas qui est Ernst Bloch, il le découvre à la suite de la parole de l'ange, et l'article relate précisément son chemin de découverte. La parole de l'ange est donc, si l'on veut, antérieure à la découverte par l'enfant, autrement dit par Lyotard, de la figure d'Ernst Bloch. La découverte de l'œuvre de Bloch est la *conséquence* – logique et chronologique – du rêve. Or, où Lyotard puise-t-il ce motif hassidique de la visite de l'ange ? Chez Bloch lui-même, dans *Traces*. L'ouverture de l'article, qui est donc logiquement et chronologiquement antérieure à la découverte de Bloch, suppose pourtant que Bloch soit connu. Or, la découverte de Bloch est postérieure, puisqu'elle est mise en œuvre par ce récit initial qui pourtant la présuppose. L'article met donc lui-même en scène et en pratique, de manière performative, la rétorsion du langage et du temps dont il traite : rétorsion où le futur se renverse en passé – Bloch découvert par la parole de l'ange est pourtant déjà connu pour que l'ange puisse parler. Rétorsion exercée sur le mode de l'humour, cet humour qui, dans le langage, introduit du jeu.

Notons que si cet article est la première occurrence de la référence de Lyotard au hassidisme, il n'est pas sa première référence au *judaïsme*. Au moment de sa rédaction, Lyotard a déjà consacré au judaïsme deux textes importants, « Figure forclose » (qui ne sera publié qu'en 1983 mais que Lyotard rédige en 1969[17]), et « Œdipe juif », qui date de 1970[18]. On ne peut pas, néanmoins, établir de continuité linéaire entre ces deux textes et l'article de 1976. D'abord, parce que le contexte n'est plus le même : entretemps, en 1974, Lyotard a publié *Économie libidinale*, et sa lecture du hassidisme se fait, en 1976, dans la ligne de cet essai. En témoigne, par exemple, le vocabulaire de la « dissimulation », des « tenseurs »[19]. Le propos

17. J.-F. Lyotard, « Figure forclose » [1969], *L'Écrit du temps*, déc. 1983, p. 63-105.
18. *Idem*, « Œdipe juif » [1970], *DMF*, p. 183-200.
19. Cf. *RP*, p. 53 : « Mais dans [l'espérance intentionnelle, celle de l'esprit], dissimulé, un tenseur agit, et son action ne doit rien au représenté et à l'appartenance, mais tout à un excès de forces ».

connaît lui aussi un déplacement. Il n'y est plus question, comme dans « Œdipe juif », d'inaccomplissement, de primauté du voir sur l'entendre, de dessaisissement de l'origine, mais principalement d'*espérance*. Si l'espérance est un gage d'inaccomplissement – le gage que l'avenir n'est pas le simple terme du déploiement d'un processus dialectique – néanmoins, de l'inaccomplissement à l'espérance, il y a un saut. L'inaccomplissement, en effet, renvoie au fait que le destinataire de la loi éthique est sous l'emprise d'un commandement dont il n'est pas en mesure de s'acquitter ; l'inaccomplissement, c'est l'obligation dans ce qu'elle a de pesant. Certes, dans l'espérance, comme dans l'inaccomplissement, il y a un même refus de la résolution. Par cet aspect, on peut établir une forme de lien entre « Œdipe juif » et « Rétorsion » ; mais ce lien ne saurait masquer l'écart. Cet écart est aussi celui qui se joue entre deux interprétations très différentes du judaïsme : d'« Œdipe juif » à « Rétorsion », ce n'est plus en effet du même judaïsme dont il est question. Dans « Œdipe juif », c'est avant tout le judaïsme comme religion du Livre et de la Loi qui est sollicité. Et les références principales que mobilise Lyotard dans ce texte sont le *Moïse* de Freud et, surtout, Levinas, qui a publié quelques années auparavant *Totalité et Infini*. Or, le judaïsme de Levinas est très éloigné du hassidisme qui est au cœur de « Rétorsion » ; en particulier, la dimension mystique du hassidisme est vivement contestée par Levinas qui insistera, quant à lui, sur le rationalisme juif. Un rationalisme représenté par un courant religieux opposé au hassidisme, et duquel Levinas affirme sa proximité : le courant des *Mitnagdim*, que nous avons évoqué précédemment[20]. Notons enfin que, par ce déplacement d'un judaïsme à un autre, « Rétorsion » annonce aussi le passage, chez Lyotard, de la problématique du désir à la problématique langagière, non pas – pas encore – à celle des jeux de langage, mais à celle *du* jeu du langage.

À partir de cet article pivot, la référence au hassidisme continuera d'accompagner Lyotard. Elle intervient de manière centrale, dans *Au juste*, à partir de la Quatrième Journée. Lyotard lit alors le hassidisme comme un refus de l'assimilation du prescriptif au spéculatif, de l'éthique à un savoir. Refus exercé lui-même sur le mode du « jeu », ce « subterfuge de la faible force » que Lyotard évoquait dans son article sur Ernst Bloch, avec humour. L'humour hassidique, affirme en effet Lyotard, « permet le raffinement en matière prescriptive. Le maximum de raffinement,

20. En hébreu, « *mitnagdim* » signifie « opposants », en référence précisément au fait qu'il s'agit d'un mouvement d'opposition au *hassidisme*.

[…] ce sont les Hassidim qui l'ont atteint ou quelque pensée comme celle-là, enfin les premiers. On n'y trouve pas du tout le caractère massif des ordres, mais au contraire l'effort pour se rendre de plus en plus sensible à la propriété étrange, qu'un énoncé d'ordre est un énoncé qui ne peut être déduit[21] ». En nous enseignant, par l'humour et avec humour, l'impossibilité de rabattre le jeu de langage prescriptif sur le jeu de langage spéculatif, les Hassidim nous apprennent, écrit Lyotard, à « soupçonner la prescription[22] » là où l'ontologie, qui rabat le discours prescriptif formulant le devoir-être sur un discours sur l'être, nous apprend « à ne pas la soupçonner, c'est-à-dire à arriver au moyen de la hache ontologique à trancher toujours entre ce qui est conforme à l'être et ce qui ne l'est pas, en appelant "juste" ce qui l'est[23] ». Cette impossibilité de déduire le devoir-être de l'être constitue le point de jonction entre la référence au hassidisme et celle à Levinas : c'est cette même indéductibilité, cette même irréductibilité de l'éthique au savoir, que Lyotard découvre en effet chez Levinas et, à partir d'*Au juste,* cette dimension prescriptive de la phrase juive sera centrale dans sa pensée.

L'article de 1976 engage donc la manière dont Lyotard va situer et déplacer la « parole » juive par rapport aux textes antérieurs, et il est prolongé par l'entretien avec Thébaud de 1979. Pourtant, entre « Rétorsion » et *Au Juste*, un déplacement s'opère. Dans « Rétorsion », l'humour des histoires juives hassidiques les apparente, pour Lyotard, aux « récits païens » des sophistes. Leur supposée commune pragmatique se saisit par opposition à celle des discours édifiants, finalisés, qui impliquent une autre « histoire » aux deux sens du terme : les « grands récits » – seraient-ils eux aussi juifs – qui manient l'ironie, et le discrédit du présent au nom du futur. Cette lecture conduit Lyotard à identifier parfois judaïsme et paganisme – par un rapprochement dont on

21. *AJ*, p. 141. Lyotard rapporte la manière dont les Hassidim distinguent savoir et éthique à la distinction, établie par Kant dans la *Critique de la faculté de juger*, entre usage déterminant (du concept, dit Kant) et usage régulateur (de l'Idée, dit Kant). Là où les Jacobins, contemporains des Hassidim, entendent faire un usage déterminant de l'idée de justice (et donc, d'une certaine manière, rapporter la justice à une forme de savoir) qui mène à la Terreur, les Hassidim, eux, sont « toujours parfaitement soucieux (et intelligents à cet égard) de bien préciser justement que le contenu de cette idée n'est pas donné, que cette loi n'est pas déterminante, et qu'on ne *sait* jamais. Il n'y a pas de connaissance de ce que dit la loi » (*AJ*, p. 189-190).

22. *AJ*, p. 144.

23. *Ibid.*

peut considérer, avec Élisabeth de Fontenay, qu'il a « quelque chose d'historiquement et de philosophiquement incongru[24] » –, et à faire du judaïsme un « modèle » de paganisme, puisque le paganisme tel que l'entend Lyotard désigne précisément le refus de l'hégémonie d'un discours en surplomb sur les autres : « Tout l'art de l'agencement païen vise à ce qu'aucun jeu de langage ne prédomine et ne se transforme en métalangage, en grand jeu, celui qui serait le jeu des jeux[25] ». Paganisme compris donc comme maintien de la multiplicité des jeux de langage et, surtout, immanence mutuelle (ou au contraire, cela revient au même, transcendance mutuelle) de tous les jeux de langage. Autrement dit, paganisme compris comme refus qu'un idiome domine les autres et devienne « méta »-langage. Et, d'abord et avant tout, refus que le discours spéculatif soit un tel métalangage, comme le voudrait la modernité. Lyotard trouve dans le hassidisme un refus de l'hégémonie du discours spéculatif. C'est dans cette mesure qu'il est amené à le rapprocher du paganisme ainsi entendu.

Or, c'est cette lecture-là du judaïsme et de sa position de discours qu'*Au juste* ébranle, en 1979, dans un moment d'inquiétude éthique et politique extrême. Lyotard renonce alors à l'hypothèse du « juif païen », et passe à une lecture de la phrase juive en termes de prescription. « Logique de Levinas » inaugurait cette thèse en 1978, et elle s'annonçait déjà dans les analyses que développait Lyotard, dans « Œdipe juif », sur la primauté, dans l'éthique hébraïque, de l'entendre du discours prescriptif sur le voir du discours spéculatif. C'est en référence à cette primauté de l'entendre sur le voir, rapportée à la primauté de l'éthique sur le savoir, que Lyotard établissait, dans « Œdipe juif », une opposition entre l'importance de la représentation théâtrale dans le monde grec et l'interdit juif de la représentation. Lyotard y comprenait l'interdit de la représentation à la fois comme impossibilité de la *spéculation* et comme *saisissement* par un « Autre qui a parlé[26] ». C'est ce saisissement – que Lyotard, à la suite de Levinas, nomme « élection » – qui interdit l'accomplissement : « Il faut que le fils n'*accomplisse pas* la parole, qu'aucun espoir de réconciliation, faisant entrer l'Autre dans le giron du Même, ne soit permis, que le saisissement

24. E. de Fontenay, *Une tout autre histoire. Questions à Jean-François Lyotard*, Paris, Fayard, 2006, p. 259.
25. J.-L. Thébaud, Préface, *AJ*, p. 16.
26. *DMF*, p. 191.

du fils par la voix soit plus vieux que sa liberté, et que sa liberté soit le péché, le crime, de l'impossible ressaisissement[27] ».

Dans *Au Juste*, Lyotard renoue donc avec cette dimension prescriptive de la phrase juive, avec la primauté de l'entendre sur le voir qui la caractérise et qui, accompagnée de l'interdit de la représentation, met aussi un cran d'arrêt à la spéculation. Entre les deux textes, le déplacement est néanmoins significatif. Ce n'est en effet plus de désir et d'inaccomplissement qu'il est question, mais de situation de discours :

> Dieu commence par dire à Moïse : qu'ils m'obéissent ! Mais on ne sait pas encore à quoi ils doivent obéir. Ce n'est qu'après qu'on le saura. Il y a d'abord cette prescription de se placer dans une situation prescriptive, qui est une chose très étrange en fait ; c'est-à-dire de se mettre en état d'écouter un discours non pas comme s'il décrivait quelque chose, mais bien comme prescrivant de le faire[28].

Si, en 1979, Lyotard insiste surtout sur la contestation de l'hégémonie du discours spéculatif qu'implique cette primauté accordée au pôle du destinataire, le judaïsme tombe néanmoins, à ses yeux, dans un travers symétrique à celui des « grands récits » spéculatifs : celui d'un primat absolu accordé au discours prescriptif. Le paganisme postmoderne que Lyotard appelle de ses vœux se distingue ainsi du judaïsme pour qui « le juste nous vient d'ailleurs[29] » : « [p]our nous modernes, les prescriptions ne sont pas reçues » et c'est la société « qui doit décider de ce qui est obligatoire[30] ». Lyotard prend ici ses distances avec Levinas pour qui, selon lui,

> c'est le caractère transcendant de l'autre dans sa relation prescriptive, dans la pragmatique de la prescription, c'est-à-dire dans l'expérience (à peine) vécue de l'obligation, qui est la vérité même. Cette « vérité » n'est pas la vérité ontologique, elle est éthique. Mais c'est une vérité, selon les termes mêmes de Levinas. Alors qu'à mes yeux, ça ne peut pas être *la* vérité[31].

27. *Ibid.*
28. *AJ*, p. 63.
29. *AJ*, p. 50.
30. *AJ*, p. 51. Cette idée, aux yeux de Lyotard, « commence, dans la pensée proprement occidentale, avec certains Grecs » (*ibid.*).
31. *AJ*, p. 133-134.

Ainsi, si le judaïsme réintroduit du « jeu » dans le langage, il ne maintient cependant pas jusqu'au bout la multiplicité des idiomes : en dernière instance, il reconduit une hégémonie, une forme de métalangage, en l'occurrence celle du discours prescriptif.

Ainsi, de la prescription à l'écoute, de l'écoute à la « passivité » au sens lévinassien, de la passivité à la prééminence du pôle du destinataire sur celui du locuteur ou destinateur, c'est tout cela ensemble que Lyotard découvre dans le judaïsme. Le rejet de ce dernier par l'Occident, que *Heidegger et les « juifs »* thématisera et développera en 1988, est déjà évoqué, en 1979, à partir de la problématique de la situation de discours : « ce privilège très étrange accordé au pôle du destinataire, est aussi une chose qui est oubliée, activement oubliée dans la pensée occidentale. [...] Le saisissement par l'adresse qui m'est faite d'un discours, ce saisissement qui est une obligation, qui fait que je suis mis en mouvement, l'assimiler à la servitude, c'est la manière dont l'Occident refoule, rejette, et calomnie le privilège accordé au pôle du destinataire, comme il crache, du reste, au passage, sur les juifs, c'est sensiblement la même chose[32] ». Entre *Au Juste* et *Heidegger et les « juifs »*, *Le Différend* apporte en 1983 une dimension supplémentaire à ces analyses. « Auschwitz » représente l'anéantissement d'un *régime de phrases*, ce régime propre au judaïsme qui donne la primauté au prescriptif et au pôle du destinataire : « En anéantissant les juifs, le nazisme élimine un régime de phrases où la marque est sur le destinataire (*Écoute, Israël*) et où l'identification du destinateur (le Seigneur) et celle du sens (ce que Dieu veut dire) est une présomption déshonorante et dangereuse[33] ». Régime de phrases incompatible avec celui propre à l'époque moderne qui consiste en un primat absolu du discours spéculatif. Le régime de phrases propre au judaïsme et celui propre à la modernité sont absolument hétérogènes l'un à l'autre, comme le sont, plus généralement, tous les régimes de phrases entre eux :

> L'incommensurabilité, au sens de l'hétérogénéité des régimes de phrases et de l'impossibilité de les soumettre à une même loi (sauf à les neutraliser), marque aussi bien la relation des cognitives ou des prescriptives avec les interrogatives, les performatives, les exclamatives... À chacun

32. *AJ*, p. 89.
33. *Dfd*, p. 157.

> de ces régimes correspond un mode de présentation d'un univers, et un mode n'est pas traduisible dans un autre[34].

Si la modernité est l'époque de la primauté du spéculatif, et si le judaïsme est cette pensée qui donne la primauté au destinataire et à l'obligation, alors le judaïsme n'est pas soluble, intégrable, dans la modernité. Cette hétérogénéité mutuelle devient absolue incompatibilité à partir du moment où l'un des régimes de phrases – en l'occurrence, le discours spéculatif – se veut hégémonique. La simple hétérogénéité laisse ouverte la possibilité d'une coexistence, côte à côte, des deux régimes de langage. Mais à partir du moment où l'un des deux régimes prétend à l'hégémonie, à partir du moment où il ne prétend plus seulement être un-parmi, mais l'un, le seul, la coexistence n'est plus possible. Ainsi, si la modernité est l'époque d'une *hégémonie* du discours spéculatif, elle ne peut pas admettre qu'il y ait, en elle, du réfractaire à cette hégémonie : ici s'annonce déjà ce qui sera repris, développé et explicité cinq ans plus tard, dans *Heidegger et les « juifs »*.

Ce qui se joue dans « Rétorsion en théopolitique » se trouve donc repris et déplacé dans *Au Juste*, et la référence au judaïsme accompagne et épouse, à partir de ces années, le mouvement de la réflexion lyotardienne. La parole de l'ange à l'enfant sur laquelle s'ouvrait « Rétorsion en théopolitique » n'est pas seulement celle qui le conduit à la découverte de l'espérance blochienne : on peut la comprendre comme inaugurant cette quête qui conduit jusqu'à *Heidegger et les « juifs »* et se prolonge au-delà, ce cheminement au terme duquel, comme l'a annoncé l'ange, on se plaît à imaginer Lyotard, là-haut, assis à côté du Docteur Ernst Bloch de Tübingen.

34. *Dfd*, p. 187.

Rieke Trimçev

L'ordre du conflit.
La métaphore du jeu chez Jean-François Lyotard

Depuis la critique du structuralisme dans *Discours, figure*, l'écriture de Jean-François Lyotard se distingue par une prise de parti consciente pour la figure ou la métaphore[1]. Dès ce même livre, le langage est la métaphore qui marquera le plus la pensée sociale et politique de Lyotard. Pourtant, à différentes étapes de son œuvre, la notion de langage se trouve elle-même reflétée dans différentes métaphores, comme par exemple celles du théâtre, de la libido, de l'archipel ou du jeu. Le présent article propose d'étudier la façon dont cette dernière, la métaphore du jeu, guide la pensée politique de Lyotard, plus particulièrement sa notion d'une conflictualité politique. Il s'intéresse surtout à la façon dont la métaphore du jeu rend plausible l'idée d'un ordre social constitué dans le conflit et dépourvu de tout soutien transcendant. En effet, dans *La Condition postmoderne* aussi bien que dans *Au juste*, la métaphore du jeu s'avère très « résonante[2] » et difficile à remplacer. *Le Différend*, en revanche, abandonne délibérément la figure du jeu. Je voudrais montrer que le jeu reste pourtant important pour penser le lien social et l'intensité propre au conflit politique dans *Le Différend*. À cette fin, mon article récapitulera brièvement, dans un premier temps, le rôle de la métaphore du jeu dans les écrits de 1979 : tandis que le modèle des jeux de langage permet de mettre l'accent sur le caractère dynamique et novateur de l'ordre social, il laisse dans l'ombre la continuité inhérente aux règles sociales. Une deuxième partie prendra appui sur un manuscrit inédit de Lyotard, « Le joueur », pour montrer que la dynamique évoquée par la figure du jeu n'est pas seulement la source de transformations productives. Le jeu peut tout aussi bien évoquer un état d'ordre courant le risque de s'abolir lui-même. Sur cette base,

1. *DF*, p. 15.
2. Terme emprunté à M. Black, cf. note 4, p. 86.

notre troisième et dernière partie dégagera une double persistance de la figure du jeu dans *Le Différend*. D'un côté, les notes préparatoires à un cours sur « la philosophie des jeux de langage » que Lyotard a donné à São Paulo à l'automne 1978 montrent l'importance de la métaphore du « coup » pour conceptualiser les continuités et les ruptures entre « régimes de phrases » et « genres de discours ». D'un autre côté, on notera quelques similarités entre l'attitude que proposent « Le joueur » et *Le Différend* face aux difficultés rencontrées dans un dispositif agonistique.

1. Une mise en ordre coup par coup

L'année 1979 voit paraître deux textes très différents de la plume de Lyotard, *La Condition postmoderne* et *Au juste*. Tous les deux ont recours à la métaphore du « jeu de langage » pour penser le lien social. Dans *Au juste*, la sémantique du jeu de langage donne l'apparence d'un simple ornement rhétorique. Dans *La Condition postmoderne*, au contraire, elle se présente comme une « méthode » rigoureuse[3]. Pourtant, cet usage simultané indique que le jeu de langage est une métaphore très « résonante » pour Lyotard dans cette phase. J'emprunte le terme de « résonance métaphorique » à Max Black pour indiquer qu'il y a une multiplicité d'idiomes dans lesquels on pourrait, en principe, établir une paraphrase pertinente de la métaphore du jeu chez Lyotard[4]. En effet, celle-ci noue la réception de Wittgenstein avec des influences nietzschéennes, sophistiques et kantiennes. La figure du jeu, dans les écrits de 1979, implique pour Lyotard cinq dimensions qui font d'elle une figure appropriée pour penser le social : la polymorphie des jeux, la nature de leurs règles, l'immanence de la sphère ludique, son caractère agonistique, et l'humeur joyeuse qui lui est propre.

Polymorphie. Reprenant la notion de *Familienähnlichkeit* (air de famille) que Wittgenstein avait développée pour montrer les « limites floues »

3. *CPM*, p. 20.
4. M. Black, « More about metaphor », *Dialectica* t. 31(3-4), Oxford, Blackwell, 1977, p. 431-457, ici p. 440. J'utilise le terme de Black d'une manière reformulée, que j'ai proposée dans R. Schäfer, « Historizicing Strong Metaphors. A Challenge for Conceptual History », *Contributions to the History of Concepts*, t. 7 (2), New York, Oxford, Berghahn, 2012, p. 28-51.

de la notion de jeu[5], Lyotard conçoit les jeux de langage comme multiples, uniques, simultanés et irréconciliables. Il y a un nombre infini de jeux de langage, comme par exemple le jeu de la description, celui de la prescription ou celui de l'interrogation, il y a le jeu de la recherche et celui de l'enseignement, mais tout aussi bien le jeu de la philosophie[6]. En effet, « on peut jouer simultanément à plusieurs jeux, et c'est presque toujours le cas[7] ». Cependant, les jeux de langage ne sont pas traduisibles les uns dans les autres, « parce que s'ils l'étaient, ils ne seraient pas des *jeux* de langage. C'est comme si l'on voulait traduire les règles et les stratégies du jeu d'échecs dans celles du jeu de dames[8] ». Ce dernier aspect est d'une importance particulière, car il permet à la figure du jeu de langage d'illustrer qu'« il n'y a pas de commune mesure[9] », pas de jeu d'ordre supérieur dont les règles comprendraient celles de multiples jeux. On ne peut donc pas transcender un jeu sans se retrouver dans un autre jeu. Il n'y a pas de domaine extérieur à la sphère du jeu, il n'y a pas, en d'autres termes, un domaine du sérieux, une sphère d'une rationalité supérieure qui entourerait les différentes aires de jeu – il n'y a qu'une multiplicité intérieure à la sphère du jeu[10].

Mise en règle. On rencontre, dans les écrits de 1979, une attitude envers la question de l'ordre beaucoup moins polémique qu'à l'époque d'*Économie libidinale*[11]. Faisant de nouveau écho à Wittgenstein, Lyotard déclare les règles constitutives du jeu : « [...] à défaut de règles il n'y a pas de jeu[12] ». En fait, le jeu et ses règles sont cooriginaires : « [...] une modification même minime d'une règle modifie la nature du jeu, et [...] un "coup" ou un énoncé ne satisfaisant pas aux règles n'appartient pas au jeu défini par celles-ci[13] ». Selon l'usage de la notion de jeu dans la deuxième moitié du XXe siècle, la pensée de Lyotard minimise l'effet conservateur des règles

5. L. Wittgenstein, *Philosophische Untersuchungen* [1953], Francfort am Main, Suhrkamp, 2003 ; *Recherches philosophiques*, tr. fr. F Dastur, M. Élie, J.-L. Gautero, D. Janicaud, É. Rigal, Paris, Gallimard, 2004, § 67.
6. Ces exemples se trouvent dans *AJ*, p. 104-105 et dans *CPM*, p. 43.
7. *AJ*, p. 120.
8. *AJ*, p. 119-120.
9. *AJ*, p. 115.
10. Pour une étude détaillée sur l'opposition intérieur/extérieur chez Lyotard, voir P. Gehring, *Innen des Außen – Außen des Innen. Foucault, Derrida, Lyotard*, Munich, Wilhelm Fink Verlag, 1994.
11. Cf. aussi *Des dispositifs pulsionnels*, en 1973, un avant *Économie libidinale*.
12. *CPM*, p. 23.
13. *CPM*, p. 23.

du jeu au profit de leur effet performatif. La possibilité de changer les règles en jouant confère au jeu une potentialité transformatrice. Lyotard attribue cette idée à Wittgenstein[14], mais en fait ce dernier n'avait pas exploité à fond les conséquences théoriques radicales de cette découverte[15].

Transcendance vide de la sphère ludique. Au juste examine un jeu de langage qui n'a pas seulement des règles, mais qui place une règle dans la position du référent : l'obligation. Le trait distinctif d'un énoncé comme « Tu dois faire X », c'est que la position du destinateur est vide ; le « tu dois » semble venir d'un lieu hors-jeu. Il vient « de l'ordre… justement de la transcendance », « à cela près que la transcendance est vide ». « C'est bien là que je sens que je joue le jeu du juste[16] ! ». La figure du jeu dans son trait le plus quotidien peut rendre plausible cette conception. Comme un joueur qui acquiert l'idée d'une extériorité indépendante de lui rendant son jeu possible, le destinataire d'une obligation en vient à l'idée de transcendance. Comme le joueur, aussi longtemps qu'il est dans le jeu, ne peut pas concevoir la rationalité qui règne hors-jeu, la transcendance de l'obligation n'est pas intelligible pour son destinataire. Et tout comme le jeu résiste aux tentatives de rationalisation par l'esprit de sérieux prévalant hors-jeu, il est impossible de déduire de la « transcendance vide » une légitimation de l'obligation.

Agonistique. Le seul trait par rapport auquel le jeu de langage lyotardien diffère considérablement et ouvertement du jeu de langage wittgensteinien, c'est le trait agonistique et conflictuel que Lyotard lui attribue[17] :

> […] tout énoncé doit être considéré comme un « coup » fait dans un jeu. Cette dernière observation conduit à admettre un premier principe qui sous-tend toute notre méthode : c'est que parler est combattre, au sens de jouer, et que les actes de langage relèvent d'une agonistique générale. Cela ne signifie pas nécessairement que l'on joue pour gagner[18].

14. Wittgenstein remarque la possibilité de « make up the rules as we go along » (« nous fabriquons les règles en cours de route »), *Recherches philosophiques*, *op. cit.*, § 83.
15. Selon Neuenfeld, la priorité que les réflexions wittgensteiniennes donnent à la langue quotidienne et les effets conservateurs de ses conventions expliquent ce fait, cf. J. Neuenfeld, *Alles ist Spiel. Zur Geschichte der Auseinandersetzung mit einer Utopie der Moderne*, Wurtzbourg, Königshausen & Neumann, 2005, p. 114.
16. Pour les deux citations voir *AJ*, p. 148-149.
17. Walter Reese-Schäfer le constate aussi dans *Lyotard zur Einführung*, Hambourg, Junius, 1995, p. 26.
18. *CPM*, p. 23.

L'idée d'une « agonistique générale » des jeux de langage évoque beaucoup plus la référence aux sophistes, comme le montrent aussi des notes préparatoires sur « la philosophie des jeux de langage » en vue d'un cours dispensé à São Paulo à l'automne 1978[19]. Mais où se situe exactement le conflit évoqué par la notion grecque de l'*agôn* ? Ce n'est pas un conflit pur engageant une volonté de triomphe. Selon l'interprétation que je voudrais rendre plausible ici, le caractère conflictuel du jeu tient au fait que ses moments, ses coups, sont aléatoires. Car le partenaire, qui reçoit le coup qui a été joué et se trouve défini par lui, étant lui-même réactif, résiste en principe aux tentatives de définition de la part de son vis-à-vis et peut changer de stratégie. Le partenaire, dans le jeu, se transforme ainsi en adversaire. Même dans un jeu qu'on jouerait « avec » quelqu'un, il faut jouer « contre » le hasard que cet autre apporte dans le jeu[20].

Le spectre de résonance propre à la métaphore du jeu permet donc à Lyotard de concevoir une mise en ordre sociale qui est aussi dynamique que conflictuelle. Le terme « ordre » prend ici un sens spécifique. Dans la mesure où chaque coup dans un jeu se construit à partir des règles implicites du coup précédent, il y a un minimum de continuité entre les différentes mises en règle qui justifie l'emploi du terme « ordre ». Pourtant, à défaut de consensus sur les règles, ce lien continuel manque aussi d'une fin déterminée. L'ordre qu'il institue est donc un ordre ouvert.

En dépit de son rôle productif, la métaphore du jeu pose aussi un problème : si règles et coups d'un jeu sont cooriginaires, s'il n'y a donc rien qui excède l'actualisation d'une règle dans un coup, comment celle-ci est-elle une règle ? En effet, l'autarcie des jeux de langage empêche, dans cette phase de l'œuvre lyotardienne, d'analyser ce qui se passe entre les jeux. C'est-à-dire que le modèle empêche de spécifier comment cette continuité qui est la condition nécessaire d'une mise en ordre est réalisée. Pourtant, l'accent mis sur la notion de « coup » indique déjà que là réside le point le plus intéressant : dans l'intervalle entre les jeux polymorphes.

19. Pour la réception des sophistes, voir la contribution de Ch. Murgier dans ce volume.
20. Cette interprétation répond aussi à une critique d'Andreas Niederberger, qui déplore le manque d'une raison pertinente pour passer de l'hypothèse d'une multiplicité des jeux de langage à l'assertion de leur relation conflictuelle, voir « "La question du lien social… est un jeu de langage". Jean-François Lyotard und die Theorie des Sozialen », in D. Köveker (dir.), *Im Widerstreit der Diskurse. Jean-François Lyotard und die Idee der Verständigung im Zeitalter globaler Kommunikation*, Berlin, Berlin Verlag, 2004, p. 201-222, ici p. 209.

Intensification. En 1979, le risque représenté par la conflictualité et l'instabilité du lien social trouve sa justification dans la promesse d'une intensification des jeux de langage. Tandis que la notion de jeu, prise en elle-même, résiste largement, chez Lyotard, à ses acceptions ordinaires et à sa résonance nietzschéenne, ces deux registres sont réintroduits avec la « joie » attribuée à l'activité de jouer. Plus précisément, ce sont la multiplication et la densification des jeux de langage qui donnent à ces jeux leur accent ludique. La promesse de l'intensification, c'est de vaincre l'instable en s'adonnant entièrement au risque du « coup par coup[21] ».

2. Le joueur

Tandis que ces analyses sont familières au lecteur de Lyotard, elles sont défiées par le ton étonnant d'un texte inédit qui se trouve dans les archives du Fonds Lyotard : « Le joueur ». La difficulté que présente ce texte ne tient pas seulement à sa date illisible et donc à l'impossibilité de le situer dans la chronologie de l'œuvre lyotardienne[22]. Ni non plus à son statut de fiction qui pose un problème important. Son véritable défi vient d'une proposition aussi simple et nette que « il faut [...] aimer les règles du jeu[23] ». Pourquoi, si le jeu consiste à « faire un coup » pour multiplier et transformer ses règles, consiste-t-il aussi à aimer les règles du jeu ? Il s'agira d'analyser cette tension afin de montrer que la figure du jeu offre à Lyotard une double leçon : si la possibilité de changer les règles en jouant a bien une valeur constructive, elle peut aussi bien libérer une dynamique profondément destructrice.

S'agissant d'un texte inédit, une brève présentation s'impose. « Le joueur » est un texte dactylographié en deux copies qui se présente dès sa première phrase comme un texte de fiction :

> Je pense à celui qui écrivait en tête de son journal intime : « Le joueur ». Lorsqu'elle lut ce titre, la femme qui était pour lui toute joie en ce monde

21. C'est une formule fréquente dans *AJ*, par exemple p. 73, p. 123 ou p. 158.
22. Dolorès Lyotard estime que ce texte date des années cinquante ou soixante. Je la remercie pour cette précision.
23. J.-F. Lyotard, « Le joueur », Bibliothèque littéraire Jacques Doucet, Fonds Jean-François Lyotard, Dossier 383.

> et sa fierté, pleura, croyant qu'il l'avait jouée. Il n'était pas là pour se défendre, elle se laissa tuer tout lentement par le soupçon que les gestes de naguère, très suaves, il les avait appris ; et par la haine. Elle mourut dans la haine.
> C'est devant elle que je viens défendre le Jeu – que cet homme a joué pour vivre[24].

Son exposition fait de ce texte une apologie du jeu – du jeu de la vie, comme indique le J majuscule. Un narrateur à la première personne (« je ») s'adresse à une femme, Armance (« tu »), pour défendre l'ancien amant de cette dernière (« lui »). Cependant, la situation narrative change abruptement avec la deuxième partie du texte : la voix du narrateur s'avère identique à celle du joueur.

« Le joueur » prend d'abord un ton existentialiste qui fait exception dans les écrits de Lyotard. L'homme qui s'appelle « joueur » vit dans le vertige et le risque jusqu'à ce qu'il fasse la connaissance d'Armance. Il renonce alors à la possibilité de mettre fin à sa vie, vend son revolver et « décid[e] de jouer le Jeu[25] ». La première ligne de son journal intime, « Le joueur », exprime cette décision. Dans une longue réflexion sur la nature du jeu, le narrateur explique que cette auto-description souligne son amour pour Armance plutôt qu'elle ne le met en question. Bien que la métaphore du jeu de la vie se distingue à bien des égards de celle des multiples jeux de langage, cette réflexion sur le sérieux propre au jeu vaut une citation détaillée :

> Le jeu ne consiste point à mentir, ni à soi, ni à autrui, ni à ceux qu'on aime. Jouer c'est être atrocement sincère, sincère jusqu'au bout. C'est accepter, premièrement. Accepter la morale des autres, le bien et le mal selon les autres, puisqu'il faut bien vivre. Souvenez-vous, Armance, comme ses espoirs étaient solides, comme vos joies furent hautes et difficiles, comme vous avez, tous deux et à la fois uns, conquis et assumé votre part entière de pleine humanité. Qui, Armance, qui eût mieux, se fût mieux donné que ce « Joueur » ? Il y a le jeu autour de la table de casino, et le jeu du comédien ; il y a encore le Jeu des enfants, Armance, et c'est de celui qu'il faut parler. Le garçon dit : « Je serais capitaine, et puis j'aurais été blessé à la guerre ; toi tu serais une infirmière ». Et la petite fille

24. J.-F., « Le joueur », texte cité.
25. *Ibid.*

> reprend : « Et puis alors, je t'aurais soigné… » Reprend, continue le Jeu, avec des mots – peu de mots –, avec des gestes surtout, parce que les gestes sont vrais, et qu'il n'est pas besoin d'y employer le conditionnel toujours. Avec amour, avec le sérieux amour de ce jeu qui est leur partage, et qu'ils savent. « Tu sais jouer au corsaire ? » demandent-ils cruellement. Et ils savent[26].

Jusqu'ici, on reconnaît les principales caractéristiques du « jeu de langage » : les règles ne se trouvent pas définies préalablement, mais sont immanentes au coup fait dans un jeu. Il en résulte une agonistique entre les joueurs, chaque coup menaçant les règles que le coup de l'autre vient d'instituer. Mais à la différence de ce que Lyotard dit de cette situation dans les écrits théoriques de 1979, le jeu ici est « aimé », mais exempt de joie et d'aisance. La manière de jouer des enfants n'est pas exempte de cruauté et les joies de la vie ressemblent à celles du jeu dans la mesure où elles sont « difficiles ». Sur le même ton, le narrateur caractérise dans la suite l'engagement créé dans l'activité de jouer :

> Il faut accepter les règles, aimer les règles premièrement. Et l'important est qu'il n'est point de secondement. Car s'il y avait un premièrement et un secondement, alors vous pourriez dire qu'on s'écartèle, à jouer le Jeu ; ou qu'on est tout entier dans le premièrement tantôt, et tantôt tout dans le secondement ; tout entier dans l'espoir, ou tout entier dans le désespoir. Or il n'y a pas de secondement. Je ne dis pas qu'il faille se laisser aller à l'amour de la vie. Premièrement. Puis considérer que la vie est un jeu avec des règles. (Deuxièmement). Je dis qu'on aime les règles. Je dis qu'il faut être un enfant pour être un homme. Et, Armance, je dis qu'il fut bien un homme puisqu'il jouait, avec la gravité même des enfants[27].

Comment donner sens à cet « amour pour les règles » ? Notons d'abord que l'engagement créé par cet amour n'équivaut pas à celui créé par l'obligation. L'obligation engage son destinataire sans être intelligible pour lui[28]. L'amour pour les règles, au contraire, est présenté comme un engagement accompagné d'une clairvoyance impitoyable

26. *Ibid.*
27. *Ibid.*
28. *Dfd*, p. 164.

quant à leur contingence. Cet aspect est souligné vers la fin du texte, quand le narrateur compare la « liberté tragique » de la vie à l'expérience d'une valse. La pièce de musique saisit le narrateur qui l'éprouve avec une « joie terrifiée » : la valse l'emporte en effet dans sa promesse d'aisance tout en l'enfermant dans sa mesure à trois temps (3/4). Lyotard accroît l'opposition entre une éclipse ludique de la conscience et une affirmation de la conscience jusqu'à leur fusion dans une ivresse lucide :

> Alors voilà : moi, je ne sais pas valser. Or on ne peut pas ne pas valser, il faut valser. Je vais apprendre. Mais je n'irai jamais jusqu'à l'ivresse. Ou mieux : j'irai jusqu'à l'ivresse, je valserai dans l'ivresse – ET je saurai que c'est une ivresse et que c'est une valse.
> C'est le Jeu. Tout est dans le ET[29].

Au vu de ces réflexions de Lyotard, je voudrais proposer de traduire « amour » par « quête des règles », c'est-à-dire désir d'atteindre ces confins où les règles font bouger le jeu tout en restant les règles d'un jeu, lui donnant ses limites. C'est de ce point de vue-là qu'une conscience de la contingence des règles peut engager à continuer le jeu. Cependant, un tel amour n'offre pas de garantie contre l'instabilité de la sphère ludique. Le lecteur apprend que la femme du nom d'Armance mourut de la haine avivée par le coup que le joueur (lui) avait joué, voulue ou non. Les règles manifestes dans son jeu furent insupportables pour elle. On trouve ici l'idée que la performativité des règles des jeux véhicule non seulement une intensification et une ouverture de son ordre, mais qu'elle permet tout aussi bien de supprimer ses propres constituants.

Dans « Le joueur », la problématique que la figure du jeu propose pour penser le lien social se trouve réaffirmée et intensifiée. L'on trouve de nouveau l'idée d'une constitution dynamique des règles dans le jeu. Mais le conflit impliqué dans cette idée est aggravé : il se présente comme une possibilité de rupture avec la continuité dynamique des règles. En jouant, on peut abolir les conditions requises pour jouer.

29. J.-F. Lyotard, « Le joueur », texte cité.

3. Les jeux sont faits ?!

Je voudrais maintenant montrer comment *Le Différend* répond aux deux défis du modèle du jeu de langage qu'ont esquissés la première et la deuxième parties de cet article. À coup sûr, Lyotard abandonne la sémantique des jeux de langage dès son livre de 1983[30]. Là où elle ressurgit cependant, elle entraîne une critique sévère : « On ne joue pas avec le langage. Et, en ce sens, il n'y a pas de jeux de langage[31] ». Lyotard problématise deux aspects en particulier. Tout d'abord, *Le Différend* cherche à continuer l'héritage des *Recherches philosophiques* tout en surmontant son anthropologie : « Un je sera censé se "servir" du langage, en "jouer", avec "un autre" ou "des autres"[32] ». Ensuite, dans le cadre de son interprétation de la *Critique de la faculté de juger,* Lyotard distingue l'expérience désintéressée du beau, qui éveille un sentiment de joie, et l'expérience du sublime, qui, elle, va de pair avec un arrêt (*Hemmung*) du jeu des facultés : « À cause de cette sorte d'angoisse transitoire, l'émotion sublime n'a donc rien d'un jeu[33] ».

Toutefois, *Le Différend* ne congédie pas simplement « l'agonistique générale » des jeux de langage. Ses traits principaux se retrouvent reformulés et précisés dans l'analytique des « phrases » et de leurs « régimes ». Comme les jeux de langage dans *La Condition postmoderne*, les régimes de phrases sont multiples et intraduisibles. Comme eux encore, les phrases conservent un moment performatif pour autant qu'elles constituent leurs destinataires, leurs destinateurs, leurs référents et leur sens : chaque phrase les situe dans l'« univers » qu'elle est et qui ne la précède pas. L'innovation majeure du *Différend* par rapport aux écrits de 1979 consiste à introduire, en plus des types de phrases que sont les « régimes », un deuxième niveau, celui des « genres de discours » qui règlent les enchaînements de phrases. Chaque enchaînement d'une phrase à une autre inscrit la première dans un genre de discours, lui imposant une finalité (le vrai, l'utile...). Le bénéfice de la distinction phrase/genre est d'expliquer la double contingence qui a lieu entre deux phrases. Dans la perspective

30. Elle ressurgit ici et là dans des tournures, dont le potentiel métaphorique n'est cependant plus ranimé. La seule exception à cet égard est le terme « enjeu » qui retient une certaine résonance métaphorique, ainsi qu'un passage du *Dfd*, p. 35 *sq.*
31. *Dfd*, p. 199.
32. *Dfd*, p. 89, de façon similaire p. 189.
33. J.-F. Lyotard, *Leçons sur l'Analytique du sublime* [1991], Paris, Klincksieck, 2015, p. 68.

de la phrase, les genres représentent la contingence de son enchaînement à celle qui précède et donc des fins possibles, mais non encore réelles, susceptibles d'être servies. Dans la perspective des genres et de leurs finalités, les phrases représentent la contingence ou encore le hasard d'occurrences indifférentes à la nécessité du type d'enchaînement exigé par le genre[34]. Par conséquent, chaque tentative de domestiquer le contingent devient elle-même productrice de contingence, et il est impossible de mettre fin à cette dynamique. Le double conflit dans l'enchaînement des phrases, c'est donc aussi bien la compétition entre les genres que la compétition du principe de la finalité avec le principe du hasard.

Les notes préparatoires pour un cours sur la « Philosophie des jeux de langage » dispensé à São Paulo à l'automne 1978 font voir les transformations conceptuelles qui s'effectuent entre les écrits de 1979 et *Le Différend*, livre auquel Lyotard travaille simultanément[35]. En particulier, ce manuscrit met en évidence que la distinction phrase/genre est développée dans le commentaire de la notion du « coup » dans un jeu de langage. Ainsi, pour le cours du 15 septembre 1987, Lyotard remarque une « duplicité des formes » dans les jeux de langage. Par exemple, une phrase qui par sa forme appartient au jeu de l'interrogation (« Tu fermes la porte ? »), du point de vue pragmatique peut avoir une valeur régulatrice (« Je t'ordonne de fermer la porte. »). Lyotard en conclut que « [l]e jeu de langage ne peut pas se définir de façon seulement formelle, mais aussi pragmatique = l'analyse doit établir quelles sortes d'effets résultent d'un énoncé [...] ». Et en marge, il ajoute au crayon : « et non seulement au niveau des jeux, mais à celui des genres de ces jeux et des coups dans les genres[36] ». Ici, le passage d'un jeu de langage unique à un autre jeu de langage unique se trouve pour la première fois réécrit en termes de deux niveaux de règles différents. L'emploi des termes n'est pas encore strict et cohérent dans ce recueil de notes. Parfois, comme dans la citation

34. Pour un tour d'horizon concis de l'histoire moderne du concept de « contingence », cf. en particulier M. Makropoulos, « Kontingenz. Aspekte einer theoretischen Semantik der Moderne », *European Journal of Sociology*, t. 45, Cambridge, Cambridge University Press, 2004, p. 369-399. Cependant, le soupçon que l'auteur formule à l'égard d'une ontologisation contradictoire de l'idée de contingence dans la pensée postmoderne (p. 369) ne s'applique pas à Lyotard, justement à cause du caractère dynamique de sa conception de la contingence.
35. Cf. la contribution de J.-M. Salanskis dans ce volume.
36. J.-F. Lyotard, « Philosophie des jeux de langage », Bibliothèque littéraire Jacques Doucet, Fonds Jean-François Lyotard, Dossier 337, 1978.

précédente, Lyotard fait usage de l'expression « jeu de langage » à propos du niveau de règles inférieur, qui deviendra le niveau des régimes de phrases ; parfois l'expression concerne le niveau supérieur et devient synonyme de « genre de discours ». Mais la distinction entre phrases et genres est accomplie, motivée par le défi de trouver une présentation pertinente de ce qui constitue un « coup » dans un jeu de langage. Un autre commentaire au crayon témoigne également de ce moment transitoire entre métaphore et concept, là où Lyotard cherche à faire comprendre le caractère agonistique des jeux de langage en abordant de nouveau la duplicité des coups. Mécontent de l'état de ses réflexions, il note en marge : « Plus compliqué : jeu/ genre discours/ coups = stratégie. Quelle est la relation entre jeux et genres[37] ? ».

Le travail créateur d'une métaphore ne s'épuise pas à offrir des réponses aux questions philosophiques cardinales, comme les métaphores absolues de Hans Blumenberg[38]. La force d'une métaphore peut aussi bien consister à assembler les éléments d'une question, question dont la réponse peut ou non recourir à la sémantique que cette métaphore suggère. Lyotard abandonne la sémantique du jeu dans *Le Différend*, mais répond au défi que la notion du « coup » dans un jeu avait introduit : *Le Différend* contient toute l'ambiguïté d'un temps livré à la dynamique du conflit et devant assumer la force du hasard que ce conflit déchaîne. C'est-à-dire qu'il nous fait voir la promesse aussi bien que le danger d'un ordre du conflit.

D'une part, l'idée que chaque phrase est le nœud de possibles ne perd pas son caractère de promesse. Même si chaque enchaînement peut donner lieu au différend et au tort dans la mesure où des fins concrètement possibles pour une phrase ou un discours ne sont pas poursuivies, l'interaction entre régimes de phrases et genres de discours détient une puissance créatrice : « Nul ne doute que le langage soit capable d'accueillir ces nouvelles familles de phrases ou ces nouveaux genres de discours », qui feraient droit au différend[39].

Mais ce qui distingue, d'autre part, *Le Différend* des écrits de 1979 et, plus généralement, la philosophie de Lyotard de tant d'autres partisans

37. *Ibid.*
38. H. Blumenberg, *Paradigmen zu einer Metaphorologie* [1960], Frankfurt am Main, Suhrkamp, 1998.
39. *Dfd*, p. 29.

d'une agonistique du social[40], c'est la reconnaissance que les caractéristiques censées conférer à la conflictualité sa promesse d'ouverture amènent aussi un danger. Comme Lyotard le retient en préparant son cours pour São Paulo, on peut transformer les règles en jouant un coup au-delà du supportable pour celui qui le reçoit. Le jeu de langage peut entraîner des « morts sociales[41] ».

À cet égard, l'attitude du témoin philosophique, artistique ou peut-être même politique que propose *Le Différend* ressemble à « l'amour des règles » évoqué dans le texte « Le joueur » et conçu comme désir de la limite. Aucune invention de coups nouveaux ne peut éviter le risque du différend. Le témoin, comme le joueur, n'est pas impartial, c'est un compétiteur responsable du différend comme tous les autres. Mais il reste possible de phraser, d'enchaîner à partir de la limite d'une phrase. C'est-à-dire de poursuivre la finalité d'un genre de la même manière que le joueur valsait. Dans l'ivresse, mais en sachant que c'est une ivresse, que ce n'est qu'une finalité contingente parmi d'autres. Cette clairvoyance peut rendre un discours raboteux et une performance pesante. Mais elle peut ainsi engendrer un engagement pour la continuité du jeu. Car, de même que le joueur était conscient de la cruauté de ses coups, le témoin sait que le langage peut supprimer une phrase. Donc, « tout est dans le ET », comme le dit « Le joueur ». « Il faut enchaîner », dit *Le Différend*. On ne peut jamais adopter l'idiome de ceux frappés de mort sociale pour réparer un tort. Mais on peut faire résonner dans son propre énoncé les différends qu'il contient. De cette manière, d'autres différends, réprimés ou oubliés, pourraient, peut-être, résonner eux aussi.

4. Conclusion

Cet essai a cherché à retracer la manière dont la métaphore du jeu a marqué la conception du langage, et, par conséquent, la conception du lien social de Jean-François Lyotard, à différentes étapes de son œuvre.

40. Je pense ici non seulement à Jacques Rancière, mais aussi bien à Chantal Mouffe, qui dans son livre le plus récent se réfère cependant positivement au *Différend* de Lyotard. Cf. C. Mouffe, *Agonistics. Thinking the World Politically,* Londres, New York, Verso, 2013, p. 11.

41. J.-F. Lyotard, « Philosophie des jeux de langage », texte cité.

En relevant les implications radicalement créatrices du modèle du jeu de langage wittgensteinien, Lyotard a su penser l'ordre social comme produit d'un conflit perpétuel, résistant à toute tentative de clôture. Néanmoins, le modèle du jeu de langage demandait d'éclairer la question de la continuité d'un tel lien social car l'image du « coup » prétendait assurer cette continuité sans cependant en offrir une véritable explication. À l'aide des notes de São Paulo, on a observé le rôle fécond de cette « impasse » dans l'élaboration des distinctions fondamentales du *Différend*. Sur cette base, on a constaté un premier héritage de la métaphore du jeu dans l'architecture achevée de ce livre. Un deuxième héritage a été proposé à l'aide du texte de fiction « Le joueur ». J'ai cherché à montrer que la métaphore du jeu n'était pas exclusivement la figure d'une institution de règles innovatrice et dynamique, mais, pour les raisons déjà invoquées, que le jeu peut toujours opérer un revirement destructeur. On note ici une ambiguïté profonde de l'*agôn* que l'on retrouve aussi dans la notion de conflictualité propre au *Différend*. Le conflit social qu'évoque la métaphore du jeu agonistique s'avère en somme aussi prometteur et créateur que cruel et dévastateur. À cet égard, j'ai proposé une interprétation de « l'amour pour les règles du jeu » évoqué dans « Le joueur » qui montre que ce conflit peut engendrer un engagement affectif qui, certes, ne protège jamais des forces destructrices du jeu, mais qui fait apparaître une force inhérente au conflit.

Deuxième partie

Consensus et différend

Gérard Raulet

Jeux de langage. Le tournant communicationnel et la communauté intraitable

1.

Dans les textes qui font suite à la *Théorie de l'agir communicationnel*, Habermas débat avec deux protagonistes. L'un est le cognitiviste. Mais son véritable adversaire dans le contexte postmoderne, c'est le *sceptique*. C'est aux arguments de ce dernier qu'il se met en mesure de résister en se démarquant des positions d'Apel : « Il semble que l'argument pragmatico-transcendantal dans la forme que lui confère Apel soit trop faible pour briser la résistance que le sceptique conséquent ne manquera pas d'opposer à *toute* forme de morale rationnelle[1]. » Apel commet, selon Habermas, l'erreur de sous-estimer le sceptique en dénonçant seulement la « contradiction performative » de l'attitude qu'il adopte :

> Si je ne puis contester quelque chose sans me contredire moi-même et si je ne puis déductivement le fonder sans commettre une pétition de principe logico-formelle, alors ce quelque chose appartient précisément à des présuppositions pragmatico-transcendantales de l'argumentation que l'on doit toujours déjà avoir reconnues pour que le jeu de langage de l'argumentation conserve son sens[2].

Ce faisant il se rend lui-même coupable d'une pétition de principe : celle de postuler un sens. Habermas entend échapper à ce piège ; il admet

1. J. Habermas, *Moralbewußtsein und kommunikatives Handeln*, Frankfurt am Main, Suhrkamp, 1983 ; tr. fr. C. Bouchindhomme, *Morale et communication*, Paris, Éd. du Cerf, 1986, p. 65.
2. *Ibid.*, p. 103.

que la fondation en raison de l'éthique de la discussion n'a pas *du point de vue de l'usage* nécessairement valeur de fondation ultime et se propose donc de montrer qu'il est… *inutile de réclamer pour elle un tel statut*[3]. Il maintient l'idée que le principe d'universalisation est toujours « à l'état d'implicite dans les présuppositions de l'argumentation en général », mais il propose de l'appréhender « du point de vue du processus » et prend au passage ses distances par rapport à la conception transcendantale d'un « consensus idéal » qu'il avait jadis défendue[4].

Effort louable, mais se met-il vraiment à l'abri du « scepticisme » ? Que répondre à cet argument du *Différend* de Lyotard ?

> Comme l'observe Wittgenstein, une chose est l'ensemble des règles constitutives du jeu de tennis ou d'échecs, une autre l'ensemble des recommandations qui forment une stratégie visant à vaincre. En ne respectant pas les premières, vous changez de régime de phrases, vous ne jouez plus au tennis ou aux échecs. En ignorant les secondes, vous êtes censé jouer « mal ». Or il est loisible de jouer « mal ». « Je sais que je joue mal, mais je ne veux pas jouer mieux ». En ce cas, tout ce que mon interlocuteur pourrait dire : « Ah bon, dans ce cas, tout va bien » (Wittgenstein 1929-1930, 144). Sans compter que jouer « mal » peut être une bonne stratégie, inédite, dont on dira ensuite : « Bien joué ! » Les genres de discours sont des stratégies. De personne[5].

Ce sceptique-là substitue à l'intersubjectivité une agonistique des enjeux et des différends et cesse de supposer que le langage doit servir à communiquer – du moins selon des règles partagées.

N'est-il pas envisageable, en effet, que la performativité et l'expressivité individuelles se substituent comme formes d' « échange » à l'argumentation ? Pour Lyotard, le lien social « postmoderne » ne s'actualise que dans un réseau de flux non liés, « déterritorialisés ». L'ordre du discours devient une agonistique générale dans laquelle la rencontre des relations pragmatiques est pure occasion, *kairos* d'une invention. Ce libre jeu des actes de langage, au sein duquel le consensus s'atomise en contrats temporaires[6], équivoques, est censé garantir la plus grande démocratie possible. La pragmatique sociale, écrit Lyotard,

3. *Ibid.*, p. 104.
4. *Ibid.*, p. 108 *sq.*
5. *Dfd*, p. 198.
6. *CPM*, p. 107.

est un monstre formé par l'imbrication de réseaux de classes d'énoncés (dénotatifs, prescriptifs, performants, techniques, évaluatifs, etc.) hétéromorphes. Il n'y a aucune raison de penser qu'on puisse déterminer des métaprescriptions communes à tous ces jeux de langage et qu'un consensus révisable, comme celui qui règne à un moment dans la communauté scientifique, puisse embrasser l'ensemble des métaprescriptions réglant l'ensemble des énoncés qui circulent dans la collectivité. C'est même à l'abandon de cette croyance qu'est lié le déclin, aujourd'hui, des récits de légitimation, qu'ils soient traditionnels ou modernes[7].

2.

En admettant lui aussi que les individus ne peuvent pas *choisir* entre communication et performativité, activité communicationnelle et activité stratégique, Habermas se met en demeure de montrer que l'activité communicationnelle a encore sa place[8] et il ne peut plus se contenter d'une pétition de principe ou d'une déduction de type constructiviste. À cet égard ce sont, comme toujours chez Habermas, les dernières pages des « Notes pour fonder une éthique de la discussion » qui se révèlent à la fois les plus suggestives et les plus équivoques : « C'est un fait que les discussions pratiques sont soumises à des limitations dont il faut se souvenir face à une compréhension de soi fondamentaliste. [...] Les discussions pratiques et toutes les formes d'argumentation sont comme des îlots que l'océan menace d'engloutir, plongées dans une pratique où le modèle régnant n'est certes pas le règlement des conflits pratiques par le consensus[9] ».

Comparée au projet des « Remarques préliminaires à une théorie de la compétence communicative » (1971) qui entendait systématiser par une table des universaux pragmatiques la distinction entre un « vrai » consensus et un « faux » consensus, la *Théorie de l'agir communicationnel* que Habermas publie dix ans plus tard représente quant à elle un assouplissement considérable. Dans sa première époque, Habermas avait tenté de maîtriser l'opposition du transcendantal et de l'historique par une conception « quasi transcendantale » ; c'est ce qu'il tente à nouveau, mais

7. *CPM*, p. 105.
8. J. Habermas, *Morale et communication, op. cit.*, p. 123.
9. *Ibid.*, p. 127.

sans plus pouvoir faire fond ni sur un transcendantal, ni sur le déploiement d'une vérité dans l'histoire : *à partir du langage ordinaire.* Ce projet constitue une rupture épistémologique plus radicale avec la Raison moderne que ne le suggère son attachement à la « modernité inachevée ». Il s'agit certes de réunifier ce que la modernité elle-même a dissocié – les trois sphères ou genres de discours de la science et de la technique, de la morale et de l'esthétique – sous une forme qui ne conforte pas l'impérialisme de la rationalité instrumentale ou fonctionnaliste, mais *de l'intérieur des jeux de langage* et non plus en invoquant la vérité de la Raison, notamment d'une Raison dans l'histoire, comme juge ultime.

Les « petits récits » sont à eux-mêmes leur propre norme et l'approche qui leur est la plus adéquate est celle que l'on trouve chez le second Wittgenstein, pour qui les jeux de langage ont leur fondement en eux-mêmes et rendent superflus tout à la fois le recours à un métadiscours et la problématique de l'adéquation au réel. « Le langage ordinaire est son propre métalangage », commentait déjà Habermas dans *Connaissance et intérêt*[10].

Si Wittgenstein n'est pas l'auteur le plus cité dans la *Théorie de l'agir communicationnel*, et si, en apparence, la construction théorique se constitue plutôt par la combinaison de Weber, Durkheim, Parsons et Mead, son rôle est en réalité décisif. Wittgenstein intervient là où l'ouvrage ressaisit ses perspectives théoriques dans des *Zwischenbetrachtungen* (considérations intermédiaires) à la Weber – en particulier celles du tome I[11]. Il sert alors, notamment, à articuler la dialectique entre le « monde vécu » et celui de la rationalisation, le « Système » – dialectique dont dépend l'espoir que, dans le processus de la « modernité inachevée », le « contenu normatif » de la modernité[12] ne se désagrège pas complètement.

Selon Wittgenstein, le langage me sert à exprimer mon expérience qui, comme telle, reste en dehors de la communication. De même, pour Habermas, il existe un monde vécu incommunicable, qui s'évanouit en tant que tel lorsqu'il passe dans le langage mais constitue néanmoins le réservoir et l'horizon de toute communication : « L'action

10. J. Habermas, *Connaissance et intérêt*, tr. fr. G. Clémençon et J.-M. Brohm, Paris, Gallimard, 1976, p. 203.
11. J. Habermas, *Theorie des kommunikativen Handelns*, Frankfurt am Main, Suhrkamp, 1981, t. I, p. 376 *sq.*
12. Cf. J. Habermas, *Der philosophische Diskurs der Moderne*, Frankfurt am Main, Suhrkamp, 1985, p. 390 *sq.*

communicationnelle dépend de situations contextuelles qui représentent quant à elles des aspects du monde vécu des participants de l'interaction[13]. » C'est en ce sens que Wittgenstein est à nouveau invoqué au début de la seconde « considération intermédiaire », qui traite plus en détail de la *Lebenswelt*[14]. Cette dernière prend du même coup un sens wittgensteinien. Au lieu d'être la référence plus ou moins intemporelle d'un ordre prémoderne, en tout cas dépassé, dont l'idée ne pourrait plus être conservée qu'au titre de situation idéale de communication, elle se constitue du *Hintergrundwissen*, ou *Vorwissen*, dont parle Wittgenstein dans *Über Gewissheit* et qui représente l'arrière-plan ou le fond de toute communication effective : « Le monde vécu est une chose étrange, qui se décompose et s'évanouit devant nos yeux dès que nous voulons en partie le faire apparaître devant nous. Il fonctionne, au regard des processus communicationnels, comme un réservoir fournissant ce qui entre dans les énoncés explicites[15] ». Chaque acte de langage représente, en tant que traduction de cet indicible, une rationalisation. Or, « au moment où ce savoir présupposé *(Hintergrundwissen)* entre dans les énoncés de communication et devient un savoir explicite, donc critiquable, il perd justement le caractère de certitude, de présupposé incontournable qui est celui du monde vécu pour ses membres[16] ». C'est en ce point qu'interviennent éventuellement des distorsions *(Verzerrungen)*.

Il n'est pas difficile de comprendre que ce statut du langage ordinaire ne le prédispose nullement à assumer les surcharges et qu'il n'est nullement garanti qu'il puisse, par sa fonction naturelle de médiateur, constituer le milieu fusionnel d'une réconciliation ; en fait de fusion, la confusion des genres prend en lui des formes pathologiques. Le langage ordinaire est du même coup le talon d'Achille de ce colosse aux pieds d'argile qu'est la théorie de l'agir communicationnel, car Habermas veut lui faire prendre en charge la croix de la philosophie : être à la fois empirique et pouvoir de synthèse. Le langage ordinaire hérite, à la place des « intérêts quasi transcendantaux » de la première théorie habermassienne, de la lourde hérédité de l'idéalisme transcendantal et de son historicisation. En fait de milieu, il est surtout le lieu où se condense l'aporie de la construction

13. J. Habermas, *Theorie des kommunikativen Handelns*, *op. cit.*, t. I, p. 376.

14. *Ibid.*, t. II, p. 182.

15. J. Habermas, « Dialektik der Rationalisierung », *Die neue Unübersichtlichkeit*, Frankfurt am Main, Suhrkamp, 1985, p. 186.

16. *Ibid.*

habermassienne, que l'on peut résumer ainsi : la dialectique qui promeut le « contenu normatif » de la modernité est en même temps celle qui le problématise, et même le désagrège. Telle est la version habermassienne de la philosophie de l'histoire, sa « dialectique de la raison ».

Cette dépendance de la base normative par rapport à ses actualisations est à la fois la force et la faiblesse de Habermas, tout comme elle était déjà la force et la faiblesse de la première Théorie critique : rien ne garantit que la rationalisation dont dépend l'actualisation du « contenu normatif » débouche sur une pratique communicationnelle de nature à le réaliser dans un consensus. Si elle débouche sur un éclatement généralisé, la rationalité communicationnelle doit en jouer le jeu.

3.

Les formes sociales auxquelles la « raison communicationnelle » a affaire ne semblent correspondre au premier abord qu'aux « contrats temporaires » dont parle Lyotard dans *La Condition postmoderne*[17]. Mais au moins présentent-elles, selon lui, l'avantage d'échapper au terrorisme de l'isomorphie :

> Il faut donc parvenir à une idée et à une pratique de la justice qui ne soit pas liée à celles du consensus.
> La reconnaissance de l'hétéromorphie des jeux de langage est un premier pas dans cette direction. Elle implique évidemment la renonciation à la terreur, qui suppose et essaie de réaliser leur isomorphie. Le second est le principe que, si consensus il y a sur les règles qui définissent chaque jeu et les « coups » qui y sont faits, ce consensus *doit* être local, c'est-à-dire obtenu des partenaires actuels, et sujet à résiliation éventuelle. On s'oriente alors vers des multiplicités de méta-argumentations finies, nous voulons dire : d'argumentations portant sur des métaprescriptifs et limitées dans l'espace-temps[18].

La question que pose la conception de Lyotard concerne sa capacité à fonder « une idée et une pratique de la justice » qui ne reposent pas sur une version forte, universalisable, du consensus normatif, sans pour

17. *CPM*, p. 107.
18. *CPM*, p. 106-107.

autant donner libre cours à un éclectisme radical se contentant de refléter la coexistence et la rencontre purement fortuites des jeux de langage. Pour Lyotard, celui qui parle encore de sens, de légitimité, de consensus, demeure prisonnier d'un « dispositif métanarratif de légitimation » de nature métaphysique[19]. Contrairement à l'idéal de communication non-détériorée qu'elle met en avant, la conception habermassienne du consensus fait violence à la liberté des jeux de langage, à la flexibilité et au caractère impromptu des interactions langagières. Car « nous ne formons pas des combinaisons langagières stables nécessairement, et les propriétés de celles que nous formons ne sont pas nécessairement communicables[20] ». Le consensus auquel en appelle *Le Différend* émane potentiellement d'une sphère publique impossible à cerner *a priori* et représentative du « arrive-t-il »[21].

Mais que peut-on réellement attendre de la flexibilité des jeux de langage et de la « sveltesse » requise d'une théorie de l'agir communicationnel ? À la place du maximum de démocratie que Lyotard en attend, elle pourrait tout autant entériner une impuissance politique, l'incapacité à esquisser des orientations normatives au sein d'une expressivité débridée – auquel cas le triomphe du genre performatif serait inéluctable. Une chose reste néanmoins sûre : en l'absence de critères contraignants, le développement des modes de communication dominants – expressifs et performatifs – constitue le laboratoire d'une nouvelle logique des interactions sociales, une logique qui ne procède plus verticalement mais horizontalement et qui s'accommode de consensus fragiles, en pleine conscience que même le différend socialise. Il s'agit moins de constituer une isomorphie normative concurrente de l'isomorphie performative que de donner voix à la complexité des sociétés et des modes de socialisation « postmodernes », permettre, dit Lyotard dans *Le Différend*, « l'institution d'idiomes qui n'existent pas encore » pour répondre à ce qui « "demande" à être mis en phrases et souffre du tort de ne pouvoir l'être à l'instant[22] ». La perte de normes universellement valables ou acceptées ne peut être compensée par un décisionnisme autoritaire ; elle doit bien plutôt être rendue publique et soumise au débat de façon à ce que renaisse ainsi un espace public politique. En cela réside la tâche de la philosophie sociale.

19. *CPM*, p. 7.
20. *CPM*, p. 8.
21. Cf. les derniers paragraphes du *Différend* (n° 262-264), p. 260.
22. *Dfd*, p. 30.

Il va de soi qu'on n'entend pas pour autant abonder ici dans le sens du consensus mou du multiculturalisme, qui sert de bonne conscience à la mondialisation et dont la bienveillance à l'égard des différences constitue la feuille de vigne derrière laquelle la fragmentation et la ghettoïsation – le « conflit des civilisations » de Samuel Huntington – s'épanouissent. On plaide pour une culture politique du dissensus qui permettrait aussi de rendre justice à cet aspect capital et réprimé de la modernité qu'est la mémoire des perdants et des victimes, la masse croissante des *surplus people*, et de raviver l'espérance qu'a représentée le « projet inachevé » de la modernité ou du moins d'empêcher que son inachèvement soit passé sous silence. Même si l'injustice n'est pas réparée, le différend, au moins, ne doit pas être étouffé. Or, non seulement il est toujours jugé négligeable par le tribunal du capitalisme au regard de l'enchaînement nécessaire du genre économique[23] – que Lyotard qualifie de temps plein opposé à l'occurrence et à l'événement, tandis que Benjamin (mais le sens de l'opposition est le même) qualifie la temporalité linéaire du progrès de temps homogène et vide par opposition au *kairos*. Mais en outre, plus fondamentalement, « en l'absence d'un régime de phrases ou d'un genre de discours jouissant d'une autorité universelle pour trancher », écrit Lyotard, il est inévitable « que l'enchaînement [d'une phrase avec une autre], quel qu'il soit, fasse un tort aux régimes ou aux genres dont les phrases possibles restent inactualisées[24] ». Dès lors,

> Étant donné 1° l'impossibilité d'éviter les conflits (l'impossibilité de l'indifférence), 2° l'absence de genre de discours universel pour les régler ou si l'on préfère la nécessité que le juge soit partie, trouver, sinon ce qui peut légitimer le jugement (le « bon » enchaînement), du moins [...] témoigner du différend[25].

Faute de pouvoir lui rendre justice, faire en sorte que celui qui a subi un tort puisse être un plaignant et ne soit pas transformé en victime[26].

Habermas lui-même a conservé de sa période hégélienne la définition qu'il donne dans « Travail et interaction » de la communication sociale

23. *Dfd*, p. 255.
24. *Dfd*, p. 10.
25. *Dfd*, p. 10-11.
26. *Dfd*, p. 22.

comme « entente entre des sujets *opposés*[27] ». Fait également partie de cette opposition la « réserve » du quant à soi à laquelle fait droit le respect requis par Lyotard à l'égard de ce dont on ne peut disposer, qu'on ne peut forcer à entrer dans aucun consensus. Tandis que l'idéologie de la communication sans frontières mise sur une prétendue transparence, cette part d'opacité fait partie des conditions indispensables de toute communication authentique. Elle seule empêche la mise au pas de la publicité politique en refusant la réduction de tous les ordres symboliques aux jeux de langage dominants.

Dans l'évolution des débats en philosophie politique pendant les dernières décennies, le fait qu'on ne puisse plus déterminer avec certitude ce qu'est le Bien et quelles sont les valeurs qui doivent guider la praxis politique sert cependant de plus en plus de prétexte pour réduire le politique à des questions de droit ou (dans le meilleur des cas) de justice, que ce soit sous la forme d'une construction *a priori* du juste, comme chez Rawls, ou sous la forme de mesures correctives comme dans l'*affirmative action* des communautariens. J'ai décrit dans plusieurs textes les dangers qui découlent de la conception procédurale de la pratique qui résulte de cette évolution[28]. La conception des rapports entre droit, justice et démocratie développée par Habermas dans *Faktizität und Geltung*[29] et selon laquelle des associations « assiègent » l'État pour faire reconnaître des droits ne me semble pas de nature à les prévenir. Elle est certes peu contestable en tant que diagnostic, mais elle accepte la prémisse libérale du *take and give* ou (dans le meilleur des cas à nouveau) de la *referee theory*. Or, il y a des formes d'injustice – et c'est ce sur quoi Lyotard a attiré notre attention – qui ne peuvent pas être « compensées ». Ce serait une conquête démocratique décisive que de leur permettre d'accéder sous forme de différend au débat public.

27. J. Habermas, « Arbeit und Interaktion », *Wissenschaft und Technik als „Ideologie"*, Frankfurt am Main, Suhrkamp 1968, p. 23.
28. Cf. G. Raulet, *Apologie de la citoyenneté*, Paris, Éd. du Cerf, 1999 ; « Justice et/ou tolérance », in T. Andréani, M. Vakaloulis (dir.), *Refaire la politique*, Paris, Syllepses, 2002, p. 167-178 ; « L'exotisme de l'intérieur. Tentative d'état des lieux épistémologique », *L'Homme et la Société*, n° 143, 2003, p. 75-104.
29. J. Habermas, *Faktizität und Geltung*, Frankfurt am Main, Suhrkamp, 1992.

4.

Honneth va assez loin dans ce sens. La quête de reconnaissance sociale (*soziale Wertschätzung*) permet d'expliquer des phénomènes réactifs et contre-productifs comme ce qu'il est convenu d'appeler ces temps-ci le « vote protestataire » et bien sûr aussi les replis sur des identités de bandes ou de ghettos[30]. Honneth y voit l'effet de l'abîme croissant entre les représentations du droit et de la justice de ceux qui sont partie prenante du système et de ceux qui sont rejetés à ses marges ou carrément en dehors[31]. Mais ce qui est décisif est surtout leur nature : à la différence des représentations élaborées de la justice (au nombre desquelles force est de compter la théorie rawlsienne de la justice), le « complexe d'exigences réactives de justice » prend la forme de « jugements négatifs qui ne sont pas généralisés dans un système positif de principes de justice[32] ». Bref, à la place d'une « théorie de la justice », la Théorie critique doit partir de la « conscience de l'injustice » – une conscience fortement marquée par des traumatismes relevant du monde vécu et du même coup trop liée à des situations individuelles ou particulières pour pouvoir être subsumée à une approche théorique reposant sur la prémisse d'une « conscience morale consistante » (celle qui est censée se dégager chez Rawls du choix de valeurs inviolables opéré dans la situation originelle fictive du « voile d'ignorance »).

Honneth met en doute la possibilité même d'accession des expériences et des sentiments d'injustice au débat démocratique. D'une part, l'ordre politico-médiatique est structuré de façon telle qu'il limite *a priori* et en amont les chances qu'a le sentiment d'injustice sociale d'accéder à la sphère publique politique et il n'est nullement acquis que les groupements sociopolitiques ou politiques établis soient aptes à lui faire écho[33]. D'autre part, le sentiment d'injustice constitue une pathologie sociale qui s'exprime dans un registre infra-discursif ou sur un mode qui n'a pas sa place dans le registre communicationnel dominant.

C'est là que commence, objectivement, l'injustice : dans le fait qu'il ne soit pas fait suite – avant même qu'il soit question de leur faire droit –

30. A. Honneth, *Das Andere der Gerechtigkeit. Aufsätze zur praktischen Philosophie*, Frankfurt am Main, Suhrkamp, 2000, p. 108.
31. *Ibid.*, p. 114.
32. *Ibid.*, p. 115.
33. *Ibid.*, p. 119.

aux expressions du sentiment d'injustice, et donc non pas au niveau du second mais bien à celui du premier principe de Rawls et/ou au niveau du postulat habermassien de la participation au débat. Car « si une norme morale ne peut être considérée comme valable qu'à la condition que toutes les personnes potentiellement concernées y ont adhéré, il faut qu'on puisse en tout état de cause partir du principe que chacune d'entre elles a eu dans la même mesure la chance de pouvoir, sans contrainte, prendre position. [...] Or, dans cette mesure la possibilité de rapporter la validité de normes morales à un processus de formation discursive d'une volonté doit être liée à l'idée transcendante d'une discussion libre de toute domination[34]. » C'est là aussi que Honneth doit, dans l'essai qui donne son titre à son ouvrage, « Das Andere der Gerechtigkeit », prendre en compte la pertinence de la dénonciation par Lyotard de la domination « dans notre société de certains genres de discours, parmi lesquelles au premier chef celui du droit positif et de la rationalité économique », dont l'effet est que « des jeux de langage d'un autre genre sont durablement privés d'articulation sociale[35] ». Dans ces conditions, résume Honneth, la philosophie politique, à l'instar de Lyotard, se trouve confrontée à un dilemme : ou bien développer une éthique du témoignage, confiant à d'autres médias que le débat politique la mission de conserver le souvenir des victimes, ou bien ouvrir le débat public à des jeux de langage qui en sont quasi structurellement exclus[36].

5.

Est-ce aussi simple ? Lyotard requiert « l'extension de ce que le néo-pragmatisme appelle la pragmatique du langage jusqu'à une condition qui excède de beaucoup la discussion aux fins de consensus[37] ». Si cette offensive est dirigée contre les Américains, il nous semble qu'elle peut tout à fait s'appliquer aux paradigmes de la communication et de la reconnaissance représentés respectivement par Habermas et par Honneth. Il s'agit en effet de rompre avec la présupposition « que, dans une discussion,

34. *Ibid.*, p. 141.
35. *Ibid.*, p. 139.
36. *Ibid.*
37. *MP*, p. 112-113.

chacun des interlocuteurs cherche à faire partager son point de vue à l'autre[38] ». Peu importent les moyens utilisés : logique ou persuasion rhétorique (*pistis*), cette dernière étant mise en œuvre quand on ne peut pas ou qu'on ne veut pas user d'un langage universel comme fondement légitime de l'assentiment. Or, ce langage universel est sujet à caution. Lyotard déplace résolument la question du consensus vers l'antinomie kantienne du jugement de goût (*Critique de la faculté de juger*, § 56). Une antinomie qu'il se refuse à apaiser (sinon à résoudre) sur le mode bon enfant – de toute façon, ça discute – ou sur le mode technique cher aux techniciens de la communication : la difficulté « ne provient nullement de l'hétérogénéité d'idiomes intraduisibles, qu'ils soient singuliers ou culturels, mais [...] réside dans l'irréductibilité d'un genre de discours à l'autre, serait-ce dans le discours d'un même locuteur ou entre deux interlocuteurs parlant la même langue[39] ». Il s'agit d'une irréductibilité radicale – irréductible, justement. Pas d'hétérogénéité d'idiomes, de cultures. Enjeux différents, genres différents de procédures pragmatiques. Ce n'est pas un problème de traduction ; cette hétérogénéité est bien plutôt telle que toute tentative de traduction détruirait le langage de l'autre. Il s'agit, dit Gérald Sfez, d'une « incommensurabilité de langage qui dépasse les intentions des interlocuteurs tout en engageant leur responsabilité[40] ». C'est par là que le différend prend en défaut l'éthique habermassienne de la discussion. L'objection majeure contre Habermas (qui n'est toutefois, précisons-le, pas nommé dans ces développements) se formule de la façon suivante : « Dire que la valeur normative d'une obligation lui vient de ce qu'elle n'est discutable par aucun autre argument raisonnable » est « un cas éminent de l'invasion d'un genre par un autre[41] ».

La contestation de la préemption de la discussion par le présupposé du consensus n'est qu'un aspect de la contestation plus radicale d'une philosophie de l'identité dont les héritiers d'Adorno ne parviennent pas à se déprendre. « L'autre ne s'institue pas en tant que tel », dit Lyotard dans *Moralités postmodernes*[42]. L'hypostase d'autrui préjuge l'événement de l'altérité ; Adorno dirait qu'elle soumet le singulier et le différent à une contrainte d'identité, au *telos* de l'identité de l'identité et de la différence.

38. *MP*, p. 113.
39. *MP*, p. 118.
40. G. Sfez, *Lyotard. La partie civile*, Paris, Michalon, 2007, p. 8-9.
41. *MP*, p. 121.
42. *MP*, p. 61.

Dans un entretien, Lyotard requiert pour cette raison une « critique de la raison altruiste[43] ». Du coup on peut se demander si le déficit de « reconnaissance » peut rendre raison de ce que Lyotard cherche à cerner.

La pire des « solutions », du point de vue tant de la justice que de la vérité, consiste à reconnaître un « droit à la différence » qui n'est en fait que la revendication d'un droit à l'indifférence car il met l'une et l'autre, la justice et la vérité, entre parenthèses et se contente de la juxtaposition des hétérogénéités, traitées comme simples différences subjectives ou comme rapport de forces objectif.

En même temps, l'exigence d'une réponse demeure, même quand l'autre ne joue pas le jeu de la « communication », qu'au lieu de jouer au tennis selon les règles du tennis, explique Lyotard en reprenant l'exemple de Wittgenstein, il se sert des balles comme de pièces d'un jeu d'échec ou d'éléments d'un puzzle[44]. De même qu'il y a, inversement, un droit imprescriptible au *no man's land* personnel, malgré la pression extérieure qui fait que « si vous n'êtes pas public, vous disparaissez[45] ». Il existe dans chaque soi un autre qui exige d'être respecté *absolument* et qui n'a rien à voir avec les autres, qui ignore la réciprocité. C'est de ce *double* paradoxe que le différend tente de rendre compte tandis que l'agir communicationnel et la théorie de la reconnaissance sont « tout occupés à la légitimité des échanges dans la communauté avec les autres[46] ».

« Il y a différend dès lors qui n'existe pas de négociation possible[47]. » La définition même du différend le rend imperméable à toute démarche de reconnaissance ; la pensée de Lyotard est dominée par la figure de l'antinomie : « Que l'une [des parties du conflit] soit légitime n'impliquerait pas que l'autre ne le soit pas[48]. » Le différend, commente Gérald Sfez, « met en rapport deux légitimités qui ne peuvent se reconnaître réciproquement et qu'aucun tiers ne pourrait conduire à une reconnaissance réciproque[49] ». Chez Kant – il est utile de le rappeler en ce point –, l'antinomie consiste certes à renvoyer les protagonistes dos à dos, mais pas sur le mode de l'indifférence et du « laissez faire » ; elle consiste

43. « Entretien avec Jean-François Lyotard », *Cahiers philosophiques*, Lille, n° 5, 1988, p. 97.
44. *MP*, p. 59.
45. *MP*, p. 109.
46. *MP*, p. 110.
47. G. Sfez, *Lyotard. La partie civile*, *op. cit.*, p. 19.
48. *Dfd*, p. 9.
49. G. Sfez, *Lyotard. La partie civile*, *op. cit.*, p. 15.

à opposer les ordres différents dont relèvent les thèses : l'empirique et le transcendantal, le concept ou le droit, d'un côté, l'Idée et la morale, de l'autre. Cette référence à l'Idée possède une présence frappante dans les réflexions de Lyotard postérieures au *Différend*. Mais en aucun cas il ne s'agit de dépasser l'opposition par une quelconque *Aufhebung*. Gérald Sfez parle avec justesse d'un « hégélianisme *interrompu*[50] ».

Concrètement : il y a des vaincus politiques oubliés (les harkis) qui peuvent être reconnus par le genre juridico-politique. Mais le tort subi se laisse-t-il réparer ? Ce fut toute l'ambiguïté du Procès de Nuremberg[51]. Le tort se laisse dédommager, au sens précis que Lyotard attribue à la notion de dommage – en l'opposant justement au tort subi. Dans le cas du prolétariat exploité, il faudrait « un autre idiome que celui des prud'hommes pour exprimer que le travail est autre chose que l'échange d'une marchandise[52] ». Il semble que là s'arrête la reconnaissance, même si Honneth insiste à très juste titre sur la nécessité de ne pas confondre reconnaissance et réparation distributive (ou discrimination positive). En cela réside l'importance du débat avec Nancy Fraser[53]. On est en quête d'un modèle théorique qui permette de faire émerger et de faire droit à un discours qui est à la fois exclu du registre politique et du registre socio-économique[54].

« La tâche, écrit Lyotard, est de veiller toujours à lever la confusion entre ce qui essaie de se résoudre comme litige et ce qui, en réalité, sous ce litige et son règlement, se maintient comme tort subi et malheur, et qui réapparaîtra comme différend[55]. » La radicalité de l'interrogation de Lyotard fait apparaître que la victime, à partir du moment où elle est reconnue comme plaignant, n'a pas pour autant « plus de chances de se faire entendre sur une autre scène[56] ». Réparer le tort reviendrait *stricto sensu* à réécrire l'histoire, à la « brosser à rebrousse-poil » pour en changer la logique et le langage ; c'est de cela qu'il s'agit dans l'exigence d'inventer un nouvel idiome et tel est

50. *Ibid.*, p. 21.
51. Cf. *Dfd*, § 93 et G. Sfez, *Lyotard. La partie civile*, *op. cit.*, p. 79 *sq.* Cf. A. Garapon, *Des crimes qu'on ne peut ni punir ni pardonner*, Paris, Odile Jacob, 2002.
52. G. Sfez, *Lyotard. La partie civile*, *op. cit.*, p. 43.
53. N. Fraser, A. Honneth, *Redistribution or Recognition. A Political-Philosophical Exchange*, tr. angl. J. Golb, J. Ingram, C. Wilke, London / New York, Verso, 2003.
54. Cf. G. Raulet, « Disagreement and Recognition », in H. Brunkhorst, T. Marinkovic, D. Vujadinovic (dir.), *European Crisis and Social Movements – Democratic Theory in Time of Crisis*, à paraître.
55. « Entretien avec Jean-François Lyotard », art. cit., p. 45.
56. G. Sfez, *Lyotard. La partie civile*, *op. cit.*, p. 33.

aussi le sens de l'écriture de l'histoire qu'exige Walter Benjamin. Il semble toutefois que cette exigence n'ait pu – faute d'avènement messianique – aller au-delà de ce sur quoi débouche aussi la pensée de Lyotard. Car le regard de l'ange est aussi témoignage, remémoration (*Eingedenken*). Certes, le témoignage n'a rien chez Lyotard d'une « *traurige Wissenschaft* » ; il n'est pas non plus un *éloge* du différend. Lyotard adopte la posture kantienne du veilleur critique[57] : « veiller à déceler [le différend], dès lors qu'il est incontournable, afin de restituer à chacun son dû[58] ».

Là où Habermas met en œuvre une raison procédurale, il semble que Lyotard, dans ses *Moralités postmodernes*, ravive au contraire la dimension transcendante du *comme si* kantien, jusqu'à y voir un idéal pour la communauté : « L'argumentation ne peut qu'élaborer les procédures par lesquelles, l'idéal étant fixé, les interlocuteurs constituant la communauté ont le plus de chance de s'en rapprocher collectivement[59]. » Mais cet idéal achoppe sur l'impossibilité de la communauté totale ; ce qu'oublie la politique, dit Lyotard, c'est que cette communauté est « intraitable[60] ».

Le motif de la communauté intraitable est ce qui relie les cas de figure très divers que recouvre la notion finalement complexe et polysémique du « différend »[61]. Comment articuler en effet, comme j'ai tenté de le faire afin d'esquisser la confrontation entre Lyotard et les deux variantes de la Théorie critique que sont l'action communicationnelle et la théorie de la reconnaissance, tout l'éventail des cas de figure auxquels peut s'appliquer la notion de différend dès lors qu'on entend lui donner toute son extension pragmatique, psychologique et historique : 1) la mémoire des perdants et des victimes, des *surplus people*, 2) les « structures du monde vécu » mises à mal par l'institutionnalisation de l'action rationnelle tout autant que par son *alter ego*, l'agir communicationnel[62], 3) le « quant à soi » impossible à faire entrer dans le débat public, et 4) le tort tel que le pense

57. Cf. G. Raulet, « Sur le mélange des genres », *Lignes*, 32, 1997, « Les intellectuels », p. 120-127.
58. G. Sfez, *Lyotard. La partie civile*, *op. cit.*, p. 26.
59. *MP*, p. 120.
60. *MP*, p. 162.
61. Gérald Sfez distingue deux définitions du différend, celle qui repose sur deux légitimités incompatibles et celle du tort dont on ne peut témoigner ; je crois qu'on peut – au moins aux fins d'une confrontation avec les philosophies morales-pratiques – différencier encore.
62. Car l'action communicationnelle résulte elle-même de la traduction, de l'explicitation, de la thématisation et de la problématisation, c'est-à-dire de la rationalisation

Le Différend ? D'autant qu'il y a deux types de tort et donc de différend pour Lyotard. L'un, générique, structurel, est celui que l'enchaînement des phrases fait subir à tous les régimes de phrases et genres de discours que cet enchaînement a nécessairement évincés au profit du régime et du genre retenus. Ce tort-là est proprement imparable puisqu'il « faut enchaîner ». L'autre tort tient au fait que des phrases n'auront « droit de cité » et ne seront reconnues comme « partie civile » (Sfez) que si elles s'énoncent dans le genre de discours qu'elles veulent justement contester (l'indépendance algérienne devant le tribunal français, le travail soustrait à la marchandise devant le tribunal du Capital, le juif devant le national-socialiste). Les confondre aurait pour conséquence que la plainte serait en quelque sorte générale, ce qui ferait perdre son sens à l'idée de victime.

Comment les articuler sans les confondre ? Réponse (tentative de réponse) : par la conséquence même sur laquelle tous ces cas de figure débouchent du fait de l'inaccessibilité du *comme si* de la communauté « intraitable » : le témoignage, dont l'envers est l'oubli. C'est ce que Benjamin nous permet de penser, si on ose le rapprocher de Lyotard. L'oubli est ce qui frappe le tort auquel il ne peut être rendu justice ; il est ce à quoi sont condamnés les différends irréductibles auxquels on ne fait pas même droit en ne les laissant pas accéder à l'expression ou en les traduisant dans un régime communicationnel qui les violente. C'est de cette nature qu'est le tort que l'hégémonie du Capital inflige à l'existence mondialisée. L'oubli concerne aussi dans chaque soi l'autre qui exige d'être respecté absolument[63]. Enfin et surtout : il s'impose de penser « la différence entre un oubli représentatif, remédiable, et l'oubli qui déjoue toute représentation[64] ». À concevoir sur le modèle de la différence entre le primaire et le secondaire en psychanalyse. Sur le plan historique et politique le problème est que la *polis* « n'a [...] que la parole échangée "au milieu", ici et maintenant, entre pairs[65] » et qu'elle est donc constitutionnellement empêchée de rendre justice au primordial. Une objection qui s'applique au premier chef à Habermas,

du monde vécu traditionnel et des présupposés implicites de toute interaction. Sur ce point, cf. G. Raulet, *Chronique de l'espace public*, Paris, L'Harmattan, 1994, p. 179.

63. Et que Lyotard réfère à l'ontogenèse individuelle en qualifiant l'enfance elle aussi d'intraitable (cf. *LE*).

64. *HJ*, p. 17.

65. *HJ*, p. 19-20.

mais qui se laisse étendre à Honneth lorsqu'on la formule en termes de philosophie de l'histoire : car cette parole « exige l'oubli de ce qui peut faire douter de la communauté et de sa légitimité[66] » ; elle n'est donc « traitable » en politique que si elle subordonne ce qui s'est passé à la survie, si elle « recolle, collecte [le] passé au service du futur, [...] déploie une temporalité ».

66. *HJ*, p. 20. Pour la citation suivante : p. 21.

Isabelle AUBERT

Entente et différend. Lyotard et Habermas : état des lieux d'une rencontre manquée

Établir un dialogue a paru impossible à Jean-François Lyotard et à Jürgen Habermas tant leurs divergences étaient grandes[1]. Pourtant, ils ont *certains* points communs. La clé de voûte de leurs théories respectives est une pragmatique langagière qui saisit le rôle du langage dans les sociétés de communication de masse et ses enjeux philosophiques depuis le *linguistic turn*. Cette pragmatique, dont ils présentent chacun une version différente, les conduit à refuser la philosophie du sujet au sens large mais aussi à démystifier l'autorité revendiquée par le discours des experts[2], à dénoncer l'hégémonie des discours scientiste et capitaliste et à insister sur la disparité de sphères de sens sociales.

Ces points de rencontre n'apparaissent évidemment que si l'on perd de vue le fossé qui sépare une théorie communicationnelle critique et une théorie du différend. L'un des atouts du *Différend* est de révéler par contraste une limite du modèle de l'agir communicationnel. Celui-ci semble s'en tenir au mode comparativiste du désaccord ou litige et à négliger la dissymétrie, le différend qui peut séparer un genre de discours d'un autre ; or cette situation est criante à une époque postmoderne qui a rompu avec l'hégémonie de « grands récits » fondés sur des principes universels de justice ou de vérité. Une telle critique paraît donner raison à Lyotard et invite à élaborer une éthique de l'attention et de l'écoute. Mais ce n'est pas là le dernier mot de la confrontation.

1. Je remercie Corinne Enaudeau et Frédéric Fruteau de Laclos de leurs commentaires.
2. *RP*, p. 157-164 et *Dfd*, p. 12 ; J. Habermas, *Morale et communication* [1983], tr. fr. Ch. Bouchindhomme, Paris, Champs Flammarion, 1999, p. 23-40.

À la racine des divergences que cristallisent les notions de différend et d'entente[3], il y a l'élaboration de deux pragmatiques du discours qui sont animées par la question du rapport de l'autorité au langage. Marqués par la période fasciste, l'ancien militant de *Socialisme ou Barbarie* et le théoricien critique sont interpellés par l'idée qu'un genre de discours (scientifique, économique) puisse avoir autorité sur les autres. Mais ils traitent différemment cette question. Selon *La Condition postmoderne*, les sociétés contemporaines refusent l'autorité de tout genre de discours et en particulier tout critère de discrimination renvoyant aux notions de vérité ou de justice. Pour Habermas, le « paganisme » lyotardien, qui « refus[e] d'accorder à aucun discours une autorité[4] », ouvre dangereusement la voie à un relativisme épistémique et moral qui faciliterait le règne de l'arbitraire[5]. Lyotard rejoint bien le « plus jamais ça » habermassien élevé contre le nazisme, lequel révélait le retournement fatal du projet de l'*Aufklärung* sur ses destinataires, devenus les victimes d'une rationalité instrumentale illimitée. Mais en insistant sur les contradictions logiques qui entachent toute phrase d'autorisation, *Le Différend* démystifie des enjeux de pouvoir sous-jacents aux jeux de langage autant qu'il justifie une posture sceptique et anarchiste en épistémologie et en théorie morale qui invalide *a priori* toute distinction entre le juste et l'injuste. *Au juste* fait même allusion au risque d'un « indifférentisme[6] ». Afin de prévenir cette conséquence, Habermas se penche sur l'usage communicationnel du langage et cherche à savoir s'il recèle une forme de rationalité : des frottements du discours n'émanerait-il pas une rationalité capable de discriminer ce qui est légitime de ce qui ne l'est pas ?

Au sujet du langage et de l'interprétation du présent, Lyotard et Habermas présentent des conceptions exclusives l'une de l'autre dont la rivalité rend perplexe : doit-on choisir son camp ? Cet article montrera comment leurs théories du langage gagnent à être placées en miroir l'une de l'autre en vue d'une compréhension des sociétés contemporaines et s'acheminera vers l'idée qu'une théorie de l'agir communicationnel

3. Cf. R. Rorty, « Habermas and Lyotard on Postmodernity », *Praxis international*, n° 4, 1984/1, p. 32-44.

4. *RP*, p. 164.

5. J. Habermas, *Le Discours philosophique de la modernité* [1985], tr. fr. C. Bouchindhomme et R. Rochlitz, Paris, Gallimard, 2011 et *La Pensée postmétaphysique* [1988], tr. fr. R. Rochlitz, Paris, A. Colin, 1993.

6. *AJ*, p. 198.

requiert de l'intérieur un complément lyotardien pour traiter en toute justice, comme elle le souhaite, le pluralisme des différences.

I. À l'aube des années 1980, Lyotard et Habermas portent des jugements distincts sur les sociétés du capitalisme avancé. Lyotard note les signes d'une ère postmoderne depuis la fin des années 1950 ; Habermas considère que la modernité demeure un « projet inachevé ».

La Condition postmoderne récuse de deux manières la position habermassienne. En premier lieu est visé l'auteur de *Connaissance et intérêt* qui poursuit le modèle de ses prédécesseurs. L'approche dualiste de l'École de Francfort qui considère que la société est divisée entre l'avancée du capitalisme et des valeurs de contestation serait obsolète. Sa compréhension du présent reste attachée au récit de la modernité et à sa base rationnelle univoque, héritée de l'époque des Lumières, alors que les sociétés industrielles avancées se caractérisent par une *hétérogénéité* de jeux de langage. En cherchant à légitimer le savoir critique par le récit unique de l'émancipation, la Théorie critique s'est fourvoyée. Peu avant, les *Rudiments païens* ont pointé les limites de tout discours critique qui a l'ambition de proposer une perspective bien fondée pour juger la réalité sociale, de présenter un sens véritable en convoquant un intérêt émancipatoire. Le seul usage du genre théorique critique devrait être « inconvenant[7] » et se méfier de la certitude liée à un savoir (émancipateur).

En second lieu, *La Condition postmoderne* prend acte du changement introduit par le Habermas des années 1970, théoricien de la pragmatique langagière, qui a pris ses distances par rapport à la notion d'émancipation et qui rejette l'attitude d'observation et le rôle de guide éclairé endossé par le théoricien dans le modèle de l'autoréflexion. En apparence, les théories de Lyotard et de Habermas semblent se rapprocher. La problématique du langage qui devient centrale pour l'élaboration d'un nouveau mode philosophique après le *linguistic turn* s'impose aux deux auteurs en partie à travers la réalité de « sociétés de communication ». *La Condition postmoderne* et la *Théorie de l'agir communicationnel* soulignent la réalité ambivalente de la communication dans les sociétés contemporaines : selon Lyotard, les sociétés industrielles avancées valorisent la discussion tout en développant des techniques de communication qui lui sont néfastes ; Habermas oppose la rationalité communicationnelle

7. *RP*, p. 157.

à une rationalité fonctionnelle et systémique. Mais Lyotard est bien davantage critique :

> [...] il est certain que l'aspect langagier prend une nouvelle importance, qu'il serait superficiel de réduire à l'alternative traditionnelle de la parole manipulatrice ou de la transmission unilatérale de message d'un côté, ou bien de la libre expression ou du dialogue de l'autre[8].

Tout *modèle de la communication* est rejeté au nom de son appréhension réductrice du langage. Cette critique annule le différend qui sépare les théories de la communication les plus opposées, la théorie systémique et la conception habermassienne, en les renvoyant dos à dos. Examinons les critiques de Lyotard.

L'adresse à une théorie informationnelle centrée sur la transmission de messages vise Luhmann. Selon celui-ci, la différenciation fonctionnelle de la société provoque l'autonomisation de systèmes sociaux (tels l'économie, le droit ou l'amour) qui développent chacun un type de communication spécifique. La lecture de Lyotard comporte un biais. Sans prêter attention à la pluralité des systèmes sociaux qui constituent, selon Luhmann, les sociétés complexes différenciées, ni au fait que chaque système n'existe que parce qu'il développe son propre langage, Lyotard adresse à la théorie systémique une critique qui concerne une de ses sources – le modèle cybernétique de l'information (von Foerster, Maturana et Varela). Ce modèle transformerait la communication en messages interchangeables et, de proche en proche, élaborerait une représentation qui facilite la suprématie du genre économique (valorisant l'échange quel qu'il soit) sur les autres genres de discours. Aussi intéressante soit-elle, cette critique n'ébranle pas la perspective de Luhmann, pour qui chaque système se définit précisément par une double différenciation vis-à-vis de l'environnement extérieur et entre les différentes opérations internes[9].

Notre propos n'est pas tant de défendre Luhmann[10] que de signaler comment Lyotard et Habermas se rejoignent dans une critique de coloration néo-marxiste à l'égard de cette approche. Selon Lyotard, la perspective

8. *CPM*, p. 32.
9. N. Luhmann, *Systèmes sociaux*, tr. fr. L. Sosoe, Québec, Presses Univ. Laval, 2010.
10. Les systèmes sociaux soulignent aussi l'hétérogénéité de jeux de langage. Cf. A. Honneth, « The Other of Justice », in S. K. White (dir.), *The Cambridge Companion to Habermas*, Cambridge, Cambridge University Press, 1995, p. 289-323.

luhmannienne explique que le genre économique devienne synonyme de communication dans les sociétés contemporaines. Habermas n'est pas plus convaincu par la diversité que présenterait une description fonctionnaliste de la réalité et craint une réduction de la communication à des opérations systémiques[11].

Après avoir dénoncé l'identification entre communication et technologie, l'ironie de *La Condition postmoderne* s'en prend à l'assimilation entre communication et dialogue. Il est naïf de penser, comme le ferait Habermas, que l'horizon du consensus inhérent au dialogue puisse résoudre le problème de la légitimation des discours. Comment peut-on croire qu'il existe un point fixe pour légitimer le savoir alors que les jeux de langage sont intraduisibles dans un discours rationnel unitaire et harmonieux ? La réalité postmoderne dépasse la question de savoir si un locuteur pourrait employer le langage à des fins illocutoires au lieu de viser des effets perlocutoires sur son destinataire. Elle désigne la coexistence et la rivalité de genres de discours incommensurables. Une classification binaire des usages du langage en « dialogue » et en « parole manipulatrice[12] » néglige l'hétérogénéité irréductible des genres de discours.

Est-ce là la perspective habermassienne ? La distinction entre agir stratégique (parole manipulatrice) et agir communicationnel (dialogue) ne prétend pas couvrir l'intégralité des modalités du langage (telle la poésie). Axée sur les *conditions de possibilité* de la communication, l'analyse se situe à un niveau de second ordre par rapport à la variété des jeux de langage. Habermas se demande si un quelconque acte de langage est possible, si la communication n'est pas systématiquement déformée. L'intrusion de la logique capitaliste et de sa publicité de manipulation dans les réserves de sens pré-réflexives risque de provoquer la réification des usages du langage, car ces réserves, qui forment un monde vécu inaccessible de façon consciente, « alimentent l'interprétation » sous la forme « d'hypothèses d'arrière-plan[13] ». L'hégémonie linguistique du genre économique, dénoncée par Lyotard, motive aussi la condamnation habermassienne de l'emprise exercée par la logique systémique capitaliste sur la rationalité communicationnelle. À cause d'elle, nous échangerions

11. J. Habermas, *Théorie de l'agir communicationnel*, t. 2 [1981], tr. fr. J.-L. Schlegel, Paris, Fayard, 1987 et *Discours philosophique de la modernité*, *op. cit.*
12. *CPM*, p. 32.
13. J. Habermas, *Logique des sciences sociales et autres essais*, tr. fr. R. Rochlitz, Paris, Puf, 1987, p. 432.

à l'envi des propos conformistes, convenus. Les identités des interlocuteurs se figeraient dans leurs rôles sociaux. La vision d'un monde totalement administré où la communication n'est plus productrice de sens nouveau mais reproduit une logique fonctionnelle conduit Habermas à poser cette question : est-il possible que le médium du langage donne lieu encore à de véritables actes communicationnels à l'occasion desquels on puisse « s'entendre avec quelqu'un à propos de quelque chose[14] », ou bien sommes-nous réduits à une communication illusoire débouchant sur des pseudo-consensus sous l'effet d'une déformation telle de notre monde vécu que tout questionnement véritable sur nous-mêmes ou sur notre environnement social devienne impossible ? Tel est le point de départ de la pragmatique formelle habermassienne, qui prime sur la recherche de correspondants empiriques aux idéaux-types du dialogue et de la parole manipulatrice.

Lyotard reproche aux théories communicationnelles de rater l'aspect agonistique du langage que cristallise l'idée de « jeux de langage ». Cette expression, introduite par les *Investigations philosophiques*, désignait initialement un « usage des mots[15] » qui est lié à « une forme de vie[16] », à une activité particulière. Wittgenstein mettait l'accent sur la liaison étroite entre langage et contexte d'action mais aussi sur l'autonomie de chaque pratique du langage qui a ses propres règles du jeu. Nous allons montrer comment, dans leur analyse respective des pratiques langagières, Lyotard retient la dernière caractéristique tandis que Habermas se focalise sur la première.

La Condition postmoderne note que les rapports sociaux actuels présentent « de souples réseaux de jeux de langage[17] » imperméables les uns aux autres. Le caractère intraduisible d'un jeu de langage dans un autre n'est pas dû au contexte (Rorty) mais à l'autosuffisance et à la singularité de chaque genre (dissertatif, poétique, etc.) comparable à un système offrant une « clôture opérationnelle » (Luhmann). L'expression « jeu de langage », qui révèle assez vite ses limites dans la mesure où l'on ne joue pas avec le langage[18], a eu pour intérêt de convoquer un élément

14. Id., *La Pensée postmétaphysique*, *op. cit.*, p. 148.
15. L. Wittgenstein, *Tractacus logico-philosophicus* suivi d'*Investigations philosophiques*, Paris, Gallimard, 1986, n° 7, p. 118.
16. *Ibid.*, n° 19, p. 121.
17. *CPM*, p. 34 pour les deux citations.
18. *Dfd*, n° 188.

de la « théorie des jeux » – la stratégie – pour comprendre le mode d'enchaînement propre à chaque genre de discours. Chaque énoncé est tel un « coup » dont l'effet est d'altérer ou de déplacer les positions des « partenaires de langage » identifiés aux instances pragmatiques – on y revient. L'ouvrage de 1979 dresse un diagnostic social à partir du monadisme et de l'agonistique des jeux de langage. La différenciation interne au langage – non sans lien, à nos yeux, avec la « différenciation sociale » (Weber) ou la « différenciation fonctionnelle » (Luhmann) – a pour corrélat une « atomisation du social ». Le cloisonnement de « genres de discours » (dans le lexique du *Différend*) parallèles et la manière dont certains de ces genres l'emportent sur d'autres en privant par là le langage de certains potentiels, de certains univers, seraient bien plus à craindre que le risque univoque d'une bureaucratisation – soit, en des termes habermassiens, celui de l'infiltration de logiques fonctionnelles dans les ressources de sens du monde vécu.

En dépit de ce clivage présenté par Lyotard entre sa vision et la théorie de l'agir communicationnel, il y a, sur un point, une étrange proximité entre elles. Ayant rompu avec la « perspective d'ensemble » d'une totalité sociale chère à Adorno, Habermas donne à voir le motif de l'atomisation du social dans la spécialisation de sphères de valeurs culturelles qui développent chacune leur propre logique[19].

Mais revenons sur les points de divergence plus saillants entre les auteurs. À l'interpellation de *La Condition postmoderne*, Habermas réplique en 1981 dans « La modernité. Un projet inachevé », puis plus longuement en 1983 dans ses conférences au Collège de France, publiées dans le *Discours philosophique de la modernité*. Notre époque offre une modernité *postmétaphysique :* depuis Hegel, la modernité est critique d'elle-même, ce qui explique ses ambivalences[20]. Un concept totalisant de raison lié au sujet transcendantal ou à une philosophie de l'histoire aurait, à juste titre, suscité les critiques postmodernes. Mais le tournant langagier révèle que l'on peut détranscendantaliser la raison, la dissocier d'une métaphysique de la subjectivité, sans la rejeter absolument comme fondement de la normativité. La pratique de la communication recèle peut-être les traces d'une raison située et procédurale qui, à certains égards, permettrait

19. Th. W. Adorno, *Société : Intégration, désintégration*, tr. fr. P. Arnoux *et al.*, Paris, Payot, 2011, p. 118 ; J. Habermas, *Théorie de l'agir communicationnel*, *op. cit.*, p. 390 *sq.* et *Morale et communication*, *op. cit.*, p. 38 *sq.*

20. Id., *Discours philosophique de la modernité*, *op. cit.*, p. 18-60.

de poursuivre le projet moderne des Lumières. Le *Discours philosophique de la modernité* attaque tout scepticisme envers la rationalité (Nietzsche, Adorno et Horkheimer, postmodernes et poststructuralistes), en notant chaque fois la contradiction performative entre l'énoncé et les conditions rationnelles de l'énonciation. Si Foucault et Derrida sont les philosophes français les plus discutés[21], le propos de l'ouvrage se comprend en réponse au diagnostic de *La Condition postmoderne*. Ainsi, la brève préface met en exergue le terme de « postmoderne » pour mieux limiter sa portée en qualifiant par là simplement un style de philosophie – ce que les Américains nommeront la *French Theory* – et non pas une époque. La reconstruction du « discours de la modernité » expose une histoire alternative de la pensée philosophique du XXe siècle et une évolution concurrente au mode de penser postmoderne.

II. Ponctuellement des éléments de diagnostic rapprochent Habermas et Lyotard, mais la distance fondamentale qui les sépare tient à ce que leurs pragmatiques du langage sont incompatibles. Certes, ces auteurs accueillent favorablement le *linguistic turn* et concluent pareillement que la philosophie se trouve destituée de son rôle de fondation à l'égard des savoirs. Ils refusent aussi les conceptions internalistes et mentalistes de la signification (Frege, Russell) et sont reconnaissants à Wittgenstein d'être passé à l'étude de la fonction pragmatique du langage, en montrant que le sens d'une proposition n'est ni fixe ni privé[22]. Mais le parallèle s'arrête là.

La particularité du *Différend* est de révéler la multiplicité de l'univers langagier. Par contraste avec l'étude d'un langage-moyen en vue de la connaissance ou de la communication, l'analyse logico-pragmatique du langage prend comme point de départ la phrase et révèle le caractère problématique de l'enchaînement d'une phrase à une autre. Loin d'être réduite à l'énoncé d'un locuteur qui organiserait son discours tel un matériau en direction d'un destinataire dans l'idée d'un échange, la phrase devient le principe actif de la situation pragmatique du langage : la phrase fait advenir quatre instances pragmatiques (sens, référent, destinateur et destinataire). Par rapport à une théorie des actes de parole, le plus remarquable est la destitution du rôle de l'énonciateur ou locuteur.

21. Sur l'effacement de Lyotard, cf. V. Descombes, *Philosophie par gros temps*, Paris, Minuit, 1989, p. 70 n. 1.
22. L. Wittgenstein, *Investigations philosophiques*, *op. cit.* ; J. Habermas, *Sociologie et théorie du langage* [1971], tr. fr. R. Rochlitz, Paris, A. Colin, 1995, p. 62 *sq.*

Le destinateur est « ce “par” quoi » ou « au nom de quoi cela est signifié du cas[23] » ; manifestement, le « ce “par ” quoi » ne qualifie pas l'intention des interlocuteurs comme *conditio per quam* ou raison suffisante mais désigne le destinateur comme simple moyen ou instance. Ce n'est pas l'intention du destinateur qui produit telle phrase comme l'on produit une marchandise ou l'on dispose d'une propriété – la preuve en est qu'une phrase peut comporter « plusieurs destinateurs » –, c'est la phrase qui se dit à travers une certaine formulation et situe le destinateur comme l'une des quatre coordonnées ou instances participant de la mise en phrases – ces « partenaires du langage ».

Une théorie du langage centrée sur la logique de l'enchaînement des phrases, sur ses règles (« régimes de phrase ») et ses modes (« genres de discours »)[24], a l'avantage de pouvoir mettre en évidence l'absence indue de certains enchaînements de phrases. Le silence ne signale pas une situation extérieure au langage mais l'absence d'une phrase positive ou plutôt la présence, ressentie avec douleur par ceux qui ne parviennent pas à la formuler, d'une « phrase négative[25] ». Le silence n'est pas absence de phrase, mais le symptôme que la formulation d'une phrase rencontre un obstacle dans l'une ou plusieurs des instances pragmatiques ou conditions de possibilité de la formulation. Dès lors la définition du différend comme « l'état instable et l'instant du langage où quelque chose qui doit pouvoir être mis en phrases ne peut pas l'être encore[26] » ne désigne pas uniquement une relation entre phrases en puissance et phrases en acte (« phrases possibles en principe ») mais une rupture et une tension dans un idiome : l'informulable qui « “demande” à être mis en phrases ».

La possibilité du différend rend suspicieux envers la communication et révèle l'une de ses limites. C'est un réquisit inhérent au langage, il faut qu'il y ait un enchaînement, indique Lyotard. Cette situation est encore plus perceptible, a-t-on envie d'ajouter, lorsque le vis-à-vis appelle une réponse selon une vue que l'on trouve autant dans le face-à-face éthique de Lévinas – source d'inspiration de Lyotard – que dans la thématisation hégélienne de la reconnaissance mobilisée par Habermas. Et la nécessité d'enchaîner explique une double dynamique du tort. Le différend devient le lieu d'un tort que manifeste la « phrase-affect », celle qui est

23. *Dfd*, n° 25 pour cette référence et la suivante.
24. *Dfd*, n° 184.
25. *Dfd*, n° 24.
26. *Dfd*, n° 22 puis 23.

en deçà de l'expression verbale, non pas simplement parce que quelque chose est réduit au silence mais aussi parce que quelque chose d'autre vient *occulter* ce silence. Un genre de discours l'emporte, en imposant ses propres règles de jugement à un autre qui reste inaudible. Tel le discours du capital faisant taire celui de l'ouvrier : le fait que la « force de travail » ne puisse être comparée à une marchandise est inaudible pour le genre économique.

Dans la mesure où l'actualisation d'un genre de discours est la condition de possibilité d'un univers sémantique, la perspective de Lyotard permet de dévoiler des injustices sociales structurelles dues à des « mauvais cadrages » (Nancy Fraser[27]). Idée formulée par Lyotard de manière prescriptive : « Le social est le référent [...] d'un jugement toujours à refaire[28] ». On comprend alors pourquoi le problème posé par l'enchaînement d'une phrase sur une autre est « politique[29] ». L'impossibilité d'un genre de discours universel dévoilant l'illusion inhérente à un discours politique prétendant dégager un sens commun, Lyotard définit la politique par la « multiplicité des genres, la diversité des fins[30] ». La question politique est en fait celle de l'enchaînement, ou de la manière dont un genre de discours, tel l'économique, tâche de s'imposer stratégiquement sur les autres. En d'autres termes, si des conflits éclatent, ils résultent de la transformation indue de différends en litiges ; ce déni de la dissymétrie explique que l'issue soit gagnée d'avance par ceux dont le genre de discours est dominant.

III. En repérant la stratégie au cœur du langage, Lyotard soutient une vue opposée à la théorie de l'agir communicationnel. C'est en prêtant attention à la dimension sociale des actes de langage tout en se détachant aussi de la notion wittgensteinienne de « jeu de langage » que Habermas déploie une pragmatique universelle[31]. Selon les *Conférences Christian Gauss* de 1970-1971, le terme de « jeu » paraît inexact pour saisir la manière dont les structures de la personnalité sont intimement affectées par le langage.

27. N. Fraser, *Scales of Justice*, New York, Columbia University Press, 2010.
28. *Dfd*, n° 195.
29. *Dfd*, p. 11 et n° 190.
30. *Dfd*, n° 190.
31. J. Habermas, *Sociologie et théorie du langage*, *op. cit.*, p. 66-70. De Wittgenstein, Habermas retient le statut constitutif des règles grammaticales, l'identité de significations qui dépend d'une reconnaissance intersubjective et la réflexion sur les compétences des joueurs.

Car un jeu attribue des rôles avec lesquels on peut prendre des distances. Seconde faiblesse : la grammaire du langage constitue partiellement les significations des expressions ; celles-ci dépendent aussi d'éléments extra-langagiers auxquels elles se rapportent car nous parlons à propos de quelque chose. Lors d'un jeu, en revanche, les significations dépendent entièrement du contexte et des règles conventionnelles de *ce* jeu.

Habermas poursuit des travaux dans ces deux directions. Certains écrits approfondissent, d'un côté, les effets de la relation particulière, de l'intersubjectivité, induite par la communication. La base interactionnelle de l'usage du langage que Wittgenstein soulignait ne concerne pas uniquement la construction d'un sens commun. En s'appuyant sur G. H. Mead, Habermas explique que, le sens et la validité d'un énoncé étant suspendus à l'acceptation de l'interlocuteur à qui je m'adresse, tout acte de parole crée des attentes réciproques de comportement. À travers la réflexivité mutuelle des attentes, la communication médiatisée par le langage établit une relation de reconnaissance réciproque entre les partenaires. C'est là l'aspect méta-communicationnel de la communication linguistique que percevait la dialectique hégélienne de la reconnaissance. Les interlocuteurs se reconnaissent à la fois comme des sujets identiques et des individus non-identiques : leurs compétences universelles aussi bien que leurs traits singuliers apparaissent lors de la communication. Ainsi la communication quotidienne est le lieu d'une formation intersubjective et processuelle de l'identité.

D'un autre côté, Habermas tire les conséquences de ce que le discours se rapporte toujours à quelque chose (contrairement à une vue lyotardienne). Les actes de langage reflètent les relations qu'ont les acteurs à différents « systèmes de référence[32] » ou « mondes ». Un monde n'est pas une entité (Popper) mais représente « ce au sujet de quoi » une énonciation prend du sens. Selon la situation, un locuteur se rapporte davantage aux états de choses qui composent le monde objectif, aux institutions et relations sociales qui forment le monde social ou encore aux expériences vécues qui constituent son monde subjectif[33]. Toute énonciation se rapporte au moins à l'un des mondes et suppose les deux autres. Et l'intention du locuteur en choisissant telle expression est de s'entendre avec quelqu'un sur quelque chose. Dès lors, l'énoncé du locuteur est compréhensible si sa manière de se situer par rapport aux

32. Id., *Théorie de l'agir communicationnel*, t. 1, [1981], tr. fr. J. Ferry, Paris, Fayard, 1987, p. 98.
33. Id., *Logique des sciences sociales*, *op. cit.*, p. 426 *sq.*

trois mondes est recevable par un interlocuteur, lequel prendra « position par oui ou par non ». « La dimension de la validité est inhérente au langage[34] » conclut *La Pensée postmétaphysique*. Toute expression formulée de façon intelligible émet trois prétentions à la validité qui correspondent chacune à une relation entre l'acteur et un monde : vérité, justesse, sincérité. Si les prétentions à la validité sont toujours émises de façon critiquable, selon le type d'expression, un aspect de la validité prédominera pour l'entente. Ainsi, selon la *Théorie de l'agir communicationnel*, lorsqu'un locuteur « affirme, raconte, explique, présente, prédit, discute quelque chose, il cherche avec l'auditeur un accord fondé sur la reconnaissance d'une prétention à la vérité[35] ». Lorsqu'il « exprime une expérience vécue, dévoile, délivre, confesse, révèle quelque chose, un accord ne peut intervenir que sur le fondement de la reconnaissance d'une prétention à la sincérité ». Enfin, « lorsqu'un locuteur donne un ordre ou fait une promesse, [...] un accord dépendra de la justesse que les participants auront fait valoir pour cette action ».

La pragmatique universelle révèle la base de validité du discours, commune aux différents jeux de langage en tant que pluralité d'expressions de la raison[36]. Habermas tire les conséquences de ce que toute compréhension du langage est une intercompréhension. L'entente, qui fait l'objet d'une recherche commune, apparaît comme le *telos* du langage et ne survient que si les prétentions à la validité sont satisfaites.

D'un point de vue ontologique, l'usage stratégique du langage paraît second par rapport à l'agir communicationnel puisqu'il s'écarte, de façon dissimulée, de la finalité de l'entente en présupposant ses conditions de réalisation (la base de validité). La manipulation intentionnelle est peu inquiétante, car l'interlocuteur a aussi les compétences pour repérer l'illusion[37]. En revanche, lorsque l'illusion est issue d'une « fausse conscience » généralisée et que la communication en sort systématiquement déformée, des pathologies individuelles et sociales sont causées. Ce point motive la théorie critique communicationnelle : la confusion entre l'agir communicationnel et l'agir stratégique peut-elle être telle qu'aucun repère ne permette de distinguer entre consensus véritable et illusoire ? De cette perte de repère dans l'usage du langage naîtrait l'aliénation, un « dérèglement

34. Id., *La Pensée postmétaphysique, op. cit.*, p. 129.
35. Id., *Théorie de l'agir communicationnel*, t. 1, *op. cit.*, p. 317 pour les trois citations.
36. Id., *La Pensée postmétaphysique, op. cit.*, p. 153-186.
37. *Ibid.*, p. 304.

de l'identité personnelle[38] » ; la structure de la personnalité serait atteinte en profondeur par les effets de la pseudo-communication.

Pour Lyotard, la théorie habermassienne est prisonnière d'une vision anthropocentrique[39] du langage en ce qu'elle ne détache pas le langage des intentions des sujets parlants. La théorie de l'agir communicationnel fait bien apparaître une anthropologie mais celle-ci demeure minimale et formelle. Liée à l'intersubjectivité sociale qui est un fait « toujours déjà là », elle se contente de définir des « sujets capables de parler et d'agir », de caractériser les sujets par des compétences interactionnelles. Mais on ne saurait reprocher à une théorie critique de la société de ne pas abstraire le langage de la réalité sociale. L'autonomisation du langage apparaît dans la manière habermassienne de l'étudier comme un quasi-transcendantal et de s'attacher aux flux de communication de l'espace public. Cette ontologie processuelle de la communication échappe à une version forte de l'anthropocentrisme centré sur le sujet de la conscience ou de la réflexion.

On pourrait se demander jusqu'où porte la critique de Lyotard dans la mesure où *Rudiments païens* semble avoir du mal à se dégager de tout élément anthropologique[40]. Mais cela n'importe pas tant que l'effet réducteur produit par ce prisme : il est regrettable que toute approche de la communication soit réduite au même à partir de cette perspective. Ainsi, l'étude du langage comme « médium communicationnel » montre que celui-ci permet une reconnaissance intersubjective alors qu'une vision instrumentale ou fonctionnaliste du langage en fait un « instrument de communication[41] », un code utile pour une fin précise. Assimiler ces deux approches paraît abusif.

IV. Malgré l'écart qui sépare l'anti-anthropocentrisme lyotardien d'une théorie de l'agir communicationnel, nous allons montrer comment le traitement habermassien de la différence peut être enrichi, sur le plan sociologique et politique, par la pensée du différend.

38. Id., *Logique des sciences sociales*, *op. cit.*, p. 222. Le terme d'aliénation n'est plus employé après *Raison et légitimité* (1973) mais l'idée d'une pathologie des structures de l'identité demeure.
39. *Dfd*, n° 181, n° 188.
40. F. Fruteau de Laclos, « Lyotard contre Lyotard. Politiques de la sensibilité », in F. Coblence, M. Enaudeau (dir.), *Lyotard et les arts*, Paris, Klincksieck, 2014, p. 133-145, ici : p. 139.
41. *Dfd*, n° 23.

Le paradoxe du différend est qu'il cherche à se dire. L'ouvrage de 1983 s'ouvre en mentionnant l'impossible témoignage de la déportation à Auschwitz. Un entretien entre Elie Wiesel et Jorge Semprun illustre ce propos en résumant ainsi la situation des survivants : « se taire est interdit, parler est impossible[42] ». Déchiré entre le devoir de transmission et l'incommunicabilité, Wiesel ajoute : « c'est impossible mais on le fait quand même ». Même si le vocabulaire leur fait défaut, et même si « tout ne sera pas dit », les rescapés, après des décennies de silence, « essaient » de témoigner et multiplient les tentatives. Lyotard souligne, à juste titre, la situation d'attente du différend qui, pour s'exprimer, force à trouver un nouvel idiome. C'est évident, la théorie de l'agir communicationnel ne peut ni ne prétend saisir cette situation. Son seul apport ici sera de mettre en exergue la radicalité d'une situation où la reconnaissance et la compréhension induites par la visée de l'entente sont impossibles. La présence d'un différend sera perceptible dans la résistance diffuse qu'offre quelque chose à l'expression langagière. Mais le caractère indépassable du différend empirique n'est saisi que par l'approche de Lyotard, centrée sur l'incommensurabilité d'univers singuliers.

De ce fait, on peut se demander si la manière dont Habermas convoque la notion adornienne du « non-identique » pour rendre compte du caractère unique de chaque individu (et non plus de chaque objet) ne gagnerait pas à être articulée à une pensée qui maintient le caractère irréductible et dissymétrique de différences en soulignant le différend qui les sépare. D'après Habermas, seule l'attitude performative, attendue par un dialogue, permettrait aux individus de se reconnaître dans leurs différences à travers le dire et l'écoute d'expressions singulières. Chaque interlocuteur introduit des nuances par rapport au sens usuel des expressions linguistiques, de sorte qu'« un nuage de différence assombrit tout accord obtenu au moyen du langage[43] ». Un consensus véritable ne supprime pas les différences, il en présuppose le « caractère indépassable ». De là, la rareté et la fragilité de l'entente que résume une phrase empruntée à Humboldt : « Toute compréhension est toujours aussi une *in*compréhension [...]. » Mais si le caractère singulier et indépassable des points de vue rend peu fréquente l'entente, il y a surtout l'idée que ces différences ne surgissent et ne s'expriment pleinement que grâce à une formulation

42. J. Semprun, E. Wiesel, *Se taire est impossible*, Paris, Mille et une nuits, 1995, p. 17, puis p. 19.
43. J. Habermas, *La Pensée postmétaphysique*, *op. cit.*, p. 57 *sq.* pour ce paragraphe.

suscitée par l'adresse à un interlocuteur. L'attitude performative est individualisante autant que socialisante.

Émettons ici une hypothèse. Si l'analyse de la situation dialogique insistait sur la possibilité d'un différend qui se loge dans toute communication, elle se rendrait plus réceptive à la singularité du non-identique – si importante aux yeux de Habermas. Une mise entre parenthèses (provisoire) de la finalité de l'entente ferait apparaître de façon plus marquée des formes d'asymétrie fréquentes entre sujets parlants par rapport au langage (adulte et enfant, locuteurs natif et étranger, etc.).

Le terrain de la « multiplicité des genres », la politique, illustre au mieux la manière dont la pensée du différend peut enrichir une théorie communicationnelle soucieuse de l'expression de tous les points de vue. Afin de préserver le pluralisme des opinions, la théorie habermassienne de la démocratie encourage la délibération continue dans des arènes formelles et informelles, des « espaces publics » qui permettent la porosité des échanges. Le respect des conditions du pluralisme garantit, selon *Droit et démocratie*, une représentation politique des différentes formes de vie et sert à trouver des points d'entente communs qui définissent notre identité collective. De façon inattendue, le souci d'une politique délibérative, qui est en germe dès *L'espace public*, trouve une résonance dans *Le Différend*.

Lyotard part d'une représentation plus agonistique de la politique : en tant que « menace du différend », la politique est le lieu de conflits qui, contrairement aux litiges, ne peuvent se régler de manière équitable du fait de l'abîme qui sépare les genres de discours, les visions du monde, telles que l'idiome du capital et celui de l'ouvrier. La politique est une source incessante de création de différends dans la mesure où des réponses sont prises qui imposent des fins, des récits au détriment d'autres. On comprend que la théorie de Lyotard soit investie par les tenants de la démocratie agonistique (Chantal Mouffe) ou soit rapprochée de la *Mésentente* de Jacques Rancière, mais on s'attend moins à ce que Lyotard s'arrête lui-même sur la notion de « politique délibérative » : « Dans la politique délibérative, celle des démocraties modernes, le différend s'expose[44] ». Comme Habermas, Lyotard souligne que la délibération, qui implique des vis-à-vis médiats ou immédiats, force à réfléchir à sa propre perspective et à donner une réponse à la question éthique : « que devons-nous être ? ». La confrontation de genres de discours met aussi en

44. *Dfd*, n° 210. Et n° 217 : « le délibératif est un agencement de genres, et cela suffit pour laisser poindre en lui l'occurrence et les différends ».

relief la fragilité de la délibération qui amène des critiques, des objections – point également perçu par *Droit et démocratie*.

Bien entendu, la perspective du différend ne saurait rejoindre en tout point un modèle qui, sans exclure le conflit, est orienté vers l'entente. Paradoxalement, Lyotard donne mieux à voir la nature du processus même de délibération que ne le fait la théorie procédurale de la démocratie. En déconnectant la délibération de la visée du consensus, il souligne le caractère vraiment politique de la délibération par différence avec le cadre éthique d'une discussion : la délibération se présente comme une dynamique processuelle, « une dialectique qui n'a pas de fin[45] » où les différentes perspectives ont pour enjeu d'exposer le différend « pour signifier l'événement[46] ». La perspective de Lyotard permet d'ancrer le conflit au sein de la politique délibérative, comme expression des différences, et sans le réduire à un antagonisme violent. En guise d'ouverture, signalons que les vues habermassienne et lyotardienne sur la politique sont finement articulées par Iris Marion Young dans *Justice and the Politics of Difference*. En soutenant une « politique de la différence[47] », elle explore des formes variées de la délibération, en la mêlant à la rhétorique et à la narration, qui rompent avec l'unicité du discours et permettent de « témoigner du différend[48] ».

*

La confrontation menée dans cet article n'a pas cherché à estomper les divergences qui existent entre Lyotard et Habermas mais a voulu faire ressortir, en plus de nœuds dialectiques fructueux, une préoccupation commune. Les deux auteurs soulignent l'importance de l'*écoute* autant que du dire pour le « jeu du juste[49] » qui a lieu lorsque toutes les conditions pragmatiques (définies différemment par l'un et l'autre) sont satisfaites. Les présupposés d'une communication réussie et la découverte d'un différend occulté jusque-là signalent, de manières différentes, la condition de reconnaissance qui permet de rendre justice aux perspectives/genres de discours en présence.

45. *Dfd*, n° 217.
46. *Dfd*, n° 234.
47. I. M. Young, *Justice and the politics of difference*, Princeton, Princeton University Press, 1990.
48. *Dfd*, p. 11.
49. *AJ*, p. 153 : « Il y a des jeux de langage où l'important est d'écouter, où la règle porte sur l'écoute : c'est le jeu du juste ».

Andreas NIEDERBERGER

Reconnaissance ou méconnaissance ? Lyotard critique de la philosophie sociale (néo-)hégélienne.

1. Introduction

On a longtemps vu en Hegel et Marx les auteurs de théories offrant une représentation complète et systématique de la totalité des phénomènes et de tous les événements possibles. Les hégéliens comme les marxistes, ainsi que les penseurs s'inspirant dans leur approche de l'un ou l'autre, possédaient leur propre langage, et toute chose recevait sa place dans la logique du tout. Mais dans les dernières décennies, des soupçons ont été jetés sur ce type de démarche philosophique ; ces grandes théories sont de plus en plus rarement défendues. Dans certains départements allemands de philosophie, on n'enseigne plus du tout Marx ni même Hegel. Et on reproche à ce dernier sa métaphysique, jugée trop difficile d'accès pour les non-initiés, voire complètement inaccessible.

Cependant, ces vingt dernières années ont aussi vu apparaître une nouvelle manière de s'approprier Hegel (ainsi que Marx, bien qu'à un moindre degré) qui ne voit pas d'abord en lui le théoricien du système mais s'intéresse à des aspects déterminés de sa philosophie[1]. En ce qui concerne la philosophie théorique, certains reconnaissent en Hegel un holiste anti-réaliste ; sa philosophie permet de soutenir que les affirmations prétendant à la vérité dépendent de l'espace des raisons et que nulle « donnée empirique » ne peut être à l'origine d'une proposition

1. Dans une veine différente, d'autres approches s'inscrivent dans la continuité de Hegel et Marx pour souligner le caractère négatif de leur entreprise philosophique et sa fonction de déconstruction. Cf. J. Derrida, *Spectres de Marx*, Paris, Galilée, 1993, ou encore J.-L. Nancy, *Hegel. L'inquiétude du négatif*, Paris, Hachette, 1997.

se présentant comme vraie, ni entrer en contradiction avec elle[2]. En philosophie pratique – domaine où la réappropriation de Hegel est de moindre ampleur –, on s'appuie sur lui pour nourrir la critique communautarienne, d'inspiration néo-aristotélicienne, des principes libéraux de justice et de leur abstraction[3]. Certains considèrent sa philosophie du droit comme l'une des premières théorisations des institutions politiques et de leur rôle dans la société, et comme l'une des plus importantes[4].

Jean-François Lyotard a joué un grand rôle dans l'abandon de la pensée hégélienne comme référence acceptable pour les philosophes d'aujourd'hui. Hegel est l'une des principales figures critiquées dans *La Condition postmoderne*, qui lui reproche son « dispositif spéculatif » englobant toute connaissance possible (bien que ce dispositif spéculatif se présente essentiellement comme un facteur négatif qui sert à délégitimer le savoir existant dans ses aspects « préscientifiques »)[5]. Le présent article vise à déterminer si la critique lyotardienne de Hegel, ou plus généralement la pensée de Lyotard, peut également servir de point de départ à une critique des philosophies néo-hégéliennes, en particulier des théories de la reconnaissance, qui sont au cœur des récentes tentatives pour réinterpréter Hegel en philosophie pratique.

Je commencerai par exposer brièvement la critique hégélienne de Kant et la façon dont Hegel pense l'émergence de normes dans les conflits. Je présenterai ensuite les traits néo-hégéliens de la pensée de l'École de Francfort. J'en viendrai à Lyotard pour exposer les grandes lignes de sa critique de Hegel, puis j'examinerai la possibilité de l'appliquer aux approches néo-hégéliennes. Enfin, je m'efforcerai de déterminer dans quelle mesure cette pensée constitue une critique convaincante du néo-hégélianisme.

2. Sur cette question, cf. les travaux de R. Brandom et J. McDowell, en particulier.
3. C'est toujours l'ouvrage de Charles Taylor, *Hegel* (Cambridge, Cambridge University Press, 1977), qui fait référence sur ces questions.
4. Cf. par exemple Th. Brooks, *Hegel's Political Philosophy : A Systematic Reading of the Philosophy of Right*, Edimbourg, Edinburgh University Press, 2009.
5. *CPM*, p. 63-65.

2. Hegel contre Kant

En philosophie sociopolitique, il est d'usage aujourd'hui de s'appuyer sur Hegel pour critiquer Kant et pour mettre en perspective les idées libérales d'inspiration kantienne. Nombreux sont par exemple les philosophes qui acceptent la présentation que John Rawls donne de sa propre pensée comme d'une théorie kantienne de la justice. La théorie rawlsienne offrirait une voie d'accès *a priori* (donc anhistorique et universelle) aux principes de justice. Pour autant que les êtres humains usent de la raison – que cet usage soit individuel, collectif ou public –, ils aboutissent aux mêmes principes, lesquels peuvent donc être au fondement de la structure élémentaire de la société, conférant à celle-ci sa légitimité[6].

On voit en Hegel, en revanche, le penseur qui a souligné le caractère essentiellement conflictuel de la société. Il n'existe selon lui rien de tel qu'un accès toujours déjà partagé aux normes et aux principes fondamentaux. Bien au contraire, les individus se disputent la prétention à une telle connaissance des normes. Ils font l'expérience des normes comme de quelque chose qui leur est imposé de l'extérieur, comme d'une aliénation, et c'est leur propre liberté qu'ils opposent à l'imposition de ces normes. Les normes sont source de privation de liberté et les revendications de liberté entraînent des conflits. Mais bien que ces normes ne soient pas partagées d'une manière qui ne poserait pas de problème, les individus peuvent en venir à comprendre, par l'usage de la réflexion, que les normes sociales ne sont pas purement imposées de l'extérieur. Elles ne sont pas simplement là. Elles résultent des prétentions concurrentes des individus à la liberté, de ce que Hegel, dans la célèbre section « Domination et servitude » du chapitre IV de la *Phénoménologie de l'esprit*, appelle la lutte pour la reconnaissance[7]. En effet, cette lutte exige que les individus réagissent aux revendications émanant des autres, et qu'ils proposent des normes ou des principes qui prennent en considération les exigences d'autrui. En dernière instance, ces normes ne peuvent (prétendre à) réguler les interactions que si elles répondent aux prétentions concurrentes de tous ceux qui sont censés soumettre leurs actions à ces normes. Le réel est conflictuel et la structure rationnelle des relations

6. Il faut rappeler ici que cette lecture ne constitue pas une interprétation convaincante de Rawls.
7. G. W. F Hegel, *Phänomenologie des Geistes (Werke 3)*, Frankfurt am Main, Suhrkamp, 1970, p. 145-155.

sociales découle de la lutte pour la reconnaissance, elle n'en est pas le fondement. Le seul fondement des normes est le conflit et la capacité des individus à y réagir de façon réfléchie et raisonnable. Si, donc, les normes peuvent recevoir une validité, c'est uniquement parce qu'il n'existe pas de normes partagées, de sorte que les agents doivent se confronter à un réel qui n'est pas d'emblée fondé sur une normativité commune. Cette normativité commune, ainsi que l'existence d'institutions, viennent pallier l'absence initiale de fondement de la vie sociale et la conflictualité qui lui est inhérente.

Mais Hegel n'est pas Hobbes : les individus en conflit les uns avec les autres ne sont pas, pour Hegel, des entités isolées au comportement égoïste. Pour être libres et pour se déterminer eux-mêmes, ils dépendent des autres, de la reconnaissance que ceux-ci leur procurent et des interactions qu'ils ont avec eux. La réflexion ne saurait être une activité purement individuelle et subjective. Elle présuppose l'existence d'autres individus à un double titre : d'abord en tant qu'ils procurent au sujet les moyens nécessaires à sa réflexion, ensuite en tant qu'ils le reconnaissent comme un sujet, qui plus est un sujet qui a de la valeur. Les normes communes ne sont donc pas l'expression de décisions volontaires. Sans de telles normes, les individus ne pourraient savoir qui ils sont, quels objectifs sont les leurs et comment les atteindre. L'auto-détermination commence avec le langage. Ce ne sont pas des décisions ou des représentations individuelles qui donnent la possibilité de penser, de développer le sujet : ce développement a pour condition le partage d'une culture et d'une langue faisant retour sur elles-mêmes. Telle est l'objection, inspirée par le romantisme, que Hegel (ainsi que les néo-hégéliens d'aujourd'hui) adresse aux philosophies du sujet de Descartes à Kant. Il est important de remarquer que, pour Hegel, la liberté est *Selbstbestimmung*, autodétermination, alors que le concept d'*autonomie*, si important pour Kant, ne représente pour Hegel que le côté formel de l'autodétermination. Parce que les individus désirent être libres et se déterminer eux-mêmes, ils ont besoin des autres ; mais cette même raison les empêche aussi de se soumettre purement et simplement aux autres[8]. La relation aux autres, la reconnaissance des autres, est nécessaire aux individus – et pas seulement au sens où elle serait nécessaire à la vie sociale ou pour s'acquitter d'obligations morales –, mais elle est aussi problématique, de sorte que

8. Cf. A. Patten, *Hegel's Idea of Freedom*, New York, Oxford University Press, 1999.

les normes qui régulent la vie sociale continuent elles-mêmes à faire problème[9]. Ces normes sont censées répondre à deux buts qui semblent contradictoires : permettre l'intersubjectivité que tous désirent et dont ils ont besoin, mais aussi assurer la liberté et l'indépendance de chacun à l'égard de tous les autres. Cette contradiction, on va le voir, est ce qui fait tout l'intérêt de Hegel, mais aussi ce qui le rend extrêmement problématique. En effet, elle réduit toute tentative de résistance à d'autres individus ou à des institutions à une forme d'approbation apportée à ces mêmes individus (ou à la communauté avec eux) et aux institutions.

3. Un hégélianisme formel contre un hégélianisme matériel : deux options pour la philosophie sociopolitique

Hegel a été l'un des premiers penseurs à percevoir la structure complexe et articulée de la société et de l'État. Cela fait de lui, depuis longtemps, une référence importante pour la philosophie sociale ou politique. En Allemagne, ce sont tout particulièrement les penseurs liés à l'École de Francfort et à la Théorie critique qui ont écrit sur la dialectique hégélienne et les problèmes qu'elle pose pour la compréhension de la société et de la politique[10]. Dans les deuxième et troisième générations de penseurs de la Théorie critique, la référence à Hegel prend deux formes. Jürgen Habermas (et plus récemment Rahel Jaeggi) met en avant certains éléments formels de la pensée de Hegel et propose des modèles de rationalité ou de rationalisation construits d'après ces éléments formels. Axel Honneth, quant à lui, retrace une histoire matérielle de la liberté à l'époque moderne en insistant sur les sources de normativité partagées

9. Cf. R. Pippin, *Idealism as Modernism : Hegelian Variations*, Cambridge, Cambridge University Press, 1997, p. 92-128.
10. Th. W. Adorno, *Dialectique négative* [1966], tr. fr. par le groupe du Collège de philosophie, Paris, Payot & Rivages, 2001 ; Idem, *Trois études sur Hegel* [1969], tr. fr. par le groupe du Collège de philosophie, Paris, Payot, 1979 ; H. Marcuse, *L'Ontologie de Hegel et la théorie de l'historicité* [1932], tr. fr. G. Raulet et H.-A. Baatsch, Paris, Minuit, 1972 ; Idem, *Raison et révolution : Hegel et la naissance de la théorie sociale* [1941], tr. fr. R. Castel et P.-H. Gonthier, Paris, Minuit, 1968. Pour une étude générale sur l'importance de Hegel pour le projet d'une théorie critique, cf. S. Benhabib, *Critique, Norm and Utopia. A Study of the Foundations of Critical Theory*, New York, Columbia University Press, 1986.

mais aussi sur les paradoxes de la vie en société et des formes politiques qui sont les siennes.

Dans sa *Théorie de l'agir communicationnel*, Habermas soutient que les agents ne peuvent pas agir sans disposer d'une connaissance qu'ils considèrent comme vraie[11]. Aucun agent ne peut par lui-même connaître le vrai, car la possibilité que d'autres agents contestent la vérité d'une croyance suffit à rendre cette croyance problématique. Les agents dépendent des connaissances qu'ont les autres, ainsi que de leurs relations avec eux, relations dans le cadre desquelles les agents déclarent clairement et ouvertement ce qu'ils tiennent pour vrai. En conséquence de quoi les agents ne peuvent pas se contenter d'interactions stratégiques avec les autres : cela ne suffirait pas à garantir que ce que disent les autres est dit en toute véracité. Même si les agents poursuivent leurs propres objectifs, et malgré leur tendance à agir égoïstement, ils doivent aussi agir de manière non-stratégique, c'est-à-dire communicationnelle, car seul ce type d'agir peut leur procurer la connaissance dont ils ont besoin. L'agir communicationnel peut servir de modèle pour penser la rationalité des interactions ou le potentiel de rationalisation que recèle un contexte social donné. Il n'existe pas de connaissance rationnelle allant de soi, mais nous savons comment accéder aux convictions les plus rationnelles en fonction des circonstances données. En reconstruisant Hegel et l'idée de la dépendance de l'agent à l'égard des autres, Habermas découvre une rationalité formelle que l'on associe traditionnellement à Kant ; ici, elle a son lieu dans un univers qui ne peut exister que si certaines normes sont respectées, normes qui instaurent et régulent les interactions.

Honneth critique cette rationalité formelle. Selon lui, elle ne met pas assez l'accent sur les conditions sociales, psychologiques et culturelles qui sont nécessaires au bon fonctionnement de l'agir communicationnel. La théorie de Habermas suppose qu'un certain comportement raisonnable, d'ordre discursif, est suffisant pour l'agir communicationnel, et que ce comportement est toujours disponible[12]. Honneth défend une reconstruction

11. J. Habermas, *Théorie de l'agir communicationnel*, tr. fr. J.-M. Ferry (volume 1) et J.-L. Schlegel (volume 2), Paris, Fayard, 1987. Cf. aussi A. Niederberger, *Kontingenz und Vernunft. Grundlagen einer Theorie kommunikativen Handelns in Anschluss an Habermas und Merleau-Ponty*, Freiburg, Alber, 2007.

12. Pour une problématisation de ce présupposé chez Habermas, cf. A. Honneth, « Zwischen Hermeneutik und Hegelianismus. John McDowell und die Herausforderung des moralischen Realismus », in Lutz Wingert, Klaus Günther (éd.), *Die Öffentlichkeit der Vernunft und die Vernunft der Öffentlichkeit*, Frankfurt am Main, Suhrkamp, 2001, p. 372-402.

de Hegel qui insiste plutôt sur les aspects matériels de cet agir[13]. Dans *La Lutte pour la reconnaissance*, il montre comment le sujet dépend, pour son développement psychique, son estime de soi et sa liberté, de la reconnaissance qu'il trouve dans sa famille, dans son environnement de travail et dans l'ordre public libéral auquel il appartient en tant que citoyen de droit[14]. Plus récemment, dans *Le Droit de la liberté*, il propose une histoire de la modernité qui soutient que l'effort en vue de l'émancipation est à l'origine d'institutions pensées pour garantir la liberté et l'auto détermination des individus. Mais il souligne que ces institutions mènent aussi à des paradoxes – lorsqu'elles garantissent l'indépendance là où la dépendance est aussi nécessaire – et même à des pathologies[15] – lorsque les structures pensées pour garantir les interactions sont utilisées aux fins d'empêcher celles-ci[16]. Selon Honneth, on ne peut pas se contenter de faire le relevé des normes dont les institutions ou les pratiques sociales sont faites. On doit bien plutôt comprendre l'origine et l'histoire de ces institutions : leur développement est le résultat de luttes concrètes, sur le plan politique et social, qui ont pris place dans un contexte historique précis.

La première génération de penseurs de la Théorie critique aboutissait à des apories : tout ce qui se présente comme une solution à l'oppression capitaliste s'avère être une autre ruse du capitalisme. En dernière instance, les sujets, leur liberté et toutes les formes d'action collective qui semblaient pertinentes viennent à l'appui de l'ordre existant. Dans la *Dialectique négative*, Adorno fait valoir que l'on devrait même considérer la pensée critique et l'art d'avant-garde comme des façons de perpétuer le donné, et non de le dépasser. Les deuxième et troisième générations de l'École de Francfort ont proposé une version du néo-hégélianisme qui entend surmonter ces apories. Il s'agit d'identifier des modèles de rationalité qui pourront servir de normes critiques contre un réel chargé d'oppression et contre la perpétuation de celui-ci. Habermas insiste sur les relations aux autres que les agents doivent développer en fonction de leur point de vue qui est toujours particulier et potentiellement égoïste. Honneth

13. Cf. Id., *Les Pathologies de la liberté : une réactualisation de la philosophie du droit de Hegel*, tr. fr. F. Fischbach, Paris, La Découverte, 2008.
14. Id., *La Lutte pour la reconnaissance*, tr. fr. P. Rusch, Paris, éd. du Cerf, 2000.
15. Id., *Pathologien der Vernunft. Geschichte und Gegenwart der Kritischen Theorie*, Frankfurt am Main, Suhrkamp, 2007. En français : *Ce que social veut dire 2. Les pathologies de la raison*, tr. fr. P. Rusch, Paris, Gallimard, 2015.
16. Id., *Le Droit de la liberté. Esquisse d'une éthicité démocratique*, tr. fr. F. Joly et P. Rusch, Paris, Gallimard, 2015.

réexamine le concept d'autodétermination et met en évidence ses dimensions institutionnelles et sociales ; il en interroge les origines normatives mais aussi les conséquences pathologiques. Habermas comme Honneth s'appuient sur le concept méthodologique de reconstruction et ne font aucune référence à l'ontologie du social. Ils ne parlent pas nécessairement du réel en tant que tel mais offrent plutôt des propositions en vue d'une compréhension de soi sur le plan *pratique*, une forme de compréhension de soi qui permette d'accéder à l'émancipation, à une action autonome et responsable. Il s'agit de donner aux agents la possibilité de devenir auteurs de leur vie. « Devenir auteur » n'est pas un rôle que l'on pourrait assumer à titre indépendant et à des fins d'utilité, mais fait partie intégrante du travail critique qui reconfigure l'ordre existant. La pensée de Hegel est convoquée comme point de départ pour comprendre comment l'émancipation et l'appartenance à un monde social peuvent coexister et même se renforcer l'une l'autre, sans que l'on doive, dans cette perspective pratique, supposer l'existence d'une téléologie historique qui pourrait être l'unification des niveaux pratiques et ontologiques.

4. Lyotard critique de Hegel

Nombreux sont les textes dans lesquels Lyotard commente Hegel[17] et sa confrontation avec ce dernier est toujours aussi une discussion des lectures de Hegel en France menées par les générations précédentes (lectures, par exemple, d'Alexandre Kojève, Jean Hyppolite ou Jean-Paul Sartre). Souvent, il se contente de signaler l'intérêt de certaines remarques dans l'œuvre. Mais dans certains cas, il propose une critique directe et vigoureuse de Hegel, l'un des principaux représentants du genre de théorie dont il pense qu'elle est en grande partie responsable de la situation problématique qui est la nôtre. Cette critique est notamment formulée dans le chapitre « Le résultat » du *Différend*, qui sera notre principale référence[18]. Lyotard s'efforce de montrer que l'expérience d'Auschwitz

17. G. K. Browning soutient que Hegel est « l'autre » de Lyotard dans toute son œuvre. Cf. son article « Lyotard and Hegel. What is Wrong with Modernity and What is Right with the Philosophy of Right », in *History of European Ideas*, 29 (2), 2003, Taylor & Francis Online, p. 223-239.
18. *Dfd*, p. 130-158.

n'est pas une expérience qui s'inscrit dans le processus de la formation d'un concept – qui ne le peut ni ne le doit. Il est même difficile de l'appeler une « expérience », parce que ce terme comme tel suggère que ce qui est vécu ou perçu se joint à d'autres expériences et mène à un tout, une connaissance. Lyotard reproche à Hegel de considérer toute expérience historique comme un simple exemple, comme l'expression de quelque chose de plus général. Dans cette logique, toute expérience historique a une fonction précise : enrichir notre compréhension d'un concept. Dans le cas d'Auschwitz, nous découvrons que le concept du mal contient plus que ce que nous pensions. C'est en ce sens que notre connaissance progresse par l'expérience, et il peut même sembler que l'expérience soit nécessaire au progrès de la connaissance[19].

Pour Lyotard, la pensée de Hegel présuppose que tout concept a une structure téléologique. Le concept rend possibles des expériences, il en est la précondition ; sans concept, il ne saurait y avoir d'expérience, ou d'expérience significative. Cela implique que l'expérience, en un sens, est toujours déjà liée au concept. Je ne peux faire l'expérience d'une pomme (par exemple l'expérience de son acidité) que si je possède déjà le concept de pomme. Il n'est d'expérience que des propriétés des objets, et nous ne pouvons faire l'expérience de ces propriétés que si nous savons déjà dans un certain sens qu'elles sont les propriétés d'un objet déterminé – son caractère déterminé lui étant conféré par son concept. La pure sensation d'acidité ne serait pas une expérience si elle ne changeait rien à notre compréhension de l'objet acide et donc ne contribuait en rien au concept de pomme.

Cependant, même si le concept rend possible l'expérience, il ne la détermine pas. Il n'est donc pas exclu que l'expérience puisse contredire

19. Bien qu'il critique Hegel sur ce point, Lyotard, lui aussi, se réfère d'abord à Auschwitz comme à un exemple. Auschwitz est l'« expérience » paradigmatique qui montre que la théorie de Hegel manque l'important, ce qui est caractéristique des expériences en général, à savoir qu'elles ne sont justement pas générales, mais toujours particulières et singulières. L'argument central de Lyotard est que toute théorie qui prétend traiter toutes les expériences de la même manière est mise en difficulté dès lors qu'elle reconnaît qu'il existe au moins une expérience à laquelle elle ne peut appliquer ce traitement. Mais à la lecture de ce chapitre du *Différend*, on a l'impression que Lyotard essaie d'aller plus loin et de montrer que nous pouvons apprendre quelque chose à propos de toute expérience en examinant Auschwitz, c'est-à-dire l'exemple d'Auschwitz. De sorte qu'échapper à la logique hégélienne pourrait être plus difficile que Lyotard ne le pense.

le concept dont nous disposions jusqu'à présent. L'expérience est liée au concept, mais elle peut aussi le modifier ou l'invalider. Le concept en tant que tel est sous-déterminé eu égard à certaines de ses dimensions importantes ; l'expérience est nécessaire pour arriver à un concept plus développé puis, en dernière instance, au concept absolu[20]. Le concept cherche donc à lier à sa forme abstraite des expériences concrètes qui, en opérant la négation de certaines déterminations possibles du concept, vont mener au concept véritable, c'est-à-dire au concept absolu. L'expérience ne produit jamais positivement quelque chose, elle ne procure aucune information à proprement parler. Elle ne fait que confirmer ou infirmer les attentes enveloppées dans le concept qui a rendu l'expérience possible. Hegel rejette donc à la fois la notion empiriste d'expérience et le concept kantien d'expérience. Contre l'empirisme, il nie que l'expérience soit une source positive de connaissance. Mais il attribue à l'expérience un rôle bien plus important que celui que Kant lui reconnaît dans sa théorie de la connaissance[21].

Cette manière de comprendre le rôle fondamental du concept et la fonction négative de l'expérience interdit qu'aucune expérience se produise hors du cadre posé par le concept. Il ne saurait y avoir d'expérience sans que celle-ci ait pour fonction d'améliorer notre compréhension d'un concept. Nous ne pourrons faire l'expérience de la texture particulière d'une pomme que si nous nous attendions à la trouver différente. Cette expérience est donc liée au travail du concept et ne peut pas être une expérience à proprement parler, car, dans ce cas, il faudrait que nous pensions quelque chose de nouveau, de singulier, pour la pomme en question. L'expérience peut sembler produire un résultat surprenant, mais celui-ci, en dernière instance, était nécessaire étant donné le contenu véritable du concept. Nous aurions pu nous attendre à ce que la pomme possède une texture différente, mais dès lors que nous admettons que la texture présente est une texture possible pour les pommes et peut-être même une texture nécessaire, l'expérience n'a plus rien de surprenant.

20. Cf. pour la tripartition concept « abstrait », « concret » et « absolu », G. W. F. Hegel, *Wissenschaft der Logik II (Werke 6)*, Frankfurt am Main, Suhrkamp, 1969.

21. Lyotard souligne à juste titre qu'il est problématique et peut-être même erroné de situer Hegel entre l'empirisme et la pensée de Kant. S'il est vrai que Hegel attribue à l'expérience un rôle plus important que ne le fait Kant, toute expérience est pour lui, en dernière instance, l'expérience d'un sujet. En ce sens, sa position est beaucoup plus idéaliste que celle de Kant. La transformation du concept est le produit de la relation du sujet à lui-même : « Le *Selbst* occupe alors trois instances : référent, sens et destinataire » (*Dfd*, p. 138).

Le concept de pomme contient toujours déjà cette texture et la contient nécessairement – c'est seulement nous qui l'ignorions avant que l'expérience se produise.

Que faut-il en conclure pour les expériences historiques ? En particulier pour les expériences historiques singulières, « exceptionnelles », comme Auschwitz ? Selon Lyotard, Hegel procède en ce domaine de la même manière que dans celui de la connaissance théorique. Les expériences dépendent de concepts, elles servent à leur donner un contenu plus déterminé ; elles sont ainsi vouées à être *aufgehoben*, surmontées dans un concept plus déterminé. L'expérience de la Révolution française est celle de la négation de la monarchie. Elle nous renseigne sur les limites du pouvoir monarchique, puisque le pouvoir monarchique, alors en place, n'a pas été capable d'empêcher l'événement de la Révolution. L'expérience de la Révolution n'est pas celle d'un événement singulier, elle est celle des limites du concept de la monarchie. En ce sens, elle nous apporte des informations générales à propos de la monarchie, et ne nous dit rien des acteurs de l'événement et de ses circonstances particulières. Pour Lyotard, cette conception des expériences historiques a cette conséquence pour le moins surprenante que les actions et les événements sont traités comme étant nécessaires et semblent donc devenir indépendants des choix et des actes particuliers des individus[22]. L'expérience nous apprend que le peuple se soulève lorsque certaines conditions sont réunies ou ne sont plus réunies. Deux choses en découlent. Premièrement, les individus ne sont pas libres et ne sont pas eux-mêmes l'origine de leurs actions. Deuxièmement, ils ne sont pas non plus responsables de ce qu'ils font car, en vertu de la logique du concept, ils ne peuvent qu'agir comme ils le font étant donné les circonstances présentes. Sont solidaires la pensée spéculative ou dialectique (qui implique une instance subjective forte, un sujet permanent) et des actions qui semblent décousues et pour lesquelles il est difficile d'identifier une responsabilité.

Cette double implication est déjà surprenante dans le cas des événements historiques « ordinaires », dans la mesure où elle leur fait perdre leur caractère d'événements et en fait des phénomènes nécessaires en vertu de certaines circonstances, plus précisément en fonction de ce qu'exige

22. Ceci n'implique pas la défense d'un individualisme qui serait problématique aux niveaux ontologique et normatif. Il s'agit plutôt de pointer la difficulté ou même l'impossibilité de penser le nouveau et le non-nécessaire dans l'histoire comme dans la communication plus généralement.

le développement dialectique du concept. Mais ces conséquences sont plus problématiques encore à l'égard d'événements historiques extrêmes qui semblent devoir garder un statut singulier, comme le nazisme et l'extermination des Juifs. Dans ce cas, la logique du concept a pour effet, d'une part, d'expliquer Auschwitz comme le résultat de certaines circonstances, et d'accorder d'autre part à l'événement une fonction dans le progrès de notre compréhension ; c'est en cela que le meurtre de masse se voit conférer un rôle « positif » pour nous[23]. Des hommes et des femmes sont peut-être morts, mais au moins nous savons maintenant de quoi les êtres humains sont capables, et nous pouvons établir des institutions qui empêcheront que cet événement se reproduise. Ce raisonnement soulève trois problèmes importants. D'abord, il semble suggérer une sorte de justification : l'extermination n'a pas résulté d'actions et de choix particuliers faits par des personnes particulières, il a été l'effet prévisible de certaines conditions qui se trouvaient implicitement enveloppées dans nos concepts. En outre, il tend à faire naître une attitude fataliste à l'égard des situations historiques : si certaines conditions sont remplies, certains événements vont se produire, quoi que les agents veuillent faire ou ne pas faire. Enfin, et c'est peut-être le problème le plus grave, ce raisonnement crée une fausse impression de sécurité : si nous parvenons à établir les circonstances qui empêchent certains événements, par exemple par la mise en place d'institutions, nous pouvons être sûrs que ces événements ne se produiront pas. Cette fausse impression pourrait elle-même se révéler fatale si nous faisons confiance aux institutions et n'admettons pas la possibilité d'événements extrêmes qui dépendent de choix contingents. Même dans cette perspective, nous ne devrions pas considérer « Auschwitz » comme un *exemple* d'événement contingent, mais c'est la singularité de cet événement – ou, dans le langage lyotardien, l'absence de règles dans l'enchaînement des actes constituant l'événement – que nous devrions penser.

23. « En quoi consisterait un résultat d'"Auschwitz" ? Qu'est-ce que *résultat* ? Au même paragraphe 82 de l'*Encyclopédie*, Hegel écrit encore : "La dialectique a un résultat *positif* parce qu'elle a un *contenu déterminé*, ou parce que son résultat n'est pas véritablement le *néant vide, abstrait*, mais la négation de *certaines déterminations*, lesquelles sont justement contenues dans le résultat parce que ce dernier n'est pas un *néant immédiat*, mais bien un résultat". Il y a *Resultat* parce qu'il y a détermination » (*Dfd*, p. 137).

5. Réponses des approches néo-hégéliennes à la critique lyotardienne de Hegel

La critique adressée à Hegel par Lyotard souligne les effets « nécessitants » de sa pensée, et ce que ceux-ci ont de surprenant et de problématique. Les événements et les actes sont présentés comme des étapes nécessaires dans le déploiement du contenu déterminé du concept de telle sorte qu'ils sont *aufgehoben*, surmontés dans le concept. Il peut bien s'agir d'événements effroyables, ceux-ci n'en ont pas moins une fonction : améliorer notre compréhension du concept et clarifier la logique de celui-ci[24]. La plupart des approches néo-hégéliennes ne reprennent pas à leur compte le caractère totalisant, englobant, de cette philosophie du système. Selon ces penseurs, ce n'est pas cet aspect qui fait l'intérêt de Hegel ; il tient bien plutôt à ce que Hegel a ouvert la philosophie à l'histoire et à la contingence en renonçant à l'idée d'une pure connaissance philosophique[25]. Les néo-hégéliens font le tri dans la philosophie de Hegel, ils en reprennent certains éléments sans accepter le tout (pour autant que ce tout existe, ce qu'ils contestent parfois). Que pouvons-nous en conclure pour la critique proposée par Lyotard ? Vaut-elle seulement pour Hegel lui-même ou bien s'applique-t-elle aussi à la philosophie néo-hégélienne de la société ?

Nous avons vu que Habermas et Honneth sont très éloignés l'un de l'autre dans l'approche néo-hégélienne qu'ils proposent. Habermas s'intéresse surtout aux aspects formels de la pensée de Hegel, alors que Honneth propose une reconstruction matérielle de la vie sociale. Habermas insiste sur la dialectique qui est inhérente aux interactions sociales.

24. Il me faut ajouter ici que Lyotard explique les effets problématiques de la philosophie de Hegel par l'absence, qu'il souligne, d'une philosophie du langage appropriée dans son œuvre. Hegel, selon lui, ne voit pas qu'il applique une règle spéculative élémentaire qui exige de traiter toute phrase comme appartenant à un même niveau linguistique. Cette règle spéculative est présupposée, elle n'est pas justifiée, ce qui serait le cas si elle découlait d'une véritable théorisation du langage et de ses objets. En ce sens, Hegel enfreint son propre principe méthodologique : il n'existe pas d'expériences linguistiques susceptibles de contredire les attentes qui sont d'emblée les nôtres. En même temps, c'est cette règle spéculative qui crée le type de nécessité qui pose problème ici. Cf. *Dfd*, p. 145.

25. Cf. par exemple J. Habermas, « L'unité de la raison au sein de la pluralité de ses voix », *La Pensée postmétaphysique. Essais philosophiques* [1988], tr. fr. R. Rochlitz, Paris, Armand Colin, 1993, p. 153-186.

Les individus peuvent vouloir agir d'une façon égoïste, ils ne sont en rien « pré-programmés » pour agir rationnellement. Cependant, il ne serait pas cohérent pour eux d'agir en permanence de façon égoïste, puisqu'ils dépendent des autres pour obtenir la connaissance dont ils ont besoin pour agir. Pour que leurs actions réussissent, les agents ont besoin d'une connaissance dont la validité ne dépend pas d'eux seuls ; il leur faut donc être prêts à parler aux autres pour mettre cette validité à l'épreuve. Or parler aux autres demande qu'existent des relations structurées par des normes, ainsi qu'un comportement honnête, soucieux de dire la vérité ; parfois même, il est exigé que la connaissance soit adaptée en fonction de ce qui est socialement acceptable. La connaissance n'est pas un produit du sujet isolé mais présuppose d'emblée l'objectivité, même du point de vue du sujet lui-même. L'objectivité ne peut être atteinte directement mais seulement par un travail intersubjectif. Puisque l'objectivité dépend de l'intersubjectivité, elle dépend aussi des conditions de l'échange social. La « main invisible » de la dialectique force donc les agents à être raisonnables dans leurs actions et à chercher un consensus raisonnable avec les autres, même si celui-ci leur reste à jamais inaccessible.

Le débat sur le post-modernisme a fait apparaître de nombreuses divergences entre Habermas et Lyotard. Parmi les critiques que Lyotard adresse à Hegel, il y en a au moins une qui constitue aussi un défi pour Habermas. Lyotard soutient que Hegel n'est pas cohérent dans la mesure où, alors qu'il souligne la structure téléologique de tout concept, il ne pense pas que le principe même de la dialectique soit également téléologique[26]. La même remarque vaut contre Habermas : pour ce dernier, il ne peut y avoir de connaissance ni de norme valide si celles-ci n'ont pas été ratifiées dans le discours ; mais cela ne s'applique pas au principe discursif lui-même. Hegel et Habermas ne peuvent pas être « hégéliens » d'une manière cohérente. Ou bien ils sont « kantiens », dans la mesure où ils présupposent au moins certains principes comme conditions de possibilité

26. Selon Lyotard, la dialectique spéculative hégélienne se contredit elle-même : elle pose comme règle que toute règle devrait être engendrée, mais elle ne soumet pas cette première règle à elle-même. Ainsi sa règle du « résultat » reste un présupposé, donné au seul commencement, qui préside au mouvement dialectique du sens, sans en être issu. Lyotard demande donc que ce présupposé soit abandonné : « L'enjeu du discours philosophique est une règle (ou des règles) à rechercher sans qu'on puisse conformer ce discours à cette règle avant de l'avoir trouvée. D'une phrase à l'autre, l'enchaînement n'est pas régi par une règle, mais par la recherche d'une règle » (*Dfd*, p. 145).

d'autres principes ; ou bien ils doivent « relativiser » le ou les principes directeurs qui sont les leurs, en les soumettant à la procédure de justification dialectique. Or il est clair que celle-ci est susceptible de déstabiliser la théorie tout entière[27].

Honneth répond à cette difficulté en renonçant à l'idée de principes généraux qui organiseraient la création puis la validation des normes et de la connaissance. Selon lui, les prétentions à la liberté et à l'autodétermination sont à l'origine d'au moins certaines normes ; mais c'est là finalement une autodétermination vide et qui dépend entièrement d'interactions sociales concrètes. Même les propriétés et les capacités du sujet qui semblent les plus élémentaires sont constituées par l'intermédiaire de l'autre, d'abord dans ces relations primaires que sont les relations entre la mère et l'enfant. Ne pourrait-on dire que Honneth propose une théorie que Lyotard serait susceptible d'accepter, voire qu'il serait tenu d'accepter ? Les normes, les principes et les règles ne sont que le résultat de relations de reconnaissance, des relations déterminées entre des personnes déterminées. Ces relations sont elles-mêmes toujours sujettes à des négociations et renégociations : il n'y a donc pas de logique générale des relations. En revendiquant la liberté, les individus revendiquent le droit de ne pas être soumis à quelque chose de prédonné ou de préjustifié – ils refusent donc d'être toujours déjà obligés de suivre des règles nécessaires –, mais ils ne font pas pour autant du sujet libre une instance qui précéderait les interactions et existerait hors d'elles. La liberté ou les revendications de liberté sont la force motrice des interactions, mais ni la liberté ni les revendications de liberté ne peuvent être hypostasiées, considérées comme existant par elles-mêmes. Les normes sont « nos » normes, et ce « nous » désigne une communauté contingente.

On peut rapprocher cette « reconstruction » ou « déconstruction » de Hegel d'une remarque de Lyotard. Celui-ci observe qu'il y a chez Hegel une tension entre son usage de la première personne du pluriel, un « nous » qui a une dimension procédurale, et sa conception unitaire du soi[28]. Hegel semble, d'une part, soutenir que le soi individuel doit s'extérioriser (*sich veräußern*) dans les relations aux autres (il se forme alors un « nous » contingent) et supposer, d'autre part, l'unité et la continuité

27. Si l'on considère (comme moi) que Kant est plus convaincant que Hegel, les « présupposés » de type kantien ne posent pas problème. Ils permettent en outre de soutenir le noyau kantien de la position de Habermas.
28. *Dfd*, p. 145-148.

d'un certain soi – dont on ne sait pas très bien s'il relève de l'individuel ou du collectif – qui ne sort pas de lui-même dans le mouvement d'extériorisation : en effet, comme on l'a montré, rien de nouveau ne peut lui arriver et il finit par revenir à lui-même. Honneth, conscient de cette tension, propose une solution selon laquelle tout soi déterminé dépend, pour tous ses aspects constitutifs, de la relation aux autres. Pour tout soi individuel déterminé, c'est le moment de sa liberté qui établit l'unité et la continuité de ce soi. Les individus ne peuvent accepter que certaines formes de reconnaissance.

Avec cette ouverture à l'intersubjectivité et à la contingence, on se demande comment Honneth peut encore prétendre développer une théorie générale de la modernité occidentale, et comment il peut être certain que les normes qui ont émergé au cours de son histoire sont autre chose que des principes simplement contingents, dont les prétentions à la validité n'ont aucune justification. On se demande aussi quelle réflexion Honneth propose sur Auschwitz[29]. De deux choses l'une : ou bien le moment de la liberté a plus de poids que Honneth ne le pense, et il est finalement indépendant des contextes de la reconnaissance ; ou bien ce sont les formes de la reconnaissance qui sont moins contingentes que Honneth ne le pense. Il tient pour acquis que la reconnaissance est en général couronnée de succès, ce qui permet aux individus de développer une personnalité stable dans leur vie privée, leur vie publique et leur vie professionnelle. Mais quel est le critère d'une reconnaissance couronnée de succès ? Comment peut-il même y avoir un tel critère puisque la reconnaissance dépend entièrement d'interactions sociales contingentes ? Pourquoi ne pourrions-nous pas penser que les individus sont constamment méconnus ? La reconnaissance n'est jamais reconnaissance « tout court », elle a aussi une dimension cognitive : elle est toujours la reconnaissance d'une personne en tant que cette personne a des traits spécifiques. Mais cela soulève la question de savoir pourquoi les relations existantes ne pourraient pas être l'occasion d'une reconnaissance déformante, qui manquerait ce que sont les individus et ce qu'ils veulent être. Est-il même possible d'exclure l'hypothèse selon laquelle toutes les relations sont manquées, opérant la reconnaissance d'une mauvaise manière et pour de mauvaises raisons ?

29. Sur les difficultés que Honneth rencontre avec « Auschwitz », cf. A. Honneth, « Une critique reconstructive de la société sous réserve généalogique », *Ce que social veut dire 2. Les pathologies de la raison*, *op.cit.*, p. 81-94.

Honneth, au bout du compte, esquive ces questions en attribuant un fondement historico-anthropologique à sa théorie. Nous pouvons identifier les domaines dans lesquels les êtres humains ont besoin de reconnaissance. Nous pouvons donc déterminer jusqu'à quel point et sous quelle forme telles circonstances sociales données satisfont ce besoin. Le fondement anthropologique n'est pas prédonné, et nous ne pouvons pas le considérer comme tel ; mais reconstruire les ressemblances observées dans différents contextes sociaux permet de faire apparaître ces « fondamentaux » anthropologiques. Ainsi, le critère d'une reconnaissance réussie ne dépend pas entièrement d'une interaction contingente. Il en dépend dans le contenu déterminé de la reconnaissance et la forme déterminée qu'elle prend, mais ceux-ci ne suffiront à la reconnaissance qu'à la condition de pourvoir aux nécessités « anthropologiques ». Celles-ci sont elles-mêmes susceptibles de changement et sont sans doute spécifiques à la modernité.

6. Lyotard est-il convaincant en tant que critique du néo-hégélianisme ?

Que pouvons-nous conclure de tout cela ? La question reste ouverte de savoir si Honneth est encore un hégélien que Lyotard critiquerait. Honneth admet qu'Auschwitz pose un défi à toute théorie hégélienne. D'accord en cela avec les premiers travaux de l'École de Francfort sur les attitudes face au fascisme, il sait qu'Auschwitz montre qu'il n'existe nul progrès historique nécessaire, non plus qu'il n'existe d'étapes du développement historique après lesquelles les peuples ne sauraient « retomber » à des niveaux « plus primitifs » de développement moral. Pour Honneth, cependant, cela ne constitue pas un défi pour la théorie (néo-)hégélienne en elle-même, dans la mesure où celle-ci offre une forme de reconstruction et non une description de la réalité. Il faut rappeler Auschwitz pour empêcher une mécompréhension de la théorie, mais cela ne fait pas d'elle une théorie problématique. La théorie de la reconnaissance est une manière de comprendre les relations sociales et institutionnelles qui nous lient. Cette conception ne présuppose aucun principe *a priori* de justice et de légitimité ; elle reste capable d'expliquer le caractère contraignant de certaines normes et principes, même de celles et ceux que nous rejetons.

Mais ceci peut conduire à des attitudes étonnamment conservatrices, selon lesquelles nous devons reconnaître que les normes qui s'offrent à nous ont peut-être découlé de solutions raisonnables à des conflits profonds, raison pour laquelle nous ne devrions pas leur résister. Nous avons tendance à nous soumettre nous-mêmes ainsi que nos expériences ou à soumettre les autres individus et leurs expériences au « jugement de l'histoire » ou de la communauté – un jugement qui est déjà rendu de toute éternité. La résistance à ces jugements, lorsqu'ils ne cadrent pas avec le monde, est en un sens rejetée. C'est là que demeure la principale différence entre Honneth et Lyotard : Honneth continue d'exiger que toute expérience soit – du moins dans un premier temps – considérée à la lumière de ses conditions de possibilité sociales et historiques. La résistance n'est prise au sérieux qu'en tant que fait historique. Lyotard, en revanche, souligne le potentiel critique que possèdent les expériences dans leur singularité et leur caractère contingent ainsi que la résistance au simple enchaînement des phrases dans le récit ou dans l'analyse historique, même si ces derniers prétendent à un mode réflexif. La critique lyotardienne de Hegel et des néo-hégéliens nous apprend que tous ont tort sur un point : l'idée que l'histoire et la « ruse de la raison » nous donnent de bonnes raisons de réprimer la résistance contre des normes et des règles fausses, dominatrices ou injustifiées. La question est de savoir si Lyotard peut véritablement expliquer pourquoi la résistance ne doit pas être réprimée, puisqu'il n'existe pas de critère qui nous permettrait d'évaluer le bien-fondé de cette résistance. D'après la lecture de Hegel que propose Honneth, la seule réaction raisonnable en l'absence de tout critère strict de légitimité et de justice serait de reconstruire la façon dont, tous ensemble, nous nous rapportons au monde et les uns aux autres. Une option plus convaincante pourrait être de revenir à Kant et aux critères proposés par lui. Mais pourrait-ce être le choix de Lyotard[30] ?

Traduit de l'anglais par Emeline Durand.

30. Sur la lecture lyotardienne de Kant en tant que philosophe du social et de la politique, cf. *Enth.*

Laurence KAHN

Consensualité et postmodernité : d'un lissage psychanalytique du différend lyotardien

Lorsque, en 1946, Adorno s'inquiétait du risque encouru par la psychanalyse si elle abandonnait sa fondation métapsychologique au bénéfice d'une simplification herméneutique, affective, identitaire, il visait les « néo-freudiens » qui, récusant la sexualité infantile et la théorie des pulsions – c'est-à-dire le cœur de l'hypothèse de l'inconscient – allaient transformer l'analyse en une pratique « humaine et présentable[1] ». À l'époque, les termes de compréhension empathique et de « soi intime » n'avaient pas encore envahi le champ de la psychanalyse. Mais la rhétorique de la créativité et du devenir authentique tendait déjà à ruiner la conception freudienne de la « face sombre » de l'homme : sa cruauté, sa propension naturelle à l'anéantissement, son irréparable détresse. Adorno insistait : « Freud [...], à chaque pas de sa théorie, n'oubliait pas que ce qui est intériorisé par l'individu est de la violence. »

C'est cette insistance que Lyotard retient en 1988 quand il revient vers Adorno dans *Heidegger et les « juifs »* : l'idée d'« une pensée abîmée devant le désastre d'elle-même[2] ». Il en retient aussi que le « meurtre perpétré sur l'Autre dont la pensée et l'écriture sont en quête, cet anéantissement, il n'a pas eu lieu, une fois, alors à "Auschwitz", mais par d'autres moyens, apparemment tout autres, il a lieu maintenant dans le "monde administré", le "capitalisme tardif", le système techno-scientifique ». La convergence s'opère ici autour de Freud, nommément, autour de « cet Autre préhistorique et inoubliable » que nul ne parvient à rejoindre – citation de Freud qui

1. Th. W. Adorno, *La Psychanalyse révisée* [1946], tr. fr. J. Le Rider, suivi de J. Le Rider, « L'Allié incommode », Paris, Éd. de l'Olivier, 2007, p. 39 ; ainsi que p. 33 pour les références suivantes.
2. *HJ*, p. 75 et, pour les citations suivantes, p. 77 ; voir la lettre de Freud à Fliess du 6 décembre 1896.

ouvre à la critique des leurres communicationnels et identitaires. Adorno sait en effet que l'authenticité « ne donne lieu qu'à un "jargon", s'il est vrai que l'Autre ne peut s'authentifier, n'ayant pas d'identité, d'*auto-* qui puisse se "poser" en thèse ». Mais, tandis qu'Adorno parle d'intériorité et de violence pour dire une dissociation sans remède, Lyotard parle de dessaisissement par la Chose, dont l'autre nom est l'*infantia.* Cependant, pour l'un comme pour l'autre, « l'anonyme "Auschwitz" » est bien le nom d'une *Vernichtung* qui, au-delà du fait de l'Extermination, s'active au cœur même de la pensée. Un anéantissement dont l'écriture et l'art ont à charge de témoigner[3], pour autant que la scène publique et politique est bâtie sur le socle muet d'un meurtre dont l'objet est l'altérité radicale en tant que telle.

Pour Adorno, ce meurtre perpétré par la consensualité est inhérent à l'annulation de la « blessure immémoriale ». Un meurtre par effacement, donc, de ce que « mutilation » veut dire : « Ce qui en réalité conduit Freud à accorder un poids particulier à certains événements survenus dans l'enfance est, même si cela n'est pas dit expressément, la notion de dommage subi [*der Begriff der Beschädigung*][4] ». Ce dommage tient à ce que la vie sociale se passe « en chocs, en coups soudains et abrupts, dus à l'aliénation de l'individu par rapport à la société ». Une telle expérience n'a de totalité que fictive ; sa continuité est illusoire, la structure en chocs de l'expérience individuelle s'avérant « un système de cicatrices ». Raison pour laquelle Adorno fait valoir la portée de la « froideur » freudienne : « Si [Freud] se fait aussi dur que les conditions de vie pétrifiées, ce n'est que pour les briser. La possibilité d'un retournement n'est pas favorisée par le mensonge qui prétend que malgré tout nous sommes tous des frères, mais uniquement si les antagonismes existants sont liquidés[5] ».

Mais les « néo-freudiens » ne veulent pas plus entendre parler de cicatrices que de métapsychologie. Ce vers quoi ils tendent, c'est ce qu'Adorno combat à la même date dans *Minima moralia :* la psychanalyse devenue « santé mortelle », prescrivant le bonheur sur ordonnance, collaborant à la massification des plaisirs. Ils veulent un usage bourgeois de la doctrine des pulsions, une théorisation du renoncement pulsionnel qui oblige à la liberté sexuelle et façonne ainsi une nouvelle aliénation. Tout cela, tout cet univers

3. *Inh*, p. 15, ainsi que Th. W. Adorno, « Pour comprendre *Fin de partie* » [1958], *Notes sur la littérature,* Paris, Flammarion/Champs-essais, 2009, p. 223.
4. Th. W. Adorno, *La Psychanalyse révisée, op. cit.*, p. 20-21 de même, que pour les références suivantes.
5. Ibid., p. 41.

d'un « éclairement non-éclairé de l'esprit », appartient à une tendance de la psychanalyse américaine qui ne fait que s'incliner devant « les images pieuses de la culture » et le réconfort suspect d'une intimité réconciliable. La consolation est piètre, même si elle a l'ampleur de l'aliénation par le *même*. Car nous ne sommes pas tous des frères, et les antagonismes ne sont pas près d'être liquidés. Freud, autant psychanalyste que politique, est donc appelé au titre de la déchirure qu'il n'a cessé de décrire, voire d'élucider.

C'est ainsi qu'Adorno se ressaisit de *Psychologie des masses et analyse du moi* et de *Malaise dans la culture*, pour y puiser la « conscience rigoureuse de la non-identité ». Dans « Que signifie : repenser le passé ? » par exemple, il soupçonne que la culpabilité, édulcorée par la massification de la parole, peut participer à un langage échangeable sur les devoirs de mémoire. Ou bien, dans « Éduquer après Auschwitz », il reprend à Freud la pensée que « la civilisation engendre l'anti-civilisation et ne cesse de la renforcer » – ceci devant être mis « justement en corrélation avec Auschwitz[6] ». La référence d'Adorno à Freud n'a ici rien de vague. Si toute sociologie qui veut comprendre l'incompréhensible, c'est-à-dire « l'entrée au pas de charge de l'humanité dans l'inhumanité », ne peut se passer de « la sociologie freudienne », c'est que, pour lui, la psychanalyse est « la seule à faire sérieusement des recherches sur les conditions subjectives de l'irrationalité objective[7] ».

Et en effet, pour Freud, d'un côté, la culture est d'un intérêt universel : elle garantit la possible communauté sociale. Mais de l'autre, elle suppose sublimation et renoncements pulsionnels, ce qui alimente la haine d'un ça qui sait quel marché de dupes la transaction sublimatoire représente. De sorte que « chaque individu est virtuellement un ennemi de la culture[8] », précise Freud qui fait remarquer que la charge du surmoi est ici ambiguë, au-delà de l'impératif du refoulement. Car cette charge est au carrefour de l'économie du jeu pulsionnel individuel et de la formation des identifications réciproques, ciment du groupe. Si, selon lui, « la psychologie individuelle est, d'emblée et simultanément, une psychologie sociale », c'est parce que, dans la chambre des enfants,

6. Th. W. Adorno, *Modèles critiques* [1953-1966], tr. fr. M. Jimenez et E. Kaufholz, Paris, Payot, 1984, p. 205.
7. Th. W. Adorno, *Société : intégration, désintégration* [1942-1966], tr. fr. P. Arnoux, J. Christ, G. Felten, F. Nicodème, Paris, Payot, 2011, p. 26 et p. 315-316.
8. Cf. S. Freud, *L'Avenir d'une illusion* [1927], *OCF* XVIII, p. 146, ainsi que *Le Malaise dans la culture* [1930], *OCF* XVIII, p. 283.

on saisit déjà comment le renoncement aux buts pulsionnels de l'amour infantile commande les modifications identificatoires qui unifient le groupe[9]. Ici : autour de l'amour d'un même père ; plus tard, autour de l'amour d'un même meneur. Dans les deux cas, la jalousie se retourne en solidarité quand le narcissisme individuel cesse d'être l'argument de la haine de l'autre ; dans les deux cas, via l'identification à une même figure, les positions narcissiques se transmuent, transformant l'hostilité contre le rival en ciment de l'alliance.

À ceci près que le *Führer*, lui, obtient la capitulation totale de la volonté propre lorsque tous ensemble les hommes « se conduisent comme s'ils étaient de forme similaire ». Pour qu'une telle désappropriation soit acceptable, il faut présumer que la formidable extension du narcissisme octroyée par l'appartenance à la multitude et à sa puissance paie de retour la restriction pulsionnelle exigée. Éros fait peut-être son œuvre dans la création de ces plus grandes unités, mais l'œuvre a un revers. Ce qu'Adorno reprend par exemple dans « La théorie freudienne et le modèle de la propagande fasciste », lorsqu'il souligne que « le fascisme en tant que rébellion contre la civilisation n'est pas simplement une répétition de l'archaïque, il est son ré-engendrement dans la civilisation par la civilisation elle-même[10] ».

Mais la psychanalyse de la conciliation veut ignorer l'économie sociale de ce désastre parce qu'elle veut en ignorer l'économie psychique tout court. À vouloir dépasser le naturalisme de Freud, elle introduit en lieu et place du pulsionnel « le caractère » et les « facteurs environnants ». Elle fait par conséquent fi de ce « dessaisissement immémorial ». Choc, perte hors mémoire seront à l'abandon quand la promesse de « l'intégration psychique » aura laissé pour compte les contradictions psychiques insolubles, que sa « trompeuse consolation » aura balayé la force de résistance de la pensée. Forme adornienne du différend quand il se réfère à Freud.

Ce qu'ignorait Adorno était le grand avenir promis au retour de la consensualité dans le champ psychanalytique. Il ignorait que, pour concilier l'inconciliable, la communauté analytique chercherait à séparer le bon grain de l'ivraie en distinguant les « théories cliniques » concrètes,

9. S. Freud, *Psychologie des masses et analyse du moi* [1921], *OCF* XVI, en particulier p. 40-41 et p. 58-69.

10. Cité par J. Le Rider « L'Allié incommode », in Th. W. Adorno, *La Psychanalyse révisée*, *op. cit.*, p. 90.

c'est-à-dire forgées dans la pratique, et les « théories métapsychologiques » abstraites – cela au prétexte d'une meilleure assise empirique. Par là, le plus aigu de l'analyse, le plus corrosif, ce qui contrevient en elle à toutes les bonnes manières du corps social, bref « la peste » que Freud s'apprêtait à apporter aux Américains en 1909, allait être évincé parce que difficilement consommable. De même, en comparant la psychanalyse « new look » à l'« industrie des cosmétiques[11] », Adorno pointait les ravages de l'industrie du divertissement et du règne de la pseudo-individualité. Mais il ne savait pas que, entre herméneutique, narrativité, interaction et intersubjectivité, les théories du fonctionnement psychique, tant individuel que collectif, allaient être considérées comme des édifices conceptuels, fabriqués par les analystes au prorata de leurs besoins personnels. En somme des métapsychologies bonnes à satisfaire les singularités subjectives.

Le chemin fut tortueux pour obtenir un tel résultat, mais finalement la route ne fut pas bien longue. Les assauts contre la théorie freudienne des pulsions et son biologisme déclaré caduc eurent pour premier effet de bannir le modèle énergétique de l'appareil psychique et de son fonctionnement homéostasique. Le second effet fut aussitôt de mettre en question le déterminisme inconscient, non seulement dans sa dimension universelle – c'est-à-dire comme donnée du monde – mais dans sa dimension individuelle, c'est-à-dire en tant que l'exigence homéostasique implique la décharge psychique par la voie de la réalisation inconsciente.

À cela s'ajoutèrent les effets de l'attaque en règle de la psychanalyse par les logiciens positivistes. Celle-ci ne pouvait en effet souscrire à deux des critères essentiels que le positivisme logique impose à toute science : d'une part, la possible prédiction des faits à partir de la seule théorie – et non leur description *ex post facto* grâce à la théorie – et, d'autre part, la rigueur logique dans la démonstration des preuves. En outre, la psychanalyse était à l'évidence incapable de rendre compte des modalités selon lesquelles ses chaînes de concepts « correspondaient » au réel, pulsion et énergétique étant des mots dépourvus de référence factuelle. Dans cette perspective, la métapsychologie freudienne ne valait guère plus que les « simili-énoncés » de la métaphysique. Une fois le langage qui fonde la psychanalyse congédié (c'est-à-dire sa métapsychologie), il ne restait donc que sa méthodologie. Laquelle, faute de répondre aux critères scientifiques, révélait combien la pratique analytique est une discipline

11. Th. W. Adorno, *Modèles critiques, op. cit.*, p. 82 ; la référence à Freud est ici directe (cf. *Conférences d'introduction à la psychanalyse* [1915-1917], Paris, Gallimard, 1999, p. 572).

« humaniste », étrangère à toute « explication » causale, devant par conséquent se borner au seul champ de la « compréhension »[12]. Le rôle désormais imparti à la « dynamique vivante » entre êtres humains, impliquant l'empathie, l'identification et les mouvements transférentiels de l'analyste – bref, l'immixtion de la « subjectivité » – a ainsi ouvert la voie à une description non plus des conflits intrapsychiques mais des « tensions internes » pensées en termes de motivations.

La critique de la psychanalyse comme pseudoscience par Popper et, par la suite, celle de Grünbaum qui ne voyait dans les raisonnements freudiens que des « arguments par la concordance » (des *Tally Arguments*) ont ici lourdement pesé. Tout comme la critique de Wittgenstein, considérant que la psychanalyse est frappée de la même maladie infantile que la philosophie : celle d'une généralisation conceptuelle qui conduit à « essayer, derrière le substantif, de trouver la substance[13] ». De surcroît, la psychanalyse ne ferait qu'obéir au même principe de mythologisation que les philosophies primitives, en procédant par personnification de l'agent, c'est-à-dire par représentation anthropomorphique.

Ce faisant, personne ne s'est inquiété de ce que l'événement rapporté par le patient et l'association qui surgit ne sont justement pas unis par l'énonciation d'un motif. L'expérience analytique réside précisément dans le traitement singulier réservé aux liaisons propositionnelles puisqu'elle désolidarise les « raisons » de l'événement de ses justifications conscientes. Ce qui conduit à modifier le statut même des motifs : les causes se bâtissent précisément sur leur déliaison. En psychanalyse, l'état paratactique des processus primaires prend sans cesse à rebours le cours bien lié des motivations.

Personne ne s'est alerté parce que nombre de psychanalystes, venant des horizons les plus variés, ont répondu aux critiques adressées à leur pratique en invoquant la dimension nécessairement participative du processus analytique et l'impossible neutralité de l'analyste, et en faisant de l'« équation personnelle » de l'analyste le maître mot d'une pratique dite « nouvelle ». La nature intersubjective du processus analytique a

12. Sur ce point, je me permets de renvoyer aux très nombreuses références figurant dans L. Kahn, *Le Psychanalyste apathique et le patient postmoderne*, Paris, Éd. de l'Olivier, 2014.

13. L. Wittgenstein, *Le Cahier bleu et le cahier brun* [1958], Paris, Gallimard, « Tel », 1988, p. 45 ; puis, pour les références suivantes, *Leçons et conversations* [1966], Paris, Gallimard, « Folio essais », 1992, p. 59-60 et p. 91-94.

ainsi ouvert le chemin à un « relativisme subjectif » qui a renoncé à toute volonté d'universalité. Ce mouvement, au demeurant fort composite, tombait d'accord au moins sur deux points essentiels. Premièrement, toute réalité, y compris la réalité psychique, est non pas découverte mais construite par les deux partenaires de la situation analytique. Second point : cette construction s'effectue dans un processus de co-narrativité où la subjectivité de l'analyste participe à la détermination de tous les choix opérés. Sa position interprétative ne pourrait donc se parer d'aucune forme d'autorité, car l'analyste n'est omniscient ni quant à la configuration de son propre inconscient, ni dans la façon dont celui-ci est « communiqué » au patient. Ainsi la symétrie de la situation analytique est-elle affirmée contre l'autoritarisme de l'analyste : toute théorie porte la marque des préférences de celui-ci, de ses dispositions psychiques et de ses taches aveugles. L'impossible neutralité de l'analyste et la « mutualité » du processus ont par conséquent peu à peu couvert la totalité des activités de pensée de l'analyste : le choix des modes interprétatifs impliquant les spécificités environnementales de chaque cure ; et l'extension de la notion de « préférence » autorisant l'amalgame entre variables psychiques personnelles et paramètres socioculturels.

En récusant l'inflexible exigence pulsionnelle d'accomplir qui fondait la convergence des rejetons inconscients, on a ainsi balayé tout ce qui pouvait s'apparenter à la notion de « trace mnésique inconsciente », et au premier chef toute forme de choc, de cicatrice muette, bref tout ce qui recouvre la présence muette de « l'étranger dans la maison », pour reprendre les mots de Freud et de Lyotard. En même temps que la compulsion de répétition perdait sa fonction et son sens, l'association libre était évincée au profit d'une dite « conversation libre[14] », au motif que la première participerait du « mythe de l'analyste innocent ». On saisit alors aisément comment la froideur de l'analyste subit les ultimes assauts. Cette froideur qui, aux yeux de Freud et d'Adorno, dispose l'écoute à l'*Indifferenz*[15] envers le sens manifeste des paroles, qui conditionne la disponibilité – ce que Lyotard nomme la « passibilité » sans préjugé –, se moque de la cohérence des surfaces rationnelles, pour prêter attention

14. Voir, parmi de très nombreux exemples, V. McDermott, « Presentation to Panel : Is Free Association Still Fundamental ? », *Journal of the American Psychoanalytic Association*, n° 51, 2003, p. 1349-1356.
15. Le mot *Indifferenz* a été traduit en français par « neutralité », à quoi on a ajouté « bienveillante ».

aux discordances, aux entorses que l'inconscient fait à la logique quand la censure et l'indifférence énergétique s'en mêlent. Or, pour Freud, cette froideur va de pair avec la hardiesse tout à la fois de la cure et de la spéculation. Mais dès lors que cette froideur ne tenait plus qu'à la méconnaissance – imputée à Freud – des implications subjectives de l'analyste comme du contre-transfert, les *feelings*, les éprouvés ont été chargés de donner à l'expérience vivante de la séance une assise empathique. L'affect est dès lors devenu le gage d'une pratique gouvernée par la sensibilité, et le nouveau *common ground* d'une psychanalyse faisant fond sur la consensualité.

C'est au sein de cette orientation « esthétique » de la psychanalyse que le *Postmodern Turn* a fait son œuvre, en faisant notamment usage de *La Condition postmoderne* publiée par Lyotard en 1979. Je dis « usage » car on constate d'emblée un formidable malentendu, presque un tour de passe-passe. L'effondrement des grands métarécits de la philosophie et de la science et la fragmentation d'un savoir désormais dispersé dans le réseau complexe de théories locales, ces deux thèses du livre de 1979 ont en effet servi de secours inespéré au relativisme en psychanalyse. Mais à quel prix ? Car si le postmoderne selon Lyotard a un sens, ce serait moins celui de l'effondrement de l'édifice métapsychologique freudien que l'abandon de l'horizon de l'émancipation propre aux Lumières auquel le projet psychanalytique a initialement participé. En tout cas, la relation à la vérité, la complexité des modèles langagiers mobilisés pour saisir les différends qui ébranlent individus et sociétés ne doivent rien, dans la pensée de Lyotard, à une vision simplifiée de l'affect, encore moins à la narrativité, aux liaisons propres à sa *mimesis*. Quant à la perspective pragmatiste, telle celle de Rorty fréquemment invoquée par le courant psychanalytique américain, Lyotard en a proposé un démontage précis. Pour lui, la négociation « conversationnelle » avec cet autre qu'est l'inconscient ne fait que collaborer à la réduction du sauvage, de l'insensé, de l'intraitable.

C'est ainsi que, de malentendus en approximations, la « psychanalyse postmoderne » a révoqué, en même temps que l'énergétique « freudienne », l'« apathie » telle que Lyotard l'envisage justement[16]. Apathie qu'il ancre dans la « diablerie » de Freud. Apathie par laquelle le dessaisissement théorique met en déroute la maîtrise exercée par le discours

16. « Apathie dans la théorie », *RP*.

de vérité et le genre savant, et par laquelle l'audace spéculative peut penser jusqu'à leur terme la fragmentation du sujet et la subversion des réconforts identitaires.

Il en va tout autrement de la « psychanalyse postmoderne » ainsi qu'on le constate par exemple dans l'article de Elliott et Spezzano « Aux limites de la psychanalyse : Navigating the Postmodern Turn[17] ». Selon les auteurs, en considérant « que le sujet est constitué d'une multiplicité de selfs, le courant postmoderne soulignerait les capacités psychiques, c'est-à-dire psychanalytiquement parlant les ressources subjectives, qui permettent de donner sens à une expérience multiforme ». Insister sur la différence, la pluralité et la fragmentation, situerait donc le sujet dans l'activité d'une auto-réflexivité intense – laquelle inclut la symbolisation et les processus de projection et d'identification propres à un univers interpersonnel. Ainsi le « postmoderne » valoriserait-il un espace « psychique » ouvert où les chaînes de significations, tissées entre fantasme et mots, seraient mises au service de « la constitution de soi » et de la création de l'autre. D'où la fonction qui doit être accordée aux « particularismes » et, donc, à la contextualisation – ce qui assurerait l'ouverture d'un champ où peuvent tenir ensemble les tensions communicationnelles, internes et externes. Certes, ces auteurs notent avec regret que « la position de Lyotard a souvent été perçue comme extrême en ce qu'elle désarrime radicalement les jeux de langage de leur contexte socioculturel, et risque donc de provoquer une fragmentation totale de la subjectivité ». Mais peu importe, puisque derrière les particularismes contextuels, on promeut non seulement la faillite de tout métalangage, mais surtout l'empathie intersubjective.

Cette fonction de l'empathie est, autre exemple, théorisée par Arnold Goldberg dans « La psychanalyse postmoderne[18] ». Prenant appui sur *La Condition postmoderne,* sur son « "incrédulité à l'égard des métanarrations" », Goldberg part de la question : « Qu'est-ce que la pertinence d'une règle et quelle est la pertinence de la règle fondamentale de la méthode analytique ? ». Arguant de la position de Lyotard selon qui « chaque soi vivr[ait] dans un tissu de relations toujours plus complexe et changeant », il défend le principe d'une reconfiguration perpétuelle de la règle en fonction des

17. A. Elliott et Ch. Spezzano, « Psychoanalysis At Its Limits : Navigating The Postmodern Turn », *Psychoanalytic Quarterly*, n° 65, 1996, p. 52-83.

18. A. Goldberg, « La psychanalyse postmoderne », *Revue française de psychanalyse,* n° 65/1, 2001, p. 259-267.

contextes cliniques – la validité globale de la méthode analytique perdant toute pertinence au profit d'un usage variant selon les « moments d'applicabilité ». Comme toutes les règles établies par les analystes sont conditionnées par leurs besoins personnels et par ceux des patients, il serait donc nécessaire d'interroger la rigidité de la pratique analytique, à partir de la visée du « bien du patient ». C'est en fonction de ce but que l'analyste devrait « négocier » le cadre du traitement avec l'analysant. La « flexibilité » devient ainsi le maître mot d'une reconfiguration de la règle selon les nécessités cliniques circonstancielles. L'élaboration de telles « règles *ad hoc* » équivaudrait, aux dires de Goldberg, à ce que Lyotard considère comme « des règles dont le champ de validité est local ».

Une remarque : Goldberg n'aborde pas l'épineuse question du métalangage sur lequel s'appuie la définition du « bien du patient ». Le « bien du patient » selon l'analyste et le « bien du patient » selon le patient ont-ils une commune mesure ? Promouvoir la solution consensuelle – celle qui fait fond sur les règles de l'accord – demande à Goldberg d'omettre le caractère « intraitable » du *différend* qui s'origine dans l'hétérogénéité même des régimes de phrases. Or, celles-ci obéissent à des intentions différentes parce qu'elles relèvent de « genres de discours » différents. Si l'on prend Goldberg au mot, on ne peut donc que lui demander ce qu'il advient du *dissensus* inhérent aux demandes et besoins parfaitement hétérogènes des deux protagonistes de la situation analytique. Un *dissensus* qui nécessairement se manifeste dans le *dissensus* entre des familles de phrases hétéromorphes : prière, plainte, question, constat, injure. Un *dissensus* imparable, selon Lyotard, puisque l'abîme qui sépare les genres de discours ouvre sur le tort nécessairement infligé à l'*infantia*, à la « phrase-affect » infantile, inarticulée, sans destinateur ni destinataire ni référent non plus, phrase qui se dérobe tant à la mise en sens qu'à la contextualisation.

En vérité, Goldberg a besoin de ce « bien du patient » pour assurer sa propre insertion dans le système libéral d'échanges, sans interroger plus avant le « politiquement correct » de sa *flexibility*. Les mêmes motifs le conduisent d'ailleurs à concevoir également le contre-transfert comme une « négociation », tout comme la réalité psychique construite dans la cure est le produit d'une « négociation interne » de l'analyste entre une impossible identification totale au patient et une inéluctable répercussion de sa propre conception du monde[19]. Sur quelle assise reposent ces négociations

19. Cf., par exemple, A. Goldberg, « Psychoanalysis and Negotiation », *Psychoanalytic Quarterly*, n° 56, 1987, p.109-129.

en chaîne ? Goldberg l'écrit sans ambages : si « la psychanalyse est fondée sur la compréhension », force est d'admettre que la méthode peut être aujourd'hui fort différente de celle prônée par Freud. Elle n'est plus celle rigoureuse, au point d'être rigoriste, de l'association libre. Elle est faite, écrit Goldberg, de « l'empathie soutenue de l'analyste ».

Une empathie qui semble trouver sa justification dans les dites « nouvelles pathologies » que les psychanalystes seraient censés n'avoir jamais connues du temps de Freud. Le risque d'éclatement du moi des patients *borderline*, la nécessité d'aménager le cadre à proportion de l'obligation faite de rétablir une continuité existentielle conduisent *ipso facto* à poser le rétablissement identitaire comme une représentation-but, avec pour corrélat la restauration narcissique du patient et la fonction constructrice de la cure. Ce qu'autoriserait justement le partage narratif, en permettant de recomposer la cohésion d'un vécu fracturé grâce à la relation interactive.

C'est ainsi que, par une autre voie et après un détour par la psychanalyse existentielle, Roy Schafer a finalement rencontré Ricœur autour d'une « herméneutique du soi », centrée sur la question : qui est l'agent, l'auteur de l'action ?, et sur la réponse : « L'histoire racontée dit le *qui* de l'action. *L'identité du* qui *n'est donc finalement qu'une identité narrative*[20] ». L'« empathie narrative », faite de respect positif et sécurisant, du souci d'être « utile » au patient et de la proscription de toute froideur, permettrait en effet de créer le territoire d'une commune expérience grâce à laquelle l'analyste peut aider son patient à organiser son expérience en un récit structuré. Ce qui fait événement dans une cure n'a donc, pour Schafer, rien à voir avec la force des motions pulsionnelles. La finalité du traitement est une « co-création » sous forme de « co-narration » puisque « le soi est un dire ». L'activité analytique est ainsi subsumée sous le principe d'*histoires multiples* qui sont, à chaque fois, « redescription », « remise en contexte », produits d'une « réduction thématique » et d'une « réorganisation dans le sens d'une cohérence accrue[21] ». Ce faisant, la narration concourt à la fondation identitaire de soi : intelligibilité, consistance, cohérence, complétude, où l'on reconnaît la facture de Ricœur qui salue d'ailleurs vivement Roy Schafer dans *Temps et récit*[22].

20. P. Ricœur, *Temps et récit* III, *Le temps raconté*, Paris, Le Seuil, 1985, p. 355 (italiques de l'auteur).
21. R. Schafer, *L'Attitude analytique*, tr. fr. M. Tran Van Khai, Paris, Puf, 1988, *passim*.
22. P. Ricœur, *Temps et récit* I, *L'intrigue et le récit historique*, Paris, Le Seuil, 1983, p. 114.

Mais on le devine sans peine : si la nature « fictionnelle » de la relation analytique s'accorde avec la fonction mutative des « histoires d'action » personnelles, le modèle de la « co-narration » joue la synthèse discursive et dénie la division pulsionnelle de l'humain.

Que reste-t-il ici de l'hétérogène ? De l'hétérogène c'est-à-dire du fragmentaire, de l'inadmissible, de l'étrange : le « déchiré », dit Adorno ; « l'intraitable », dit Lyotard. Car pour Lyotard, la lecture freudienne est destinée avant tout à ébranler les théories de la signification. Des théories qui occultent l'« événement », le « cela arrive ». Raison pour laquelle il ne peut lâcher Freud. Et d'ailleurs il ne le lâche pas quand il s'agit de lever la mainmise pesant sur ce qui excède la conscience, de démesurer le présent-vivant de l'expérience, de chercher les mots qui font glisser, dériver. Bref, quand il s'agit de subvertir la « bonne forme » des dispositifs discursifs et de rejoindre le scandale, l'insécurité du concept, la détotalisation du sens, pour s'approcher de ce qui se refuse à l'emprise de l'esprit. La matérialité des vocables est là au premier plan, en ce qu'elle se soustrait aux « relations », aux liaisons signifiantes, qu'elle se dérobe au dialogue. Une matière qui est désordre, désobéissance native de la pensée et des mots[23]. Un matériau qui est dépossession inaugurale, et qu'il tente de cerner avec la « phrase-affect », cette phrase-silence qui fait phraser toutes les autres phrases parce qu'elle est le « différend même[24] ».

La profondeur sans fond de l'autre en soi, muet et indomesticable, anéantit la simplicité du sujet en même temps que la garantie empirique de l'expérience. Si l'intraitable, c'est-à-dire l'en-deçà de l'articulable, est ce qui conduit Lyotard à revenir vers Freud après *Le Différend*, c'est précisément parce que l'*infantia* relève de l'incompossible, de l'inconciliable absolument. En ce sens, elle fait plus que se dérober à la forme linguistique des attitudes propositionnelles ; elle est incommensurable avec elles. Elle révoque en tant que telle l'hypothèse même du partenariat.

Or apaiser, occulter, réduire au silence la phrase-affect – la trace muette de l'occurrence, du choc, de la touche qui frappe l'*infans* impréparé –, c'est, aux yeux de Lyotard, la mission de la narrativité qui, en créant des liaisons destinées à organiser la signification, cherche avant tout à refouler la césure, autrement dit à reprendre possession, sous forme

23. *MP*, p. 131-141.
24. « Examen oral », p. 141.

de l'expérience, de ce qui est désemparement premier[25]. Mais l'enfance est une stase non administrable, pour user du mot d'Adorno, qui stationne à l'état de présence sans représentation et sans scène. Et la passibilité n'est pas opposée à l'activité. C'est un subir, une aptitude à « accueillir ce que la pensée n'est pas préparée à penser », cela même « qu'il convient d'appeler penser ». Car cet immémorial qui perdure silencieusement, qui se signale par l'agitation, le délire, l'angoisse, l'esprit doit néanmoins en porter témoignage, même si c'est au prix de l'endiguer.

La référence à Freud est ici constante, ce que les analystes postmodernes semblent ignorer. Et ce, même si Lyotard signale le Charybde et le Scylla de toute navigation analytique : ou bien l'analyste hypostasie la phrase-affect en une entité métaphysique – l'« absolument autre » –, ou bien il la ramène à l'articulation par les moyens d'une rhétorique des passions. Entre les deux, Lyotard ne concède rien ni à un inconscient affectuel qui détiendrait une vérité subjective et serait objet de partage, ni à la pente métaphysique d'un « dévoilement » de l'inconscient. Entre ces deux écueils, « le partenaire est bizarre » et le destinataire innommable. Ne serait-ce que parce que « chaque prétendu individu » est divisible ; et la division ne débouche pas sur la nomination d'interlocuteurs empiriques, sauf à y repérer des figures de l'imaginaire. Toujours citée à comparaître, la présence identifiée de ce protagoniste peut aussi bien témoigner de ce que le langage empêche de parler.

C'est donc peu de dire que *La Condition postmoderne* ne débouche ni sur un relativisme intersubjectif, ni sur des récits à finalité efficace. En fait, si la faillite des grands récits correspond à l'effondrement des légitimations que furent les Lumières, la psychanalyse postmoderne revendique à son insu son intégration, non dans le progrès, mais dans le « développement[26] » qui, selon Lyotard, a désormais pris sa place. Elle veut ignorer que l'opérationnalité de ce « système » qu'est le capitalisme rend les hommes superflus comme personnes singulières, comme est superflu ce que le développement occulte pour poursuivre sa course : l'autre en chacun qui « est tout autre que les autres ». Occupés à la légitimité des échanges dans la communauté, nous négligeons le devoir de l'écouter en chacun, enclins que nous sommes « à devenir ainsi nous-mêmes parfaitement permutables dans les conditions du droit public et privé, sans reste[27] ».

25. *Misère*, p. 121, ainsi que *HJ*, p. 23-84 ; puis, pour la référence suivante, *Inh*, p. 85.
26. *MP*, p. 23, 171.
27. *MP*, p. 110.

C'est bien au titre du « reste », un reste qui s'oppose en son fond à toute « reconnaissance de soi », à tout espoir communicationnel, qu'Adorno reprenait la lecture de Freud et que Lyotard y est revenu. Un reste dont témoigne, dans la *Philosophie de la nouvelle musique*, l'analyse de l'opéra de Schönberg, *L'Attente*, quand la musique se révèle, par-delà l'objectif et le subjectif, « du genre gestique, proche parente de l'origine des pleurs[28] ». Ce genre tente-t-il d'approcher ce que recèle la phrase-affect ? Il oppose en tout cas un refus inflexible à « tout simulacre d'humanité ». Il s'élève contre l'« harmonie systématique, quand la chose est en elle-même déchirée ». Ainsi Adorno puis Lyotard récusent-ils tout « commode lissage des contradictions ». La psychanalyse n'a de sens pour eux que si elle garde ce que Freud nommait ses « crocs à venins[29] ».

28. Th. W. Adorno, *Philosophie de la nouvelle musique* [1948], ch. II : « L'atonalité », Paris, Gallimard, 1962 ; puis, pour les citations suivantes, *La Psychanalyse révisée*, *op. cit.*, p. 37-39 et 45.
29. S. Freud, *La Question de l'analyse profane* [1926], Paris, Gallimard, 1985, p. 54-59.

Frédéric Fruteau de Laclos

L'enfance comme *sensus communis*. Lyotard et la pragmatique infra-langagière

I. L'interprétation agonistique des jeux de langage et la communauté à venir

Après *La Condition postmoderne*, Jean-François Lyotard a renoncé au privilège qu'il accordait au « genre narratif » pour faire entrer ce genre dans le jeu ou l'affrontement des genres. Ce qui apparaît finalement problématique dans la narration, ce n'est pas tant qu'elle soit un genre parmi d'autres – un genre seulement mais qui se prend pour le genre des genres –, c'est qu'elle vise un *résultat*, et qu'à cet égard elle ne vaille pas mieux que la dialectique : elle est négation du différend, refoulement de l'événement, censure du « il y a ». La clôture la caractérise ; elle ne tolère pas la possibilité de l'enchaînement.

Depuis *Au juste*, le paradigme de la narration est trouvé dans les « dits des hommes » cashinahua, leurs *miyoi*, recueillis par l'anthropologue André-Marcel d'Ans. Une histoire est racontée, racontable, à partir du moment où un Cashinahua se nomme, en s'assumant narrateur d'un dire qu'il destine à un public lui-même cashinahua, nommé ou nommable comme individu cashinahua. Dès lors, toute production d'un récit est réglée ou réglementée, soumise à la rigidité des noms propres et de leur répartition, et par là même préservée par sa clôture de l'irruption de tout événement inopiné. Le récit fixe et stabilise l'essence de la communauté, mais du même coup la circonscrit et s'efforce de la protéger de la menace du différend : les noms, « grâce à leur nombre fini, à leur permanence (rigidité) et à leur distribution, constituent l'identité de la communauté » ; « En plaçant les noms dans des histoires, la narration met les désignateurs rigides de l'identité commune à l'abri des événements du “maintenant”, et du péril de son enchaînement[1] ». Pour Lyotard, ce n’est pas l’exposition à un dehors du récit qui est problématique, mais l’immunisation à ce dehors : « l’occurrence, l’événement [...] n’est pas pris en charge dans les légendes[2] ». Il s’avère finalement que les petits récits n’ont pas plus de légitimité que le grand récit, même si le tort qu’ils font (l’exclusion de ceux qui ne portent pas le nom légitimant) est tout autre que celui fait par le grand récit (l’inclusion de toute différence dans l’humanité universelle). L’opposition entre discours narratif et discours conceptuel ne discrimine pas le bien et le mal, elle ne suffit pas à penser l’éventail des genres de discours et de leurs enjeux. Les petits récits s’avérant n’être pas si innocents que cela, il apparaît que le mal n’est pas instancié dans un type de discours, mais entre eux[3].

La narration n’est pas la seule voie, il existe d’autres jeux de langage (d’autres régimes de phrases) pris dans des stratégies très diverses (genres de discours). On sait que Lyotard a hérité l’idée de « jeux de langage » de la grammaire philosophique de Ludwig Wittgenstein. Mais il a transposé les « jeux de langage » en « régimes de phrase » et « genres de discours ». Il explique que les régimes de phrases représentent les usages du langage ; les genres de discours les stratégies d’optimisation de ces usages[4]. C’est une chose de savoir jouer aux échecs, d’en maîtriser les règles, c’en est une autre de bien jouer et de gagner, ou de mal jouer, d’éventuellement déjouer, pour dérouter l’adversaire et finalement l’emporter – autre stratégie, parfois pas moins efficace que la première. Mais en passant des jeux aux stratégies des genres, ne surévalue-t-on pas le caractère agonistique des enchaînements ? Il est bien vrai que, dans *Le Différend*, « le plaisir guerrier » et la communication, encore invoqués dans *La Condition postmoderne*, ne peuvent pas convenir aux genres de discours qui ne sont pas des locuteurs. Mais l’hégémonie d’un genre de discours peut faire « tort » – tel celui de traiter comme un citoyen français celui qui conteste cette qualité[5] – et, comme tel, engendrer un « différend ». Du coup, comme

1. *Dfd*, p. 220.
2. *Dfd*, p. 223.
3. On se reportera à la puissante mobilisation du dernier Lyotard par Laurence Kahn dans sa lutte contre la définition du postmoderne dont se prévalent certains courants psychanalytiques « narratologiques » : le langage se soutient de lui-même, la référence à l’occurrence ou à la Chose est mise à distance ou effacée (*Le Psychanalyste apathique et le patient postmoderne*, Paris, éd. de l’Olivier, 2014, p. 105-110.
4. *CPM*, p. 23.
5. Cas du Martiniquais évoqué dans *Dfd*, p. 49.

dans le cas franco-algérien décisif dans le parcours de Lyotard[6], la rivalité des genres de discours peut mener, non au plaisir guerrier de la joute oratoire, mais à la guerre au sens propre.

Or jouer, est-ce nécessairement s'opposer ? Le désaccord l'emporte-t-il sur la recherche et l'obtention du consensus, le dissensus sur l'harmonie dans la communication ? On aura reconnu la critique adressée à Lyotard par Jacques Bouveresse, à la suite de Richard Rorty. Pourquoi, demande Bouveresse, le déchirement et l'opposition devraient-ils systématiquement primer ? Il est bien vrai qu'il y a parfois des conflits et des affrontements, mais ce n'est pas l'état normal ou quotidien de nos jeux de langage. Le consensus est à la fois désiré et souvent atteint. Et Bouveresse d'opposer à Lyotard les conceptions de Wittgenstein lui-même, selon lesquelles la seule existence du langage se fonde sur une « uniformité » et une « concordance » dans les définitions, les jugements et les actions. L'émergence du moindre « différend » suppose même « un fond de concordance normale et d'échanges harmonisés et pacifiés entre les participants[7] ».

Pourquoi Lyotard valorise-t-il l'aspect agonal et le plaisir guerrier dans l'enchaînement des phrases, en minimisant systématiquement la part d'accord et de partage impliquée par tout échange langagier ? Contre Bouveresse, on peut d'abord dire que l'opposition n'est pas un idéal pour Lyotard, mais que c'est un fait, un ensemble de faits de langage, qui mènent, si l'on n'y prend garde, à des torts, par l'empiètement de certains genres de discours sur d'autres, par la reformulation des phrases conformément à des enjeux qui ne sont pas les leurs. Mais, bien plus, Lyotard ne dit pas que le consensus est à fuir, ni que la communication et la formulation d'une communauté conforme au consensus obtenu soient les pires choses du monde. Autrement dit, il ne loue, n'encourage ni n'exacerbe le dissensus sous le nom de « différend ». Peut-être veut-il seulement en appeler à la plus grande méfiance à l'égard des facilités et des illusions qui entourent le consensus et la communication. Trop souvent l'accord se fait, ou aurait tendance à se faire, au nom d'un jeu ou de certains enjeux au détriment des autres. Ainsi le risque est grand que soit reconduit le modèle de discours propre à la connaissance, et que tort soit ainsi fait à celui de l'obligation morale, à l'altérité de l'adresse qu'elle suppose ; ou que les discours soient soumis au régime de la littérature

6. *GA*, « Note », p. 38.
7. J. Bouveresse, *Rationalité et cynisme*, Paris, Minuit, 1985, p. 147-148.

généralisée alors que tous les enchaînements de phrases ne tolèrent pas les contraintes du genre narratif.

En vérité, le sens commun, le sentiment d'un jugement partagé avec autrui, n'est pas absent de la problématisation lyotardienne. C'est même le vecteur décisif d'un idéal, l'idéal ou l'Idée d'une communauté à venir. Mais, comme tel, en tant que sentiment, il reste sans preuve et ne peut donc lui-même attester la réalité de la communauté qui se promet en lui : « La *Teilnehmung* selon le désir n'est pas une participation en acte. Mais cela vaut mieux ». Lyotard est partisan de l'universalité seulement « en puissance » du sentiment du sublime qui alimente l'enthousiasme politique collectif. Le *sensus communis*, ce sens du commun ou de la communauté, est simplement « une norme idéale », une « norme indéterminée ». C'est le sens de l'idée d'une histoire universelle d'un point de vue cosmopolitique, support de jugements réfléchissants sur la communauté à venir, signe d'une histoire qui est objet de discussions sans résorption possible des différends entre dires et formes des dires, entre langages hétérogènes et enjeux des différents jeux de langage. L'enthousiasme suscité par exemple par le spectacle de la Révolution française « requiert un sens commun, il en appelle à un consensus qui n'est pas plus que *sensus* indéterminé, mais de droit ; il est une anticipation sentimentale de la république[8] ». Car il est impossible pour l'humanité de se rassembler autour des communautés existantes. La fixité des noms propres identifiants, autour desquels les diverses communautés humaines se fédèrent dans leurs histoires, leurs dits ou leurs mythes, l'interdit.

II. La structure de l'inconscient et le langage de l'obligation

Et si cependant un autre sens du sens commun était envisageable ? Ni sens commun des phrases partagées au sein des communautés existantes, ni sens commun de la république à venir ; non pas le commun historico-culturel des récits, pas non plus le commun appelé par les signes d'histoire, mais un commun plus profond, que le commun historico-culturel et le commun cosmopolitique présupposent. Ce sens est pensable à partir de Kant qui, dans la *Critique de la faculté de juger*, pointe

8. *Dfd*, p. 241-242.

un discord des facultés ramenant à un sans-fond fondant paradoxalement tout accord ; un dérèglement de tous les sens dont sont tributaires le moindre sens et le moindre signe. Gilles Deleuze a insisté sur ce point, même si, pour sa part, il ne trouve rien au fond qui permette de fonder un nouveau sens commun, mais au contraire les ressources pour subvertir ou « effonder » tout sens commun[9]. N'y a-t-il pas de sens cependant à admettre un fond commun, porteur d'un sens prédiscursif, d'une signification qui ne se laisse pas réduire au sens ou à la référence de nos énoncés, mais qui les supporte et les motive ? On dira que Lyotard ne peut l'ignorer, lui qui connaît si bien la phénoménologie, pour laquelle l'idée d'une « entente anté-prédicative » est fondamentale. Mais on objectera aussi que Lyotard a rompu avec la pensée de Maurice Merleau-Ponty, prenant du même coup ses distances avec la thèse d'une entente anté-prédicative. Il se pourrait toutefois que Lyotard n'ait jamais vraiment adhéré à cette thèse. En vérité, dès le départ, dès ses premiers pas phénoménologiques, une autre conception s'est fait jour, dont les ultimes métamorphoses philosophiques représentent seulement un prolongement ou une version particulière.

Soit, en effet, le dehors des phrases que Lyotard finit par identifier par-delà *Le Différend*. Le philosophe reconnaît finalement un rôle fondamental à un certain hors champ des phrases, dont elles portent toutes, d'origine, la frappe. L'affect travaille en effet au cœur des univers de phrases, et d'abord à leur seuil. Le différend est l'instant où quelque chose veut être dit qui ne saurait être phrasé et qui « souffre » de ne pouvoir l'être. Le *sentiment* donne l'alerte en signalant qu'un tort se profile à l'horizon des phrases[10]. Mais le sentiment n'est pas seulement un en deçà des phrases qui introduit à la problématique du différend avant d'être recouvert par les enchaînements discursifs. L'affect insiste souterrainement au point que Lyotard est reconduit à lui par-delà l'ontologie des phrases. De la phrase à l'affect via la « phrase-affect », tel est le cheminement conceptuel qui mène du *Différend* à un « Supplément au *Différend* », enfin à « Emma » et à « La mainmise », où Lyotard fait clairement retour à la problématique freudienne, pour autant que l'affect témoigne de « l'énergie suffocante

9. G. Deleuze, *La Philosophie critique de Kant. Doctrine des facultés*, Paris, Puf, 1963, p. 67-96 ; *Différence et répétition*, Paris, Puf, 1968, p. 178-179, 186-187, 190 ; « Sur quatre formules poétiques qui pourraient résumer la philosophie kantienne », *Critique et clinique*, Paris, Minuit, 1992, p. 40-49.
10. *Dfd*, p. 29.

d'un événement[11] » et relève ainsi d'une métapsychologie des forces d'inspiration énergétiste. Mais si Lyotard retrouve un fond sans forme et sans figure, un « figural » qui est irréductible au discours tout en l'alimentant inconsciemment, cela n'a rien d'un fond commun. On n'a pas affaire à un « Je » qui fait face à un « Tu », mais à un « Ça » plus profond que mon « Moi-je » La question est pourtant de savoir si et comment ce champ affectif est structuré puisque l'affect suppose toujours un « autre », quelque chose ou quelqu'un, qui affecte.

La question de l'affect est très ancienne, elle remonte au Diplôme d'études supérieures de Lyotard, *L'Indifférence comme notion éthique*[12]. S'appuyant aussi bien sur les travaux de Jean-Paul Sartre que sur ceux de Merleau-Ponty, complétés par un très instructif détour par la psychopathologie des conduites de Pierre Janet, le jeune Lyotard y définissait le champ transcendantal comme le plan formé par un ego et ses visées, l'individu et son milieu, les conduites d'adaptation permettant l'ajustement immanent de l'individu au milieu et l'émotion apparaissant comme réaction d'une conscience au monde qu'elle appréhende (Lyotard pointait ce faisant la continuité de la théorie janétienne des conduites et de la phénoménologie sartrienne de l'émotion). La comparaison s'impose avec les premiers pas philosophiques de Deleuze qui, à la même période, est entraîné par son camarade Michel Tournier dans une radicalisation de l'immanence par siphonage de la notion de « conscience » au profit de celle de « puissance » : la conscience est encore trop attachée aux personnes, on doit prôner un complet « impersonnalisme » et refuser d'aller, ainsi que le fait Sartre, jusqu'à une lutte des consciences à l'horizon des visées[13]. Lyotard prend appui sur la définition sartrienne du « champ transcendantal » mais, loin de la radicaliser en l'impersonnalisant, en appelle à la prise en considération d'autrui au bord du champ ; il s'élève contre la tentation, inscrite en creux dans la conception sartrienne, d'un repli sur les conditions monado-centrées de devenir et d'individuation. Conduisant au solipsisme

11. Cf. *Misère*, p. 74. Dans *L'Écoute de l'analyste. De l'acte à la forme* (Paris, Puf, 2012), Laurence Kahn est très proche de Lyotard, en particulier lorsque, confrontant Freud à Wittgenstein, elle note que le discours recueille en surface un profond travail souterrain opéré par les forces psychiques.

12. Bibliothèque littéraire Jacques Doucet, Fonds Jean-François Lyotard, Dossier 389.

13. Je me permets de renvoyer à F. Fruteau de Laclos, « Le postmoderne expliqué aux anarcho-désirants. D'un différend deleuzo-lyotardien », C. Enaudeau et F. Fruteau de Laclos (dir.), *Différence, différend : Deleuze et Lyotard*, Paris, Encre Marine, 2015, p. 233-251.

et à la solitude, l'indifférence n'est pas moralement souhaitable et ne saurait être reconnue comme une notion éthique. Il n'empêche : si l'on ne doit pas demeurer indifférent à autrui, il va de soi cependant qu'autrui est étranger au champ transcendantal défini comme champ d'une individuation. Il n'y a ni immanentisme ni impersonnalisme, et par conséquent nulle valorisation de l'indifférence. Mais les « personnes » sont comprises dans leur différence irréductible et autrui appréhendé comme absolue transcendance qu'aucune visée ne saurait surmonter ou dépasser.

Cette conviction de Lyotard se dira plus tard au moyen d'Emmanuel Levinas et de sa singulière lecture d'Edmund Husserl. Le problème de la cinquième des *Méditations cartésiennes* n'en est pas un, estime Levinas, c'est la solution. Les autres ego ne sauraient être constitués à partir de ma sphère de visée égologique, mais il faut se réjouir que cette constitution ne puisse avoir lieu. Là où l'on serait tenté d'identifier un embarras – l'autre est inconstituable –, on doit au contraire pointer la possibilité d'une réévaluation complète de notre idée des relations entre ego et alter ego : « si le moi procédait de l'autre, l'autre ne serait pas la merveille ; si l'autre n'était pas la merveille, le soi procéderait de l'autre. C'est donc ou moi, ou l'autre[14] ». Or, si l'on en croit le diplôme de 1947, Lyotard a été lévinassien avant de découvrir Levinas et de se reconnaître en lui. Aussi bien, Levinas lui-même se serait reconnu dans les thèses de fin d'études de Lyotard : on doit insister sur l'ancienneté de la conception lyotardienne, quasi-contemporaine des élaborations lévinassiennes.

La thèse retrouvée chez Levinas de la transcendance d'autrui, progressivement affirmée et assumée dans « Figure forclose » en 1969 et dans « Œdipe juif » en 1970, est ensuite « traduite » et « transcrite » en termes linguistico-pragmatiques, en 1983, dans *Le Différend*[15] : « Un destinateur survient, dont je suis le destinataire, et dont je ne sais rien, si ce n'est qu'il me situe sur l'instance destinataire » ; « Tel est l'univers de la phrase éthique : un je dessaisi de l'illusion d'être destinateur des phrases, saisi sur l'instance destinataire, incompréhensiblement[16] ». Si, à proprement parler, l'échange n'est pas dialogique, cela tient à ce que la relation est foncièrement asymétrique. Lyotard y insiste en

14. *Dfd*, p. 163.
15. En vérité, une première et très complète traduction logico-linguistique de la pensée lévinassienne est proposée dans « Logique de Levinas », texte rédigé par Lyotard en 1978 (repris dans J.-F. Lyotard, *Logique de Levinas*, Paris, Verdier, 2015, p. 19-74).
16. *Dfd*, p. 164.

opposant Levinas à Martin Buber, l'éthique n'est pas la vie dialogique : « l'éthique interdit le dialogue », qui exige la permutation des noms sur les instances. Il y a « asymétrie de la relation *je/tu* », impossibilité d'atteindre à un « consensus » et refus de la « médiation d'un nous » qui effacerait l'asymétrie[17].

En dépit de la transposition logico-linguistique, une structure équivalente, asymétrique, duelle plus que dialogique, est identifiée dans la dépossession de soi par l'affect inconscient. On n'est plus dans le langage mais dans l'infra-langagier, et cependant la compréhension de cet infra-langagier, à savoir l'inconscient comme tel, emprunte encore à la problématique langagière. Ce n'est certes pas le langage de la sémiotique structurale – système de différences –, c'est le langage du quadrilatère pragmatique, à savoir des pôles du destinataire et du destinateur et, entre eux, des « ingrédients » du message que sont sens et référence. Plus précisément, le fonctionnement de l'inconscient obéit à la très singulière formulation logico-linguistique que l'obligation reçoit dans le schéma pragmatique : il se soumet à l'injonction éthique reformulée au contact de la pensée de Levinas.

L'article « La mainmise », repris dans *Misère de la philosophie*, est à cet égard emblématique. On a bien affaire ici à une profondeur qui défie toutes les formations discursives, qui travaille sous les figures historico-culturelles et psycho-sociales « présentées » avec ces formations. Cette profondeur est celle de « l'enfance », d'un champ ou d'une dimension affective inconsciente où prédomine la fidélité à une injonction. Au-dedans de nous-mêmes, nous sommes renvoyés à la troublante étrangeté, à l'inaccessible altérité de ce qui nous a faits sans que nous ayons pu rien y faire. L'enfance est vraiment le lieu – après avoir été le moment – de notre aliénation. Tel est le statut transcendantal de l'enfance réclamé par Lyotard, appréhendable topologiquement en deçà des caractères empiriques d'enfances effectivement vécues.

L'obligation éthique, déjà, se définissait médiatement comme aliénation. La « merveille » de Levinas, l'autre dans son altérité et son étrangeté, c'est l'« estrangement » des gnostiques, qui est aliénation : « L'obligation aliène le moi : il devient le tu d'un je absolument inconnaissable[18] ». À vrai dire, c'est l'évidence et l'on dira, en suivant une voie courte, que l'obligation m'aliène en m'imposant l'altérité inconstituable

17. *Dfd*, p. 165, 169.
18. *Dfd*, p. 169.

d'un destinateur qui s'adresse à moi sans que je puisse me mettre à sa place. Symétriquement, l'aliénation fondamentale, irrémédiable, que Lyotard identifie finalement sous le nom d'enfance, se dit en termes de dépossession. Par enfance, écrit Lyotard dans « La mainmise »,

> j'entends cette condition d'être *affecté* alors que nous n'avons pas les moyens – le langage et la représentation – de nommer, d'identifier, de reproduire et de reconnaître ce qui nous affecte. J'entends par enfance que nous sommes nés avant d'être nés à nous-mêmes. Et donc nés des autres, mais aussi nés aux autres, livrés sans défense aux autres[19].

Même les parents ne sont pas « émancipés de leur enfance, de leur plaie d'enfance ni de l'appel qui en est issu ». Lyotard s'engage ici dans une méditation sur l'appel et sur ce qui appelle, « disons le père », et à travers cette méditation à une lecture comparée du Nouveau et de l'Ancien Testament. Dans « Figure forclose » et « Œdipe juif » déjà, il appréhendait le dispositif de la cure psychanalytique en termes lévinassiens, et même juifs, Levinas et la pensée juive étant tenus pour indiscernables : l'appel de Dieu à son peuple via Moïse était comparé à l'appel de l'inconscient au patient via l'analyste. En quoi consiste le schéma à l'œuvre aussi bien chez Freud et Levinas que dans l'Ancien Testament ? Qu'est-ce qui est commun au petit enfant « pris en mains » à sa naissance, au patient dans la cure psychanalytique, au destinataire de la phrase éthique, enfin au croyant dans la religion juive ? Chacun est l'obligé ou le débiteur d'un appel auquel il lui faut répondre sans pouvoir en donner raison. Aucun ne peut se soustraire à la puissance d'une transcendance à laquelle il doit tout sans pouvoir rien sur elle – le nom du père, l'inconnu adressant le commandement, Dieu enfin[20].

III. Réélaborer le statut transcendantal de l'enfance

Lyotard demande la reconnaissance d'une « zone de captivité[21] » nommée enfance qui habite enfants et parents – mainmise du manque,

19. *Misère*, p. 121.
20. *DMF*, p. 177, 179.
21. *Misère*, p. 124.

du temps, de la souffrance –, zone que l'émancipation occidentale veut abolir. De son point de vue, le *mancipium* n'est pas occasion d'hostilité, sauf pour qui y voit l'ennemi : c'est la condition humaine. La souffrance est celle du manque. Mais il y a pire : « ne manquer de rien, sauf du manque[22] ». Car alors fait défaut le sentiment de la dette, la dépendance à l'égard de la captivité d'enfance qui permet la mobilisation de l'œuvre et, avec elle, la résistance au « développement ».

Mais est-il bien sûr que le manque définisse l'enfance, que l'instauration des œuvres en appelle à la mainmise d'une captivité primordiale plutôt qu'à la plénitude d'entre-captures natives ? Pourquoi ne pas admettre la priorité d'une innocence adamique alors que sa réactivation seule garantit l'efficacité du combat mené contre le système ? Certes, pour Lyotard, tout n'est pas que plaies et souffrances ; le plaisir n'est pas systématiquement déçu et l'enfant pas toujours frustré, la jouissance étant seulement différée. Pourtant, dès l'abord, la positivité de l'innocence et des états de jouissance qui l'accompagnent apparaît incomplète et suspendue à autre chose que soi. Mikel Dufrenne le premier s'interrogea sur ce point, en rapport avec l'esthétique libidinale et la valorisation qu'il y constatait de la pulsion de mort au détriment des autres pulsions de l'appareil psychique : trop souvent Lyotard « mettra l'accent sur le négatif, sur la perte plus que sur le don, sur le conflit plus que sur la réconciliation, sur la mort plus que sur la vie[23] ». Il est bien vrai qu'au fond ont lieu bien des arrachements et des séparations, des désunions et des affrontements. Mais le fond peut aussi être, avec la rupture du principe d'individuation, le lieu d'heureuses retrouvailles. On songe au mot de Nietzsche dans *La Naissance de la tragédie* : à travers l'ivresse, « la Nature célèbre les retrouvailles avec son fils perdu[24] ».

Qu'il s'agisse de l'attention portée à la pulsion de mort dans les premières œuvres ou du travail sur la mainmise dans les dernières, Lyotard fait l'éloge du négatif ou du manque alors que, de fait, le plein émerge parfois ; en droit, il est même premier. On prendra soin de relever qu'une

22. *Misère*, p. 126.
23. M. Dufrenne, « Une esthétique libidinale ? », *Esthétique et philosophie*, t. 2, Paris, Klincksieck, 1976, p. 71.
24. Cette intuition a été louée par Dufrenne lorsqu'il a renoué avec l'inspiration « naturphilosophique » de Schelling. Je me permets de renvoyer à F. Fruteau de Laclos, « Esthétique et politique. De Dufrenne à Lyotard et retour », *Nouvelle Revue d'Esthétique*, n° 7, Paris, Puf, 2011, p. 199-208.

telle critique ne se situe pas au même niveau de profondeur que celle de Bouveresse et de Rorty, qui déploraient l'insistance dommageable de Lyotard sur le dissensus. Après Rorty, Bouveresse envisage, à travers la difficulté (ou la facilité) de l'accord linguistique, le problème de la coexistence et de la conciliation des formes historico-culturelles ou psychosociales du commun. Mais l'enjeu est maintenant d'affronter la question de la profondeur de nos communications affectives, pulsionnelles ou libidinales et, par là, d'introduire à la troisième acception du sens commun annoncée précédemment. Le premier sens du commun est celui du consensus, de la convergence éventuelle des dires et des faires dans des communautés particulières. Le deuxième sens est celui d'une simple Idée, l'idée d'un accord cosmopolitique souhaitable et désiré mais jamais définitivement fixé ni arrêté. Ce sens, on l'a vu, est privilégié par Lyotard à la fin du *Différend* et au-delà, dans *L'Enthousiasme*, dans les *Leçons sur l'analytique du sublime*, enfin dans « Sensus communis ». Mais on a intérêt à distinguer un troisième sens du commun, dont dépendent et les formes du langage et l'enthousiasme suscité par les perspectives cosmopolitiques : c'est le sens d'une communication infra-langagière, non verbale ou préverbale, qui n'est pas signe d'histoire ni matière à politique, mais plutôt affaire de genèse – autrement dit d'enfance, mais en un sens non lyotardien.

Toutefois, si nous parlons de genèse empirique, n'est-ce pas que nous avons quitté le terrain transcendantal ? Rien de moins sûr. Peut-être en effet n'y a-t-il de transcendantal qu'anthropologique, toute prise en considération du transcendantal devant être reversée au compte d'une psychologique. Il est bien clair que Lyotard n'admettrait pas une approche anthropologique du transcendantal. Il n'hésitait d'ailleurs pas à critiquer Deleuze sur ce point : « La lecture que Gilles Deleuze, grand lecteur des Anglais, fait de ces intérêts [de la raison selon Kant, le théorétique, le pratique et le populaire] est évidemment empiriste, humienne[25] ». Confessant avoir « la plus grande affection pour cette lecture décapante et drôle », il ajoutait : « mais Kant n'est pas un écossais [*sic*], et la condition *a priori* n'est pas une situation factuelle, même si elle s'élabore en effet à partir d'une opinion partagée ou *sensus communis* ». C'est que, pour Lyotard, il existe une grande différence entre décrire le donné et dire à quelles conditions le donné est donné, entre dériver les faits

25. J.-F. Lyotard, «"Réponses" à *Philosophie, Philosophie* », avec T. Briault, P. W. Prado et J. Rogozinski, in *Philosophie, Philosophie,* Revue des étudiants de Paris VIII Vincennes à Saint Denis, n° 5, 1994, p. 106 pour cette citation et les deux suivantes.

de faits antérieurs et déduire en droit la possibilité des faits : « Montrer la possibilité du réel ne peut pas se réduire à en donner une description. Une phénoménologie empirique ou empiriste suffit à ce constat. Mais non pas à dire ce qu'est constater ».

Pourtant, anthropologiser ou psychologiser le transcendantal, « mélange[r] le transcendantal et l'empirique », ce n'est pas nécessairement refuser de distinguer la description de ce qui est – « séries de causes » dans « l'ordre du cognitif » – et l'analyse de la « condition de possibilité du réel » ; autrement dit, ce n'est pas reculer devant la « possibilisation du donné[26] ». Il s'agirait plutôt de distinguer deux zones dans l'anthropologique, de même qu'avec Deleuze on peut distinguer deux types différents d'empirisme, l'un « simple » (Hume), l'autre transcendantal (Schelling)[27]. Que le transcendantal soit anthropologique signifierait que les préconditions inhumaines de l'humain sont encore (ou déjà) humaines, qu'elles représentent un certain état ou une certaine condition de l'humain : ce sont les conditions, dites « presque monstrueuses » par Lyotard[28], et qu'on pourrait dire bienheureuses, de l'enfance. L'enfance témoigne de cet état ou de cette condition de l'humain où la communication était possible, inévitable, nécessaire. En dégageant cette zone transcendantale à l'intérieur même du développement de l'*anthropos*, on atteint à ce champ de fusion ou de participation sur fond duquel se détachent les partitions ou les divisions (individuations) ultérieures, qu'elles présupposent et qu'elles nient en un sens, sans cependant parvenir à l'anéantir. Ce champ transcendantal, pour être impersonnel, n'est pas pour autant non-humain, il est seulement antéconscientiel.

On jugera étrange la reconnaissance de cette base anthropologique équivalant à l'instauration d'un transcendantal, de ce fait qui fonde un droit ou qui ouvre à certains droits. Mais c'est que le fait en question est aussi bien l'ensemble des faits, toutes les virtualités envisageables pour un individu, non seulement la personne que sera l'enfant, mais aussi bien toutes les personnes qu'il pourrait être s'il était né ailleurs ou s'il se développait sous d'autres latitudes, ou encore la personne qu'il pourra devenir s'il fait des rencontres extraordinaires ou si, par extraordinaire, il est amené à vivre ailleurs que là où il a d'abord grandi. Ce n'est donc

26. « Examen oral », p. 148.

27. G. Deleuze, « L'immanence : une vie... », *Deux régimes de fous. Textes et entretiens 1975-1995*, Paris, Minuit, 2003, p. 359 et D. Lapoujade, *William James. Empirisme et pragmatisme*, Paris, Puf, 1997, p. 28.

28. « Examen oral », p. 149.

pas n'importe quel fait, c'est une sorte d'archi-fait, ou d'englobant pour tous les faits possibles et à venir.

Un tel ensemble de fait, ce genre d'archi-fait, Lyotard les a soupçonnés au moins une fois, mais il ne s'y est pas arrêté. Dans sa *Phénoménologie* de 1954, il a en effet lu le psychologue de l'enfant Henri Wallon par-dessus l'épaule de Merleau-Ponty. Il s'agissait alors d'aller au-delà de la conflictualité découverte par Sartre au cœur de toute relation intersubjective. Parce qu'il n'a pas voulu s'arracher à la perspective, héritée de Husserl, de consciences constituantes, Sartre n'est parvenu à penser la socialité qu'à travers un «jeu de destitution et de dégradation réciproque[29] ». Mes rapports avec autrui, ontologiquement marqués par ma honte, ma crainte ou ma fierté, se déclinent toujours sur le « mode destitutif » : masochisme, haine, sadisme, indifférence. Or autrui cessera d'être une pure « transcendance transcendée » si nous parvenons à ressaisir, antérieurement à la séparation, le sol social originaire, le monde intersubjectif fondamental, où se déploie la coexistence du moi et d'autrui. C'est possible grâce à « la psychologie de l'enfant qui est déjà une sociologie[30] ». L'œuvre de Wallon représente une telle psychologie sociale génétique, s'opposant aux vues égocentrées de Jean Piaget selon lesquelles l'enfant ne se développe qu'en se décentrant, par boucles d'actions et d'adaptations successives. Wallon constate l'indistinction première du moi et du monde : le monde de l'enfant s'ancre dans une « socialité syncrétique », c'est l'« expérience d'un intermonde où il n'y a pas de perspectives égologiques ». Ce stade du développement de l'enfant peut être dit « transitiviste » : l'enfant se regardant dans le miroir se pense à la fois là où il se sent et là où il se voit. Le transitivisme ne cesse pas même quand l'enfant a réduit la « réalité » de l'image spéculaire à une simple image[31]. Lyotard commente ainsi les commentaires phénoménologiques de la psychologie française :

> La saisie de sa propre subjectivité en tant que perspective absolument originale ne vient que plus tardivement, et en tout cas le je n'est employé que lorsque l'enfant a compris « que le tu et le toi peuvent aussi bien s'adresser à lui-même qu'à autrui », et que chacun peut dire je (observation de [Paul] Guillaume)[32].

29. *Ph*, p. 79.
30. *Ph*, p. 80 pour cette référence et la suivante.
31. Jacques Lacan trouvera là de quoi former sa thèse fameuse sur le « stade du miroir ».
32. *Ph*, p. 81 pour cette référence et la suivante.

Il y a loin de cette réciprocité des perspectives pronominales par-delà l'indivision première à la mainmise ultérieurement repérée par Lyotard et à l'asymétrie radicale qu'elle suppose entre Je et Tu. Car, pour les psychologues français, l'enfant découvre à trois ans, et à trois ans seulement, que le Tu est aussi moi, cependant qu'autrui peut être un Je. Par ce jeu de permutations s'ouvre un espace d'échanges sur fond de communication profonde. Merleau-Ponty, prolongeant Wallon, note que le transitivisme ne s'éteint pas complètement à l'âge adulte, il se maintient dans les sentiments : l'amour, cet état d'« indivision avec autrui », une fois ou autrefois éprouvé, peut être heureusement retrouvé. Sans doute aurait-on intérêt à revenir à la psychologie française dont se sont nourris Sartre et Merleau-Ponty et, à travers eux, Deleuze et Lyotard, notamment à cette psychologie sociale génétique dont Wallon est l'initiateur, et au problème qu'il expose de « présences » et d'« existences » sur fond d'indistinction première. Un penseur aujourd'hui peu connu, Maxime Chastaing, proposait de relire ainsi Wallon par-delà Husserl, qu'il était un des premiers à commenter en France[33]. Avec Chastaing se révèle une troisième voie originale entre la conception deleuzienne de l'immanence radicale d'un monde sans autrui – l'indistinction et l'indifférenciation étant maintenues jusqu'au bout – et la thèse, présente chez Lyotard autant que chez Levinas, de la nécessité d'une non-indifférence à autrui considéré comme absolument différent, irréductiblement transcendant[34].

Chastaing rend compte à la fois de l'instauration de perspectives transcendantes à partir d'un champ immanent et de l'insistance d'une immanence profonde en dépit de l'hétérogénéité des perspectives instaurées. Par là est possible l'affirmation, contre Lyotard, d'une profondeur d'enfance qui assure la communication des esprits. On retrouve, sous la dialogie asymétrique de l'appel, les conditions infantiles de la communication dont tout *logos* est issu. Les études empiriques de psychologie de l'enfant permettent ainsi l'élaboration d'un autre statut transcendantal de l'enfance. Mais plutôt que de remonter la pente que la genèse descend, le psychophilosophe

33. M. Chastaing, « Introduction à l'étude de la compréhension d'autrui », *Les Autres comme soi-même. Le faux problème de la connaissance d'autrui*, Paris, Classiques-Garnier, 2016, p. 57-88.

34. Je me permets de renvoyer à F. Fruteau de Laclos, « La métaphysique des forces et les formes du psychisme. Deleuze, Sartre et les autres », *Revue philosophique de la France et de l'étranger*, Paris, Puf, 2015, 140e année, T. 207, p. 149-168 ; « Common Senses : Deleuze and Lyotard between Ground and Form », *Radical Philosophy*, 197, May/June 2016, p. 13-23.

peut également suivre la voie de la genèse elle-même, indiquer le trajet de l'actualisation de potentialités à partir d'un fond d'interactions ou de fusions obscures, épouser le mouvement de différienciation interne au champ transcendantal. Autrui n'est pas hors du champ, selon un présupposé partagé par Deleuze et Lyotard, il me constitue positivement, nous nous entre-constituons, nous sommes liés tout en étant séparés ou en nous séparant, séparés tout en étant liés ou en continuant d'être liés. Nos phrases s'enchaînent, nos jeux s'affrontent. Pourtant, nous communiquons, nous nous comprenons, et cela parce que nous avons pris forme ou nous sommes formés ensemble, sur fond d'intersubjectivité fondamentale. Les autres émettent des signes, naturels ou conventionnels, que nous recevons du dehors comme émanant de centres de décision qui nous sont étrangers. Mais les signes, s'ils ont le pouvoir de faire écran à notre compréhension des autres, à la façon de panneaux muets, peuvent aussi se muer en indices expressifs nous donnant accès à d'autres points de vue sur l'expérience. Chez Chastaing, psychologie génétique et grammaire philosophique se doublent et se soutiennent mutuellement. La diversité des jeux de langage, la multiplicité des modes d'enchaînement dans chaque jeu et d'un jeu à l'autre, paraissent au premier abord ouvrir à la menace du différend. Cette menace s'estompe cependant dès lors que l'on admet que les jeux et les stratégies déployées pour jouer sont l'expression de formes de vie communes que viennent éclairer de profondes études de psychologie sociale génétique.

Troisième partie

Droit à la parole, droit au silence

Gaëlle Bernard

Langage et pouvoir.
Le silence équivoque ou le paradoxe de la réalité

Lyotard a toujours posé le problème du pouvoir en termes langagiers. Dès les textes de *Dérive à partir de Marx et Freud*, il identifie cette question à celle des discours – de leur forme et de leur position par rapport à la réalité. S'il est vrai qu'*Économie libidinale* dilue quelque peu le problème, on le retrouve dans la période dite païenne, où il est déterminé tantôt comme imposition d'un circuit narratif, tantôt comme impossibilité de figurer sur une autre instance que celle du référent, et toujours analysé soit comme une prétention métadiscursive, soit comme la détention de l'autorité performative. À se focaliser sur ce problème du pouvoir, on aperçoit donc une grande homogénéité dans le traitement lyotardien, au point qu'on puisse douter que ce qu'il est convenu d'appeler son « linguistic turn » soit, sur ce point, le véritable tournant. Non pas que celui-ci soit une chimère, mais peut-être devrait-il être pensé comme un changement d'accent plutôt que comme une rupture, et surtout situé non pas avant mais après *Le Différend* – lorsque Lyotard affirme s'essayer à écrire ce qu'il désignait comme son « supplément ». Notre hypothèse est en effet que celui-ci comporte une modulation de taille, qui concerne une nouvelle figuration du pouvoir, qu'on résumera brutalement (et donc caricaturalement) comme suit : alors que, jusqu'au *Différend*, le pouvoir s'analyse surtout comme une mise au silence de l'autre (pouvoir de faire taire), après le *Différend*, il consisterait plutôt dans la tentative de faire parler toute chose (interdit du silence). De sorte que, si l'on suit cette idée, le traitement que Lyotard réserve au silence semble au premier abord équivoque. D'une part, parce que son statut est mal fixé (*Le Différend* en fait tantôt un substitut de phrase, tantôt une quasi-phrase, ou encore une non phrase) ; d'autre part, parce que, d'abord pensé comme index d'un tort qu'il faut lever, il deviendrait ensuite ce qu'il faudrait préserver avant tout. C'est sur cette configuration retorse que nous aimerions proposer quelques remarques, le but étant non seulement de vérifier le bien-fondé de cette bipartition du pouvoir, mais aussi de montrer qu'il existe une logique qui permet de rendre compte de ce changement d'accent, tout en soulignant ce qui fait du silence et de son équivocité une vertu de résistance.

Le pouvoir comme mise au silence

Il semble que l'intuition centrale de Lyotard concernant le pouvoir soit liée à une expérience vécue, racontée dans son hommage à Pierre Souyri, à savoir la « révélation » – corrélative de la perte de la langue marxiste, cet idiome de la pensée qu'il avait adopté – que le réel est irréductiblement équivoque et que le pouvoir commence toujours par le déni de cette équivocité[1]. Plus précisément, on peut dire qu'il y a pouvoir dès qu'un idiome ou un discours méconnaît sa particularité pour s'arroger la prétention d'être la langue que parle la réalité, en somme dès qu'il se fait *juge du réel* (ce que, au passage, Marx avait su montrer, en décelant la pluralité des idiomes masquée dans la langue du capital – découverte pourtant recouverte par sa prétention à traiter la pluralité des torts comme les symptômes d'un tort fondamental[2]).

Mais être juge du réel, cela peut à son tour signifier au moins trois choses. D'abord, c'est décréter ce qui est réel et ce qui ne l'est pas, prétendre détenir les clefs de l'épreuve de réalité, disons de son « protocole d'établissement » (sachant que faire de la réalité quelque chose qui doit être établi est, comme nous allons le voir, tout aussi hégémonique). Ensuite, c'est prétendre épuiser le sens de la réalité : interdire toute équivoque en censurant toute interprétation autre que la sienne. Enfin, c'est anticiper le sens de la réalité : préjuger du sens de ce qui adviendra.

Il nous semble possible d'illustrer ces trois points en recourant aux concepts du *Différend*, et plus précisément à ses trois acceptions du tort

1. Cf. « Mémorial pour un marxisme : à Pierre Souyri », *Péré*, p. 101-106, où Lyotard explique la genèse de son différend avec Souyri en décrivant comment le soupçon lui vint que la réalité n'obéissait peut-être pas à une langue unique, le marxisme radical qui était le sien perdant alors son statut de langue universelle pour devenir un genre de discours parmi d'autres.
2. *Péré*, p. 115-116.

– génériquement défini comme un dommage qu'on ne peut prouver sauf à l'invalider. Si ces trois formes ne correspondent pas toutes *stricto sensu* aux trois sens du pouvoir distingués ci-dessus, elles permettent de les thématiser, ainsi que de décliner ses formes limites. Reprenons une à une ces trois acceptions.

1) Commençons par la dernière, dont il faut d'abord avouer qu'elle nous place en deçà du pouvoir au sens strict, parce qu'une telle anticipation de l'événement ne peut manquer d'arriver. Préjuger de ce qui adviendra, c'est déterminer l'occurrence ou ce que Lyotard appelle le « Arrive-t-il ? » ; or cela est inévitable car impliqué par la nécessité de l'enchaînement. Lyotard pointe en effet l'existence d'un tort qu'on peut dire « structurel », qui peut s'entendre de deux façons. Une phrase « arrive », mais elle est trahie, sa présentation déniée par l'enchaînement qui la situe et qui a toujours déjà eu lieu, puisqu'on ne peut pas constater une phrase sans phraser encore. Ce tort toujours déjà oublié est le tort fait à l'occurrence (le « il y a » est ignoré au profit de *ce qu*'il y a) auquel remonte la section sur « la présentation », afin d'avertir que l'événement est toujours déjà prévenu. Mais il y a aussi le tort fait aux phrases possibles. Une phrase arrive, une autre ne manquera pas d'arriver, mais néanmoins beaucoup d'enchaînements sont possibles : la phrase est en effet constitutivement équivoque, elle ne suggère aucun enchaînement pertinent (ce qui est la fonction des genres de discours). Or une seule des phrases possibles sera « actualisée » ; un tort sera ainsi fait à toutes les autres, qui seront empêchées d'advenir. Ce différend, qui est celui des genres qui se disputent le devenir des phrases en imposant leur enjeu, est donc celui qui est impliqué de manière inévitable par la réalité. Car en formalisant ce tort structurel, que veut faire Lyotard sinon insister sur le caractère inéliminable du conflit ? Plus précisément, il semble que l'enjeu soit double. D'une part, il s'agit de donner une assise ontologique au différend, en montrant que celui-ci est le corrélat nécessaire des phrases, et que par conséquent toute prétention à en venir à bout est illusoire. Mais il s'agit peut-être aussi de nous rappeler ce qu'on aurait envie d'appeler un « crime ordinaire », à savoir le fait que nous vivons dans l'oubli constant de l'événement : nous ne cessons de finaliser et d'enrégimenter les phrases d'après le genre où l'on est situé, en ignorant l'indétermination native de ce qui arrive. De sorte que tout se passe comme si le différend engagé par la réalité n'était pourtant jamais présenté par elle.

Quoi qu'il en soit, il s'agit là d'un cas limite. Parce qu'il est nécessaire, ce tort est bien en deçà du pouvoir au sens strict. Mais il est aussi à sa frontière, car, de ce tort, certains genres font une règle, redoublant ainsi le crime ordinaire qui cesse alors d'être innocent. C'est notamment le cas du genre économique, ou plutôt de cette figure du politique qui accorde l'hégémonie au genre économique qu'est le capital. Le genre économique a en effet pour trait singulier d'anticiper ce qui arrivera, et de faire échec à ce que quoi que ce soit puisse proprement « arriver » : la loi de l'échange est bien que toute cession soit sous condition d'une contre-cession, que le moment second prime en quelque sorte sur ce qui le précède ; le futur se trouve dès lors indexé sur le présent, et aucune phrase n'arrive qui n'ait été préjugée. En lui accordant l'hégémonie, le capital autorise et normalise ainsi le tort que tout enchaînement fait inévitablement aux phrases – cette normalisation étant du reste soutenue par l'idéologie communicationnelle, qui assure la mercantilisation du langage en excluant du « monde des phrases » tout ce qui n'est pas traduisible en messages échangeables. On peut bien alors parler de pouvoir : tout ce qui ne s'échange pas est renvoyé à l'absurde, a-signifiant et inaudible.

2) Concernant les deux autres formes de pouvoir – décréter le *sens* de ce qui est, et décréter *ce* qui est –, on peut invoquer les deux autres types de tort, dont l'un est lui aussi un cas-limite car, à la différence de l'autre, il n'est même pas accompagné d'un différend. Il s'agit du tort nommé « Auschwitz », qu'on peut considérer comme au-delà du pouvoir parce qu'il consiste en l'anéantissement pur et simple, et non en une forme de domination : pas de conflit (et encore moins de conflit de légitimité), pas d'adversaires, mais la destruction, quelque chose comme le mal – à savoir, selon la définition qu'en donne Lyotard à cette époque, « l'interdiction des phrases possibles à chaque instant[3] ». Ce tort consiste donc en *l'imposition d'un silence absolu*, c'est-à-dire en la mort qui linguistiquement parlant est l'impossibilité de figurer en position de destinateur dans un univers de phrase. Les victimes d'« Auschwitz » sont, en d'autres termes, de pures victimes – une victime ne pouvant être reconnue comme telle, car ne pouvant faire preuve du tort subi.

3) De ce tort absolu, on distinguera un autre, qui définit strictement le pouvoir et qui résulte d'une domination métadiscursive. Il s'agit du tort qui accompagne la prétention à régler un différend. C'est un tort qui concerne une phrase ou un idiome et non le possible en tant que tel (comme dans le tort structurel), mais qui ne va pas pourtant jusqu'à détruire

3. *Dfd*, n° 197, p. 204.

la capacité de phraser (comme c'est le cas dans le tort absolu) – bien au contraire même, puisqu'il suppose une prise de parole. C'est le cas où, se rendant au tribunal, un plaignant devient victime parce qu'il ne peut pas faire entendre ce qu'il avance. Ici le tort, et donc la domination, est une mise au silence – quelque chose ne peut pas se dire –, mais qui a lieu au sein de la parole et qui suppose donc une entente ou une expression minimale. Simplement, la parole qu'on m'offre est aussi celle qui m'ôte la possibilité de faire reconnaître l'intégralité du mal subi. Je suis réduit au silence parce que je suis obligé d'employer ou de recourir à la langue de l'autre, dans laquelle ce que j'ai à dire ne saurait se signifier ni avoir une quelconque réalité. Par ce tort, Lyotard pointe donc le paradoxe selon lequel les cadres de reconnaissance, disons des injustices, sont aussi des cadres de méconnaissance : ce qui me permet d'être entendu est aussi ce qui me rend en partie inaudible – et, par conséquent, non seulement le conflit est inévitable, mais un intraitable peut toujours persister derrière son règlement apparent. Or tel est le caractère propre du pouvoir de la domination : elle n'ignore pas l'autre, mais l'asservit en le forçant à employer une langue sans laquelle il ne serait même pas reconnu. Le salarié se présente aux prud'hommes. Il faut bien qu'il emploie l'idiome du droit bourgeois pour dire qu'un dommage lui a été fait, car s'il ne l'employait pas, il serait un esclave. En l'employant, il est un plaignant qui peut en partie obtenir réparation. Mais il ne peut faire entendre que sa force de travail n'est pas une marchandise qu'il échange, et demeure donc en partie victime. Si le salarié persiste à vouloir montrer qu'il subit un tort, il sera placé dans le dilemme qu'on ne peut prouver un tort sauf à le nier comme tel.

Cet exemple montre que le ressort de la domination est double. L'un concerne le *sens* : ce que le salarié dit n'a pas de signification dans l'idiome de l'autre. Ce n'est pas que les parties ne puissent pas du tout s'entendre, mais l'entente cache une mésentente radicale, au sens où le même mot comporte des sens différents, et où un discours se donne l'autorité de décréter ce que signifient « salariat », « journée de travail », etc. L'autre ressort concerne la *réalité*, et réside dans le fait que le plaignant doit prouver la réalité de ce qu'il avance. Ce qui sous-tend en effet toute forme de tort, c'est cette demande de preuve, et plus précisément son présupposé qui est que, la réalité n'étant pas *donnée*, mais un état du référent qui résulte de l'effectuation d'un protocole d'établissement unanimement agréé, n'existe que ce que vous pouvez établir en respectant une procédure bien définie. À ce présupposé, Lyotard objecte l'Idée au sens kantien :

il existe des « objets », disons du réel (comme c'est le cas de la force de travail), qui ne peut constitutivement pas être établi selon le mode de la preuve empirique ou expérimentale. Le problème, ici, est donc celui du *positivisme*, que Lyotard définit d'une part comme la confusion de la réalité et du référent, d'autre part comme ce qui accorde la compétence de la réalité à une seule famille de phrases ou à un seul genre de discours (le cognitif), refusant l'existence à tout ce qui n'obéit pas à ses règles. Le tribunal ne se contente donc pas de trancher entre les sens possibles des expressions ou des termes « journée de travail » et « salariat », il impose une conception de la réalité comme ce qui est à établir selon un protocole dont il détient les clefs.

Ces problèmes prennent évidemment un tour plus qu'urgent à propos d'« Auschwitz » – puisque non seulement ce nom propre met en défaite la recherche du sens, mais qu'il est aussi le nom d'un massacre qui est la tentative de son propre effacement. D'où la question : face à cette mise au silence quasi immanquable, faut-il se taire, persister dans un silence volontaire ? Oui et non, selon les cas.

Non, dans le cas du tort avec différend. Et ce en plusieurs sens. Supposons que le plaignant sache ce qui l'attend et qu'il décide de ne pas porter plainte. Dans ce cas, il n'est pas du tout reconnu. Il faut donc parler, se résigner à employer la langue de l'autre. Certes, mais ne faut-il pas alors se contenter de la reconnaissance minimale du dommage et renoncer à dire le tort ? Pas pour autant. Lyotard l'affirme clairement : « Tout tort doit pouvoir être mis en phrases[4] ». D'abord parce que, comme il le rappelle contre le « premier » Wittgenstein et ce qu'il considère être son anthropomorphisme, il est impossible de taire ce qu'on ne peut pas dire : les humains n'en ont pas le pouvoir puisque « c'est déjà phrasé, comme imphrasable dans les idiomes connus, comme sentiment[5] ». En outre, loin de jouer avec le langage, nous sommes requis par lui, c'est ce que signale le silence. Le différend comporte en effet le silence qui est une phrase de sentiment : index du tort, celui-ci « signale » que quelque chose doit pouvoir être mis en phrase et ne l'est pas encore. Le silence du sentiment est donc ce qui alerte, et aussi ce qui appelle à ce qu'on le dépasse. Il exige de témoigner du différend – c'est-à-dire de phraser qu'il reste de l'intraitable, voire d'inventer des idiomes et d'autres tribunaux (mais qui n'en seraient précisément pas) pour dire le tort en souffrance.

4. *Dfd*, n° 21, p. 29.
5. *Dfd.*, n° 135, p. 122.

Dans ce cas, le silence, qui est certes requis comme condition de l'écoute des torts, appelle cependant son propre dépassement. Or cela ne semble pas être le cas pour tout tort : dans le cas du tort absolu, la chose est un peu moins claire et Lyotard semble osciller entre deux conceptions.

Dans les numéros du *Différend* qu'il consacre au silence des rescapés et au silence que ce crime est censé imposer à la connaissance historique, Lyotard continue d'affirmer qu'il faut phraser, et notamment qu'il faut lever les négations silencieuses imposées à la phrase du témoin ; il continue donc de traiter le silence comme signe qui indique que quelque chose doit être mis en phrase[6]. Mais, à y regarder de près, on a l'impression qu'il accorde au silence des vertus de résistance, en ce qu'il aurait la capacité de démonter les opérateurs du pouvoir. D'abord, en effet, le silence « dés-autorise » : contre Faurisson, qui feint de croire que le silence des rescapés atteste de l'inexistence des chambres à gaz, Lyotard souligne que le silence est une phrase négative, qui signale la négation d'une ou plusieurs instances de l'univers de phrases, mais pas forcément du référent (soit : des chambres à gaz) ; il peut par exemple très bien signifier l'incompétence du destinataire à recevoir la phrase du témoignage[7]. Le silence est la plus équivoque des phrases puisque son ambiguïté ne consiste pas en une co-présentation de plusieurs univers possibles, mais en négations qui s'entourent d'une inflation de sens qu'il semble impossible de trancher, si ce n'est arbitrairement. Mais, surtout, Lyotard sous-entend que le silence qui entoure le nom d'« Auschwitz », loin d'être la négation du référent, est précisément ce qui inspire, voire atteste l'existence du crime. C'est ce que suggère un passage du numéro 93 du *Différend* :

> Le silence imposé à la connaissance n'impose pas le silence de l'oubli, il impose un sentiment (n° 22). Supposez qu'un séisme ne détruise pas seulement des vies, des édifices, des objets, mais aussi les instruments qui servent à mesurer directement et indirectement les séismes. L'impossibilité de le quantifier n'interdit pas, mais inspire aux survivants l'idée d'une force tellurique très grande. Le savant dit qu'il n'en sait rien, le commun éprouve un sentiment complexe, celui que suscite la présentation négative de l'indéterminé. *Mutatis mutandis*, le silence que le crime d'Auschwitz impose à l'historien est pour le commun un signe[8].

6. *Dfd*, n° 14-31, p 26-37.
7. *Dfd.* n° 24-27, p. 30-31.
8. *Dfd*, n° 93, p. 91.

Cette analogie pointe précisément ce qui est en question : un silence si massif qu'il se fait entendre comme silence, et qui suscite un sentiment qui est en lui-même signe de la réalité. Le sentiment est bien une « alerte » ; il a lui-même ici valeur de témoignage, puisqu'il atteste du réel d'un tort passant les bornes de la réalité prouvable. Le réel est donc *aussi* objet de pâtir. À la considération cognitive du référent, Lyotard oppose ici la considération sentimentale de la réalité, le silence-sentiment jouant donc contre ce qui sous-tend toute forme de différend : le positivisme et son « totalitarisme » (défini comme « l'exigence d'avoir à établir la réalité du référent d'une phrase selon le protocole de la connaissance [...] étendue à n'importe quelle phrase[9] »). Il atteste, en somme, que la réalité surpasse ce que la postmodernité veut en retenir. Car la postmodernité impose l'idée que la réalité doit être reconstruite comme doit l'être une scène de crime, et ce, pour la bonne raison que, en tant que technoscience, la postmodernité s'apparente à un crime contre la donation sensible[10]. Contre une telle compréhension, le silence nous ouvre alors à ce que Lyotard appelle le « paradoxe qui signale en général la réalité », qui signale « ce qui est alors même qu'il n'y en a aucun témoignage validable par les procédures cognitives[11] ». Lyotard ici – une fois n'est pas coutume – en revient au sens commun, à notre appréhension spontanée de la réalité : une chose ne perd pas sa réalité du fait qu'il n'y a personne pour vérifier qu'elle existe.

Quoiqu'encore discrètement, Lyotard accorde donc une énorme fonction réfutative au silence, et ce, par-delà la perspective de son dépassement. D'où une interrogation légitime : ne faut-il pas clarifier sa fonction et le défendre contre ce qui l'assaille ? Il nous semble que tel est ce que Lyotard va suggérer, en développant la voie sentimentale, ou plutôt « affective », de sa philosophie.

9. *Dfd*, n° 5, p. 18.

10. Cf. « Judicieux dans le différend », *La Faculté de juger*, Paris, Minuit, 1985, p. 224-225, et, « Quelque chose comme : "communication... sans communication" », *Inh.*

11. *Dfd*, n° 39, p. 50.

Le pouvoir comme interdit du silence

Après *Le Différend* en effet, le silence ne sera plus forcément pensé comme signe d'un tort. Au contraire, il serait plutôt ce qu'il faut préserver de la tentation de la postmodernité tardive, qui est celle de la routine de l'échange généralisé à tout le langage. Certes, on pourrait relativiser ce changement en soulignant que si, dans *Le Différend*, le pouvoir est mise au silence, son ressort est, comme on l'a dit précédemment, l'usage de la parole. C'est en effet parce qu'on lui impose de s'exprimer dans une langue inhospitalière à son idiome que le plaignant se trouve réduit au silence. Il n'est pas question de le nier, et c'est du reste cette constance qui explique que Lyotard continue de s'opposer à ce qu'il considère être la déraison communicationnelle. Mais il est à noter que la philosophie communicationnelle va faire l'objet d'un nouveau reproche, qui n'est pas sans lien avec un autre changement, à savoir que, désormais, ce ne sera plus tant à un idiome qu'il est fait un tort qu'à une figure de ce qui ne se parle pas. Le silence, en d'autres termes, ne sera plus tant la *conséquence* de l'exercice du pouvoir (comme la victime, précédemment) que *ce sur quoi ce dernier s'exerce*. On pourrait en trouver des indices dans toute l'œuvre postérieure au *Différend*, dont nous donnerons ici deux aperçus rapides et un exemple plus étendu.

1) D'abord, c'est ce qui est évidemment en jeu dans les difficiles textes sur la phrase-affect, comme dans la relecture de Freud qui vise, à travers l'exploration de la notion de *phônè*, à déterminer autrement l'idée affirmée de longue date que l'inconscient, au sens strict, ne parle pas. Lyotard insiste en effet sur le différend – qui se trouve donc « intériorisé » – entre cette *phônè* affective et le *logos* articulé, différend qui est aussi celui de l'*infantia* et de l'ego se faisant tort. Lyotard considère ce tort comme un tort mutuel, mais on ne manquera pourtant pas de signaler qu'il semble traité de façon asymétrique. Non pas parce que l'enfance y serait la seule à avoir le titre de victime, mais parce qu'elle serait plutôt le symbole de tout ce qui est refusé par l'inhumain postmoderne (en cela bien loin d'avoir rompu avec l'idéal d'une humanité émancipée…), lui qui réclame intelligence, maîtrise, action, rapidité, clarté, compréhensibilité – autant de vertus de l'ego, tout le contraire de la passibilité affective de l'enfance. Il faut donc défendre celle-ci pour que l'ego ne se fasse pas lui-même inhumain.

2) Mais cette thématique du silence est aussi au centre des écrits sur l'art qui, sous des noms divers (présence, matière, timbre, nuance…),

valorisent le suspens qui interrompt l'enchaînement, et qui réaffirment avec force qu'« on ne peint pas pour parler, mais pour se taire[12] », en insistant encore plus clairement sur la résistance que toute activité artistique doit nécessairement porter à l'exigence communicationnelle. L'artiste ne crée pas pour un public, pour satisfaire sa demande, qui est toujours une demande de réalité et une exigence de s'y retrouver. La demande culturelle n'est pas, ou plutôt n'est plus, son affaire, qui est celle d'une perlaboration de son médium et de l'idiome susceptible de témoigner de l'innommable, d'un réel qui passe nos capacités réceptives et cognitives. L'art est alors toujours figuré comme ce qui suscite la stupeur, qui interrompt l'intrigue et l'activité de l'esprit, l'effraction d'un sensible qui éveille l'*anima* et nous laisse *infans*, désespérant ainsi le phrasé du commentaire.

3) Enfin, c'est aussi ce qui est en jeu dans les textes où Lyotard actualise son constat sur la condition postmoderne, notamment dans les textes du recueil *Moralités postmodernes* qui, pour une bonne part, sont consacrés à dénoncer « les hautes pressions sur le silence[13] » et procèdent à une défense de celui-ci, à vrai dire plus qu'à une simple défense puisque le silence y fait l'objet d'un droit, voire d'un devoir. Lyotard s'en prend en effet à une demande d'interlocution dont il juge qu'elle se fait de plus en plus pressante et accusatrice, notamment vis-à-vis des philosophes français, taxés d'entretenir l'obscurité en vase clos. Il faudrait, en somme, cesser de jouer les scribouillards pour enfin parler clair. Lyotard fait donc le constat d'une sorte d'absolutisation de l'impératif communicationnel, ce qui est critiqué n'étant pas l'interlocution en tant que telle mais l'exclusive que ce principe fait peser sur la pensée, qui n'est pas seulement l'exclusive du modèle linguistique de l'échange, mais l'impératif d'une pensée dédiée aux autres hommes. Si Lyotard a toujours critiqué la philosophie communicationnelle, notamment parce qu'elle impose un seul enjeu (le consensus) et une seule forme aux pratiques langagières, il s'oppose désormais à une sorte d'« exigence de publicité », avec toutes les résonances qu'on peut entendre sous ce terme : exigence de penser sous l'horizon de la scène publique, appel au devoir de s'exprimer comme de faire respecter les droits et les devoirs des autres, ou encore requête (explicite ou non) de communicabilité et d'adresse à autrui comme fin

12. « Freud selon Cézanne », *DP*, p. 83.
13. Selon l'expression tirée de « Ligne générale », *MP*, p. 109. Sur ce point, on consultera particulièrement « Ligne générale », « Un partenaire bizarre », « A l'insu », et « Intime est la terreur ».

et enjeu de toute pratique linguistique. Dans cette perspective, toute pensée qui se fait « sans souci de se faire entendre les uns des autres ni du public[14] » serait le summum de l'irresponsabilité ; la communication des messages serait un devoir, et le silence ou le refus de communiquer une faute. À quoi Lyotard va rétorquer deux choses.

D'abord, qu'on ne voit pas en quoi le refus de s'exprimer serait une faute. Les langues confèrent certes structurellement la capacité de s'adresser aux autres, mais une capacité n'est pas en elle-même le fondement d'un devoir : du fait au droit, la conséquence n'est pas bonne. Il y a bien, il est vrai, un silence fautif, mais c'est celui qui est mis en scène dans *Le Différend*, à savoir le silence que l'on impose à l'autre en lui imposant une langue. Ce silence, il est certes de notre responsabilité de le briser, et il y a donc bien un devoir, le devoir de faire respecter le droit de l'autre à la parole. Mais, s'il n'est pas la négation de ce devoir précis, le silence n'a rien de fautif, il est au contraire un droit, le droit de ne pas s'exprimer, qui est – on l'oublie souvent – aussi essentiel à la démocratie que la liberté d'expression. Voici ce que Lyotard objecte lapidairement à la « garde à vue » que les communicationnalistes imposent à la philosophie française : nous refuser ce droit, c'est commettre un tort qui est aussi un tort fait à la pensée.

Certes, on pourrait objecter que si Lyotard défend bien une forme de silence, on ne voit pas en quoi il faudrait assimiler le fait de l'interdire à une forme de *pouvoir*. En guise de réponse, nous concèderons sans mal que, si les textes auxquels nous faisons allusion semblent en décalage avec le souci politique qui animait les textes antérieurs, il est pourtant encore question de pouvoir parce que l'interdit du silence est finalement en rapport direct avec la mise au silence dénoncée dans *Le Différend*. On peut dire en effet qu'interdire mon silence, cela revient à m'interdire de témoigner du différend. Et c'est justement la deuxième objection que Lyotard adresse aux communicationnalistes : témoigner du différend, cela suppose d'instituer de nouveaux idiomes ; mais trouver un idiome inédit, c'est-à-dire, dans l'acception qu'en donne Lyotard, « écrire », cela suppose de rompre l'hégémonie communicationnelle et de garder un quant à soi où la réflexion demeure non destinée. Constitutivement, en effet, la requête de communicabilité répète le propre du politique aujourd'hui qui est « de porter atteinte à cette résistance que l'écriture

14. « Intime est la terreur », *MP*, p 176.

oppose au déjà pensé, au déjà fait, au tout pensé, au bien pensé, au bien connu, au reconnaissable, au lisible, à tout ce qui peut s'échanger et se faire accepter par l'opinion en général et par les moyens (médias) de la mettre en rapport avec elle-même[15] ». Écrire ne se peut qu'à l'écart de la parole adressée, puisque l'idiome ne peut être trouvé qu'à faire taire les mots ordonnés par les rhétoriques dont nous héritons, qu'à imposer le silence à l'éloquence apprise ou spontanée. La *parole* est nécessairement adresse, elle est par conséquent structurellement animée par l'exigence de se faire comprendre. Comment, dans ces conditions, pourrait-elle être innovante ? Converser, n'est-ce pas, comme le disait Bergson que cite Lyotard, conserver ? D'où l'idée que « autant la terreur, et l'abjection qui en est le doublet, doit être exclue du régime de la communauté, autant elle doit être subie et assumée, singulièrement, dans l'écriture, comme sa condition[16] ». Ainsi l'échange de parole exclut par principe ce que le témoignage du différend suppose, et que Lyotard thématise comme le moment d'un silence, qui n'est autre qu'un moment d'écoute : écouter quelque chose en nous qui ne parle pas notre langue. Car Lyotard insiste également sur le fait que la pragmatique n'est pas seulement externe (dans le rapport aux autres), mais interne (il y a un Autre en moi), et que la condition de la pensée et de l'écriture est bien de s'entretenir avec ce « partenaire bizarre », qui ne s'adresse pas à nous mais qui fait signe par la voie de l'affect. Or le problème est que l'*absolutisation* de l'interlocution fait pénétrer les exigences de la vie *publique* dans tous les aspects de l'existence, *intrusion* qui menace dès lors non seulement la possibilité de la retraite silencieuse de l'écoute de l'autre, mais la possibilité qu'il fasse encore signe, et donc ultimement la possibilité d'une pensée et d'un dire inédits.

Loin de n'être que la stupeur qui empêche le phrasé, ou même le signe d'une abjection qu'il faut lever, le silence peut donc être ce qu'il faut endurer et écouter, parce qu'il est la « force de phrase » qui permet l'invention d'idiomes. Cette expression est tirée des numéros 19 à 21 du *Différend* où, juste avant l'analyse consacrée aux silences, Lyotard fait une analogie percutante entre les sciences du langage et les conseils des prud'hommes : « de même que ceux-ci présupposent que les adversaires

15. « Les Lumières, le sublime. Un échange de paroles entre Jean-François Lyotard, Willem van Reijen et Dick Veerman », *Cahiers de philosophie*, n° 5, « Jean-François Lyotard, Réécrire la modernité », Lille, Printemps 1988, p. 92-93.
16. « Intime est la terreur », *MP*, p. 180.

qu'ils doivent juger sont en possession de biens qu'ils échangent, de même les sciences humaines présupposent que les humains qu'elles doivent connaître sont en possession de messages qu'ils communiquent[17] ». De sorte que, de même que le travailleur serait victime du fait de l'assimilation de sa « force de travail » à une marchandise, il faudrait imaginer qu'il existe une « force de phrase » qui ne trouve pas à s'exprimer dans l'idiome de cette science et de cette politique du langage, force à laquelle celles-ci feraient irrémédiablement un tort. Or cette hypothèse étrange, n'est-ce pas ce que Lyotard thématise sous le nom d'enfance ou de Chose ? N'est-elle pas cette paradoxale force créatrice qui fait la valeur de nos paroles, et qui pourtant ne se parle ni ne parle ? Le silence bruyant à écouter ? Le désordre de l'affect qui nous met en dette de pensée et d'écriture ? Certes, il est clair que la limite de cette hypothèse réside dans le fait que l'enfance peut être tout autant une force destructrice : ni bonne ni mauvaise, inqualifiable puisque c'est du rapport qu'on entretient à elle que naît le mal ou le bien.

Quoi qu'il en soit de ce parallèle, l'évolution de la pensée de Lyotard semble donc obéir à une logique « régressive », au sens où le « supplément » au différend serait en fait ce qui exhume la condition de possibilité du témoignage du différend. Car le silence qu'il protège sous le nom d'enfance ou de Chose semble bien être ce qui rend possible l'idiome, et donc la condition pour lutter contre le pouvoir comme mise au silence. Témoigner des torts sociopolitiques, cela suppose aussi que soit fait droit au différend intime de l'ego et de l'enfance.

Pouvoir, silence et réalité

Plutôt que de développer ce point qui mériterait d'amples analyses, contentons-nous de deux remarques conclusives sur les thèmes qui nous ont retenue.

Concernant le pouvoir, la question semble osciller autour du droit à la parole et du droit au silence, qui sont deux piliers d'un ordre politique légitime. Ils doivent être traités asymétriquement et le mouvement est celui d'une boucle. Le droit des droits est, il est vrai, le droit à la parole.

17. *Dfd*, n° 20, p. 28. L'hypothèse de la « force de phrase » est énoncée au n° 21.

La *terreur* est le non-respect de ce droit, cet au-delà du pouvoir qui suscite l'abjection ou le silence comme non-phrase. Ce droit à la parole ne fonde qu'un devoir, celui de se battre pour le faire respecter quand il est bafoué. Or il peut l'être de manière plus insidieuse que terroriste : on peut faire taire quelqu'un en lui donnant la parole. C'est la *domination* qui, en imposant la langue dans laquelle se dira le dommage, commence de mettre l'autre au silence. Ce tort inaudible est signalé par un *silence*. Ce silence est ce qui m'enjoint de chercher un dire adéquat, de témoigner et d'écrire. Il exige son propre dépassement. Mais ce dépassement à son tour engage d'autres silences : d'abord celui, volontaire, qui consiste à faire taire ma voix, c'est-à-dire l'idiome connu et dans lequel je me reconnais ; ensuite le silence de l'autre en moi, silence éloquent que je me dois d'écouter. Je le *dois* parce qu'il est la condition pour répondre à l'appel du sentiment ; d'où, aussi, *mon droit* de me taire. Le pouvoir est également de m'empêcher d'exercer ce droit, car il est, en fait, ce qui interdit l'occurrence, et donc ce qui redouble le tort dit « structurel ». Tort en réalité *fondamental* puisque, en deçà du pouvoir, il est pourtant à la racine de sa *perpétuation*.

Concernant le silence, il semble que, mis à part le cas de la terreur, Lyotard lui accorde toujours des vertus de résistance, qui vont de plus en plus s'affirmer au long de son œuvre. Sentiment qui indique un tort, il atteste en effet du sans-voix et du reste intraitable, permettant de déceler le différend sous le litige : il nous rappelle à ce titre que « *la réalité comporte le différend*[18] ». Condition de l'attestation de la méta-réalité, du fait que le réel passe ce que nous en comprenons et théorisons – et ce, hors de nous comme en nous –, il est aussi le gardien de « l'extrême réel », jouant contre l'hégémonie du cognitif au principe de tout tort : il permet de comprendre que « *la réalité se joue dans* [...] *toutes les autres familles de phrases*[19] ». Enfin, saturé de sens possibles, bruissant, il est le gardien de l'équivoque, de la pluralité de l'être et de ses acceptions et, par là même aussi, gardien du renouvellement du dire portant sur la réalité et sur son advenir. Car la réalité est bien « *une question de futur*[20] ».

18. *Dfd*, n° 92, p. 90, nous soulignons.
19. *Dfd*, n° 91, p. 89, nous soulignons.
20. *Dfd*, n° 88, p. 86, nous soulignons.

Jean-François Rey

La parole reconnaissante : langage et justice dans *Le Différend*

En concentrant mon propos sur *Le Différend*, je voudrais montrer la complexité des liens entre la parole, qui n'est pourtant jamais thématisée comme telle, et la justice, sans que *Le Différend* ne se présente pourtant comme un discours sur la justice. L'articulation la plus souple et la plus classique serait d'énoncer qu'un moment essentiel de la justice consiste à « dire le droit » et qu'il y aurait là une manière de dire, de signaler et de reconnaître le « différend ». En osant la formule de « parole reconnaissante », on va un peu plus loin : le Dire peut reconnaître une responsabilité, mais surtout reconnaître le tort là où il a eu lieu. La question devient donc : la parole est-elle capable d'une telle reconnaissance ? Trop centrée sur la simple dimension anthropologique d'un schéma de la communication, la parole se suffit d'un échange entre un destinateur et un destinataire. Mais c'est oublier que Lyotard voit plus large : ce n'est pas en termes de parole qu'il aborde le langage, mais essentiellement, à l'époque du *Différend*, en termes de phrases. Aussi notre propos initial sera de rappeler ce qu'est une phrase pour Lyotard et, par la suite, en quoi le tournant linguistique et pragmatique de sa philosophie permet de poser la problématique de la reconnaissance dans des termes inédits jusqu'ici. À partir d'une analyse pragmatique du langage, Lyotard met l'accent sur la pluralité et l'hétérogénéité des jeux de langage et sur les pratiques des « langues ». *Le Différend* articule les phrases, les familles de phrases, les genres de discours hétérogènes et leurs effets pratiques.

Mais il ne faudrait pas perdre de vue que si Lyotard approche d'aussi près la réalité vivante du différend et du tort, c'est parce qu'il s'est demandé avant tout quand et comment « phraser après Auschwitz ». La phrase, pour Lyotard, est toujours l'unité minimale de jeux de langage et de « genres de discours ». Lyotard s'alimente davantage à Wittgenstein qu'à Ferdinand de Saussure. Même s'il le tient pour acquis, il ne se préoccupe pas – ou du moins plus après *Discours, figure* – de la distinction saussurienne entre le langage comme système de signes, la langue comme réserve de possibilités de formuler des énoncés, compétence collective, et la parole comme actualisation singulière de cette compétence collective.

La phrase, c'est l'énoncé. Parler, c'est phraser, et phraser, c'est enchaîner. Les différentes phrases relèvent néanmoins de genres de discours qui impriment leur marque à chaque régime de phrases : cognitives, descriptives, prescriptives. Lyotard n'est donc pas dépendant d'une hégémonie structuraliste du langage. D'autre part, il se distingue aussi des courants linguistiques qui mettent l'accent sur les temps des verbes, les tensions internes de la phrase (je pense en particulier au travail de Gustave Guillaume et de Johannes Lohmann[1]). Lyotard ne va pas chercher l'autorité de son discours dans un savoir positif sur le langage, comme Lacan a pu le faire avec Saussure, à quelques distorsions près. Il a une approche véritablement pragmatique, dans la mesure où la phrase est une actualisation de l'événement comme question (« Arrive-t-il ? ») et comme état de choses (« c'est arrivé »). Lyotard appelle *lexis* la voix articulée, qu'on peut désigner aussi par le terme d'« énonciation ». Elle va d'un destinateur à un destinataire et « transmet » à ce dernier une signification au sujet de ce à quoi elle se réfère, sans que le locuteur en soit l'auteur et l'agent. L'articulation repose sur les deux axes de l'adresse et de la référentialité du sens. Lyotard précise que cette structure est le non-cas des phrases. Ce qui veut dire que chaque phrase est un cas qui tombe sous cette structure, en flexion, en fléchissement à partir d'un état grammatical simple. Cette structure, Lyotard la dessine au contact de la voix inarticulée de l'enfant. Mais tout enfant, on l'a dit depuis longtemps, entre dans sa langue dite maternelle en y faisant un « bain de langage ». Ce que l'enfant ne tarde pas à apprendre, c'est que cette langue singulière

1. Il n'est pas question d'affirmer que Lyotard ignore la linguistique non-saussurienne, celle de Gustave Guillaume en particulier. En témoigne le texte qui figure en quatrième de couverture de la réédition de *Temps et Langage* d'André Jacob (première édition 1967, Paris, Armand Colin). Lyotard félicite chaleureusement son collègue pour son œuvre qui prend la mesure de ces courants linguistiques et lui sait gré de ne pas, pour autant, dévaluer le structuralisme. Je remercie André Jacob d'avoir attiré mon attention sur cet hommage. Il faut ajouter aussi que le travail d'André Jacob a été l'objet d'une assez longue recension par Jean-François Lyotard dans le numéro 5 de la revue *L'Homme et la société*, juillet-août-septembre 1967. En ligne : http://www.persee.fr/doc/homso_0018-4306_1967_num_5_1_3096 [consulté le 16-10-2016].

(idiome) qu'on parle à la maison et autour de lui, peut être traduite dans d'autres idiomes, d'autres manières de parler, d'autres langues en un sens non technique. En privilégiant le terme « idiome », Lyotard prend acte de la singularité de chaque discours et de sa traductibilité, mais aussi de ces cas où ce qui se dit dans l'idiome de l'un ne peut pas se dire dans l'idiome de l'autre, faute d'équivalence. Rapporté à notre problématique, cela donne : « Tout tort doit pouvoir être mis en phrases. Il faut trouver une nouvelle compétence (ou "prudence")[2] ». Et surtout « un cas de différend entre deux parties a lieu quand le "règlement" du conflit qui les oppose se fait dans l'idiome de l'une d'elles alors que le tort dont l'autre souffre ne se signifie pas dans cet idiome[3]. » C'est le cas du travailleur dans une économie capitaliste pour autant qu'on lui demande de parler de son travail comme d'une marchandise. Nous pouvons emprunter cette porte d'entrée pour analyser les rapports entre parole et justice.

S'il échappe au schéma de la communication de Jakobson, Lyotard n'en garde pas moins des éléments de linguistique générale. Il le fait en croisant celle-ci avec l'enseignement d'Antoine Culioli sur la singularité de toute phrase. Mais c'est au numéro 25 du *Différend* que Lyotard donne sa propre définition de la « phrase » : « Il faudrait dire de façon simplificatrice qu'une phrase présente ce dont il s'agit, le cas, *ta pragmata*, qui est son référent ; ce qui est signifié du cas, le sens, der *Sinn* ; ce à quoi ou à l'adresse de quoi cela est signifié du cas, le destinataire ; ce "par" quoi ou au nom de quoi cela est signifié du cas, le destinateur ». Lyotard précise que ces instances se situent et s'agencent les unes par rapport aux autres. Une phrase peut comporter plusieurs référents, plusieurs sens, plusieurs destinataires, plusieurs destinateurs. La marque spécifique de chaque instance peut être allusive ou explicite, la phrase reste une phrase. Ainsi la phrase relève du cas, de ce qui tombe, de ce qui arrive. Le nom de l'occurrence, c'est, je l'ai dit, « Arrive-t-il ? ». Il n'arrive que du multiple et, pour appréhender le multiple, il faut une casuistique. Loin d'être un raffinement sophistique de l'argumentation, la casuistique, au sens d'étude de cas, induit que l'être est dans le multiple et se dit dans les choses (*ta pragmata*) à faire ou à dire. Mais une occurrence peut parfaitement empêcher une ou plusieurs autres occurrences de s'actualiser. Il y a donc une concurrence des occurrences, donc une concurrence des phrases. Si une seule occurrence s'impose au détriment des autres – sans emprunter

2. *Dfd*, n° 21.
3. *Dfd*, n° 12.

nécessairement la forme d'une lutte – et prend un poids d'effectivité, il y a un tort. Le tort, c'est l'impossibilité faite aux autres occurrences de se manifester, d'exister. Le tort est le corollaire de la libre concurrence des phrases entre elles. Ce n'est que par l'enchaînement juste et par la manifestation des autres phrases refoulées, que l'on peut espérer enrayer la multiplication des torts. Toutefois cette généralisation et cette profusion des torts ne doit pas en émousser ou en banaliser l'usage. Ils se laissent regrouper sous les cas de la domination et sous celui de l'anéantissement. Nous les examinerons l'un après l'autre après avoir situé les enjeux de la reconnaissance.

La polysémie du terme de « reconnaissance », dans son acception ordinaire, est autant une réalité juridique qu'une réalité qui englobe la reconnaissance d'une personne comme interlocuteur ou partenaire, la reconnaissance de faits avérés ou, plus concrètement, la reconnaissance d'une dette. Mais cette polysémie peut être ramenée à l'unité : il s'agit à chaque fois d'accepter une altérité. Reconnaître un tort, c'est reconnaître ses torts envers autrui – du moins, dans une perspective humaniste que Lyotard tient justement à distance. Reconnaître ce que l'on doit à l'autre, c'est toujours en même temps reconnaître l'autre en tant qu'autre. On voit bien que la reconnaissance excède le droit. Le droit porte d'emblée sur la dette : ce que réclament les victimes d'injustices historiques (répressions, déportations, génocide), au-delà même de ce qu'on leur doit juridiquement, c'est qu'on reconnaisse qu'il y va de leur existence même. Pas seulement de leur existence « nue », mais, avant cela, de leur existence « en tant que ». En tant que citoyens d'un État qui les a spoliés, en tant que communauté visée par des attaques politiques discriminatoires. En demandant réparation de ces torts, les victimes exigent deux choses : la justice et la reconnaissance. Deux notions proches mais situées sur des plans différents. La reconnaissance est définie par Paul Ricœur comme « un bien que nous ne distribuons pas entre nous ». Sans elle, sans ce bien non distribuable, il n'y aurait aucun cadre pour la justice distributive qui porte sur tous les autres biens, marchands et non marchands, donc échangeables, distribuables. D'où vient la distinction entre la pratique de la justice et du droit et la reconnaissance proprement dite. Celle-ci excède celle-là. Elle déborde le formalisme juridique, les procédures. La reconnaissance excède donc la simple reconnaissance de dettes. Antoine Garapon, se demandant si l'on peut « réparer l'histoire », cite en exemple le cas de l'indemnisation des victimes de la répression au Maroc dans les années précédant le règne de Mohammed VI (1999). Il s'agit dans ce cas de tortures et de « disparitions ». L'instance désignée pour arbitrer l'indemnisation des victimes conclut ainsi son adresse au roi : « À l'État de reconnaître ses torts, d'engager un profond processus de réformes dotées de garanties constitutionnelles pour éviter tout risque de répétition, et de promouvoir une vraie culture des droits de l'homme en instaurant une démocratie digne de ce nom. En échange nous renonçons aux poursuites judiciaires. » L'auteur du rapport parle de « pardon stratégique[4] ». II est encore question, ici, d'échanger dans le cadre d'un travail de réconciliation nationale : on propose de réparer le passé. Par là on dépasse le cadre de la justice objective qui mesure, « compare les incomparables », selon la formule de Levinas dans *Autrement qu'être*, mais, reconnaître, quand il s'agit de réparer, nous fait entrer dans le domaine d'une équivalence qui « ne se mesure ni ne se calcule »[5].

Mais on ne peut pas en rester là, à une exposition trop libérale et trop mesurée. C'est précisément parce qu'il distingue le différend du litige que Lyotard fait justice au différend lui-même et par suite au tort, et notamment au tort absolu. C'est dans l'écart comme dans la proximité du litige et du différend, que s'éclaire cette dernière notion, apport essentiel de Lyotard, non pas à une « théorie de la justice », à la manière de John Rawls, mais bien à une théorie du « différend » qui poursuit et approfondit tant le *Au juste* de 1979 que « Phraser "après Auschwitz" » de 1981[6]. Litige et différend, dommage et tort : c'est de leur séparation et de leur ajustement que dépend l'intelligence du différend. Mais il faut ajouter ce que l'on pressent déjà : quand il n'y a que du tort et quand les traces de ce tort sont effacées, on est au-delà du différend lui-même. Sans litige ni dommage, les bords du différend disparaissent pour ne laisser entrevoir que le « tort absolu ». Tout se passe comme si le chemin de justice allait du traitable à l'intraitable. Mais aussi de l'idiome commun, en usage dans une cour de justice, où l'on traite des affaires, à l'absence d'idiome commun, comme entre le SS et le Juif à Auschwitz où il n'y a que du tort qui ne pourra jamais se traduire en dommage. Parler le même idiome, par exemple l'idiome du droit français, c'est pouvoir être

4. Cité par Antoine Garapon, *Peut-on réparer l'histoire ?*, Paris, Odile Jacob, 2008, p. 322.
5. P. Ricœur, *Parcours de la reconnaissance*, Paris, Stock, 2004, p. 322.
6. « Discussions, ou phraser "après Auschwitz" » et « Débat », in Ph. Lacoue-Labarthe et J.-L. Nancy (dir.), *Les Fins de l'homme, À partir du travail de Jacques Derrida*, Paris, Galilée, 1981.

comparé, mesuré et jugé. Une bonne part du dommage est alors accessible au traitement juridique. Une cour de justice peut traiter un différend comme un dommage. Mais elle n'en reconnaît qu'un aspect. La justice et le droit jouent sur le couple ambigu « reconnaissance/méconnaissance ». Il y aura toujours un reste. À ce reste correspond le concept d'« intraitable ». Mais il lui faut une autre instance que le tribunal. Cela relève d'un registre religieux sécularisé, tribunal de l'Histoire Universelle dans sa version hégélienne. Une fois cette conception téléologique abandonnée et son prestige discrédité, précisément que reste-t-il ? Nulle instance au sens moderne. Il faudrait enchaîner par une nouvelle institution, non pas une institution de justice, comme l'est un tribunal, mais, au sens d'un gérondif, une institution du Juste. Mais si l'on lit bien Lyotard, ce n'est plus la parole qui dira la reconnaissance. En effet, Lyotard écrit au numéro 22 du *Différend* :

> Le différend est l'état instable et l'instant du langage où quelque chose qui doit pouvoir être mis en phrases ne peut l'être encore. Cet état comporte le silence qui est une phrase négative, mais il en appelle aussi à des phrases possibles en principe. Ce que l'on nomme ordinairement le sentiment signale cet état. « On ne trouve pas ses mots », etc.[7]

Ces quelques lignes viennent à point : l'intraitable, en reste, s'enveloppe dans un silence et ce silence est une phrase négative, non la négation de toute phrase. Ne pas trouver ses mots ne veut pas dire qu'il y a de l'indicible absolu. Car il y a quand même le pouvoir, la possibilité d'un idiome à trouver. Tâche, nous dit Lyotard, et dans cet ordre, de la littérature, de la philosophie et (« peut-être ») de la politique. Il enchaîne au début du numéro 23 par ces mots : « Dans le différend, quelque chose "demande" à être mis en phrases, et souffre du tort de ne pouvoir l'être à l'instant[8] ». Nulle complaisance envers l'ineffable, mais appel à de nouvelles phrases. On a alors quitté la cour de justice et l'idiome commun. On a fait du silence une phrase négative qui en appelle d'autres. Mais devant quelle instance a cette fois lieu la comparution ? La réponse de Lyotard est la suivante : non plus devant une instance, mais dans un sentiment. Et c'est là qu'il y a une relève de la reconnaissance. Reconnaissance de ce qu'il y a encore à phraser, cet « à-dire » excédant les pouvoirs du présent. Rien

7. *Dfd*, n° 22, p. 29.
8. *Dfd*, n° 23, p. 30.

n'est forclos. Lyotard ne disqualifie pas la dimension du différend traitable devant une cour de justice. Quant au reste intraitable juridiquement, il ne coupe pas la parole, mais lui intime un nouveau régime. Ce qui change d'un lieu à l'autre, ce sont les formes du discours. Lyotard est conscient du problème puisqu'il écrit au numéro 43 : « Quelle preuve avons-nous qu'il y a un principe de compensation entre les genres du discours ? Est-ce que l'on peut dire : puisque je n'arrive pas à démontrer ceci, alors il faut que je puisse le raconter[9] ? ».

Cette reconnaissance qu'il y a encore à phraser n'est pas sans risque. La nouvelle phrase n'est pas étayée par la précédente. Le dit de justice reste dans son idiome : le juge « dit le droit ». Mais il n'y a aucune garantie que ce qui a été dit par le droit ne sera pas dédit, que ce qui a été entendu le sera sur une autre scène. En quittant le plan du tribunal, on se prive de médiation. Le témoignage du tort doit apprendre à s'en passer. Se passer de la dialectique, sans doute, mais pas de la philosophie, ce genre de discours toujours à la recherche de sa règle.

Aussi est-ce par le recours à la philosophie que Lyotard aborde deux modalités du tort : la domination et l'extermination.

S'agissant de la domination, le texte qui présente le mieux le différend à l'œuvre dans l'exploitation capitaliste est « Mémorial pour un marxisme : à Pierre Souyri », d'abord publié dans *Esprit* en janvier 1982, puis repris dans *Pérégrinations*, en 1990. Dans ce texte, Jean-François Lyotard, rendant hommage à son ami, raconte l'histoire des dissensions au sein du groupe « Socialisme ou Barbarie », groupe qui ne refusait pas le débat, à la différence des partis staliniens. Mais, dit Lyotard, quant à la question de savoir si « "avec" le marxisme, et lequel, on pouvait toujours comprendre et transformer le cours nouveau pris par le monde après la fin de la deuxième guerre mondiale [...], dans quelle langue fallait-il en débattre et dans quelle langue trancherait-on[10] ? ». Il ajoute plus loin : « Un différend n'est pas une simple divergence dans la mesure précise où son objet ne peut entrer dans le débat à moins d'en modifier les règles ». Lyotard a dû signer son abandon du militantisme par un retour à la philosophie pour aborder les « conflits insurmontables » et tenter de rendre compte de l'exclu, de l'intraitable et de l'indicible. C'est par la voie de ce qu'il appelle « sentiment » qu'il y parvient. Ce sentiment naît

9. *Dfd*, n° 43, p. 53.
10. *Péré*, p. 97-98 ; p. 98 pour la citation suivante.

avec le soupçon qu'il y a de l'intraitable et de l'indicible pour les idiomes marxistes. La contrainte au mutisme et bientôt à l'impuissance génère en effet des sentiments tels que le mépris, la stupeur, la honte, la colère, la tristesse, l'humiliation. Ce n'est pas la première fois que Lyotard prend cette voie. Dans l'article de 1969 consacré à l'aliénation[11], il parle de cette dernière plus comme d'un sentiment que comme d'un concept. Ce que Lyotard retire du différend qu'il a lui-même éprouvé (« senti ») à l'époque de « Socialisme ou Barbarie », c'est l'idée d'une incapacité de dire le désaccord et donc le fait d'être privé de toute langue. Plusieurs langues, plusieurs marxismes entrent en différend. En même temps que des conceptions hétérogènes des mêmes objets (l'exploitation, la force de travail, la colonisation, la lutte des classes dans les pays développés, le stalinisme) sont engendrées par les différences d'idiomes présents dans une même langue. L'expérience en est familière pour ceux qui ont vécu, plus ou moins longtemps, des débats dogmatiques où, dit Lyotard, « l'idiome était plus important que le référent ».

De la position de Lyotard par rapport au marxisme, on pourrait dire qu'il l'abandonne comme doctrine, mais qu'il le garde comme sentiment. Et ce sentiment guide sa propre analyse du tort causé au travailleur par l'exploitation et la domination du capitalisme. Lyotard reprend à Marx l'analyse de la force de travail. Le travailleur qui voit sa force de travail comme une essence de lui-même, de son éducation, de son « métier », est contraint, en système capitaliste, de la céder comme propriété : « les contrats et les accords entre partenaires économiques n'empêchent pas, au contraire ils supposent, que le travailleur ou son représentant a dû et devra parler de son travail comme si celui-ci était une cession temporaire d'une marchandise dont il serait propriétaire[12] ». Au regard du droit (« bourgeois »), le travailleur n'est pas un esclave. C'est son inscription dans le droit à titre de propriétaire de sa seule force de travail qui fait de lui un « travailleur libre » (Marx). Et simultanément un plaignant. « Le plaignant, écrit Lyotard, porte sa plainte devant le tribunal, le prévenu argumente de façon à montrer l'inanité de l'accusation. Il y a litige. » Et il poursuit : « J'aimerais appeler *différend* le cas où le plaignant est dépouillé des moyens d'argumenter et devient de ce fait une victime ». Le travailleur libre reste une victime en même temps qu'il devient plaignant. Le litige avec son employeur, concernant par

11. « La place de l'aliénation dans le retournement marxiste » [1969], *DMF*, p. 35-105.
12. *Dfd*, n° 12. Même référence pour les deux citations suivantes.

exemple la rétribution ou les conditions de son travail, peut être réglé par un tribunal. Mais le différend entre leurs acceptions respectives du travail ne peut l'être. Il s'agit là d'un cas majeur de non-reconnaissance du travailleur pour ce qu'il est, et de méconnaissance de ses arguments : à ses yeux, ce qu'il cède à son patron, sa force de travail, n'est pas une marchandise. Méconnaissance : il est présumé propriétaire de quelque chose ; cette chose est une marchandise ; elle se vend. Tout se passe comme s'il était, aux yeux du tribunal, un « prévenu » qui aurait à faire la preuve que sa force de travail n'est pas une marchandise. Aux yeux du droit, il est aisément réfutable : ce qu'il est ne se dit pas dans l'idiome du tribunal et du droit économique et social. Se dit-il sur une autre scène que celle de la preuve impossible ? La reconnaissance doit emprunter un nouveau chemin. Celui qui mène à la reconnaissance du tort absolu tel que Marx l'a lui-même formulé en 1843 dans sa *Contribution à la critique de la philosophie du droit de Hegel.* Voici ces lignes : « Une classe avec des chaînes radicales, une classe de la société bourgeoise qui ne soit pas une classe de la société bourgeoise, une sphère qui ait un caractère universel par ses souffrances universelles et ne revendique pas de droit particulier, parce qu'on ne lui pas fait de tort particulier, mais un tort tout court[13] ».

Ainsi Lyotard, sans verser dans l'héroïsation d'un prolétaire à l'avant-garde de la lutte des classes, montre que si le prolétaire est une victime, il l'est de ne pas pouvoir prouver qu'il a subi un tort, contrairement au plaignant. Même si la révolution prolétarienne n'est alors pas tenue pour l'issue inéluctable au tort absolu, il n'empêche que pour Lyotard « le marxisme n'a pas fini, comme sentiment du différend[14] ». À vrai dire, ce n'est pas une conclusion, mais une relance. À ceux qui s'empressent d'enterrer le marxisme comme expression de la lutte des classes, Lyotard répond en démentant cette fin. Le marxisme reste un idiome, mais c'est celui dans lequel s'entend le sentiment du différend. Il ne fait pas de bruit ; loin des tumultes, ce sentiment du différend est pourtant une phrase.

Mais l'idiome que Marx donne à entendre, d'où le tient-il ? Pour Lyotard, il y aurait à distinguer l'état présent des luttes de classe, qui relève d'un genre de discours cognitif (historique, sociologique, économique), de la demande du prolétariat, qui ne se dit pas en concepts ou en théories, mais en Idée. Quand le prolétariat demande le communisme, dit Lyotard[15],

13. *Dfd*, n° 236, p. 246.
14. *Ibid.*
15. *Dfd*, n° 237.

il ne demande pas la réalisation d'un dispositif appelé « socialisme », qui serait pris dans la logique du Résultat. L'enthousiasme, sentiment que Marx et ses contemporains ont perçu dans les soulèvements ouvriers et populaires, est une demande. Le référent (le communisme attendu, espéré) ne doit pas occulter le destinateur (le prolétariat). Le soi du Résultat de la logique hégélienne et le soi du sujet prolétaire ne sont pas la traduction l'un de l'autre. Il n'y a ni communisme à l'horizon de la lutte des classes ni prolétariat appelé à l'accomplir. Pour Lyotard, Marx reste prisonnier de la logique hégélienne, de sa présupposition d'un soi qui serait à la fois destinateur et référent, soi idéal et émancipé qui se voudrait lui-même.

Le sentiment du différend avait déjà été esquissé dans le *Mémorial pour un marxisme* :

> Marx avait montré qu'il y avait au moins deux idiomes ou deux genres cachés dans la langue universelle du Capital, l'AMA [argent – marchandise – argent], que parlait le capitaliste, et le MAM [marchandise – argent – marchandise] que parlait le salarié. Le locuteur de l'un entendait fort bien le locuteur de l'autre, mais il y avait entre eux une différence qui faisait qu'en transcrivant une situation, une expérience, un référent quelconque exprimé par l'un dans l'idiome de l'autre, ce référent devenait méconnaissable pour le premier, et le résultat de la transcription incommensurable avec l'expression initiale[16].

Ainsi la « même chose », une « journée de travail », devient méconnaissable en passant d'un idiome à l'autre.

> Entre le SS et le juif il n'y a même pas de différend, parce qu'il n'y a même pas un idiome commun (celui d'un tribunal) dans lequel un dommage au moins pourrait être formulé, serait-ce à la place d'un tort. Il n'y a donc pas besoin d'un procès, même parodique. Ce n'est pas le cas avec les communistes). La phrase juive n'a pas eu lieu. Il n'y a pas de *Arrive-t-il* ? C'est arrivé[17].

Nous voici poussé hors du différend, très loin vers la non reconnaissance absolue. La comparaison avec le stalinisme est éclairante. Pour les nazis, les Juifs ne sont même pas des ennemis constitués de l'extérieur

16. *Péré*, p. 115.
17. *Dfd*, n° 160, p. 157.

(une autre nation), ni même des traîtres, des « ennemis du peuple » au sens délirant des procureurs communistes. On aura compris aussi que si, pour Carl Schmitt, la division ami – ennemi est constitutive du politique, le fait que les nazis ne reconnaissaient pas les Juifs comme des ennemis au même titre que les autres peuples conduisait ceux-là à l'anéantissement de l'existence politique de ceux-ci. D'un genre et d'une ampleur inédits. Cette destruction de l'existence politique est l'anéantissement du « nous ».

Il ne s'agit pas seulement de l'absence décrétée de plan commun, ou de commune appartenance à un monde commun à la fois au SS et au Juif. Il y va de l'impossibilité de totalisation des « Je », « Tu », « Il ». Il s'agit en outre maintenant d'un autre Nous, « composé au moins de Moi qui écris et de Toi qui lis. » Mais, en deçà d'un témoignage au moins possible, il y a eu auparavant anéantissement de ce qui était tenu par les nazis pour non existence. Une telle incommensurabilité ne relève plus du différend, d'une réduction possible du tort en dommage, à supposer même que celle-ci ne soit pas un travestissement illusoire.

« Qu'il meure, je l'édicte ! » Alliance de deux énoncés : un discours destiné et un discours reçu dans les termes d'une « obligation » : « Que je meure, il l'édicte ! ». Lyotard, dans ce jeu de langage, voit une double exception : « Ce qui ordonne la mort est excepté de l'obligation, et ce qui subit celle-ci est excepté de la légitimation[18] ». Ce jeu de langage, qui emprunte et retourne de manière perverse la relation d'obligation, n'est possible que si le SS tire son autorité de ce dont est exclu le Juif : la race qui est la source du droit de commander, mais surtout du droit de vivre. Il ne peut même pas y avoir, comme dans la perversité du procès stalinien, une complicité entre le tribunal et l'accusé qui avoue et collabore à sa propre destruction. Ce qui est visé, dans le dispositif nazi, c'est le sens même du lien d'obligation qui est le lien éthique par excellence. En en affectant la forme, le nazisme le tue.

Après la destruction, il y eut quelques survivants et un tribunal, Nuremberg, dont on aura vu toutes les difficultés, les omissions, les impasses et l'incommensurabilité entre le crime et la sanction. Prendre la mesure de l'événement « Auschwitz » et surtout déterminer quel rôle inédit on assigne au témoin ont été le défi et la limite du tribunal issu de la guerre et déjà travaillé par les suites politiques de la victoire sur le nazisme. Aussi de Nuremberg ne pouvait émerger qu'une reconnaissance partielle du tort.

18. *Dfd*, n° 157, p. 150.

Tout entier occupé à juger des criminels de guerre, Nuremberg fut avant tout un procès politique. Le tort absolu est étranger à la question : qui a gagné la guerre ? Bien entendu, la victoire des Alliés était espérée, trop longtemps attendue. Mais tout se passe comme si la parole des témoins était suspendue entre ce tribunal où leur voix était pour la première fois écoutée et un Tribunal de l'histoire universelle dont on attendait qu'il fût à la hauteur du tort, tort dont le tribunal de Nuremberg n'entrevoit qu'à moitié l'ampleur et la signification. La victoire des Alliés n'est en aucune façon la réparation de ce qui eut lieu. Et si réparation il y avait, elle ne serait pas à la hauteur de la reconnaissance du tort.

Mais cette reconnaissance s'avère toujours à poursuivre, à approfondir. À la manière de l'existence à l'accusatif de Levinas, où « plus je suis juste, plus je suis coupable », la reconnaissance n'est jamais complète, jamais à la bonne hauteur. « Jamais vous ne saurez », disait Maurice Blanchot. Il faut pourtant un lieu où dire, un espace du « Dire » (au sens où Levinas distingue la parole – le Dire – de son effectuation – le Dit) dont la cour de justice n'est que la préfiguration limitée. Il s'agit, pour Lyotard, de « faire sentir l'intraitable ». Difficile porteur de la justice, le témoin fait sentir que son témoignage lui-même n'est pas à la hauteur et que les réparations prescrites ne sont pas à la mesure de l'irréparable.

Manque-t-on de la bonne instance ou a-t-on besoin d'un témoin qui puisse attester de l'enchaînement légitime des phrases, demande Lyotard ? Mais c'est pour soulever une « triple aporie : 1° l'évidence d'un objet pour un témoin (c'est-à-dire la phrase ostensive dont celui-ci est le destinateur : *C'est le cas*) ne suffit pas à établir la réalité de cet objet ; 2° l'idée de “témoin absolu d'une réalité” est inconsistante ; 3° *Et une phrase* n'est pas un objet dont on peut témoigner, c'est une présupposition pour les “objets”, leurs “témoins”, et le reste »[19].

Une phrase – précise Lyotard au numéro suivant – est la phrase qui est le cas, la phrase-événement.

« Qui témoignera pour le témoin ? », demandait Paul Celan. Faut-il un méta-témoin pour qu'on entende les témoins ? À cette question Lyotard apporte deux réponses : il n'y a pas de témoin intégral, tous les témoignages sont à attendre. Mais il énonce dans la conférence de 1988, « Le survivant » : « Le témoin est toujours un mauvais témoin, un traître.

19. *Dfd*, n° 103.

Mais enfin, il témoigne[20] ». Témoignage d'une odeur de jardin d'autrefois, d'une couleur du ciel dont la mémoire garde la nostalgie, tout leur être résidant dans ce passé. Toute photo, même récente, est essentiellement jaunie. N'attendons pas davantage du témoignage. Car l'essentiel est qu'il témoigne. Le reste, ce qui n'est pas de l'ordre de l'expérience du survivant, sera assumé par l'histoire, et donc travaillé et publié, à l'écart du nihilisme et de la mélancolie. Juge et historien, si l'on se rapporte à ce qu'en dit l'historien Carlo Ginzburg[21], ne sont pas deux métiers qui s'identifient et se superposent, mais le témoignage quant à Auschwitz fait signe vers une autre scène de justice dont l'institution est toujours à faire. « Toujours », parce qu'il y a encore d'autres torts. Il faudrait pouvoir évoquer longuement la commission de réconciliation pour la vérité et la justice en Afrique du Sud ou le tribunal pour juger le génocide du Rwanda.

Dans cette brève exploration des occurrences de la reconnaissance dans *Le Différend* et dans d'autres textes qui l'encadrent, il ressort que nous n'avons jamais fait appel ou référence à une « lutte pour la reconnaissance ». Celle-ci, depuis Hegel (la *Realphilosophie* d'Iena et la *Phénoménologie de l'esprit*) jusqu'aux auteurs contemporains que convoque, par exemple, Axel Honneth, est toujours à la fois dans un suspens infini (« vous êtes mon maître, jusqu'à ce que vous me reconnaissiez et que je vous supplante ») et dans une illusion : tout est image et jeu de regards. On peut s'épuiser à cette quête indéfinie de la reconnaissance. Avec Lyotard, au contraire, on travaille sur les franges de la reconnaissance. La reconnaissance y est toujours bordée par un halo de méconnaissance. Reconnaissance jamais entière, toujours différée, quand il s'agit de la réception du témoignage : il s'agit à la fois de la reconnaissance du tort et de la reconnaissance du survivant en tant que témoin. Cette reconnaissance passe par un dire du différend qui doit être d'un autre type que les preuves disqualifiées par les négationnistes comme insuffisantes ou encore leur récusation des témoins non crédibles du fait qu'ils sont vivants. On sait que *Le Différend* fut aussi en son temps une magnifique réfutation de ces pseudo-arguments.

20. *LE*, p. 59-87.
21. C. Ginzburg, *Le Juge et l'historien. Considérations en marge du procès Sofri*, tr. fr. M. Bouzaher *et al.*, Lagrasse, Verdier, 1997.

Claire Pagès

Lyotard et le silence

Parmi les représentants de la « Pensée française », Lyotard est peut-être celui qui a le plus parlé du silence, premier paradoxe, puisqu'on trouve chez lui quantité de textes consacrés à ce qui est sourd, inaudible, silencieux : « Plusieurs silences » (1972), « La quantité du silence » (1983-84), des passages du *Différend* (1983), « L'inarticulé ou le différend même » (1990), mais aussi « Ruth Francken. La brûlure du silence » (1991), « L'inaudible » (1991), « Musique, mutique » (1993), *Chambre sourde* (1998), etc.

Les textes que Lyotard consacre au silence permettent d'illustrer sa philosophie de la phrase, celle qui s'élabore à partir de la fin des années 1970. S'il n'y a pas de non-phrase, le silence, quoiqu'il en semble, n'est pas rien – et il faut exposer la raison de cette apparence. « Se taire fait phrase », explique-t-il, dans *Le Différend*[1] : il n'y a pas de non-phrase, un silence est une phrase, il n'y a pas de dernière phrase. Ainsi, le langage n'a pas de dehors, ce qui semble n'en être pas en relève et le langage n'a pas de fin. Le livre s'adresse, précise Lyotard, à ceux qui acceptent « de ne pas venir à bout du "langage" »[2]. Le silence, de ce fait, n'est pas un dehors du langage. Mais il constitue ce qui, dans le langage, de l'intérieur, résiste à la forme discursive du langage, au discours, à la phrase que Lyotard dira articulée. Le mutisme est alors davantage une surdité ou un mutisme dans une langue (celle du *logos*) qu'une absence ou une négation absolue de langage. Le silence est privation (qu'il s'agisse d'un tort ou d'un empêchement constitutif) et non néant.

Une remarque avant d'entrer dans le détail de cette pensée du silence. Paradoxalement, sur cette question du silence, la position de Lyotard ne me semble pas avoir changé. Qu'il travaille sur le ou les « dehors du langage » ou sur le « langage sans dehors », on trouve développé le même

1. *Dfd*, Fiche de lecture, p. 9.
2. *Dfd*, p. 13.

thème du mutisme et de l'inaudible. L'idée d'un silence qui serait négation absolue, autre absolu du langage, ne se rencontre donc jamais même quand il s'agit de comprendre ce qui borne le discours. En témoigne le texte de 1972 « Plusieurs silences » qu'on trouve dans *Des dispositifs pulsionnels*. On sera par ailleurs prudent sur le type de dehors dont il s'agit à ce moment de la pensée lyotardienne. Le traitement du silence indique que, déjà, ce dehors est interne, qu'il s'agit d'une hantise plus que d'un isolement radical. Il arrive d'ailleurs à Lyotard de dire qu'« une figure est installée au fond de notre parole [...], qui s'en prend à nos mots pour faire avec eux des formes et des images[3] ». Le silence est déjà du côté de l'inarticulation de la figure et non du rien.

1. Être réduit au silence. Le langage en moins (privation)

Le silence, c'est d'abord le risque de la voix qui s'étouffe et devient inaudible. Étouffer la voix, la réduire au silence, voilà ce qui était enjoint aux exécutants de la solution finale. Taire leurs actes mais aussi rendre les victimes muettes[4]. La mort doit être silencieuse, c'est la « mort de la mort » dont parle Adorno. Ce serait là, dit Lyotard, le « crime parfait[5] ». Le « délit parfait[6] », souligne-t-il ailleurs, ne consiste pas en effet à tuer la victime ou les témoins, ce qui augmente les torts, mais à obtenir le silence des témoins, la surdité des juges et l'inconsistance des témoignages. C'est en quoi consiste la réduction au silence : si destinateur, destinataire et sens du témoignage se trouvent neutralisés, tout se passe comme s'il n'y avait pas eu de dommage[7], comme si la plainte n'avait aucun référent. L'impunité est garantie. Le silence est alors le signe du différend défini comme « l'état instable et l'instant où quelque chose qui doit pouvoir être

3. *DF*, p. 129.
4. À cet égard, ironise Freud à propos des détracteurs de la psychanalyse qui l'ont déclarée morte, la menace explicite est meilleur signe que la condamnation au silence : « Contribution à l'histoire du mouvement psychanalytique », *OC XII*, Paris, Puf, 2005, p. 279 : « Annonce de mort, cela marquait tout de même un progrès sur silence de mort ! ».
5. *ChS*, p. 37.
6. *Dfd*, n° 9, p. 23.
7. « La quantité du silence », in *Alea*, n° 4, Paris, Bourgois, p. 57-58. Transposé dans *Dfd*, n° 1-27, n° 93.

mis en phrases ne peut pas l'être encore ». Il y a silence dans le cas du différend car se signale de la sorte une impossibilité de prouver : celui qui a à témoigner est réduit au silence[8]. Il a été porté atteinte à « la capacité à la fois de parler et de se taire »[9].

Le silence est un événement, un « il arrive », comme la phrase, mais il ne présente pas un univers (dans lequel des individus seraient situés comme le sont les destinateurs d'une phrase). Cela ne signifie pas qu'il ne soit rien mais que la présence qu'il signale n'est pas présentable. Dans ce cas, le silence est compris comme une « phrase négative », phrase qui en appelle à d'autres possibles[10]. Un sentiment de peine accompagne ce silence. C'est le sentiment qui nous envahit quand nous ne parvenons pas à trouver nos mots. On reste sans voix. Encore faudrait-il savoir (quoique cette analyse causale soit inadéquate) si ce sentiment silencieux résulte d'une impossibilité de phraser un événement ou s'il est cause de cette carence[11]. Ces silences sont donc des « substituts de phrases[12] ». Ils viennent en lieu et place de phrases négatives : « ce n'est pas le cas », « ce cas n'existe pas », « il n'est pas signifiable », « il n'est pas de mon ressort[13] ». En effet, dit Lyotard, le silence signale dans ce cas qu'une ou des instances sont niées sans que soit précisé laquelle. Le cas qu'il analyse est évidemment ici celui du silence des chambres à gaz et celui des survivants d'Auschwitz. C'est un silence qu'il s'agit de lever avec les quatre négations qu'il suppose : il n'y a pas eu de chambre à gaz ; s'il y en a eu, cela ne peut pas être formulé ; si cela peut l'être, personne n'a autorité pour le faire ni pour l'entendre[14].

Il y a donc quelque chose à phraser et des phrases en souffrance. L'enjeu pour la philosophie, la littérature, la politique est alors de témoigner de ces différends, d'être sensible à ces silences, en leur trouvant des idiomes[15]. Un sentiment de plaisir accompagne l'invention de ces nouveaux idiomes. Il s'agit de permettre l'institution d'idiomes qui n'existaient pas encore.

8. *Dfd*, successivement : n° 22, p. 29 et n° 13, p. 25.
9. *Dfd*, n° 16, p. 26.
10. « La quantité du silence », art. cit., p. 58.
11. J.-F. Lyotard, « L'inarticulé ou le différend même », in M. Meyer & A. Lempereur (éd.), *Figures et conflits rhétoriques*, Bruxelles, Éditions de l'Université de Bruxelles, 1990, p. 201.
12. « La quantité du silence », art. cit., p. 59.
13. *Dfd*, n° 24, p. 30.
14. *Dfd*, n° 27, p. 31.
15. « La quantité du silence », art. cit., p. 58.

Ces nouveaux idiomes peuvent se révéler ambivalents. Marx aurait su écouter ce sentiment silencieux de ceux dont la finalité du capital s'est subordonnée le discours et a fait taire la voix : « c'est ainsi que le marxisme n'a pas fini, comme sentiment du différend[16] ». Certes, pour Lyotard, quand il essaie de trouver l'idiome que réclame la souffrance causée par le capital, Marx reproduit un geste qui impose silence au différend, en produisant un grand récit[17]. Reste qu'il répond néanmoins à ce qui est l'exigence absolue, la sensibilité à la souffrance et à la phrase-sentiment.

Cette invention est à la fois importante et difficile car le tort ne peut être reconnu simplement par la traduction dans un idiome commun. Lyotard insiste à plusieurs reprises sur le fait qu'en formant l'État d'Israël les survivants ont mis un terme au silence auquel ils étaient condamnés en se mettant à parler dans l'idiome commun du droit international[18]. Mais c'était là transformer le tort en dommage et le différend en litige. La réalité du tort subi à Auschwitz leur restait à charge (à établir)[19]. S'il y a silence imposé à la connaissance (la quantification exacte du crime nous manque), rien n'impose le silence de l'oubli qu'il faut travailler à dissiper. L'historien est en partie réduit au silence car les preuves ont été détruites. Le tort fait aux victimes les condamne au silence (on ne trouvera pas le témoin des chambres à gaz que réclame Faurisson). La destruction est telle avec Auschwitz que quelque chose devient simple signe et non plus fait. Mais ce silence est signe de quelque chose qui *doit* pouvoir être mis en phrase, que quelque chose reste à phraser : « le silence indique que des phrases sont en souffrance de leur événement[20] ».

2. L'articulation du silence. Violer ou trahir le silence

Le silence, c'est le risque d'une voix qui s'étouffe devenue de ce fait inaudible, mais c'est aussi ce qui dans la voix est souffle inaudible. C'est l'alliance de ma voix avec une voix qui n'est pas la mienne. Lyotard rappelle ici que la première lettre de l'écriture hébraïque, « l'aleph, s'entend à

16. *Dfd*, n° 236.
17. *Dfd*, n° 237.
18. « La quantité du silence », art. cit., p. 61.
19. *Dfd*, n° 93, p. 90.
20. « La quantité du silence », art. cit., p. 63.

peine, un souffle avant le souffle, la disposition du gosier à s'ouvrir quand il se prépare à voiser[21] ». Il appartient au récit juif de narrer cette perte ou cet oubli constitutifs de la voix, son silence, et d'ainsi honorer sa présence imprésentée. La phrase-affect possède alors cette caractéristique d'être inarticulée (une phrase est articulée si elle présente un univers). La phrase-affect signale un sens d'une seule sorte : plaisir et/ou peine. Elle ne possède pas de référent, pas de destinateur, pas de destinataire. C'est un signal : un état affectif et le signe de cet état. Elle n'est pas destinée, mais survient de façon impromptue[22]. Des phrases articulées peuvent ainsi tenter de donner un référent à la phrase-affect (de quoi elle parle), de lui donner un destinateur ou un destinataire (à qui elle s'adresse). S'adresser à quelqu'un serait parler une sorte de langage, dit Lyotard, et cette tentative, celle de l'articuler, vise à la rendre tolérable[23].

Il y a en réalité deux risques ou plutôt deux tentations avec ce silence-là, celui de l'affect, souligne Lyotard dans *Lectures d'enfance :* celui d'hypostasier la *phônè*, voix muette, en entité métaphysique d'un absolument autre et celui de ramener la *phônè* à l'articulation via, en particulier, une rhétorique des passions[24]. Si nous mettons l'accent ici sur la seconde tentation, il ne faut pas oublier la première. Lyotard se gardera toujours de faire de ce silence, de ce mutisme, de ce reste, l'objet d'une mystique. Il ne s'agit pas d'un « mystère » car le silence *fait signe* vers la sensibilité ordinaire, quoiqu'il se situe en deçà ou au-delà d'elle – comme on préfère[25]. C'est pourquoi on entrevoit « un invisible du visuel », « un inaudible du sonore », alors que le mystère est quant à lui totalement crypté[26].

Est muet, silencieux, tout ce qui relève du délié, tout ce que l'appareil psychique ne peut synthétiser, la fureur, mélange de plaisir et de douleur, mais mélange disjoint : « C'est ce silence terrible, furieux qui traîne en lui comme un nuage de matière vaine et interdite, cette tête de Méduse en lui. Freud caractérise le plus souvent cet "affect inconscient"

21. *ChS*, p. 34-35.
22. « L'inarticulé ou le différend même », art. cit., p. 207.
23. *Ibid.*, p. 201-203.
24. *LE*, p. 139.
25. Il n'y a pas d'apologie de l'inaudible comme il n'y avait pas d'apologie de l'événement dans *Le Différend* (*Dfd*, p. 205-206) : à choyer l'événement, on impose un genre de discours censé l'accueillir qui gomme précisément les différends. À cela tient la critique lyotardienne de Bataille et de sa « part maudite ».
26. « L'inaudible », in *TD I*, p. 212.

comme l'angoisse[27] ». Rappelons grossièrement que l'angoisse désigne une quantité d'énergie non maîtrisée, non liée.

Dans « Plusieurs silences », en particulier, Lyotard revient sur le caractère silencieux, selon Freud, du travail interne de la pulsion de mort. Celle-ci est présentée comme une énergie qui n'a pas d'oreille pour l'unité, pour le travail organique de composition et de réplétion du manque, travail opéré par Éros. Ce dernier est comparé au compositeur de musique. Si la pulsion de mort ne s'entend pas, c'est qu'elle est sourde et étrangère à l'économie libidinale, aux règles de composition, qui régissent en revanche l'écoute du sujet[28]. Il n'y a pas ainsi de « silence des organes » sauf, écrit Lyotard, pour une oreille policée ou policière car l'organisme fait un bruit fou. En effet, pour Freud, rappelons-le, « les pulsions de mort sont pour l'essentiel muettes et […] le bruit de la vie provient surtout de l'Éros[29] ». L'idéal de santé silencieux, celui du silence des organes, c'est, dit-il, la névrose de l'Europe qui travaille à faire taire les pulsions de déliaison[30]. Ce silence résulte du travail de la « bonne forme », de l'organisme, de l'écriture, pour vider, purger, effacer du corps tous les bruits-sons.

Il y a ici trois choses à noter. 1) Ce qui s'entend, c'est le son, l'accord organique, celui du corps chef d'orchestre. 2) Le corps inorganique, celui des intensités, fait du bruit mais le sujet de l'économie y est sourd. 3) Ce bruit, ou plutôt ces bruissements, sont l'objet d'un effacement de la part du corps organique. Il y a donc déjà deux silences : celui de l'inaudible et celui auquel celui-ci est réduit par la loi de l'audible : « Du silence du bruit, pluriel, au silence de l'ordre[31] ». S'il y a deux logiques et deux silences, on comprend que Lyotard refuse avec Adorno d'imputer la désensibilisation du matériau exclusivement à la société industrielle et à ses techniques[32]. Ce serait négliger l'altérité des deux logiques sonores. Lyotard reprend les mots de Cage, « il n'y a pas de silence » – au sens où il n'y a pas qu'une logique sonore mais une limite. On ne peut établir tout bruit comme son[33].

Le son, celui qui sonne clairement et qui entre en composition avec d'autres, relève des processus secondaires. C'est un bruit lié rapporté

27. *HJ*, p. 41.
28. « Plusieurs silences », in *DP*, p. 197-198.
29. S. Freud, « Le moi et le ça », in *OC XVI*, Paris, Puf, 1991, p. 289.
30. *DP*, p. 204.
31. *Ibid.*, p. 205.
32. *Ibid.*, p. 210.
33. *Ibid.*, p. 213.

à une articulation du continuum sonore. La composition qui produit de la « musique » (celle de l'audible) conduit à exclure les bruits de régions entières du corps. Au début de « L'inaudible » (1991), Lyotard cite ainsi cette formule de Pierre Schaeffer : « le son prodigue d'immenses restes[34] ». Le corps organique et phénoménologique rejette ces bruits qui ne sont pas entendus si bien que des régions entières du corps semblent insensibles[35]. Il présente la musique comme une superposition d'écrans qui empêchent par principe la production de certains bruits. Ainsi, la cantatrice, si elle ne doit pas oublier son texte, ne doit pas non plus éternuer[36]. Toute dissonance se trouve résorbée au profit par exemple de l'accord musical. La *phônè* est bannie du langage humain car cette communication mutique est faite d'inspirations et d'expirations d'air non discrètes, de grognements, de halètements, de soupirs[37].

Il n'est pas facile, et rien n'est prévu, pour accueillir ces intensités singulières. Pour les entendre, il faudrait commencer par « in-disposer le corps compositeur[38] ». Pour accéder à la dissonance, il faut « cesser de faire marcher l'oreille[39] ». Certes, les entendre et les faire entendre conduit nécessairement à les métamorphoser et à les trahir. Le silence des opérations de déliaison ou plutôt la surdité du sujet de l'économie (qu'elle soit libidinale, politique, sonore) explique pour Lyotard qu'on n'ait pas entendu venir des événements comme la Commune ou Mai 68[40]. Prêter l'oreille à un événement et à celui de l'inaudible est la chose la plus difficile du monde car il s'agit de quelque chose qui survient, sortant de rien[41], et pour lequel nous n'avons pas de sonde adéquate (comment identifier ce qui est muet ?). C'est la difficulté que Freud pointe avec le travail des pulsions de mort ; ce n'est pas qu'il soit rien, absent, mais qu'il ne nous frappe pas :

> Ce qui ne peut aussi manquer de nous frapper, c'est que les pulsions de vie ont d'autant plus affaire à notre perception interne qu'elles surviennent en perturbatrices, apportant avec elles sans discontinuer des tensions dont

34. *TD I*, p. 200.
35. *DP*, p. 199.
36. *Ibid.*, p. 201.
37. « L'inarticulé ou le différend même », art. cit., p. 205.
38. *DP*, p. 200.
39. *Ibid.*, p. 210.
40. *Ibid.*, p. 198.
41. *TD I*, p. 200.

> la liquidation est ressentie comme plaisir ; alors que les pulsions de mort semblent accomplir leur travail sans que cela nous frappe[42].

Lyotard distingue d'ailleurs le silence du Prince, celui qui travaille à l'effacement des bruits parasites, et la situation des masses, des gens qui ne sont pas bien placés et qui, de ce fait, entendent trop, sont plongés dans le bruit, les résonances, les échos et réverbérations[43].

L'histoire de la musique semble travailler à minorer cette métamorphose et cette trahison. Lyotard la décrit comme « le grand récit de l'émancipation du son[44] » : retrouver ce que peut le matériau sonore, délivrer l'événement matériel comme seul objet musical, faire vivre tout ce qu'on ne peut inclure dans une ligne mélodique. Attention : ce qui fait la valeur d'une œuvre et d'une œuvre musicale ne dépend pas de sa position dans cette histoire de la musique. Cette valeur est due à un geste singulier indépendant de l'époque et de l'école, du courant artistique. Ce qu'il y a d'art dans la pièce musicale dépend d'un « geste d'espace-temps-son », consistant à faire que le son excède l'audible et à en consigner la trace dans le champ de l'audible. Ce pouvoir de l'œuvre d'indiquer le silence n'est pas le propre de la musique contemporaine car on le trouve également dans un *lied* de Schumann ou dans une musique nô : « Le pouvoir d'affecter la sensibilité au-delà de ce qu'elle peut sentir n'appartient pas au temps chronologique[45] ». Certes, on pense, dit Lyotard, au sérialisme de Vienne, à Debussy, à Satie, à Boulez et surtout à Cage (qui semble avoir sa préférence car il recourt au silence pour « laisser être les sons[46] »). Certes, les artistes qui se sont proposés d'émanciper le son de la fonction narrative assignée par les formes musicales traditionnelles ou modernes lui sont chers. Pourtant, cela ne signifie pas que d'autres œuvres n'aient pas ce pouvoir de « dépasser les limites de l'audibilité[47] », selon l'expression de Varèse citée par Lyotard. Ce dernier soutient que ce paradoxe des musiques contemporaines est le fait de *tout art :* donner à sentir un arrangement (composition, dispositif, forme) sensible mais qui suggère ce qui excède et défie les capacités de la structure

42. S. Freud, « Au-delà du principe de plaisir », *OC XV*, Paris, Puf, 1996, p. 337.
43. *DP*, p. 207.
44. *TD I*, p. 204.
45. *Ibid.*, p. 208.
46. *Ibid.*, p. 214.
47. *Ibid.*, p. 210.

perceptive (l'insensible, le silence...)[48]. Simplement, on peut dire que les musiques contemporaines « extrémisent [cet] "enjeu"[49] » (Lyotard s'emploie par ailleurs à caractériser cette conjoncture).

Lyotard interprète l'usage psychanalytique du silence dans la cure dans le cadre de ce dépassement de l'audibilité. Si Freud a saisi la raison d'être du silence de la pulsion de mort, la mobilisation pratique et l'analyse clinique du silence témoigneraient au contraire d'une logique économique. Le silence de l'analyste, nommé énergétique, doit venir mettre fin au silence de l'hystérique et faire entendre ce qui se tait, ce qui se cache derrière ce dernier. Face au silence causé par le bruit de l'imaginaire, par la mise en scène fantasmatique qui relègue dans l'inconscient un reste muet, on mobilise comme tremplin le silence de l'analyste. Chez Lacan, c'est le silence de la structure, du symbolique qui sert de médium : on parvient à dissiper le silence-bruit des passions en passant par le silence du signifiant[50]. L'analyste est pour Lyotard comparable au compositeur, il se situe du côté du signifiant. En particulier, l'analyse produit une articulation en conférant au silence affectuel, à la « communication mutique », une destination. La règle freudienne de l'attention également flottante, permettant de prêter l'oreille au silence, articule celui-ci en présupposant, selon Lyotard, qu'il s'adresse au moins à l'interlocuteur actuel. L'analyste supposerait que le mutisme du questionné lui est adressé. L'analyse du transfert repose d'ailleurs sur cette adresse ou destination supposée à la phrase-affect silencieuse (« "Pourquoi ne me dites-vous rien ?" [...] "Pourquoi est-ce à moi que vous adressez votre affect, en ne me disant mot ?"[51] »).

3. Faire vibrer le silence

Le silence, c'est d'abord peut-être ce qui ne sonne que trop faiblement pour que telle oreille grossière le remarque. Lyotard évoque ici la *Joséphine* de Kafka qui siffle faiblement – au point d'être inaudible – des airs oubliés

48. *Ibid.*, p. 212.
49. *Ibid.*, p. 218.
50. *DP*, p. 208-209.
51. « L'inarticulé ou le différend même », art. cit., p. 205-206.

du peuple des souris[52]. Mais le silence nomme aussi ce qui est muet, muet car strident, car circonscrivant le champ de l'audible.

Dans *Chambre sourde*, Lyotard nomme « strident » cet assourdissement que l'oreille ne capte plus, qui excède sa tolérance ou sa capacité. En réalité, ce silence possède deux conditions. Une voix d'en deçà ou d'au-delà du langage (Lyotard évoque ces ultra-sons qu'on n'entend pas) et une surdité de l'oreille, surdité qui la protège. Reléguer au silence des vibrations qui pourraient blesser cette « oreille sans paupières[53] », voilà un mécanisme de défense. Nos oreilles sont sourdes à ce qui constitue pour elles un intrus[54]. Le silence de cette voix appartient à un fond qui ne voise pas, ne vocalise pas. On retrouve ici la distinction lyotardienne entre *phônè* inarticulée et *logos*. Dans « Musique, mutique », Lyotard indique que, latent, sous l'audible, gît un souffle qui ne parle pas mais qui geint, qui grommelle. Il ne s'entend pas mais il sonne pourtant. Geindre n'a pas vraiment de ton mais des modes.

Ce souffle, ajoute Lyotard, c'est l'affect[55]. Ce sont les rythmes et les nuances affectuels (plaisir, peine, dépression) qui modalisent « après coup » le son du silence[56]. Les grandes douleurs et les joies déchirantes sont muettes. La stupeur est imbécile[57]. Lyotard dit ailleurs que le son-bruit n'est pas un matériau (car celui-ci, relevant de l'usage, possède une destination) mais une énergie qu'il faut distinguer de la matière en forme (lisible et audible)[58].

Lyotard, on le perçoit, ne forge pas une conception irénique du silence. Car l'inaudible ne désigne pas qu'un seuil infime, indécelable, de l'audible, mais aussi le cri strident qui manque de tenue, de retenue, et qui « nargue la décence des ondes[59] », un cri qui peut aussi rendre sourd. Il évoque l'atroce cacophonie, la voix d'Artaud. Il évoque le chuintement mais aussi le « hululement des strigiformes[60] ». Il parle de « râle muet » et de « violence muette », de « crécelle inaudible », du « souffle de l'épouvante » et du « souffle de terreur ». Dans « Plusieurs silences »,

52. *ChS*, p. 35.
53. *Ibid.*, p. 85.
54. *Ibid.*, p. 91.
55. « Musique, mutique », *MP*, p. 193.
56. *Ibid.*, p. 193.
57. *ChS*, p. 107.
58. *TD I*, p. 220.
59. *ChS*, p. 86.
60. *Ibid.*, p. 90.

de ces « dissonances, stridences, silences vraiment exagérés, laids[61] ». Comme l'affirment les *Lectures d'enfance :* « la *phônè* "fait des histoires" au discours »[62], ce n'est pas un silence tranquille ou facile.

Cette surdité semble naturelle, naturellement défensive. Et la voix silencieuse est hors de portée de l'ouïe. Il n'est pas, indique Lyotard, « d'initiation à l'autre de l'audible[63] ». Cet au-delà de la voix, ce silence, est irrémissible et procède du clivage fondamental, de « l'aliénation première et vraie[64] ». Cet « oubli de l'oubli » est nécessaire car ce silence de la voix n'est pas perçu mais inconnu, jamais entendu, « absolument oublié par position[65] ». Bien sûr, tenter de l'inscrire dans le registre de l'audible serait trahir le silence et « étouffer la stridence[66] ». C'est par confort et sécurité que nous tentons cette traduction impossible car, à la différence du rapport entre deux langues, « la stridence n'est pas commensurable à la parole [...][67] ».

Pourtant, ces sons, plutôt ces bruits, auxquels nos oreilles sont naturellement sourdes, auxquels elles restent inertes – « nos oreilles sont sourdes à ce que le son *peut*[68] » –, il est possible de s'y rendre sensible, Lyotard dirait ailleurs « passible », si nous « passons », dit-il, les « bornes » de notre écoute[69], si nous rendons à l'écoute la puissance d'être touché par l'inaudible. Il n'est pas absolument impossible au moi d'écouter en deçà et au-delà de l'audible, de se rendre sensible à ce qui lui est insensible dans la voix. Mais cette rencontre est aléatoire et nulle voix silencieuse n'est jamais assurée de rencontrer l'oreille qui se rendra passible à sa stridence. Personne n'est responsable de cette glose. Il n'y a aucune garantie. C'est aussi pourquoi Lyotard affirmait que nuls technique, style, école ne sont à privilégier pour transcender la sensibilité auditive[70].

61. *DP*, p. 198.
62. *LE*, p. 139.
63. *ChS*, p. 88.
64. *Ibid.*, p. 92.
65. *Ibid.*, p. 97
66. *Ibid.*, p. 92.
67. *Ibid.*, p. 98.
68. *TD I*, p. 210.
69. *ChS*, p. 88.
70. *TD I*, p. 220. On retrouve là l'esprit de certaines remarques touchant représentation et figuration : on peut très bien produire une œuvre picturale ou sculpturale figurative sans être pris au piège de la représentation ou de la théâtralité. À l'inverse, les libertés prises à l'égard de la figuration ne garantissent pas contre un fonctionnement « représentatif » de l'œuvre. Cf. « Idée d'un film souverain », *Misère*, p. 212 ; *Enth*,

Lyotard voit dans l'œuvre (celle qui opère un désœuvrement) une tentative pour dénuder le moi, le pousser vers cet inhumain qui se tait. C'est pourquoi l'œuvre est ce qui peut s'ériger « en silence, du silence[71] ». Pas n'importe quelle œuvre, celle de Malraux, le Malraux des *Antimémoires*, des *Voix du silence*, ou celle de Ruth Francken. Mais aussi « le haïku, un petit lavis insusbtantiel[72] », gestes dont le silence défie les lectures interprétantes. Ces œuvres-là peuvent suggérer l'au-delà des réponses, le silence[73]. Que nous puissions tous ressentir la présence inaudible de la voix silencieuse ne signifie pas que nous soyons tous artistes. Certes, on peut se rendre accessible à la stridence mais les œuvres, l'art, l'écriture exigent que « l'excédence soit suppliée et voulue[74] ». Il s'agit d'une écoute plus aiguë qui se distingue de toute démarche expressive. Ces œuvres n'expriment pas mais évoquent le silence. Lyotard prend ainsi, suivant Adorno, ses distances avec l'idée romantique d'expression[75].

On trouve chez Malraux un « inoubli de l'oubli » ou une « écoute de l'inaudible[76] ». Malraux aurait trouvé les moyens de faire entendre l'expérience muette de ce qu'il nomme le je-sans-moi et cela « sans violer son silence[77] ». Parmi les exemples qu'en donne Lyotard, dans *Chambre sourde*, rappelons les anacoluthes que l'auteur des *Antimémoires* prise tant dans *La Vie de Rancé*, qui imposent silence à la trame des intrigues et laissent « bruire le mutisme[78] » qu'elles couvrent. Le travail sur Malraux permet à Lyotard de cerner le style comme medium privilégié, « style qui ne se dresse qu'à la vibration du silence[79] ». Le style est ce qui permet

p. 45 ; *L'Assassinat de l'expérience par la peinture, Monory* [1984], rééd. in *Écrits sur l'art contemporain et les artistes*, vol. VI, Leuwen, Leuwen University Press, 2013, p. 90-92 ; J.-F. Lyotard, « Notes sur la fonction critique de l'œuvre », *Dérive à partir de Marx et Freud*, Paris, 10/18, 1973, p. 236 (texte absent dans la rééd. Galilée, 1994).

71. *ChS*, p. 103.
72. *Ibid.*, p. 60.
73. On n'est pas loin de la conception de l'art moderne forgée par Lyotard dans *Discours, figure* ou *Dérive…* comme « déconstruction d'une écriture » ou d'une bonne forme. Cf. « Notes sur la fonction critique de l'œuvre », art. cit.
74. *ChS*, p. 106.
75. *TD I*, p. 214.
76. *ChS*, p. 37.
77. *Ibid.*, p. 54.
78. *Ibid.*, p. 72.
79. *Ibid.*, p. 77.

de faire résonner le silence des affects, d'« attraper l'inouï[80] ». Le but est bien dans l'œuvre de faire – « peut-être », « parfois », « un instant » – vibrer le silence, « vibrer la vérité mutique[81] ». Le style de Malraux en particulier est ce qui pourrait « ouvrir la chambre sourde[82] » pour que se fassent entendre les vibrations muettes qu'on n'entend presque plus.

L'œuvre sonore peut laisser entendre un geste sonore inaudible et latent. Bien plus, l'audible de l'œuvre ne sera musical que s'il évoque l'inaudible, soit de la matière sonore sans forme[83]. Il faut que la musique soit « mutique sous les musiques[84] », que ses phrases, si claires soient-elles, meuglent en silence l'épouvante, laissent bruire le souffle de terreur qui est sourd mais pas muet. La musique travaille, dit Lyotard, à accoucher l'audible du souffle inaudible. Il faut faire chanter le silence muet qui, autrement, est terrible, si on veut l'évoquer. Mettant en phrases, inévitablement elle trahit le silence, en lui donnant forme. Le geste musical donne forme à la plainte inaudible pour la porter vers l'audible. Ainsi, il la couvre et la manque. Mais il peut y avoir dans les évocations du silence qui ne sont pas des articulations une dimension de promesse[85]. Ce travail vain évoque malgré tout, dans la langue musicale, « le souffle de l'épouvante ».

Au départ, il semble y avoir un parallèle entre matière visuelle et matière sonore : de même que la matière sonore peut être muette, la matière visuelle peut être invisible. On n'entend pas plus la voix muette qu'on ne voit la lueur invisible. La différence entre les beaux-arts, explique Lyotard dans « Musique, mutique », tient aux diverses façons dont le corps peut se trouver anesthésié : sourd, daltonien, grabataire, aveugle, etc.[86]. Pourtant, le visible possède aussi ses silences. Faire vibrer le silence n'est pas chez Lyotard qu'un travail sur le matériau sonore (langage littéraire ou musical). Preuve en est son commentaire du travail de Ruth Francken (1924-2006), « La brûlure du silence » (1991). Il y a un « silence visuel » à l'œuvre dans l'œuvre visible[87]. Lyotard voit opérer dans les tableaux de Francken ce *double bind* dont on a déjà parlé : « obligation du silence

80. *Ibid.*, p. 108.
81. *Ibid.*, « Prière d'insérer ».
82. *Ibid.*, p. 113.
83. *MP*, p. 187.
84. *Ibid.*, p. 192.
85. *Ibid.*, p. 194.
86. *Ibid.*, p. 197.
87. « Ruth Francken. La brûlure du silence », *TD II*, p. 418.

et obligation de le faire entendre[88] ». L'idée est qu'il y a un reste, que la représentation en reléguant à une présence sourde ce qu'elle signifie laisse quelque chose. Ce retrait se signe d'une quelconque façon. La consigne de garder le silence demande alors qu'on ait égard à ses signaux. Si la représentation oublie ou refoule ce reste, Wittgenstein et Francken avec lui prescrivent de ne pas oublier, de respecter le silence de la chose. Il y a dans l'exigence de silence celle d'entendre la sourde présence de la chose par-delà la représentation : « on ne peut avoir égard au silence, on ne peut le rencontrer qu'en essayant de gloser [la chose][89] ». Tout le travail de Francken, sous l'égide de Wittgenstein (en témoigne la série *Wittgenstein Variations*), est d'essayer de signifier ce qui ne peut pas l'être, de témoigner du silence. Alors l'œuvre pourra déclarer avoir respecté la consigne de silence et fait hommage à la chose. Toujours Francken s'efforce de représenter la douleur d'un clivage, d'une déception, avec des moyens divers, avec la multiplication des supports par exemple, ou avec les techniques de juxtaposition dans *Beckett* (1982-1983) : « Peu d'œuvres plastiques sont parvenues à ce point à faire entendre le silence. La chose Beckett est ailleurs[90] ». Toujours cette question : comment mieux faire entendre le silence ? Il faut, pour cela, multiplier les processus d'épluchage du visible. Rien ne doit trop couvrir le silence, être trop joli, comme le thème du dévisagement chez Francken. Il n'existe qu'une seule loi, celle du silence, celle qui impose de faire entendre le silence immanent. Il ne s'agit là ni de se plaindre du silence, ni de le faire parler, ni enfin de le signifier (c'est pourquoi l'inscription doit ne pas être trop déchiffrable), mais de l'« endurer[91] », d'en témoigner[92].

Enfin, nous pourrions ajouter que c'est sur cette glose respectueuse du silence que Lyotard travaille dans *La Confession d'Augustin*. La confession confesse, cesse de celer, fait « grand jour sur ce qui est resté tapi dans la nuit de la vie et en fait offrande et retour à toi, le donateur[93] » :

> Confesser étant manifester en langage, au langage, ce qui échappe à celui-ci, l'objet à sacrifier, le plus précieux qu'on ait, comme il se doit est

88. *Ibid.*, p. 400.
89. *Ibid.*, p. 404.
90. *Ibid.*, p. 408.
91. *Ibid.*, p. 416.
92. *Ibid.*, p. 420.
93. J.-F. Lyotard, *La Confession d'Augustin*, Paris, Galilée, 1998, p. 45.

ici le silence. Faire aveu explicite de ce qui n'a rien dit et ne dit rien, donner ce qu'on n'a pas été, ce qu'on n'est pas, Augustin s'attelle à ce travail exorbitant : une perlaboration, disons-nous aujourd'hui[94].

4. Conclusions

Face au paradoxe de l'inaudibilité, il s'agit, dit Lyotard, « d'étendre le concept de l'*inaudible* et les moyens d'en porter témoignage[95] », tout en protégeant ces silences des articulations déformantes parce que formatrices. C'est pourquoi Lyotard conclut « L'inaudible » en louant la sagesse de celui qui empêcha l'édification complète de la Tour de Babel, qui signait la compréhension et la transparence des idiomes : « Il a sauvegardé l'inaudible[96] ». On comprend qu'au fond il n'existe pas véritablement de silence pour Lyotard, pour le Lyotard selon lequel il n'y a que des phrases. Il est ainsi assez freudien : même le silence a un sens, fait signe. En cela, Lyotard développe une pensée originale, différente de celle d'autres philosophes français des années 1950, 1960 et 1970, qui ont plutôt travaillé à défendre un silence total, un silence dépourvu de sens. Mentionnons les développements de Bataille sur le silence comme presque non-sens, sur le silence de la mort qui ne veut rien dire, dont il n'y a rien à dire[97], son regret de « notre impuissance à nous taire[98] », l'espoir, comme dit Derrida dans son commentaire, de « trouver une parole qui garde le silence[99] » ; mais aussi la figure chez Baudrillard des « majorités silencieuses » qui n'ont « rien à nous dire[100] ».

Le silence n'est donc pas un dehors du langage, un Autre étranger à la phrase. C'est pourquoi Lyotard peut affirmer que « l'alternative

94. *Ibid.*, p. 46.
95. *TD I*, p. 222.
96. *Ibid.*
97. G. Bataille, « L'enseignement de la mort », in *Œuvres Complètes VIII*, Paris, Gallimard, 1976, p. 201 : « En d'autres termes, ce que la tragédie enseigne est le silence, et *le silence n'est rien s'il ne met pas fin au moins pour un temps à la pensée*. Il n'y a évidemment rien à dire de la mort ».
98. G. Bataille, *Méthode de méditation*, Paris, Éditions de la Revue Fontaine, 1947.
99. J. Derrida, « De l'économie restreinte à l'économie générale », *L'Écriture et la différence*, Paris, Seuil, 1967, p. 385.
100. J. Baudrillard, *À l'ombre des majorités silencieuses ou la fin du social* [1978], Paris, Sens & Tonka, 1997, p. 68.

pertinente n'est pas : bruit ou silence[101] ». On trouvait déjà cela chez Freud. Il y a plus de deux termes ou plus de deux possibilités sonores car on dénombre le silence des pulsions de mort dont le travail ne nous frappe pas, le bruit de la vie qui provient d'Éros mais aussi, souligne Freud, le silence du refoulement qui s'effectue sans que « nous ne recevions aucune information sur lui » alors que « ce qui fait grand bruit par contre, c'est le processus de guérison[102] ». Le silence est donc le nom d'autre chose. Reste à savoir de quoi il est le nom. Plusieurs réponses sont possibles et il y a bien pour Lyotard plusieurs silences quoique ceux-ci soient connexes : d'abord, le silence auquel on se trouve réduit, quand il y a différend ; ensuite, le silence constitutif de l'inaudible. Dans les deux cas, on n'a affaire à aucun néant sonore mais à des phrases soit empêchées, entravées, soit impossibles à entendre pour le sujet : muettes parce que le sujet y est sourd. Les deux silences, distincts, sont pourtant souvent complices : il est bien plus facile de réduire au silence et de faire tort à ce qui est constitutivement silencieux, à l'inaudible phonique.

Cette pluralité est néanmoins assez peu diversifiée. D'abord, aucun silence n'est intentionnel, mais toujours le silence résulte de formes de privation. Pourtant, Lyotard explique dans *Le Différend* que, pour que parler ait un sens, il faut pouvoir se taire sinon parler serait une nécessité. Mais si faire silence est le substitut d'une phrase négative, si se taire signe un phrasé soit empêché soit impossible, il est toujours fait du silence quelque chose de douloureux. Quand Lyotard ajoute que le sentiment principal qui accompagne le silence est le sentiment de peine, on peut se demander si une typologie des silences plus complète ne ferait pas droit à des silences heureux et à des silences tranquilles, outre le fait qu'elle évoquerait peut-être des silences complets, des silences ne faisant absolument pas signe[103].

101. *DP*, p. 204.

102. S. Freud, « Remarques psychanalytiques sur un cas de paranoïa (*Dementia paranoides*) décrit sous forme autobiographique », *OC X*, Paris, Puf, 1993, p. 294.

103. La théorie psychanalytique du silence envisage en réalité cette modalité affective positive. On trouve ainsi chez M. Balint une théorie du silence qui distingue différentes significations du silence. Cf. *Les Voies de la régression*, Paris, Petite Bibliothèque Payot, 2000, p. 124.

Ronit PELEG

Le langage comme reste et comme rémanence : lire Lyotard avec Paul Celan

> Accessible, proche et non perdu demeura au milieu de toutes les pertes seulement ceci : la langue.
> Elle, la langue, demeura non perdue, oui, malgré tout. Mais elle devait à présent traverser ses propres absences de réponse, traverser un terrible mutisme, traverser les mille ténèbres des paroles porteuses de mort. Elle traversa, et ne céda aucun mot à ce qui arriva ; mais cela même qui arrivait, elle le traversa. Le traversa et put revenir au jour, « enrichie » de tout cela.
> Dans cette langue j'ai essayé durant ces années et les années qui suivirent d'écrire des poèmes : pour parler, pour m'orienter, pour savoir où je me trouvais et vers où j'étais appelé, pour projeter de la réalité à mon devant.
>
> Paul Celan, « Allocution de Brême[1] »

Comment revient-on demeurer dans une langue qui a abandonné, a été abandonnée, a été désertée, s'est désertée, a été occupée, s'est livrée, une langue qui est devenue la langue de l'autre, de celui qui a causé le tort, ou du collaborateur, ou de celui qui se tient de côté ; demeurer à nouveau dans une langue maison-seconde peau, comme l'écrivait Derrida, qui représente la rémanence de l'expérience de l'appartenance, de la demeure, de la maison que je porte partout avec moi comme une sorte de seconde peau de ma naissance à ma mort, mais aussi l'expérience de l`expropriation, de la reddition, de l'occupation, de la désertion, de l'abandon de la langue ? Comment retrouve-t-on une orientation et un chemin dans une langue qui est morte sans mourir, comme le dit Blanchot, et qui est

1. P. Celan, *Le Méridien et autres proses*, éd. bilingue, tr. fr. J. Launay, Paris, Seuil, 2002, p. 56.

restée, d'une certaine manière, comme une trace, un reste d'elle-même ? Comment refait-on sa demeure dans une langue revenue au jour après un voyage quasi orphéen au royaume de l'enfer, et qui porte avec soi ses secrets : ce qu'il lui était interdit d'entendre pour pouvoir sortir des enfers, ce qu'elle a laissé derrière elle pour qu'il lui soit donné de « revenir au jour », mais aussi ce qu'elle a réussi (peut-être) à sauver ou à cacher des paroles porteuses de mort, méprisantes, et de cette occupation violente qui voulait s'approprier la langue tout entière ? Comment essaie-t-on de « projeter de la réalité » dans une langue « revenue au jour » depuis « mille ténèbres », dans le tumulte de la vie, comme un retour de revenants ou d'un fantôme bizarre, inconnu, puisqu'elle est revenue au jour, comme le dit Celan, et s'est exposée au jour et non à la nuit ? Comment la langue ressurgira-t-elle de son absence de réponses ?

Certes, la démarche de Celan en direction du langage n'est pas celle de Lyotard et entre leurs mouvements respectifs de retour il y a des abîmes d'expérience, de lieu et de temps. Pourtant, je voudrais suggérer ici que le fil caché qui lie le retour de Lyotard au langage (comme philosophe) à celui de Celan à la langue (comme poète), de même que le fil qui lie la demeure philosophique de Lyotard dans le langage à celle, poétique, de Celan (malgré les distances qu'il y a entre leurs chemins), ces fils correspondent à la tentative de qui va de tout son être vers le langage « blessé par la réalité et cherchant la réalité », pour le dire avec les mots de Celan, « pour projeter de la réalité à [son] devant », en avant de soi, dans la langue ; dans la langue qui reste malgré tout, par-delà tous les effondrements et toutes les pertes – dans les tentatives de se situer, de demeurer à nouveau dans le langage (mais de loin), dans l'effort de clarifier, chacun à partir de son expérience, chacun à sa manière, où l'on est, où l'on se trouve.

Lyotard reviendra (en tant que philosophe) au langage qui reste à partir de son être et de son présent, avec son propre « 20 janvier[2] », et ceux qui s'y sont ajoutés depuis, des « jours de l'an de glace », comme l'écrit Celan, qui se gravent dans les manières qu'il a d'écouter le langage, de se déplacer dans ses espaces spectraux ; dans ce qu'il y cherchera,

2. Le 20 janvier 1942 eut lieu la conférence de Wannsee, date qui, selon « Le méridien » (discours prononcé par Celan, à l'occasion de la remise du Prix Georg Büchner, à Darmstadt, le 22 octobre 1960), donne son centre à la poésie de Celan : « chaque poème, avant d'avoir sa date particulière, a, inscrite en tête, une autre date : “Son 20 janvier” ».

dans ce qu'il y ouvrira, dans ce qu'il cherchera à y créer. Il reviendra demeurer dans le langage après tout ce que celui-ci a traversé, après tout ce qu'il a causé, mais en même temps Lyotard ne cessera de lutter avec lui ; il luttera avec lui-même pour lui, et avec lui pour lui-même ; il l'aimera tout en le surveillant, se gardera de lui tout en lui demandant de veiller sur lui. Et dans ses propres termes (poétiques) :

> Tu me hantes, c'est ma chance d'être captivé. Tu me gardes et je te regarde me garder… Je navigue dans les lacs, dans les lacets, dans les pièges, toi dans ma barque, moi dans ta hantise[3].

Arrivée à ce point, je demanderai, sous l'inspiration de Celan : qu'est-ce que la rémanence du langage à laquelle Lyotard revient (en tant que philosophe) « blessé par la réalité et cherchant la réalité » ? Comment Lyotard essaie-t-il de projeter[4] à nouveau une réalité dans cette langue à laquelle il a fallu, selon Celan, « traverser ses propres absences de réponse, traverser un terrible mutisme, traverser les mille ténèbres des paroles porteuses de mort » ? Quels sont les desseins de l'existence dont Lyotard ré-esquisse les contours dans le langage qui reste ?

Il importe de relever ici que Celan nourrit une correspondance secrète avec la phrase célèbre de Hölderlin (figurant dans le poème « Souvenir ») : « Ce qui reste est fondé par les poètes[5] ». Soulignons que le mot allemand qui est traduit en anglais par *found* et en français par fonder est *stiften*, dont un sens possible est : permettre à ce qui reste d'arriver, pourvoir à ce qui reste et qui dure, la rémanence, y veiller, et aussi la trouver.

En suivant ce fil, on peut se demander si Lyotard n'est pas, un peu comme le poète selon Hölderlin, mais à sa propre manière, à sa façon à lui, à partir de sa sensibilité, de ses urgences à lui, celui qui trouve et propose ce qui reste du langage. S'il n'est pas, aussi, celui qui fonde le langage comme ce qui reste. La rémanence (du langage) est-elle restée au philosophe un peu comme celle qui, d'après Hölderlin et Celan, est restée

3. J.-F. Lyotard, « Notes du traducteur », *Cahiers philosophiques*, n° 117, 2009/1, p. 97 et 95.
4. Le mot allemand pour « projeter » est *entwerfen* qui, comme le terme français, renvoie aussi au plan, à l'esquisse.
5. En allemand : « *Was bleibet aber, stiften die Dichter* », Friedrich Hölderlin, « *Andenken* », in M. Heidegger, *Elucidations of Hölderlin's Poetry*, tr. angl. K. Holler, Amherst, New York, Humanity Books, 2000, p. 102-105.

aux poètes ? Et si c'est le cas, quelle rémanence reste-t-il au philosophe, à Lyotard, dans le monde d'après « Auschwitz »[6] – une rémanence à laquelle, dans sa langue, il demandera peut-être de refonder une réalité dans le langage ? Remarquons que l'on trouve bien souvent, dans la poésie de Celan, un tribut à la rupture de la construction sémantique de la langue et à la survivance d'une langue rémanente. Dans le tribut poétique celanien, il s'agit bien souvent d'une langue rémanente de la sonorité brisée, heurtée, bègue, parfois lourde, qui cherche à sa manière à imiter dans la langue la violence du monde, mais aussi à ouvrir et à créer constamment en elle des possibilités nouvelles[7].

Ce n'est pas à partir de la philosophie du reste, de Giorgio Agamben (qui lit, lui aussi, Celan avec Benjamin et Arendt), pas davantage à partir des conceptions théologiques ou messianiques, que je voudrais penser ces questions, mais plutôt sur les traces de Celan, Hölderlin et Levinas[8]. Comment penser le langage tel qu'il est resté parmi tous les effondrements et les pertes (celles du langage aussi), pour le dire comme Celan – le langage auquel Lyotard revient lui aussi dans le monde d'après « Auschwitz » –, non seulement comme le destin qui incombe au langage, au monde et au philosophe (ou au poète) qui doivent revenir à ce qu'il en reste après tout ce qu'il a subi et traversé, mais aussi comme forme et expression des modes d'écoute, de disposition et de sensibilité de Lyotard au langage, au monde, à la mondanité du langage (de son être-dans-le-monde), ou à l'être-langage du monde ; sa disposition et son orientation vers le langage et, aussi, les manières qu'a Lyotard d'être dans le langage et dans le monde ? Et il faut bien sûr préciser cette manière d'être de Lyotard dans les

6. Auschwitz entre guillemets, comme une référence métonymique.
7. Les réflexions et remarques sur la poésie de Celan, dans le présent texte, doivent beaucoup aux leçons inspirantes du professeur Galili Shahar.
8. Dans son livre *Ce qui reste d'Auschwitz* (tr. fr. P. Alféri, Payot, Paris, 2003), Agamben demande : Qu'est-ce qu'une langue comme « reste » ? Comment une langue peut-elle survivre aux sujets singuliers, et au peuple qui l'a parlée ? Quel est le sens d'une parole dans une langue qui reste ? Agamben médite ces questions à travers la pensée de la langue comme champ traversé par deux mouvements opposés : l'un l'entraîne vers la conservation et la permanence, l'autre vers le changement et la nouveauté. Agamben souligne également que le « reste » constitue une notion théologique messianique. Dans les livres des Prophètes, la notion de « reste » ne vise ni la dimension quantitative du peuple d'Israël, ni l'ensemble de la communauté d'Israël, mais un « reste » (*Che'erit Israel*).

discours du langage et clarifier le fait que, s'agissant ici de Lyotard et du langage, il s'agit du langage qui parle de nombreux langages (de multiples « genres de discours ») – et aussi du silence, du retrait, de l'évanescence, des affects.

Dans ce contexte d'une réflexion sur le langage et le désastre : sur le langage du désastre et le désastre du langage (tout désastre, et pas seulement de celui d'« Auschwitz »), il faut garder à l'esprit le fait que la destruction du monde, de l'homme et de la société se noue à celle du langage ; l'une accompagnant l'autre ; l'une impliquant l'autre[9]. Et si l'on songe aussi aux lignes de continuité possibles, cachées et tendues entre langages du quotidien et langues du désastre[10], tout en conservant l'inspiration de la pensée de la rémanence chez Hölderlin et Celan, on soutiendra ici que l'obligation et la dette de la pensée lyotardienne à l'égard du langage qui est resté, en quelque sorte, et a perduré au milieu de toutes les occupations, les pertes et les effondrements, sont triples et simultanées : premièrement, une obligation d'examiner ce qui reste de ce langage qui a traversé les ténèbres de la parole porteuse de mort et en est revenu, comme le dit Celan ; deuxièmement, une obligation de fonder ce qui reste, de constituer la langue (à chaque fois de nouveau), pour paraphraser Celan encore, de la porter à « s'affirmer quand elle est au bord d'elle-même » (Lyotard le fera à sa manière à lui, qui n'est ni celle de Hölderlin ni celle de Celan)[11]. Troisièmement enfin, une obligation de défendre ce qui reste, les langages effacés des restes. Il convient de souligner que, dans ce contexte des obligations, il ne s'agit pas d'une même rémanence du langage, mais de ses différentes expressions, liées l'une à l'autre, de l'obligation et de l'orientation de Lyotard à l'égard de la rémanence qui est restée au philosophe Lyotard dans le monde d'« après Auschwitz ».

9. Ces liens sont présents dans tous les écrits de Lyotard. D'après Primo Levi : « Là où l'on fait violence à l'homme, c'est une observation évidente, on le fait aussi à la langue » (*Les Naufragés et les rescapés. Quarante ans après Auschwitz*, tr. fr. A. Maugé, Paris, Gallimard, 1989, p. 96).

10. La catastrophe qui a nom « Auschwitz » a un statut complexe et tendu dans *Le Différend*, où elle constitue à la fois un événement singulier, sans précédent, qui opère une rupture radicale dans la pensée occidentale, tout en figurant un point extrême d'exacerbation dans la séquence qui la relie aux idées centrales du discours républicain occidental.

11. Nous développerons ce point ultérieurement.

L'obligation assumée par Lyotard d'examiner ce qui reste du langage après qu'il a porté et traversé son propre désastre, après qu'il a traversé et est revenu, disons-nous avec Celan, d'un terrible mutisme, des « mille ténèbres des paroles porteuses de mort », cette obligation consiste avant tout à examiner minutieusement le langage « revenu au jour », dans l'effort de préciser, de faire résonner et de se rappeler ce qui s'est effondré, ce qui a été rompu ou atteint en lui et ce qui a survécu, a perduré et a tenu le coup, ce qu'il y a d'urgence éthique (et politique) à réhabiliter ou à restaurer dans le langage resté : avant tout, comme le dira Lyotard, comme Celan, reconstituer la position de destinataire éthique – cette position obstinément détruite à « Auschwitz » –, la position que Lyotard vise à restaurer et à défendre de diverses manières tout au long de ses écrits[12]. Mais en même temps, faire aussi l'effort de chercher à comprendre et à clarifier ce qu'il est moralement urgent de ne pas essayer de restaurer dans le langage, et avant tout, comme l'établira Lyotard dans *Le Différend* (au chapitre intitulé « Le résultat »), l'obligation morale de la philosophie morale (et politique) de ne pas tenter de réhabiliter le discours spéculatif hégélien, parvenu à son extrémité avec « Auschwitz », comme l'a montré Theodor Adorno, de refuser de faire ressurgir la mort dans sa version spéculative, surmontable, et ainsi d'obliger la philosophie morale à se couper de l'économie spéculative de la vie et de la mort[13].

L'obligation de Lyotard de constituer ou de fonder (*stiften*, dans la langue de Hölderlin) ce qui reste est un engagement à fonder à sa manière le langage comme rémanence de lui-même, dans chaque contexte, dans l'effort d'explorer les restes langagiers imperceptibles, chargés de danger et de menace, qui perdurent et persistent dans le langage qui reste, même après qu'il s'est coupé du langage du désastre et libéré du désastre du langage, même après qu'il est revenu au jour, parler le langage du quotidien et celui de la justice, des droits, de la liberté, du devoir moral. C'est un engagement à ouvrir encore et encore, dans le langage qui persiste, des plis langagiers soustraits au regard et à l'ouïe, les plis de la violence, de l'exclusion et du silence qui persistent en lui ; et en même

12. Viser à rétablir la position du destinataire éthique est au fondement de tous les écrits de Lyotard et fait le lien entre ses écrits esthétiques, *Le Différend* et les écrits tardifs sur « l'enfance », « l'inhumain » ou « l'affect ».
13. Voir R. Peleg, « "After Auschwitz": Constituting Turning Point in Moral Philosophy », in A. Goldberg and H. Hazan (eds), *Marking Evil : Holocaust Memory in Global Age*, Oxford, New York, Berghahn Publishing House, 2015, p. 70-99.

temps, à découvrir des restes langagiers imperceptibles de garde éthique et de résistance éthique (ce lien que Lyotard cherchait à établir dans tous ses écrits entre le restant et la résistance, lesquels ont survécu peut-être aux mille ténèbres des occupations et aussi à l'occupation du langage) et perdurent dans le langage – ouvrir encore et encore dans le langage ces plis langagiers éthiques dissimulés – les faire revivre à nouveau.

Ces mouvements philosophico-langagiers sont, chez Lyotard, le sol d'une pensée qui s'engage à défendre aussi les langages effacés des restes ; qui s'engage à identifier, à reproduire, à libérer, à souligner sans relâche les traces effacées des différends enfouis, bien souvent sous les « litiges » dans lesquels on prétend les traduire et les arbitrer ; des différends qui font signe vers les restes d'une souffrance qui n'a pas trouvé d'expression dans le discours dominant, d'un sentiment qui a été englouti dans la rumeur des voix, de ce corps affectif qui a été étouffé ou a disparu dans le corps sensori-moteur, vers les restes de l'affect inconscient, de l'enfance – se disposer encore et encore vers les langages effacés ou disparus de ces restes-là, défendre la Babel des langages, comme il le dit sans relâche, contre les tentatives renouvelées de construire la tour.

La sensibilité de Lyotard au langage, son écoute particulière et son attention pour le langage peuvent être lues et singularisées, dans le cadre de la philosophie d'après le tournant langagier, comme des expressions de ces engagements complexes et simultanés de sa pensée à l'égard de la rémanence (du langage) restant au philosophe dans le monde d'après « Auschwitz ».

Il faut pour cela revenir au *Différend*, ce texte dans lequel le désastre qui a nom « Auschwitz » – ce désastre auquel s'attache aussi l'écriture de Celan – a un statut déterminant. Il faut relire *Le Différend* à partir de l'ici et du maintenant, le relire, aussi, après les écrits plus tardifs de Lyotard.

Dans *Le Différend*, Lyotard semble se réinstaller dans le degré zéro (qui est aussi un *ground zero*) du langage et de l'esprit occidental, tâtonner à travers tous les effondrements, les pertes et les occupations (y compris celles du langage). Dans la tentative renouvelée de s'orienter, de se situer, de tracer à nouveau les « desseins » de l'existence dans le langage et de repenser toutes les questions urgentes, pressantes quant à la justice, au tort, à la loi, à la victime et à la mort (« belle » ou non), Lyotard ne revient pas vers toutes ces zones du discours que le langage assigne (dans son dit) au débat moral. Il ne participe pas au discours qui a lieu à nouveau dans tous ces espaces du langage qui se sont avérés dépourvus de force protectrice et résistante devant les paroles porteuses de mort, et qui ont disparu dans les mille ténèbres des paroles porteuses de tort, de mépris ou de mort :

> La critique bâtit une architectonique des raisons et [...] il est impossible d'édifier quoi que ce soit de et sur ces décombres [le désastre de la pensée qu'est « Auschwitz »]. On ne peut que s'y faufiler, se glisser au milieu des ruines, entendre la plainte qui en émane, lui faire écho. Passibilité et compassion. [...] La philosophie comme architecture est ruinée [...][14].

Lyotard s'adresse plutôt, avant tout, dans *Le Différend*, au langage courant, quotidien, dans ses différents contextes et se déplace délibérément, dans un mouvement ininterrompu d'aller et retour entre les langages du quotidien et les langages du désastre, qui sont aussi des désastres du langage. Alors que résonne toujours à ses oreilles la question du « pire », il se déplace alternativement entre le site du litige et le camp de la mort, entre les tribunaux et le champ de bataille, entre la salle de conférence et l'autel du sacrifice (religieux ou séculier). Tout cela dans un mouvement qui trace des lignes de continuité conceptuelles et épistémologiques entre « là-bas » et « ici » ; des langages du quotidien à ceux du « désastre » (encore une fois, tout désastre) et retour, le mouvement passe aussi, de manière vitale, par l'héritage de pensée de la philosophie occidentale.

Un peu comme Lucile, dans *La Mort de Danton* de Büchner, à la figure de laquelle Celan s'attache dans *Le Méridien*, Lucile qui est présente mais « n'écoute pas vraiment », Lucile qui « entend celui qui parle, qui "le voit parler" », Lucile qui « a perçu parole et figure et en même temps [...] souffle[15] », Lyotard, à sa manière à lui, refuse obstinément et sans relâche d'écouter « comme il faut » [*richtig*[16]] le langage, d'être à l'écoute seulement de son dit, de sa voix. Il s'obstine (et pas seulement dans *Le Différend*) à l'écouter d'une autre oreille, d'être à l'écoute d'abord de ses aspects imperceptibles, dissimulés, alors même que c'est le langage du quotidien, alors même que c'est le langage de la mort ou du mépris, alors même que c'est le langage de la loi. Il s'obstine à l'écouter toujours, avec ce qu'il appellera parfois même, inspiré par Pascal Quignard,

14. *HJ*, p. 76.
15. P. Celan, *Le Méridien et autres proses*, *op. cit.*, p. 61, 62.
16. Jean Launay traduit « *richtig* » par « vraiment ». L'argument du présent article demande de l'entendre au sens de « comme il faut » ou « correctement » [R. P.].

une « oreille hallucinée », c'est-à-dire capable d'entendre non seulement les mots, les phrases, la rumeur des voix et des discours, mais aussi la plainte muette qui gît constamment sous eux ou qui sort d'eux, qui persiste entre les phrases et hors d'elles.

> La vie lamente sa précarité [...][17].

Dans la tentative de se situer, de clarifier sa position, de savoir où l'on se trouve, Lyotard se déplace constamment dans le langage dans un double battement et dans un double mouvement : une double écoute et une double alerte, qui sont les expressions de cette disposition de la pensée lyotardienne (à chaque fois de nouveau, dans chaque contexte de nouveau, de différentes manières) à aller vers les restes qui restent à la garde du philosophe (dans ce pli du mot *stiften* et avec le double sens de cette garde : veiller sur et surveiller, garder et se garder de). Double écoute et double garde qui sont des expressions de l'écoute constante de Lyotard pour les échos évanescents des dimensions du dire du langage – des dimensions qui ne sont pas seulement celles auxquelles Levinas prête attention, comme on le verra dans la suite.

Dans un battement, cherchant à découvrir les imperceptibles restes du danger – de la violence, de l'exclusion, du silence – qui persistent dans le langage restant et continuent à bruisser en lui, Lyotard vise constamment à déchirer, dans chaque contexte à nouveau, l'écran du discours, de la façade du dit, cherchant à dévoiler sans relâche le mode de contact et la force du contact des langages avec les choses dites ; cherchant à retirer l'écran qui dissimule le travail de mise en scène qui se produit toujours dans les coulisses du dit, dans tous les genres du discours ; et cherchant parfois à faire résonner les multiples seuils (d'inclusion-exclusion, de parole-silence, d'écoute-fermeture) qui œuvrent non seulement aux frontières de tout discours mais aussi en lui. Sans relâche, il cherche à dévoiler encore et encore toutes ces « grilles transparentes de parole », pour reprendre l'image celanienne (et dans le contexte lyotardien, il convient d'en parler au pluriel), que le langage dispose tout en les occultant dans ses activités ordonnées – afin de ne pas permettre à leur action de s'effacer sans trace.

À chaque fois de nouveau, pour chaque contexte discursif examiné, Lyotard détourne le discours de son trajet (« dis-cours », selon

17. « Musique, mutique », *MP*, p. 192.

l'expression de Blanchot), de son dit, et se place sur le seuil du discours (dans l'espace divisé entre intérieur et extérieur, entre entrée et sortie, et parfois entre vie et mort), comme quelqu'un qui est appelé sur le seuil, comme quelqu'un qui est appelé à parler depuis le seuil, convoquant les ombres du langage, les langages des ombres[18] (dans la langue du poème de Celan : « Toi aussi, parle »).

À partir de cette position de seuil, Lyotard ferme l'oreille (pour un instant) au dit du discours, aux significations, aux valeurs référentielles des mots et des phrases. Il les met entre parenthèses, se ferme au jaillissement des mots, de l'architectonique des raisons – comme s'il cherchait, en empruntant à la langue de Hölderlin et de Celan, à fonder le discours (à cet instant) comme rémanence de soi-même, comme langage de la rémanence – et aussi à le vider, à l'appauvrir (et à nous appauvrir, nous aussi) des rémanences anthropomorphiques du langage, et pour donner lieu, à sa manière à lui, à ce qui reste[19].

Ceci dans la tentative de suivre les opérations, les événements et les contacts du langage, dissimulés au regard et à l'oreille, qui ont lieu dans ce qu'on peut désigner, avec Levinas, comme le côté sinueux (et spectral) du langage comme « dit ». Soulignons qu'il ne s'agit pas seulement du côté du « dire » indiqué par Levinas[20]. À la différence de Levinas, Lyotard est constamment (et doublement) à l'écoute du langage ; il est à la recherche non seulement des dimensions éthiques cachées dans le langage courant, mais aussi des dimensions cachées de violence, de rejet, de répression et de silence qui ont lieu constamment dans la langue courante, dans ses différents contextes.

À partir du côté imperceptible du langage, Lyotard installe le mouvement incessant qui va du langagier à l'éthique et au politique (et retour) ou, plus précisément, des discussions et des analyses langagières à leurs implications éthiques et politiques. La transcription philosophico-langagière lyotardienne lie l'éthique et le politique au langagier d'une façon qui est particulière au *Différend* (mais pas seulement) : les moments éthiques

18. La figure de l'ombre dans la poésie celanienne est la figure de ce qui reste : la parole confisquée, faite ombre, présente en son absence. Cf. P. Celan, « Toi aussi, parle », *De seuil en seuil*, éd. bilingue, tr. fr. V. Briet, Paris, Christian Bourgois, 1991, p. 104-105.
19. *Dfd*, p. 105.
20. Levinas distingue, dans toute son œuvre, entre le « dit » du langage et son « dire ». Le « dit » est le contenu explicite du langage, tandis que le « dire » touche à ses dimensions éthiques implicites.

et politiques des discussions langagières surgissent des mouvements langagiers, en même temps que, bien souvent, ce sont les analyses langagières qui éveillent la sensibilité éthique et politique (laquelle ne s'éveillerait pas autrement), en dévoilant dans les langages quotidiens, dans leurs différents contextes (et aussi dans les langages du désastre) des dimensions cachées et inconnues de dépossession, d'écrasement, de refoulement, de violence et de tort (avec le sens que Lyotard a donné à ces termes dans *Le Différend*) qui ont toujours lieu du côté sinueux du langage[21].

Ainsi, l'analyse langagière minutieuse, par Lyotard, des processus qui confèrent leur légitimité aux phrases impératives du langage normatif républicain moderne et en font des lois normatives contraignantes – une analyse qui s'attache aux modes d'assignation, aux pronoms et au mouvement entre les positions langagières – met en évidence le fait que le langage conserve et efface en lui, dans d'imperceptibles plis, l'écart potentiel entre destinateurs et destinataires de la loi, écart qui niche dans ce discours et le menace constamment. Cet écart s'efface au moment de l'emploi du pronom « nous », tout en se conservant et en s'exposant par-delà l'effacement de ce côté sinueux du langage auquel Lyotard est attentif. La mise en évidence de cet imperceptible clivage langagier potentiel entre les composantes du « nous » (républicain), de ce pli langagier dissimulé, signale des dimensions inconnues de la force de loi républicaine et dégage la rémanence tue du langage du « eux » – rémanence écrasée ou tenue à distance par le « nous » collectif. L'exposition de ces dimensions subvertit tout le processus de légitimation de l'autorité républicaine et met en question la validité des prescriptions normatives du discours républicain, en particulier celles qui renvoient à la « belle mort », test ultime de l'appartenance du citoyen à la communauté.

Et en même temps, il y a toujours le deuxième battement, le deuxième mouvement, la deuxième écoute. Lyotard est toujours en quête des traces des fins réseaux langagiers éthiques, évanescents, cachés, qui se tissent constamment dans le langage, dans un non-lieu d'un autre ordre que celui du dit. Il recherche les cryptes langagières éthiques qui ont survécu peut-être malgré tout – comme le « cristal de souffle » celanien, « tout au fond de la crevasse des temps », dans les mouvements, les opérations et les états courants du langage, il est comme à leur recherche dans ces espaces langagiers qui échappent peut-être

21. *Dfd*, n° 7-8, p. 18-19 : « Un tort serait ceci : un dommage accompagné de la perte des moyens de faire la preuve du dommage ».

aux radars appropriateurs ; des espaces qui ne troublent pas ceux qui rêvent de le conquérir tout entier.

Tout en se déplaçant constamment du langagier à l'éthique (et retour), Lyotard indique ces lieux et ces moments où le langage « rompt avec » ses conditions, c'est-à-dire avec les limites du dit, et engage le moi dans des rapports éthiques, étrangers à son intention morale, sa générosité ou sa libre détermination.

Ainsi, par exemple, Lyotard se concentre-t-il sur le fait d'être assigné à la place du « tu » dans la phrase d'obligation, assignation qui, en quelque sorte, dépouille le « je » des défenses qui le protègent (en tant que nom propre), l'exposent sans défense ni barrière culturelle, politique ou économique (uniquement en tant que « tu ») à la voix qui impose l'obligation et la nécessité de répondre (quelle que soit la réponse) – sans permettre à ce « tu » de se soustraire à l'appel, ni de se fermer à lui sans traces[22].

L'effort de Lyotard pour analyser la structure langagière de cet appel à l'obligation et, plus précisément, les caractéristiques langagières de l'instant de l'appel par la Voix (éthique, la Voix majuscule) affine peu à peu le langage possible de la Voix (éthique), en montrant ce que cette Voix ne peut jamais dire à son destinataire éthique, les forces et les capacités qu'elle ne peut jamais éveiller en lui, les efforts et les évitements qu'elle ne peut jamais exiger de lui, ainsi que les permissions qu'elle ne peut jamais légitimer.

En se concentrant sur la structure langagière du moment de la sommation éthique et en élaborant les conséquences éthiques impliquées par ce moment langagier – repliées en lui –, Lyotard élucide le caractère idiolectique (au sens que Wittgenstein donne à ce concept) du moment éthique et établit le vide fondamental de la Voix éthique[23]. Ce processus langagier explicite sans l'adoucir la profonde solitude du destinataire de l'adresse éthique et la non-accessibilité principielle du tiers – qu'il soit un dirigeant politique, militaire ou religieux – à la situation. La question de l'obligation éthique reste un problème ouvert à la détermination et à la responsabilité exclusive du destinataire. Mais à la différence de Levinas, c'est au moyen de l'analyse langagière minutieuse de la situation temporelle propre à l'obligation que Lyotard fonde l'obligation du destinataire éthique de différer à cet instant sa réponse immédiate (la réponse exigée par Levinas), et de juger du devoir commandé par la Voix qui le tient

22. *Dfd*, n° 172, p. 170.

23. Ce processus langagier subvertit toute tentative d'associer l'obligation éthique au *contenu* de la voix ou à sa *source* – qu'elle soit politique, religieuse, militaire ou culturelle.

« de nulle part et au nom de personne[24] ». Toute sommation de l'obligation n'est pas sommation éthique, ainsi met-il en garde le destinataire éthique, toute phrase d'obligation n'est pas une phrase éthique. Abraham a entendu une voix lui dire « Tu dois (sacrifier ton fils)[25] », et le nazi, aussi, a entendu une voix lui enjoindre : « Tu dois (assassiner le juif) ».

En termes lévinassiens, on peut dire que Lyotard est ici toujours à l'écoute (avec son oreille à lui) des « intrigues éthiques » du langage (du point de vue du destinateur qui vise le moral, celui qui pèse et choisit). Ces « intrigues » du langage ne se prêtent pas à une réduction au langage du dit, et ainsi, d'une part, elles échappent à la thématisation du dit et ne se prêtent pas à l'appropriation, mais d'autre part, elles se retirent et se soustraient immédiatement à l'ordre du dit, ne restent présentes que pour qui veut recueillir les traces de leurs restes[26].

La recherche, au sein du langage, d'orientations de vie, le mouvement vers des « tournants de souffle » langagier, pour le dire avec Celan (et en hébreu, il y a une proximité sonore et graphique entre le « souffle » המישנ et l'« âme » המשנ) qui sont aussi des itinéraires évanescents d'échappatoire, de résistance, pour qui est allé vers le langage « blessé par la réalité et cherchant la réalité[27] ».

24. Selon Lyotard, l'obligation est un « scandale pour l'obligé. Privé de la "libre" disposition de soi, abandonné par son image narcissique, contrarié en ceci, inhibé en cela, angoissé de ne pas pouvoir être lui-même tout de go » (*Dfd*, n° 170, p. 162). À la différence de Levinas, Lyotard n'exige pas cette réponse levinassienne immédiate : « Me Voici ». Le destinataire éthique est tenu de juger et de décider de *sa réponse* à la voix qui le saisit de nulle part et au nom de personne ; il est tenu de savoir que toute relation qu'il établit entre la voix et une source ou un contenu déterminés est déjà une interprétation subjective concernant la voix. L'interprétation ne fait pas partie de la situation d'obligation elle-même, mais appartient déjà à un autre discours, celui de l'interprétation, dont la responsabilité incombe au destinataire, et qui constitue une décision éthique quant à notre réponse à la voix.
25. *Dfd*, n° 172, p. 170 et n° 168, p. 161-162. Là réside, du point de vue de Lyotard, l'échec de Levinas, qui cherchait à interpréter le contenu (impossible) de la phrase d'obligation au lieu du destinataire, et à identifier sa source, *au lieu* d'analyser et de marquer sa structure, comme le fait Lyotard.
26. Comme on l'a dit, à la différence de Levinas, Lyotard recherche non seulement des dimensions éthiques cachées dans le langage courant, mais aussi des dimensions cachées de violence, de rejet, de répression et de silence qui ont lieu constamment dans la langue courante.
27. Le lien entre le souffle et l'âme apparaît en Genèse 2, dans la seconde Création de l'homme. Le verset dit alors que « l'Éternel-Dieu fit pénétrer dans les narines d'Adam un souffle de vie » (*Genèse* 2:7).

La recherche de l'âme du langage ou, peut-être, la tentative de lui rendre son souffle/âme, de sentir son souffle/âme, qui est le souffle et l'âme du monde (et aussi les nôtres) ; le cheminement, pour parler avec Celan, de celui qui a cherché tout au long de son écriture à défendre ce qui reste, afin de nous défendre nous-mêmes (pour le dire, cette fois, avec les beaux mots de Lyotard), de nous entraîner à être les destinataires éthiques des langages effacés des restes et, après tout cela, de nous obliger à défendre aussi les marges des restes ; le reste comme reste, le manque comme manque (impossible à combler) et comme dette impossible à racheter. Une dette que Lyotard a tenté, tout au long de ses écrits, de défendre et de penser sous différents noms – des noms différents pour l'omission, le manque, la détresse, la confiscation, des noms qui en même temps sont aussi des noms de dénouage, de trouble, de résistance, d'humilité, des noms qui nous obligent encore et encore à prendre la route à nouveau.

Finalement, une simple affaire d'enchaînement et de lien entre les phrases, d'examen et de précision langagière, « c'est tout ce qui nous intéresse », dit-il prudemment dans *Le Différend*, tout en s'affrontant à nouveau aux questions politiques et éthiques urgentes, pressantes, sur l'identité, l'hégémonie, l'obligation, la communauté, la violence, la loi et l'occupation – toutes ces questions dont il traite, non seulement dans *Le Différend*, mais dans tous ses écrits.

Mais constamment se révèle la puissance éthique (et politique) singulière des processus langagiers de Lyotard, de son écoute, de son alerte et de sa sensibilité particulière pour le langage, de sa quête, à sa manière, du côté sinueux du langage – des processus qui déplacent sans relâche ce qui ressemble à des structures impénétrables d'hégémonie politique, religieuse, culturelle ou économique, qui dénouent des mondes de discours fermés, saturés et estampillés, selon toute apparence, et subvertissent les forces d'occupation.

Le livre qui s'ouvrait sur l'impossible tentative des survivants de témoigner de l'horreur comme de la faire taire, *Le Différend*, Lyotard choisit de le clore, sans l'achever, par une occurrence langagière invisible, minuscule : la naissance de la phrase suivante[28].

La puissance invincible qu'a le langage de produire à chaque instant le miracle de la naissance, cette création de la phrase qui vient, sa puissance d'ouvrir à chaque instant une infinité de possibilités de continuer,

28. *Dfd*, n° 264, p. 260.

de transformer chaque instant en un nouveau commencement, en une nouvelle création, en tout lieu où « me voici », où « nous sommes », Lyotard a choisi de l'opposer à tous les désirs d'estampillage, de fermeture, d'occupation, et d'appropriation (aussi du langage). Il a choisi de finir (sans fin) en tendant l'oreille à cette occurrence langagière cachée et marginale en apparence, qui nous offre un grand espoir et une responsabilité immense, menace et veille, puisque, si l'on suit Blanchot lisant *L'Espèce humaine* de Robert Antelme, on peut dire, en s'inspirant de Lyotard, que le langage aussi est l'indestructible, il signifie qu'il n'y a pas de limites à la destruction du langage.

Traduit de l'hébreu par Joëlle Marelli.

François-David SEBBAH

La phrase du témoin

La notion de témoignage est au cœur du *Différend*, le livre de Lyotard ; très précisément, d'un certain point de vue la visée même du livre consiste à *témoigner* du *différend*.

Dans ce livre sont construites, du même mouvement, les notions de tort et de différend. Je rappelle ici très brièvement le dispositif théorique dont il s'agit. La notion de tort prend sens par rapport à celle de dommage. Le « dommage » peut être formulé, mis en langage dans la langue du tribunal pour que justice soit rendue (c'est le litige) ; le « différend » est impossibilité d'un langage ou métalangage commun où puisse être formulé ce qui, en raison de ce caractère « informulable », n'est plus un « dommage » mais un « tort ». Le différend appelle dès lors une nouvelle phrase en rupture[1]. Sans nouvel idiome, la phrase qui subit le tort reste en

1. Pour fixer le vocabulaire théorique du *Différend* dont je ferai usage ici, je me permets de citer un bref extrait de *Partages du sens* (Nanterre, Presses Universitaires de Paris Ouest, 2014, p. 22) de Jean-Michel Salanskis, où ce dernier parvient en peu de lignes et de manière aussi précise que pédagogique à nous en transmettre l'essentiel (j'accentue par des italiques) : « [...] l'auteur nous présente un tableau du monde humain fondé sur une reconduction aux *phrases* qui y voient le jour. [...] En fait il n'y a pas le monde, il n'y a que les phrases et leur occurrence. Ces phrases présentent chacune un univers, ce qui veut dire qu'elles ont un destinateur, un destinataire, un sens et un référent : chacune de ces quatre instances est distribuée par l'événement de l'occurrence d'une phrase. Entre ces instances, peuvent exister des relations, des tensions spécifiques déterminant l'identité de ce que Lyotard appelle un *régime* de phrases : ainsi la phrase descriptive accentue le pôle du destinateur, du sens et du référent [...] ; ainsi la phrase prescriptive met en relief le pôle destinataire, au point de rendre à peu près négligeable le poids des autres pôles [...]. Les régimes de phrases [...] s'insèrent dans des *genres :* ceux-ci sont des modes canoniques d'enchaînement des phrases, suggérant qu'à une phrase de tel régime succède une phrase de tel autre régime, tout cela en vue d'un "gain" que le genre définit. Un genre n'a pas en vue la même sorte de gain qu'un autre. Le genre théorique recommande une certaine composition de phrases descriptives,

souffrance, est pure victime ; ou encore : dans les phrases dominantes, la phrase qui subit le tort est inaudible. Il faut, selon les termes de Lyotard, qu'une nouvelle « phrase » enchaîne – qui ne relève pas du même genre (genre spéculatif, genre économique, genre « éthique », etc.). Ce qui ne se peut que selon un « coup », un « déplacement » qui soit une singularité – et qui ne peut l'être vraiment que s'il reste « ouvert », contingent et indéterminé : *pure place vide du « arrive-t-il ? »* (le « il » disant cette place vide), selon l'expression de Lyotard – *« arrive-t-il ? »* qui échappe à tout programme. Au fond, seul le différend, en produisant un certain type d'impossibilité, peut ouvrir au *« arrive-t-il ? »* comme à un imprésentable – imprésentable au sein précisément de l'espace mis en crise par le différend.

Au numéro 22 du *Différend*, Lyotard écrit :

> Le différend est l'état instable et l'instant du langage où quelque chose qui doit pouvoir être mis en phrases ne peut pas l'être encore. Cet état comporte le silence qui est une phrase négative, mais il en appelle aussi à des phrases possibles en principe. Ce que l'on nomme ordinairement le sentiment signale cet état. [...] C'est l'enjeu d'une littérature, d'une philosophie, d'une politique, *de témoigner* des différends en leur trouvant des idiomes[2].

On ne peut qu'être frappé par l'équilibre instable et fragile qui habite cette proposition de compréhension du « témoigner du différend ». En effet, il s'agit tout à la fois d'excéder, de casser, l'hégémonie d'un régime ou plutôt d'un genre *et* d'enchaîner. On sent les risques multiples et contradictoires entre eux : manquer à enchaîner, laisser en souffrance, *ou bien* trop bien enchaîner et donc rester dans le genre, c'est-à-dire, d'une autre manière, ne pas enchaîner... Le silence et la souffrance doivent être en un sens irréductibles comme marque de l'irréductibilité même du tort (comme ce qui manifeste qu'il ne s'agit pas d'un simple litige) et pourtant provisoires, et même moteur de leur dépassement (en un nouvel idiome), promesse ou puissance de leur dépassement : inchoativité, indétermination des mots qu'on ne trouve pas, mais qui promettent déjà les mots trouvés, les nouveaux mots.

interrogatives, ostensives, etc., toujours en vue d'un gain qui est celui de la saturation référentielle (la vérité, en termes plus classiques) [...]. »

2. *Dfd*, p. 29, je souligne.

Tout se passe comme si le « témoignage » ainsi décrit syncopait deux moments ou deux phases, la seconde relayant toujours déjà la première :

Première phase : il y a de l'imprésentable (dans un régime ou plutôt un genre), qui, en tant que tel, n'est ni constituable, ni descriptible, ni bien sûr « narrable » (pour autant que la narration est tenue par Lyotard comme le geste de rassemblement par excellence – de ce point de vue, pour lui, tout savoir comporte de la narration). Et ce qu'on ne peut ni constituer, ni décrire, ni, au plus large, "narrer" – il faut en témoigner. C'est comme si, l'événement relevant du *« arrive-t-il ? »*, pur *quod* sans *quid*, pure venue comptant avant la détermination substantielle de ce qui vient, *seul le témoignage* pouvait faire l'enchaînement fragile, convenant, du fait de sa fragilité même – il est ce qui reste lorsque toute activité de maîtrise a été déposée –, à l'événement qui n'est événement qu'en cela que je ne m'y prépare pas, ou de telle manière qu'il sera toujours en excès par rapport à toute préparation.

Et pourtant, le témoignage, *déjà*, deuxième phase, est institution du nouvel idiome (il peut même instituer une littérature, une philosophie, une politique…). Il y a avènement d'une occurrence singulière.

Je suis sensible à cette pensée de l'événement, de l'événement au fond présenté comme fécondité : du « nouveau » arrive (dans son occurrence singulière, nécessairement impréparée et impréparable). Et pourtant, je reste quelque peu perplexe. C'est que, à vrai dire, cette approche du différend frappe par, si je puis dire, son « optimisme » ; « optimisme » qui se traduit d'ailleurs par la définition du témoignage qu'elle engage : « témoigner en trouvant des idiomes », en instituant, en inventant des idiomes qui n'existent pas encore. Cette définition vient syncoper le témoignage sur l'institution de ce qui n'existe pas encore. Or on ne peut s'empêcher de mettre en contraste cette approche définitionnelle avec son contexte : l'élaboration même de la notion de différend, comme on sait, a été embrayée par la considération du « révisionnisme », du négationnisme en vérité, c'est-à-dire par la mise en péril de la possibilité même du témoignage, par la mise en péril, l'extinction peut-être, de la possibilité de tout idiome nouveau, de tout idiome tout court.

Ce qui embraye et polarise la pensée du différend, c'est la considération sinon du différend majeur, d'un différend majeur, un différend qui l'est tellement intensément qu'il cesse, dit Lyotard, d'être un différend, que ce dont il s'agit excède infiniment la « catégorie » de « différend » : il est impossible, absolument, d'enchaîner après lui. Le point de mise en crise entre « différend » et « événement » est Auschwitz. L'événement comme différend maximisé au point de risquer de faire éclater, *ou plutôt* au point de déjà faire éclater la forme même du différend[3] ; l'événement annulé comme différend majeur, et déjà au-delà de tout différend : *l'événement sans témoin*[4].

Mais on sait la tension interne à l'événement que révèle Auschwitz en tant qu'événement impossible. En tant qu'absolue extermination, nul ne peut en témoigner – puisqu'en revenir pour en témoigner reviendrait à désavouer le caractère absolu de l'extermination. Le survivant ne peut être cru, non pas seulement *parce qu'il dit l'incroyable, ce qui* est incroyable (car au fond seul l'incroyable peut être *cru*, relever du « croire » en ce qu'il excède les domaines du perçu, de la preuve, etc.), mais parce *qu'il est incroyable : on ne peut le croire, lui, le témoin*. Si attester, témoigner, relève du genre de discours de la vérité, alors la position du témoin d'Auschwitz est douloureusement contradictoire : vous ne pouvez témoigner de l'absolu de la destruction et de la mort puisque vous l'avez traversé, que vous en êtes revenu. (Et il faut bien concéder, Lyotard le fait, qu'on est là tout simplement fort proche de l'énoncé d'Epicure – si je suis, la mort n'est pas ; si elle est, je ne suis pas.) Telle est la terrible « vérité » sur le fond de laquelle se déploie le négationnisme (Lyotard dit encore, au début des années 1980, « révisionnisme »). Lyotard au fond assume cette « vérité » : on ne peut rapatrier l'événement d'Auschwitz dans le jeu de la vérité, du langage et de l'être – dans ce « genre » ; il s'y dérobe et il l'excède, il le met en crise. Ce n'est pas une vérité exceptionnelle, c'« est » ce qui s'excepte de toute vérité (et donc de l'être qui en est le corrélat), ce qui rend ce jeu de langage, ce genre, dérisoire et caduque. On pourrait dire que Lyotard frôle le négationnisme pour mieux le contrer (et, dans ce frôlement, certains de ses énoncés peuvent provoquer un certain malaise) : il faut assumer la douleur de l'impossibilité du témoignage, le témoignage comme impossible, pour être à « hauteur » de l'événement (ce qui revient à éprouver qu'on ne peut l'être), pour ne pas le rapatrier dans l'être et sa règle de vérité, lui qui l'aura excédé dans l'anéantissement, béance terrifiante dans

3. Lyotard écrit : « Entre le SS et le juif il n'y a même pas de différend, parce qu'il n'y a même pas un idiome commun (celui d'un tribunal) dans lequel un dommage au moins pourrait être formulé, serait-ce à la place d'un tort (n°s 7, 9). Il n'y a donc pas besoin d'un procès, même parodique. (Ce n'est pas le cas avec les communistes). La phrase juive n'a pas eu lieu. » (*Dfd*, p. 157).

4. Cf. par exemple, à propos d'Auschwitz, « L'absence de destinataire est aussi l'absence de témoin » (*Dfd*, p. 152).

l'être. Béance terrifiante dans l'être qui cherchera sa contrepartie en un autre « hors être », l'obligation éthique. Cette impossibilité d'enchaîner sur Auschwitz ne sera que douleur et échec si l'on reste dans l'être (et la question de la vérité qui l'accompagne). Avec Levinas, il faudra passer au-delà de l'alternative « être/ne pas être »[5].

5. Dans *Le Différend*, la méditation du « témoigner pour le différend majeur, pour « Auschwitz », enchaîne assez vite sur la méditation concernant « l'obligation ». Et c'est au cœur de la partie du livre nommée « L'obligation » que s'inscrit la notice consacrée à Levinas. De « témoigner d'Auschwitz », l'on passe à « témoigner du commandement » – car, précisément, le commandement est cela même dont on témoigne ; au fond, il n'y a de témoignage que du ou pour le commandement. Dissipons une ambiguïté : autant que Levinas d'ailleurs, Lyotard rejette radicalement l'idée qu'Auschwitz puisse prendre sens depuis Dieu ou son intention (comme mise à l'épreuve, expiation, etc.) et que témoigner de l'extermination perpétrée par les nazis puisse participer en ce sens du témoignage de la gloire de l'Infini.
Et pourtant, témoigner du différend radical conduit Lyotard dans les parages du témoignage comme réponse au commandement – car seul le témoignage convient sous le coup du commandement. Il n'y a de commandement que dans le témoignage qui en témoigne, il n'y a de témoignage que du commandement : commandement et témoignage s'entr'appartiennent en un sens. Au fond, on peut comprendre la chose suivante : « Auschwitz » comme Lyotard en fait l'épreuve implique d'assumer le pire – le négationnisme – mais fait entrevoir aussi un témoignage qui, n'étant plus assujetti par l'être et le non-être, par la vérité et le mensonge, témoigne autrement, de se libérer de l'être et du discours qui lui convient (apophantique), de la question de la vérité en ce sens. Et très précisément, on a là en creux la description de l'obligation éthique, de l'éthique comme obligation. C'est comme l'éthique même que se renverse ou se retourne l'horreur négationniste (ce que je dis là est périlleux, mais je crois que c'est le chemin abrupt que prend Lyotard !). « Entre » le chapitre « Le résultat » (*Dfd*, p. 130 *sq.*) où il est principalement question d'Auschwitz et le chapitre « L'obligation » (*Dfd*, p. 159 *sq.*) qui lui succède immédiatement, il y a comme un flou – et un certain malaise pour le lecteur. Ça enchaîne et ça n'enchaîne pas – toujours le même embarras.
Le chapitre « Le résultat », évoquant le silence « qui va d'eux, les déportés, eux, les SS, à nous qui parlons d'eux » (*Dfd*, p. 157), se clôt en expliquant que ce silence est interruption, interruption entre eux et interruption de tout sujet. Le chapitre qui lui fait suite, « L'obligation », commence ainsi : « Du moins la fission du soi aurait cette finalité : de détruire sa présomption. De rappeler que la loi est transcendante à toute intelligence. Et cela sous les dehors d'une abominable pitrerie comme dit Rousset. » (*Dfd*, n° 161, p. 159).
Et c'est en Levinas que Lyotard entendra exemplairement l'éthique comme obligation ; Levinas qu'il voudra pour ainsi dire *exclusivement* entendre comme le témoin du prescriptif, le prescriptif n'étant rien d'autre que la rupture du descriptif et plus largement du genre théorique, du genre de discours susceptible du vrai et du faux (de l'ontologie, de l'être et du *logos* qui le reflète, pourrait-on dire autrement). Je ne tire pas ce fil ici (je l'ai fait dans « Levinas dans l'oreille de Lyotard », conférence présentée en diverses

Alors, il sera dit *aussi* qu'il est insupportable de tenir que les témoins mentent, et que ce qu'ils disent est faux ; car ils ne disent rien (de vrai ou de faux). Et ce qu'il faut alors nommer témoignage n'a plus rien à voir avec l'attestation d'une vérité (au sens où cette dernière suppose un destinateur, un destinataire, un référent pour un jeu de langage qui cherche l'adéquation) ; plus rien à voir avec l'attestation d'une vérité (susceptible de chercher sa confirmation par l'ostension ou l'argumentation : ce qu'on peut voir, ce qu'il y a ou pas de « contradiction » dans des propos tenus).

Cela rappelé, je voudrais ici formuler quelques questions – qui n'ont rien de rhétoriques.

Le témoignage impossible interdit-il qu'on continue à jouer le jeu de ce genre (polarisé par la vérité, surtout fait de phrases des divers régimes constituant le genre théorique ou cognitif) en laissant cependant ouverte la possibilité d'enchaîner dans d'autres genres (et en tous les cas sur d'autres phrases) ?

Cela n'aura rien de surprenant s'il a été posé que l'enchaînement vraiment ne peut avoir lieu qu'en situation de « différend », c'est-à-dire dans l'incommensurabilité entre deux genres[6]. Ainsi le sophiste, pour Lyotard, loin d'être manipulateur et menteur (un « révisionniste » avant l'heure), est au fond, au contraire, celui qui, dans le différend avec le genre du vrai, est capable de jouer un *autre* coup dans le langage, un coup qui enchaîne dans la singularité de l'occurrence et la contingence, en cette fragilité, et peut ainsi « témoigner » pour le minoritaire, la victime ou le réprouvé – la réprouvée (Hélène de Troie).

Ou bien Lyotard tient-il que tout coup dans le langage – même celui émancipé du jeu de la vérité, de ce genre-là – « rassemblera » trop l'événement, annulant sa charge d'événement irrécupérable, et ce même dans un autre genre que celui de la vérité ?

En tous les cas, cela ne vaut-il pas pour « Auschwitz » qui radicalise l'« événement » jusqu'à le faire pour ainsi dire « exploser » ? L'enjeu ne serait pas celui de la recherche ou de la rencontre d'un autre discours que le discours vrai, mais de l'autre de tout discours, de tous les genres ;

occasions et inédite à ce jour). On peut renvoyer sur cette question à de nombreux textes de Jean-Michel Salanskis (par exemple à *Le Concret et l'idéal, Levinas vivant III*, Paris, Klincksieck, 2015), et depuis peu au recueil rassemblant les principaux textes consacrés par Lyotard à Levinas (en dehors du *Différend*) et reprenant le titre du principal d'entre eux, *Logique de Levinas* (Lagrasse, Éditions Verdier, 2015) recueil dû aux bons soins de Paul Audi qui le présente et postfacé par Gérald Sfez.

6. On ne peut que le remarquer, tenir une telle position limitera le caractère exceptionnel d'Auschwitz.

pas même l'invention singulière d'un autre idiome, mais de l'autre de tout idiome ?

Mais vous voyez que cette seconde direction pourtant esquissée depuis Lyotard, depuis quelque chose qui s'exige dans son texte, se fait aussi et d'abord contre la veine principale de ce texte. S'il s'agissait véritablement d'exiger « l'autre de tout idiome », alors l'enchaînement comme tel ne serait-il pas rendu absolument impossible, l'événement comme tel ne serait-il pas annulé (alors même que Lyotard tente de décrire l'enchaînement qui fait événement) ? D'ailleurs, tenir que l'affect et le silence sont phrases, comme le fait Lyotard, revient certes à maximiser l'écart entre les genres, mais cela ne revient-il pas surtout à envelopper tout dehors supposé du langage dans le langage même – à faire du langage un absolu sans dehors – et donc à conjurer toujours déjà le spectre de l'interruption absolue de tout enchaînement ?

Double bind vicieux :

1) Témoigner pour l'événement Auschwitz, en faire la promesse d'un nouvel idiome, serait le trahir ; serait trahir son caractère exorbitant, imprésentable – de l'imprésentable jamais relevable certes, mais pas même « enchaînable », si je puis dire : celui du « pire que la mort[7] ». Témoigner pour l'événement Auschwitz – si le témoignage est promesse d'un nouvel idiome – reviendra à annuler le témoignage.

2) Mais n'enchaîner en rien, reviendra *aussi* à annuler l'événement : rien n'aura fait événement, les victimes sont trahies, abandonnées au sort d'être de pures victimes, rien que victimes, au point d'être rejetées en deçà de la condition même de victime ; le tort absolu, plus que tort, devient moins qu'un tort, puisqu'il n'ouvre sur aucun *« arrive-t-il ? »*, puisque rien ne peut enchaîner : il n'est que sécheresse du « pire que la mort ».

De ce point de vue, « Auschwitz » porterait à un point d'intensité maximale, au point d'explosion, la tension propre à tout événement en tant qu'il est événement. Ce *double bind* est aussi constitutif du témoignage lui-même et le porte, lui aussi, à son point d'intensité maximale, d'explosion. L'impossible témoin, celui d'Auschwitz, est témoin de l'exceptionnel, d'une exceptionnalité jamais relevable, pas même enchaînable – singularité du « pire que la mort » ; et du même mouvement, il peut sembler que la tension qui le constitue douloureusement hante tout témoignage.

7. Cette expression d'Adorno est plusieurs fois reprise et méditée dans le chapitre « Le résultat », en particulier au numéro 153.

C'est là la version tout à la fois pessimiste et profondément aporétique du « témoignage » que je soupçonne « derrière » celle que je qualifiais d'« optimiste » pour commencer (et finalement d'ailleurs assez merleau-pontienne : la phrase en souffrance comme préparant en son inchoativité ce qui vient et n'est cependant pas contenu en elle, pas même « en puissance »).

N'enchaîner en rien, ce sera abandonner les victimes au « pire que la mort » ; il faut donc enchaîner – mais, dès lors qu'on enchaîne, pointe déjà le risque de *trop* enchaîner. En effet, ce qui caractérise le « pire que la mort » est qu'il s'agit d'une mort « sans témoin » et « sans destinataire », en un sens une mort volée (non attestée) : annuler ces caractéristiques en relevant cette mort « pire que la mort » en une « belle mort », en s'en faisant le témoin ou le destinataire, en prétendant rétablir le témoignage manquant, aboutira tout autant à l'effacer ou la nier que de l'abandonner à la sécheresse d'une absence totale d'enchaînement. Il ne faut pas enchaîner en témoignant là où le témoignage aura manqué, il faut témoigner pour l'absence de témoignage sans prétendre recouvrir la béance, rédimer cette absence constitutive du « pire que la mort ». La voie est donc étroite. Entre ne pas enchaîner (Auschwitz resterait sec, sans *« arrive-t-il ? »*, ne serait dès lors pas même un « différend ») et trop enchaîner (relever le « pire que la mort » en une « belle mort »)[8], le nouvel idiome qui ne bafouera pas le différend majeur mais le respectera et en un sens l'accomplira comme tel, sera bien un témoignage, mais un témoignage impossible : le témoignage qui n'est possible que comme impossible (au sens où il n'annule pas l'absence de témoignage constitutive du « pire que la mort ») – témoignage qui sera l'éthique même en tant qu'obligation.

En proposant cette voie étroite, Lyotard ne tente-t-il pas de transformer un *double bind* vicieux en un *double bind* vertueux, sans l'annuler pourtant,

8. Le risque de trop enchaîner se fait maximal lorsque la tentation de trop réparer tend à résorber (ou à tout le moins transformer) le différend en litige et le tort en dommage. Lyotard signale par exemple qu'« en formant l'État d'Israël, les survivants transformaient le tort en dommage et le différend en litige, ils mettaient un terme au silence auquel ils étaient condamnés en se mettant à parler dans l'idiome commun du droit international public et de la politique autorisée ». Il ajoute donc immédiatement : « Mais la réalité du tort subi à Auschwitz avant la fondation de cet État restait et reste à établir, et elle ne peut pas l'être parce qu'il est du tort de ne pouvoir être établi par consensus (n°s 7, 9) » (*Dfd*, p. 90).

sans annuler sa portée aporétique ? Y parvient-il ? Peut-on y parvenir ? C'est la question que l'on peut légitimement se poser[9].

Exacerbant son effort, Lyotard aura tenu à ce que la « phrase » ne soit pas exclusivement phrase articulée (même si, d'un autre côté, il s'établit dans les « jeux de langage » pour dire la distance d'avec tout référent, dire qu'on est d'abord et toujours en retrait du référent dans du « langage ») – le sentiment et le silence, comme le cri, pour Lyotard, sont « phrases ». Le témoin ne sera le témoin que réduit au silence, mais le « silence » et le sentiment – de souffrance – qui l'habite, « enchaînent » à leur manière ; ils sont « phrases ». Ils indiquent précisément que des phrases sont en souffrance, qui demandent à être dites – et qui ne pourront jamais l'être –, qui tout à la fois et avec la même nécessité et la même urgence doivent être dites et ne peuvent pas l'être : l'enchaînement comme assomption de l'échec nécessaire à le faire qui est du même mouvement relance de l'exigence de le faire – ainsi seulement, en cette précarité et cette fragilité, le témoignage pour l'événement pourra échapper à la contradiction qui l'annule sans effacer la tension, le *double bind* qui le constitue.

À vrai dire, il y a, chez moi, ambivalence dans la réception de cette possibilité aperçue chez Lyotard, et cette ambivalence de réception correspond – il me semble que l'on est fondé à en faire l'hypothèse – à une hésitation dans le texte lyotardien lui-même.

Si Auschwitz est le nom de ce qui est « pire que la mort » (selon l'expression d'Adorno) parce que cela anéantit tout enchaînement, alors ne faut-il pas tenir bon sur ceci qu'*aucune* phrase ne peut ni ne doit enchaîner ? Lyotard écrit bien qu'« entre le SS et le juif il n'y a même pas

9. Cette ambiguïté est sensible à même le texte du *Différend*. Elle se joue entre les numéros 93 et 160. Au numéro 93, Auschwitz est présenté comme un « différend » et le sentiment – comme mots indéfiniment empêchés mais sans cesse relancés – semble réussir, comme tel, à enchaîner. Il enchaîne sur la destruction ou la ruine du témoignage au sens de l'« attestation des faits ». Sur la « ruine » de ce dernier témoignage se lève un autre témoignage – qui fait le « fond » de tout témoignage authentique. Au numéro 160, nous le remarquions pour commencer, on peut lire au contraire : « entre le SS et le juif il n'y a même pas de différend ». Auschwitz n'est, de ce point de vue, « même pas un différend » – l'enchaînement semble impossible. Et à vrai dire, Lyotard tente de « s'en sortir » en proposant que le sentiment soit l'enchaînement qui convient en ce qu'il ne vient précisément pas annuler l'absence absolue d'enchaînement entre le SS et le juif, mais la respecte et même la manifeste comme telle.

de différend [...] », qu'« il n'y a pas de "*arrive-t-il ?*" », que « l'absence de destinataire est aussi l'absence de témoin »... Mais alors, pour respecter le « pire que la mort » en son « en tant que tel », on le parachèverait et on s'en ferait complice : rien ne peut ni ne doit être dit contre le négationnisme, nulle phrase éthique ne serait ici possible. N'est-il effectivement pas préférable, comme nous l'indiquions, de trouver, avec Lyotard toujours, la voie suivante : que le sentiment puisse enchaîner, lorsqu'il s'agit d'Auschwitz, comme impossibilité pourtant d'instituer un nouvel idiome (mais comme le promettant indéfiniment) ? Et pourtant ne faut-il pas immédiatement se dédire ? Même ainsi, même sans instituer de nouvel idiome, ne risque-t-on pas *déjà* de trop enchaîner ? Ces deux lignes, en un sens contradictoires, me semblent présentes dans le texte lyotardien – comme impartageables l'une de l'autre[10].

Question connexe : lorsque Lyotard fait du silence et du sentiment des phrases, il veut manifester l'hétérogénéité maximale parmi les genres de discours, faire droit au plus hétérogène par rapport à l'apophantique, l'accueillir au même titre que les autres genres de discours ou régimes de phrases – accueillir l'idée qu'une phrase puisse être inarticulée et inarticulable, ne pas présenter un univers, et cependant être une phrase. On le lit ainsi. Mais on ne peut s'empêcher de se demander, selon un point de vue inverse, s'il ne tente pas de rapatrier dans le langage – là où ça enchaîne –, au prix d'efforts désespérés, ce dont il dit pourtant du même mouvement que cela ne doit pas enchaîner, mais rompre tout enchaînement.

Pour ma part, je ne parviens pas à m'extraire de ce terrible mouvement de balancier ; je ne suis pas sûr que Lyotard nous donne les moyens de faire usage de ce *double bind* aporétique, malgré tout, et bien que ce soit l'intention de son effort, dans le sens de la fécondité. Au moins dans cette formulation. Ne faudrait-il pas tenter une autre formulation que celle trouvée dans le livre *Le Différend* ?

Peut-être peut-on progresser en ce sens en prenant appui sur un texte plus tardif, le texte « Survivant » contenu dans *Lectures d'enfance*[11]. Dans ce texte qui porte sur Hannah Arendt, Lyotard jette un regard terrible

10. « Ce n'est pas un concept qui résulte d'"Auschwitz" mais un sentiment (n° 93), une phrase impossible, celle qui *enchaînerait* la phrase du SS sur celle du déporté, ou l'inverse » (*Dfd*, p. 155 – je souligne l'emploi du conditionnel).

11. *LE*, p. 58-87, initialement publié in *Ontologie et Politique, Hannah Arendt*, Paris, Éd. Tierce, 1989.

sur le « survivant » – il intensifie encore ce que l'enchaînement a de terrifiant et de cruel, en se référant à la figure de Flavius Josèphe, celui qui « sauve sa peau » en faisant s'entretuer les autres, et qui enchaîne dans la narration, dans l'écriture de l'histoire ; le survivant, le traître – et qui n'enchaîne qu'à ce prix. Ou encore, il se réfère à la « cruauté de vouloir mourir le dernier » formulée par Elias Canetti. Le survivant ici, en son égoïsme de survie, est très clairement au service de la pulsion de mort, délai pris sur la mort, mais pour la mort.

Je ne rentre pas dans le cœur de l'analyse, mais je remarque que Lyotard en appelle, dans une formulation frappante, à ce qui « peut sauver l'adulte de n'être qu'un survivant [...][12] ». Et ce qui nous sauve de n'être que des survivants, c'est la fidélité à l'enfance. Ce qui peut s'entendre de fort diverses manières, et au moins de la manière suivante : comme fidélité à l'événement le plus contingent, le plus improbable, le moins explicable par définition – que nous soyons nés, que je sois né, que, de manière générale, la vie surgisse au sein de la mort, de la course à la mort. Le témoin ne sera pas que *méchant* s'il témoigne toujours *aussi* de l'enfance et pour ainsi dire en sa faveur.

Pour échapper au terrible mouvement de balancier qui rend le témoignage impossible, qui fait que je ne saurais être sûr qu'il puisse à la fois être à hauteur de l'« inenchaînable » tout en témoignant pourtant pour les victimes, la voie serait ici : le seul témoin qui pourra ne pas annuler et insulter ce pour quoi il témoigne en le relevant dans un « nous » qui parlerait pour les disparus, ou dans une « belle mort[13] » quelconque, pleine de sens, et qui pourra témoigner pourtant (pour le « sans témoin » en tant que tel), qui pourra ne pas laisser la victime en deçà même de la victime, dans l'effacement, ce sera l'enfant, ou, du moins, le témoin fidèle à l'enfance, c'est-à-dire à la vie comme événement. Non pas promettre l'institution d'un nouvel idiome (version optimiste du témoignage), non pas en rester à la version radicalement pessimiste (ni enchaîner, ni ne pas enchaîner ne conviennent), mais « témoigner du pire de la mort » en restant fidèle à l'enfance.

Je ne sais pas jusqu'à quel point cette proposition est consistante et convaincante, jusqu'à quel point l'on pourra considérer que le *double bind* est alors assumé de telle manière qu'il rende possible le témoignage

12. *LE*, p. 66

13. *Dfd*, p. 134 *sq.* puis p. 148 *sq.*

comme tel impossible (en en respectant l'impossibilité). Je voudrais juste signaler, en guise de conclusion provisoire et en guise d'hommage programmatique à un pacte de lecture non tenu, celui qui annonçait pour titre de cette intervention « La phrase du témoin. Lyotard et Derrida », que l'inquiétude qui n'aura cessé d'habiter ici mon propos est, d'un certain point de vue, précisément celle autour de laquelle se construit le texte d'hommage, de témoignage plutôt, de la main de Derrida, intitulé « Lyotard et nous »[14] : comment (et au fond la question vaut toujours déjà, pour l'ami, qu'il soit vivant ou mort) établir le « nous » qui respecte l'impossibilité du « nous », qui, précisément, ne soit pas déjà production d'une « belle mort » ou pire, méchanceté de survivant (qui dit « nous » en enveloppant le disparu et parlant pour lui) ? Comment court-circuiter la mauvaise alternative du témoignage que j'ai cru pouvoir repérer plus haut au cœur du propos lyotardien, et qui anime le texte même par lequel Derrida cherche à témoigner de manière *juste* pour Lyotard (inquiétude dont, précisément, il trouve la formulation dans Lyotard lui-même) ? Comment enchaîner sans envelopper ? Comment respecter la radicalité de l'interruption, de l'impossibilité d'enchaîner, tout en témoignant ? Jeu de mises en abyme vertigineux. Ce « nous » sans assimilation se performe dans le texte même : Derrida trouve dans Lyotard la formulation de l'inquiétude qu'il manifeste dans son rapport de témoignage à Lyotard et, en un sens, la met en œuvre, dans les décalages, les écarts, par où le « nous » défaille au moment même de s'accomplir, ne s'accomplissant comme respect de l'événement de l'autre, de l'autre comme événement, qu'en cette défaillance même.

Nommons, pour terminer, quelques lieux, parmi les plus décisifs, de cette impossible communauté, de cette communauté comme impossible. Pour Derrida aussi le témoignage est structuré par son impossibilité, n'est possible que comme impossible ; pour Derrida aussi, le témoignage n'est témoignage qu'au-delà de l'être et du *logos*, au-delà du registre de la preuve dit-il, en tant que performativité du « crois-moi parce que j'ai cru ». Pour Derrida aussi il implique une fidélité à l'événement et un rapport à l'irréductibilité de l'absence, à la mort voire au pire que la mort.

14. « Lyotard et nous », in J. Derrida, *Chaque fois unique, la fin du monde*, Paris, Galilée, 2003, p. 259-289, initialement paru in *Jean-François Lyotard. L'Exercice du différend*, D. Lyotard, J.-C. Milner, G. Sfez (dir.), Paris, Puf, 2001, p. 169-196. Derrida y commente en particulier les passages déjà abordés ici sur « Auschwitz », le « témoignage », la « belle mort », le « pire que la mort »…

Chez Derrida aussi il emporte une lecture de Levinas. Mais l'impossibilité dont il s'agit, le statut du mort et de la mort, de l'événement, la lecture de Levinas, sont autres que chez Lyotard, ou du moins non superposables – et c'est précisément dans cet écart, ces écarts, que se joue ce « Nous » qui peut témoigner sans abolir déjà le témoignage pour l'autre dans la méchanceté de sa propre survie assimilante et/ou la célébration de la « belle mort »[15].

Mais l'écart, écartant irréductiblement les deux amis, les rapproche déjà : on notera au moins, de ce point de vue, que chez Derrida la question du témoignage est le plus souvent liée à celle de la *survie*[16]. Cela dit, parmi les très multiples figures de la survie qui hantent les livres des vingtième et vingt-et-unième siècles, ce n'est pas celle, dominante chez Lyotard, de la « cruauté de vouloir mourir le dernier » qui passe au premier plan. Derrida n'aura de cesse d'y insister, la tonalité mélancolique d'une survie habitée par la mort, et la contenant à peine[17], doit toujours déjà (et ce « doit » est de tonalité éthique) s'entendre *aussi* comme l'affirmation de la vie en sa générosité. La « survie » derridienne, marquant le « toujours déjà » du mort et de l'absence comme constituants, est toujours aussi un « oui » à la vie par où le « sur » inscrit dans le vocable « survie » doit s'entendre comme un intensif, une affirmation inconditionnelle de la vie – une fidélité à l'enfance peut-être, pour parler comme Lyotard.

15. Instruire l'étude de ces écarts et de ces décalages ferait, fera, l'objet d'un autre texte.
16. Cf. par exemple, entre tant d'autres énoncés : « Je me suis toujours intéressé à cette thématique de la survie, dont le sens ne s'ajoute pas au vivre et au mourir. Elle est originaire : la vie *est* survie. » (J. Derrida, *Apprendre à vivre enfin*, Paris, Galilée, 2005, p. 26).
17. Tonalité qui – toujours la proximité dans l'écart – habite aussi les nombreuses lignes où Lyotard médite la vie depuis la pulsion de mort et le principe de néguentropie. Cf. par exemple, « Une fable postmoderne », *MP*, p. 79-94.

Quatrième partie

Désarticulations du langage

Corinne Enaudeau

Du langage de l'inconscient : Lyotard et Lacan

I. La rencontre

On peut penser que le langage et ses contraintes régissent plus que la vie consciente, qu'ils participent à la formation de mouvements psychiques inconscients, hypothèse d'autant moins invraisemblable que la « cure par la parole » peut desserrer l'étau de pathologies psychiques douloureuses. Mais cela autorise-t-il à penser que l'inconscient est « structuré comme un langage[1] » ? Cette thèse a fait la célébrité de Jacques Lacan et lui a accordé le statut périlleux du plus philosophe des psychanalystes et d'un philosophe enfin psychanalyste. Se demander comment Lyotard a reçu la leçon de Lacan, c'est devoir situer la question au-delà des frontières départageant les champs disciplinaires. Car, outre leurs emprunts respectifs aux sciences humaines, Lacan et Lyotard lestent l'examen du rapport entre langage et inconscient d'enjeux philosophiques dont Freud, quant à lui, se méfiait, soucieux qu'il restait de la légitimation clinique de la spéculation.

Lyotard a dû commencer à lire Lacan en 1964, année durant laquelle il a assisté à son séminaire. Il ne semble pas avoir suivi les déplacements des thèses lacaniennes postérieurs à 1971, date de la parution de *Discours, figure*, même si la référence (souvent implicite) à Lacan traverse toute son œuvre. Dans l'élaboration de sa pensée, Lyotard aura fait de ce dernier à la fois un adversaire et un allié. L'adversaire est celui qui inféode l'inconscient à l'« ordre symbolique » ; l'allié celui qui le soustrait à cet ordre en réservant au « réel » une dimension insignifiable. Sous l'apparente

1. J. Lacan, *Les quatre concepts fondamentaux de la psychanalyse* [1964], noté *Quatre concepts...*, Paris, Seuil, Points Essais, 1973, p. 28. Cf. aussi : *Écrits*, Paris, Seuil, 1966, p. 838 et 866.

contradiction de ces deux aspects de l'inconscient lacanien apparaît déjà la difficulté à affirmer un inconnaissable sans l'arrimer de quelque manière à l'ordre langagier. Même si Lyotard pense autrement le langage que ne le fait Lacan, il lui faut, à lui aussi, ajointer le discours et ce qu'il exclut. Pour Lacan, le signifiant est l'anneau qui relie le langage et l'inconscient, la lettre vide de sens attrapée dans le discours de l'autre à laquelle le désir inconscient s'accroche et qu'il ne cesse de déplacer pour tenter de s'identifier lui-même. Ce que vise pourtant le désir, c'est l'impossible, c'est d'approcher un réel absolu dont on est pourtant d'avance éjecté pour être né dans le langage, c'est d'annuler le manque qui laisse le désir aimanté par une « Chose » excédant tout signifiant, tout objet d'investissement possible. Le réel insignifiable, irreprésentable, hors formes, est bien, pour Lyotard, le seul inconscient véritable au sein du dispositif lacanien[2]. Car le discours inconscient, quant à lui, dans lequel le désir chercherait le sens du manque qu'il est, Lacan l'aurait plutôt construit, aux yeux de Lyotard, pour imposer une acception inédite du « sujet ». « Sujet inconscient » qui, contrairement à l'ego, ne parle pas, mais est parlé par une chaîne signifiante qui « cause » mais ne dit rien. Lacan tient en effet le langage pour un réseau différentiel de signifiants sans signifiés, donné *a priori*. Signifiants qui, agrafés dans les paroles de l'autre, relayent la course du désir inconscient et en déterminent la scansion. Ainsi le « symbolique » seul ferait exister le « sujet » du désir – le sujet qu'est le désir – en le marquant au sceau des signifiants dans lesquels il se cherche.

L'ajointement du langage et de l'inconscient se pense tout autrement pour Lyotard. L'agir désordonné de la pulsion ou, plus tard, le pâtir d'un affect mutique sont la matière informe que l'ordre de la représentation – image ou discours – exclut par principe. Cette part inconsciente où s'enferme la violence silencieuse d'une puissance (la pulsion) ou d'une impuissance (l'affect inconscient) est un « extrême réel[3] » qui, selon Lyotard, préoccupe la pensée, dans sa gravité du moins. Pensée qui habite l'art et la philosophie pour autant qu'ils tentent de faire droit à ce reste laissé par toute articulation, en dépit de l'impossibilité de principe à lui donner une forme, verbale au premier chef.

De l'une à l'autre des deux approches, le point de vue se déplace : c'est la clinique des psychoses qui sert de fil phénoménal à l'hypothèse

2. *Péré*, p. 29.
3. J.-F. Lyotard (entretien avec Gérald Sfez), « L'extrême réel », *Rue Descartes* n° 12-13, Paris, Albin Michel, 1995, p. 204.

de Lacan ; c'est l'œuvre de l'art qui oriente celle de Lyotard. Il reste que le rapport entre l'inconscient et le langage finira par être pris, chez ce dernier, dans une tension analogue à celle affectant ce rapport chez le premier. Lacan peut affirmer d'un même geste que « l'inconscient c'est le discours de l'Autre » et que « l'inconscient *est* [...] *le réel en tant qu'impossible à dire*[4] ». Quant à Lyotard, il peut rappeler en 1997 que le nom de Freud « signifie [pour lui] qu'il y a du reste et qu'il n'est pas vrai que le discours peut venir à bout de ce reste », et se demander pourtant en 1989 : « *quid* de l'inconscient en termes de phrases[5] ? ». L'hypothèse d'une « phrase-inconscient » ou d'une « phrase-affect » semblerait pourtant une révision très lourde de la pensée de Lyotard, si elle devait proprement intégrer dans une configuration langagière, aussi excentrique soit-elle, le « reste » censé lui demeurer étranger. D'autant que cette hypothèse suppose une acception hétérodoxe du langage (comme archipel éclaté des « il y a » que sont les « phrases »), dont *Discours, figure* faisait justement grief à Lacan, même si son hérésie était autre.

II. La bataille

Partons de ce que Lacan demande au langage pour y ancrer l'inconscient. « La loi du langage », dit Lacan, s'impose d'emblée à l'existence humaine. Elle fait qu'on nomme chaque nouveau-venu, qu'on lui demande d'entrer dans le pacte social et qu'on le charge ainsi de toutes sortes d'héritages. Le « symbolique » qualifie, dans sa plus simple acception, ce pacte langagier qui unit les communautés humaines[6]. Mais « la loi du langage » est, pour Lacan, bien plus que cela. Elle est un ordre au double sens du terme : une organisation et un commandement. Parler, c'est se soumettre aux contraintes phonétiques, sémantiques, syntaxiques qui, dans chaque langue, ordonnent le discours selon des ruptures et des combinaisons lui assurant intelligibilité et donc signification. Selon

4. *Écrits, op. cit.*, p. 16 et 379.
5. R. Beardsworth, « *Freud, Energy and Chance. A Conversation with Jean-François Lyotard* » [noté Beardsworth], *Teknema* 5, 1999, en ligne : http://tekhnema.free.fr/5Beardsworth.html [consulté le 18-10-2016] ; tr. fr. inédite R. McKeon, revue par L. Kahn ; *Misère*, p. 65.
6. *Écrits, op. cit.*, p. 272.

Saussure que Lacan cite[7], la discrétion de la langue tient à l'opposition de « phonèmes » exclusifs les uns des autres, discriminant les « signifiants » (tels les deux sons *a* différenciant *tache* et *tâche*) et du même coup les « signifiés » des termes, les deux faces du signe étant, selon Saussure, aussi indissociables que le recto et le verso d'une feuille de papier. Or Lacan désolidarise ces deux faces et fait de la seule distinction entre signifiants la structure de toute langue. Et ce, au motif que le sens d'un mot, son signifié, est variable, voire contradictoire, qu'il n'est jamais donné, mais se cherche dans le renvoi aux autres signes auxquels ce terme est relié dans la chaîne parlée. Le sens des énoncés se relance ainsi dans le ricochet d'un signifiant sur l'autre, sans trouver d'appui dans la signification propre de chaque mot. Pour justifier ce découplage des deux faces du signe, Lacan invoque l'apprentissage de la parole : l'enfant recevrait une masse de signifiants dont, seul, le jeu de renvoi lui permettrait d'approcher les signifiés, au demeurant toujours ambigus. Des significations différentes viennent en effet « glisser[8] » successivement sous un même signifiant sans jamais pouvoir y rester amarrées. Ce découplage, très lourd de conséquences quant à la désignation des objets et donc à l'appréhension de la réalité, appartient aux usages lacaniens de la linguistique que Lyotard conteste en 1971[9]. Cette dispute sur la nature du langage importe en ce qu'elle décide du désaccord de Lyotard avec la thèse princeps de Lacan concernant la structure langagière de l'inconscient.

La critique met l'accent sur la confusion lacanienne entre la langue, système clos de signes et de règles, et le discours qui ouvre sur une réalité extérieure à la langue. L'énoncé est en effet une combinaison de signes discrets qui, par leur signification conjointe, pointent sur l'objet dont ils parlent, c'est-à-dire le « désigné » ou le « référent » du discours. À éluder le signifié[10], Lacan prive les mots de leur renvoi, non à d'autres signes, mais à la réalité. Lyotard invoque ici Frege : la signification est la seule voie par laquelle un discours (plus précisément, ses expressions nominales définies) peut ouvrir sur un référent en le déterminant. Or c'est ce référent, et non le signifiant, qui, selon *Discours, figure*[11], est opaque. L'argument de

7. Pour ce qui suit, cf. *ibid.*, p. 493-528.
8. *Ibid.*, p. 502 ; J. Lacan, *Les Psychoses* [1955-1956], Paris, Seuil, 1981, p. 135.
9. *DF*, p. 97-99, 251-260.
10. J. Lacan, *Les Écrits techniques de Freud* [1953-1954], Paris, Seuil, Points Essais, 1975, p. 362, 376, 387.
11. *DF*, p. 74-76 ; sur Frege : p. 74, 107.

Lyotard – où résonnent, cette fois, les « esquisses » de Husserl – est que, même déterminée par son concept, ayant par là statut d'« objet », la chose empirique pointée par le discours reste cachée en même temps que montrée. Les mots spécifiant la chose l'éclairent certes, mais la font aussitôt s'entourer d'une ombre, du seul fait que cette chose déborde la signification des mots la désignant, qu'elle garde une épaisseur sensible excédant toute détermination. Affirmation d'importance, car la question d'un « reste » inaccessible à l'articulation du langage est un fil rouge dans toute l'œuvre de Lyotard[12]. Ce dernier saisit d'abord ce reste comme un excès du visuel sur le visible et il a toute raison de penser que l'excès de l'inconscient sur toutes les articulations inhérentes à la conscience plonge celui-ci dans une obscurité totale. Cette densité informe de l'inconscient ne saurait donc trouver à s'abriter dans la structure plate et discrète de la langue, qui est bien plutôt le gage de l'« énigmatique limpidité[13] » des discours. Il y a en effet un paradoxe, remarque Lyotard, à chercher, comme Lacan, l'opacité de l'inconscient dans le système clos de la langue, alors que l'indissociabilité du signifiant et du signifié ainsi que le répertoire des substitutions et des combinaisons autorisées entre les termes est justement ce qui assure la claire intelligibilité des énoncés ordinaires. L'erreur de Lacan serait alors de vouloir fonder la communication ordinaire dans des phrases extraordinaires – celles du désir inconscient – ou, plutôt, de tenir toutes les phrases, sous leur dehors ordinaire, pour extraordinaires, pour des chaînes signifiantes privées de signification et donc de renvoi à une réalité partagée.

Lyotard montre que Jakobson a lui-même ouvert la voie à Lacan, en élargissant indûment l'usage des concepts linguistiques au-delà du champ de leur pertinence[14]. Jakobson a en effet étendu à tout processus symbolique les deux opérations impliquées, selon lui, dans tout acte ordinaire de parole : d'une part, une sélection de termes prélevés sur l'axe paradigmatique des substitutions terminologiques possibles dans la langue ; d'autre part, une concaténation de termes prélevée sur l'axe syntagmatique des combinaisons possibles selon les règles de cette même langue. En éprouvant ces deux opérations d'abord sur le terrain

12. « [...] Bien que la notion de reste ne soit pas expressément présente dans un texte comme *Discours, figure*, elle s'y trouve déjà implicitement. [...]. Le figural déjà, donc, jouait ce rôle de zone qui résiste et fait reste », dit Lyotard dans son entretien avec R.Beardsworth.
13. *DF*, p. 257.
14. *DF*, p. 251-259.

pathologique (légitime) de l'aphasie, puis de l'art littéraire et finalement de « systèmes de signes autres que le langage », Jakobson en vient finalement à chercher si ces deux rouages de la parole ordinaire permettent d'appréhender deux des opérations du travail du rêve relevées par Freud : la condensation et le déplacement. Encore a-t-il fallu à Jakobson, relève Lyotard, passer de la parole ordinaire à la rhétorique pour convertir les deux opérations de la première dans celles de la métaphore et de la métonymie dont l'usage parfois extraordinaire, comme dans la poésie, contrevient déjà à la clarté du discours banal. Même si Jakobson et Lacan sont en désaccord sur celui des deux tropes qui serait en jeu dans chacune des deux opérations du travail du rêve[15], le pas est sauté, dit Lyotard, celui qui étend le linguistique à l'onirique. On prend la métaphore et la métonymie « dans un sens lui-même métaphorique », puisque le rêve n'est pas un discours articulé, « lequel se dit dans une langue, comme on sait ». Lacan peut désormais s'autoriser à dire que « l'inconscient est structuré comme un langage ».

Si la « doctrine du signifiant[16] » importe tant à Lyotard, c'est que le « figural » à soustraire à toute articulation est lui-même tributaire d'un inconscient à sauver du « symbolique ». L'inconscient est pour lui comme le dépôt psychique d'un « réel » confisqué à tout savoir rationnel, physique, ontologique et métapsychologique aussi bien. Il intéresse donc la « pensée » en tant qu'elle sait ne pas « connaître », sait ne pouvoir que témoigner de lui, comme peuvent le faire les arts en particulier. Ou encore : « faire de l'inconscient un discours, c'est omettre l'énergétique », c'est oublier la force capable de « soulever la table des significations par un séisme qui fait le sens », c'est donc nier les témoins de cette force silencieuse, « tue[r] l'art en même temps que le rêve »[17]. Lyotard ajoute, dans cette adresse implicite à Lacan : « On dira que la violence est au début comme castration, et que le silence ou la mort [le "non-monde" de la pure déliaison] que nos mots veulent débusquer est le rejeton de cette terreur initiale qui a donné naissance au désir. Soit, concède-t-il, mais le lieu de ce désir étant utopie, qu'on sache qu'il faut renoncer à la placer ». Entendons bien. Lyotard dit d'abord refuser de lâcher une sauvagerie pulsionnelle défiant toute articulation, et ce, en raison de l'art, ce témoin singulier auquel le livre veut faire droit. Il concède ensuite

15. *Écrits*, *op. cit.*, p. 514-520, 622-623, 689.
16. *Ibid.*, p. 594.
17. *DF*, p. 14. Pour la citation suivante p. 19.

à Lacan que l'entrée dans le langage signe la perte de l'objet, le manque d'où naît le désir. Il objecte enfin que, ce désir inconscient ne trouvant nulle part (« utopie ») où se livrer, il n'y a nulle part où le situer « en vérité[18] », pas plus dans une chaîne de signifiants qu'ailleurs. Quand bien même le désir devrait aux mots de retenir au présent l'objet absent, les signifiants cristallisant cette présence-absence – tels les « ooh... aah... » du « *Fort... Da* » dans le célèbre jeu de la bobine – ne donnent pas pour autant sa matière au désir, à l'excitation qui le porte. C'est à la pulsion que le désir doit la force qui le meut ; aux mots, il ne doit que d'avoir pris acte d'une séparation de principe, de tenir l'objet dans une distance qu'on ne franchira jamais.

Aussi faut-il chercher l'opacité insignifiable qui habite l'art dans « un ordre pulsionnel primaire », une « labilité de l'inconscient[19] » proprement inintelligible. Lacan tenant la pulsion pour une chaîne de signifiants organiques[20], ce n'est certes pas lui, mais Freud qui permet de penser l'aptitude d'une énergie pulsionnelle non liée « à investir, dit Lyotard, tel ou tel objet de manière imprévisible ». Plus encore : Freud suggérerait que la sublimation propre à la création artistique laisse hors de ses liaisons un « reste non fixé de puissance, pour ainsi dire, en mal d'acte », qui participe lui-même au processus créateur. C'est ce reste, par principe ininscriptible qui serait, pour Lyotard, l'enjeu même de l'œuvre. Du moins de l'œuvre telle qu'il la veut, qui, portant la zébrure de ce reste imprévisible, serait l'événement « figural », défiant toute lecture clinique, culturelle ou historique.

III. L'hésitation

Lyotard sait bien que le programme structuraliste de Lacan est bien plus lourd que la seule écriture linguistique de l'inconscient. Quand Lacan écrit dans « Le séminaire sur "*La Lettre volée*" » : « Le programme qui se trace pour nous est de savoir comment un langage formel détermine le sujet[21] », Lyotard fait remarquer, de son côté, que « c'est l'attention

18. Cf. *Écrits*, *op. cit.*, p. 234-235.
19. Beardsworth ; *Péré*, p. 66.
20. *Écrits*, *op. cit.*, p. 816-817.
21. *Ibid*, p. 42.

préoccupante portée à la théorie du sujet, sous le couvert de celle de la signification, qui fait prendre à J. Lacan [...] la métaphore elle-même pour la constitution d'une profondeur [...][22] », celle où s'enfoncerait le signifié, à la faveur de l'échange d'un signifiant par un autre. Ce qui intéresse ici Lacan, explique Lyotard, c'est la métaphore du sujet, le fait que celui-ci ne s'appréhende qu'en se manquant, parce qu'il est lui-même ce signifié glissant toujours sous la barre des signifiants, ce désir inconscient toujours allégué et jamais présent dans le discours. Or cette théorie du sujet – que Lyotard relève en 1971 sans vouloir s'y intéresser – est tissée de convictions anthropologiques étrangères à la linguistique. De la prématuration de la naissance chez l'homme, thèse héritée de Bolk, Lacan dérive l'idée d'une « misère originelle » où se scelle l'aliénation à autrui[23]. Sans ce manque d'autosuffisance, le moi ne se chercherait pas dans la relation imaginaire à l'autre, il ne demanderait pas aux dires et aux gestes d'autrui de lui signifier l'amour dont il dépend. Il n'y aurait donc pas de « demande » faisant circuler des signifiés décevants, voués à se substituer les uns aux autres, à glisser sous les signifiants vides où transite d'un sujet à l'autre la seule question qui vaille : que me veut-il[24] ? de quel désir suis-je né ? Quand Lyotard avalise la distinction lacanienne entre le désir inconscient et la demande d'amour du moi[25], c'est la genèse anthropologique de l'imaginaire – du scénario imaginaire où la demande narcissique se construit – qu'il cautionne à bas bruit. Plus encore, « la misère originelle » de la prématuration s'entendra pour Lyotard comme la « misère » d'être frappé par un réel insignifiable. Misère qui, à partir de 1988, donnera à l' « affect inconscient » sa couleur traumatique et à l'« enfance » son « silence terrible, furieux »[26]. Même si Lyotard prive cette enfance de sujet et la soustrait à la narration d'une histoire, une anthropologie[27] y laisse pourtant sa trace sous le nom d'« âme-corps », matière passible, sans esprit, sans parole, affectée par l'excès d'un choc indéterminable.

22. *DF*, p. 258 ; p. 256-257 pour la suite.
23. *Écrits*, *op. cit.*, p. 186-187.
24. *Ibid.*, p. 815 ; *Quatre concepts…*, *op. cit.*, p. 239.
25. *Écrits*, *op. cit.*, p. 628-629, 690-691 ; *Péré*, p. 29 ; *MP*, p. 34, 156, où la référence à Lacan est, cette fois, implicite.
26. *HJ*, p. 37, 41, 43.
27. « [...] "*le sujet*" [je souligne] – il faudrait dire : la pensée-corps, je l'appellerai *anima* [...] », *MP*, p. 204 ; voir *Misère*, p. 94. Pour « âme-corps » : *Misère*, p. 112-113 ; *QP*, p. 158.

L'autre apport anthropologique majeur dont use Lacan est celui de Lévi-Strauss qui tient la prohibition de l'inceste pour la règle sociale fondatrice. C'est en associant d'abord la loi de l'exogamie à l'angoisse de castration inhérente au complexe œdipien (dégagé par Freud), puis en les liant ensemble à la loi du langage nous imposant de parler, que Lacan peut accorder au langage une dimension castratrice, résolument absente des règles de la langue et, d'ailleurs, de l'échange des femmes selon Lévi-Strauss. Sans cette superposition des deux lois, la loi de la castration et celle du langage[28], le discours de l'Autre ne pourrait être ce qui mutile le sujet, dès son entrée dans le langage, en le divisant de lui-même. Car cet Autre désigne pour Lacan bien plus que l'antériorité et l'extériorité du langage sur les locuteurs, plus que cet ordre toujours déjà là et pourtant jamais donné, étranger, absent. L'Autre est le signifiant maître sous l'autorité duquel chaque sujet entre dans l'ordre symbolique. Du seul fait qu'en venant au monde, l'enfant a été nommé, il est passé sous la férule du « Nom-du-Père ». Simplifions : parce que le père n'est connu comme tel que par le nom qu'il transmet, que sa paternité tient à ce seul signifiant vide de signifié, il est, dans son principe, quelle que soit la réalité du père effectif, un Père absent, mort. Le Nom-du-Père est le lieu où le signifiant se fait Loi[29] : il divise d'origine l'unité mythique qu'on aurait formée avec l'autre, où l'on aurait joui en même temps de lui et de soi. Jouissance interdite pour autant qu'elle porte sur le corps de la mère, mais jouissance hors langage et hors castration en son principe, asexuée, qui passant « au-delà du principe de plaisir » et de ses régulations trace le chemin vers la mort[30]. Le Nom-du-Père, tout symbolique qu'il soit, a pour efficace de rendre la jouissance impossible et, par là, le désir possible. Le désir s'institue ainsi à partir d'un double manque : l'absence de l'Autre qui aurait été comme une part de soi, pièce manquante dont le corps se trouve comme amputé, et l'absence de l'Autre qu'est l'invisibilité méta-empirique du pouvoir de nommer, de diviser, d'interdire. Ce manque n'en fait qu'un, si l'Autre est aussi bien celui qui, inséparable de vous, aurait joui de vous, vous aurait englouti et qui, séparé de vous,

28. *Écrits*, *op. cit.*, p. 276-277, 285, 432.
29. « Le signifiant qui, dans l'Autre en tant que lieu du signifiant, est le signifiant de l'Autre en tant que lieu de la Loi », *ibid.*, p. 583.
30. *Ibid.*, p. 786, 821 et J. Lacan, *L'Éthique de la psychanalyse* [1959-1960], [noté *L'Éthique*...], Paris, Seuil, 1986, p. 217-219.

interdit cette fusion et protège de la dévoration[31]. Les majuscules dont la Loi et l'Autre se prévalent chez Lacan disent la transcendance de l'Autre réel où s'abîmerait la jouissance impossible comme de l'Autre symbolique imposant la loi de la perte. Le Nom-du-Père est ce lieu idéel où l'ordre différentiel des signifiants se convertit en ordre impératif de la Loi. Son statut n'est ni linguistique, ni anthropologique, mais plutôt, s'il fallait le nommer, psychotranscendantal : c'est une hypostase du père réel – Dieu, en quelque sorte – qui, depuis le retrait de son idéalité, conditionne la castration, le « manque-à-être » et la structure signifiante du désir[32]. De ce signifiant superlatif, Lyotard ne fait pas état en 1971. Il y ancre pourtant, depuis « Figure forclose » en 1968 et jusqu'à la fin, une conception de la loi juive qui infléchira d'emblée son entente de Levinas. La loi hébraïque serait la loi d'un Autre qui parle sans avoir ni figure ni nom (le tétragramme), parle mais ne dit rien (vacuité du Signifiant). Loi qui commande (Iahvé, le Nom-du-Père), dépossède son destinataire des signifiés imaginaires de sa demande (le Veau d'or), donc de son moi, et ne lui ordonne à la limite qu'une seule chose, de rester dessaisi, sans jamais penser accomplir la prescription ni pouvoir ainsi s'en tenir quitte. À la fin de l'œuvre, ce fil réflexif de la Loi viendra rejoindre celui de la Chose, dans l'idée d'une double dette. Nous ne nous y attarderons pas ici. En 1972-1973, la Loi n'a pas droit de cité. Les mots ne sont pas assez durs pour disqualifier le Signifiant, qu'on entende par là, précise Lyotard, le Père, le Nom-du-Père, le Non, l'écriture ou le langage[33].

Économie libidinale, en 1974, ne laisse plus de doute : c'est l'idée même du manque, adoptée dès 1964[34], que Lyotard récuse en fustigeant le « grand Zéro » castrateur. Aussi la jouissance dans sa descente à la mort bat-elle son plein, sans la bride symbolique que lui met Lacan[35]. Mais Lyotard refusera bientôt ce saccage de la loi et du manque. La rupture avec Lacan ne sera donc jamais consommée. Et ce, d'autant moins que Lyotard renonce en 1989, non à l'allié trouvé (de gré ou de force) en Freud, mais à l'énergétique freudienne, désormais déclassée en « métaphysique

31. « Il n'y a pas d'Autre de l'Autre », répète Lacan, rien pour commenter, limiter ou fonder le Symbolique de l'extérieur, toute exclusion étant son fait.
32. *Écrits*, *op. cit.*, p. 852-853.
33. « Économie libidinale du dandy » [1973], *Écrits sur l'art contemporain et les artistes*, vol. VI, H. Parret (éd.), Leuwen, Leuwen University Press, 2013, p. 62 ; voir aussi *RP*, p. 40, 48-49.
34. Voir J.-F. Lyotard, *Pourquoi philosopher ?* [1964], Paris, Puf, 2012.
35. *EL*, p. 213.

des forces[36] ». C'est pourtant l'énergie non liée de la pulsion de mort, qui assurait à l'inconscient lyotardien sa radicalité. Se priver d'elle, n'est-ce pas accepter que l'inconscient s'organise, si ce n'est en signifiants, du moins en formes, quelles qu'elles soient ? Lyotard est pourtant fort loin d'un tel recul, lui qui, après coup, juge la réponse de *Discours, figure* à Lacan déjà « trop convenable, trop directement due à la conception freudienne de l'inconscient[37] ». Loin d'en rabattre, il s'agirait plutôt de donner suite à l'intrépidité théorique de Freud, en cherchant ailleurs que dans la pulsion de quoi penser une matière insensée dont l'art – encore et toujours – serait le témoin. On peut se demander quel recours peut alors avoir Lyotard pour faire de l'inconscient ce reste réfractaire à toute articulation et pourquoi Lacan, chantre du signifiant, pourrait être un appui.

IV. L'alliance

Du moment où Lyotard abandonne la « métaphore physique[38] » de la théorie freudienne, il risque de priver l'inconscient de sa positivité : être une énergie ignorant la négation, à ce titre étrangère à l'articulation. S'il veut pourtant faire droit à la psychanalyse, et il le veut, l'inconscient ne peut être le simple nom d'un défaut de conscience, il doit rester ce réel inconscient ou cet inconscient réel qui résiste à l'imaginaire et au symbolique, qui les « empêche de marcher », comme dit Lacan[39]. De ce point de vue, le chemin pris par *Le Différend*, en 1983, serait le long détour nécessaire pour accorder une nouvelle consistance à un réel qui fait « reste ». Détour de prime abord paradoxal puisque Lyotard propose pour la première fois un panorama du monde où tout se pense de manière langagière, en « phrases », « régimes de phrases » et « genres de discours ». La phrase en est le personnage conceptuel principal, en ce qu'elle est l'occurrence d'un « il y a » singulier, et ce, à chaque fois. Plus qu'un énoncé, elle est la molécule dans laquelle un X tombe, « arrive » intransitivement, en présentant un « univers » se structurant en quatre

36. *Misère*, p. 76 ; *MP*, p. 125.
37. *Péré*, p. 30.
38. *Misère*, p. 62, 65.
39. J. Lacan, « La Troisième », *Lettres de l'École freudienne*, n° 16, 1975, p. 183, 186, Cf. http://aejcpp.free.fr/lacan/1974-11-01.htm, [consulté le 18-10-2016].

pôles : destinateur, destinataire, sens, référent[40]. La distribution des phrases en « régimes » et leur enrôlement dans des « genres de discours » pourrait laisser croire à une systématisation complète des pluralités, si le livre n'avait justement pour objet ce qui lui donne son titre : le « différend », c'est-à-dire une différence en « reste [41]». Dans son acception la plus (trop) simple, le « différend » est un cas de conflit insoluble entre deux discours hétérogènes et, comme tels, indépartageables en droit. Le règlement du conflit ne pouvant qu'entériner l'hégémonie de l'un des deux, l'autre ainsi écrasé subit un « tort », tort irréparable faute de langage tiers dans lequel s'attester. Le point qui nous importe, pour l'heure, n'est pas l'injustice que le différend engage, mais le silence qui accompagne celui-ci et le sentiment qui le signale[42]. C'est dans le silence que l'inarticulable se fait oublier, c'est dans un sentiment singulier qu'il prend corps, « pensée-corps[43] » qui endetterait paradoxalement les phrases. Tel est le nouveau dispositif pour donner consistance à un reste qui devrait tout à la passivité de l'affect et plus rien à l'agir de la pulsion.

Que la justice ne soit pas le seul enjeu du livre de 1983, Lyotard le dit explicitement trois ans plus tard : « *Le Différend* vise à donner un statut "ontologique" et langagier, disons "phrastique", à ce que [le peintre] Arakawa de son côté nomme le "*blank*" », et qui serait, pour le philosophe, « l'abîme, le rien, qui sépare les phrases l'une de l'autre[44] ». Le supplément esthétique au *Différend* a en fait commencé de s'élaborer en même temps que le livre lui-même, à la fois dans l'analyse du sentiment kantien du sublime et dans le travail sur les peintres. En l'occurrence, le *blank* d'Arakawa est pour Lyotard l'insensible se signalant dans le sensible, un excès de la sensation sur le sensible par lequel tout geste artistique (par-delà celui d'Arakawa) travaille entre deux morts : l'inexistence menaçant une sensation débordée par l'informe et, symétriquement, le sommeil de l'oubli enterrant le désastre dont le sensible a sauvé la sensation. On entendra ici l'écho de l'« intermonde » du « figural » tendu, dans *Discours, figure*, entre le « non-monde » informe de la pulsion et les bonnes formes du monde. L'idée qui chemine dans ce supplément au *Différend*

40. *Dfd*, n° 18, 25, 99, 104, 108, 111.
41. *Dfd*, n° 201.
42. *Dfd*, n° 93.
43. *MP*, p. 204 ; *Misère*, p. 72, 75, 111, 115 ; *TD II*, p. 352.
44. *Péré*, p. 67 ; idem pour la citation suivante ; sur le « *blank* », *MP*, p. 206 ; *QP*, p. 256, 260, 284.

est que, lorsque les formes sensibles ou les phrases sont suspendues, que l'esprit (*animus*), stupide, a perdu l'intentionnalité et le pouvoir de synthèse le définissant, qu'il a donc cessé d'être un esprit, il y a pourtant un reste à ce naufrage : une sensation, un sentiment ou un affect, au bord de se manquer, non référable à un sujet ou à un objet, ni à l'espace ou au temps, ce que serait l'âme-corps (*anima minima*[45]). Dans ce sentir intransitif – reste d'un désastre des formes, donc de la signification –, le « il y a » atteint sa limite puisque *ce qu*'il y a fait absolument défaut. La question se pose ainsi de savoir si ce sentir exaspéré (le *blank*) peut être une phrase, alors même que les quatre pôles de toute phrase semblent vidés d'un coup[46]. Plus largement d'ailleurs, le silence peut-il être une phrase, alors que *Le Différend* évoque déjà un silence plus radical que la privation de parole d'un idiome piétiné : celui qui s'ouvre fugacement à chaque enchaînement de phrases et pourrait ne pas se refermer[47] ? Silence qui engage la possibilité même d'une phrase prochaine et devrait donc être hors phrase. Mais Lyotard écrit : « L'absence de phrase (le silence, etc.) ou l'absence d'enchaînement (le commencement, la fin, le désordre, le *néant* [je souligne], etc.) sont aussi des phrases ». Elles le sont pour autant que ce sont des sentiments qui « arrivent », même s'ils ont ici trait, non à la sensation excédée qu'est le *blank*, mais au suspens de l'enchaînement des phrases. « Idiot », « absurde », commente Lyotard, puisque « rien serait trop », que le vertige du néant n'est pas le néant, qu'on est lié par le « et » donnant suite à la phrase précédente, serait-elle le sentiment du néant possible. C'est donc bien du sentiment – et non du silence, du tort ou du différend qui s'y enveloppent – qu'il faut savoir s'il est une phrase.

Pour donner sa dimension anesthétique au sentiment, Lyotard revient à la psychanalyse. À Freud d'abord, pour explorer, avec l'« affect inconscient », le paradoxe d'un sentir insensible. À Lacan ensuite, pour faire de la Chose un équivalent de l'affect inconscient freudien[48] et trouver, en eux deux réunis, une matière « affectuelle », qu'on peut par analogie imaginer comme une âme sans corps pour la localiser, ou comme un corps sans esprit pour

45. *MP*, p. 210.
46. Du moins trois des quatre pôles sont-ils vidés, mais la « phrase-affect » *est* bien un sens – sens d'une seule sorte : plaisir ou peine – qui ne se rapporte à rien ni personne, cf. *Misère*, p. 47.
47. *Dfd*, p. 116 ; citation suivante : *Dfd*, n° 105 ; « idiot » : p. 105 ; « absurde » : p. 116 ; « rien serait trop » : p. 104.
48. *Inh*, p. 42 ; *MP*, p. 164 ; *Misère*, p. 84.

le subjectiver. Bien des ellipses sont ici à l'œuvre, celle du « réel » lacanien en particulier qui serait pourtant la cheville entre l'affect inconscient et la Chose. Le Réel nomme pour Lacan « la rencontre manquée[49] » en tant qu'elle n'a ni sujet ni objet, qu'aucun mot ou image ne l'inscrit, mais que, « réelle », elle insiste, « revient ». Insistance qui est pour Lyotard celle d'une phrase muette, l'affect où se concentre la rencontre manquée. La phrase-affect est aussi indéterminée que cette rencontre elle-même, elle n'a nulle forme ou instance pour s'objectiver un tant soit peu. Mais quelle est donc cette rencontre, demandera-t-on ? Antienne de la demande aussi insistante à réclamer des signifiés que celle du réel à en rester privé. « Le réel n'est pas le monde. Il n'y a aucun espoir, dit Lacan, d'atteindre le réel par la représentation[50] ». Ce qui appelle pourtant l'hypothèse du réel, c'est le traumatisme, c'est qu'« [à] l'origine de l'expérience analytique, le réel [s'est] présenté sous la forme de ce qu'il y a en lui d'*inassimilable* – sous la forme du trauma[51] ». Qu'en est-il de l'inassimilable dans le cas d'« Emma » auquel Lyotard, quant à lui, réfère toujours l'affect inconscient ? C'est un cas où, pour Freud, une scène refoulée ne s'est transformée qu'après coup en traumatisme, à l'occasion d'une deuxième scène. Or, pour Lyotard, l'interprétation freudienne annexerait le premier coup – celui où la jeune Emma a bien été affectée (ce que Freud éluderait) par quelque chose d'absolument indéterminable – à l'effroi de la deuxième scène ; elle imposerait ainsi rétroactivement à la première une détermination sexuelle, génitale, qui lui faisait pourtant défaut. Bref, l'interprétation freudienne manquerait l'inassimilable en voulant l'assimiler, soit : la passibilité inconsciente d'une enfance ignorante de la castration et de la différence des sexes. Quoi qu'il en soit de ce cas clinique, ce que Lyotard y cherche, c'est la « rencontre manquée » d'un réel qui ne s'inscrit nulle part, mais forme une « nuée affective »[52]. La rencontre ne serait donc rien d'autre, pour Lyotard mais non pour Lacan, que l'affect inconscient lui-même dans « sa pure autonymie[53] » ou autoréférentialité. Pure « présence », à l'exclusion de toute présentation ou représentation de quoi que ce soit, la phrase-affect ne témoigne que d'elle-même.

49. *Quatre concepts…*, *op. cit.*, p. 65.
50. « La Troisième », art. cit., p. 184.
51. *Quatre concepts…*, *op. cit.*, p. 65.
52. *MP*, p. 205.
53. *Misère*, p. 94.

Que Lyotard ait justement voulu appeler Chose cet affect inconscient ne laisse pas d'étonner. À suivre le peu qu'en dit le début de son article « Emma », il entend par « Chose » « une angoisse inconsistante et persistante » qui mêle plaisir et peine (pensons au sentiment du sublime). Comme affect contradictoire, l'angoisse relèverait, écrit-il, du dernier cas des « quatre riens kantiens » : « nullité d'objet et de concept », *Unding*[54]. Cette non-chose du philosophe critique, ajoute-t-il, est pourtant Chose pour un psychanalyste refusant à bon droit d'ignorer que l'inconscient ignore la négation. Soit, mais la Chose lacanienne, a contrario du réel[55], suppose justement la négation. Elle est « ce qui du réel pâtit du signifiant[56] ». La Chose est ce que les objets signifiants du désir produisent comme représentation de l'impossible : elle est l'espace vide d'une jouissance réelle, absolue, mais interdite, située au-delà de tous les substituts que le principe de plaisir peut lui trouver. La Chose est donc la béance qui sépare l'impossible du possible, la jouissance du plaisir, le réel du symbolique (et de l'imaginaire que ce dernier structure). Que Lyotard ait pourtant élu ce terme tient peut-être à ce que l'art engage toujours, pour Lacan, un rapport à la Chose. L'œuvre instaure un objet « pour cerner, pour présentifier, pour absentifier[57] » le vide qu'est la Chose. Ainsi la poésie courtoise, en élevant la Dame à la dignité de la Chose, crée-t-elle un « objet [...] affolant, un partenaire inhumain », inaccessible. Mais, pour Lyotard, l'inhumain qui affole l'œuvre n'est justement pas un objet – serait-il sublimé en Chose et donc objet perdu, Dame ou Graal[58] –, mais une matière an-objectable, sensitive. « Sous le nom de matière, écrit-il, j'entends *la Chose* », l'événement affectuel.

Lyotard relisant Freud emprunte à la Chose lacanienne, non le signifiant dont s'envelopperait son vide, mais l'angoisse que la « matière » suscite. L'âme-corps est en effet contradictoire : c'est la jubilation de sentir l'insensible, c'est la terreur d'être en proie à l'im-monde. Du moins la phrase-affect insiste-t-elle, résiste-t-elle, silencieuse et clandestine,

54. *Misère*, p. 58-59
55. « Il n'y a pas d'absence dans le réel. Il n'y a d'absence que si vous suggérez [par les mots] qu'il peut y avoir une présence là où il n'y en pas », J. Lacan, *Le Moi dans la théorie de Freud et dans la technique de la psychanalyse* [1954-1955], Paris, Seuil, Points Essais, 1978, p. 428.
56. *L'Éthique...*, *op. cit.*, p. 150 ; voir aussi p. 142, 161, 164.
57. *Ibid.*, p. 169 (voir aussi p. 155). Pour la citation suivante : p. 180.
58. Pour Lacan : *ibid.*, p. 134, 170, 178, 254 ; pour Lyotard : Beardsworth ; pour la citation suivante : *Inh*, p. 154 ; pour « *da...* » : *Misère*, p. 75.

détonant au milieu des phrases articulées, parce qu'elle est seule à avoir un timbre, là où les autres ont la parole. C'est là sa force de faible. S'il faut que l'inconscient soit une phrase, c'est que l'affect est « *da*, ici et maintenant », qu'il « arrive » ou « tombe », et qu'une occurrence est une phrase comme une phrase est une occurrence, « un quoi[59] », un « il y a ». S'il faut que la phrase-affect soit inconsciente, c'est que l'affect est l'instant qui revient et ne passe jamais parce que la rencontre est manquée, que le témoin est la chose.

59. Cf. *Dfd*, n° 99.

Alberto GUALANDI

Voix, corps, langage. Réflexions quasi-psychanalytiques autour de J.-F. Lyotard.

Dans cette époque dominée par les technosciences cognitives, par l'impératif de maximiser la performance et de ne pas perdre de temps, le discours psychanalytique souffre encore aujourd'hui de ce que Lyotard nommait un *différend*, un tort fondamental produit par l'incommensurabilité des régimes de phrases et des genres de discours. Dès sa naissance, la psychanalyse a eu la prétention de se présenter comme ce discours scientifique qui a pour objet l'inconscient. À commencer par Popper, les détracteurs de la psychanalyse ont au contraire soutenu que ce discours ne satisfaisait pas aux critères de l'objectivité scientifique et que cette pseudo-entité sans temps et sans espace qu'est l'inconscient ne pouvait nullement être un objet scientifique. En effet, toute tentative d'identifier ce « non-objet » à la réalité bioénergétique de la pulsion ou de le reconduire au cerveau sous-cortical et limbique – ainsi que le voudraient certains neurobiologistes libéraux pour acclimater le discours psychanalytique – a toujours été vouée à l'échec. Si ces tentatives avaient d'ailleurs eu du succès, la psychanalyse se serait transformée inévitablement en quelque chose d'autre, en une psychologie évolutionniste justement, ou bien en une neuroscience de l'hypothalamus ou de l'amygdale.

La thèse qui sert de toile de fond pour mes réflexions d'aujourd'hui est pourtant la suivante. Bien que l'inconscient ne soit pas un objet et soit donc irréductible à une force physique ou à une entité métaphysique cachée – se manifestant de façon indirecte par le moyen de rêves, symptômes, lapsus, actes manqués ou autres –, son existence est parfaitement démontrable de façon simple et directe. La preuve que l'inconscient existe réside dans le fait qu'*il y a du langage* ou, plutôt, dans le fait que d'un côté *il y a du langage* et que de l'autre *il y a un corps*, enfantin et sexué, prématuré et néoténique, qui entretient un rapport prélangagier et pourtant communicatif, synesthésique, imaginatif et métaphorique avec le milieu naturel et interhumain. L'inconscient n'est pas un objet puisque il n'est rien d'autre que la différence infinitésimale et tout de même indépassable, l'écart irréductible qui existe entre le corps, vécu et « centrique » de l'être prématuré et néoténique, et le langage, en troisième personne et « excentrique », qui lui est imposé par l'*Autre*. Dans cette perspective, l'inconscient n'est pas non plus structuré comme un langage. Ainsi que l'affirme Daniel Stern, c'est bien plutôt l'épée à double tranchant du langage :

> Le langage enfonce un coin entre deux formes simultanées d'expérience interpersonnelle : l'expérience telle qu'elle est vécue et telle qu'elle est représentée verbalement. L'expérience qui a lieu dans les champs de la relation émergente, nucléaire et intersubjective [...] ne peut être réintroduite que de façon très partielle dans le domaine de la relation verbale. Et dans la mesure où l'on attribue une valeur de réalité aux événements qui ont lieu dans le domaine de la relation verbale, ce qui en résulte est une aliénation des expériences qui ont lieu dans les autres domaines, qui peuvent dès lors devenir les domaines submergés [et en tant que tels inconscients] de l'expérience[1].

Avant d'avancer dans cette direction, je dois cependant éclaircir le rapport que cette thèse entretient avec celles de Lyotard. Il ne fait aucun doute que le problème du sens, de la valeur et du statut épistémologique du discours psychanalytique a joué un rôle névralgique dans la philosophie française de la deuxième moitié du XXe siècle, et en particulier dans sa variante « post-structuraliste », car les tendances et les filiations, les ruptures et les développements pourraient être ordonnés par rapport au rôle que les auteurs et les différents courants ont assigné au discours psychanalytique. De ce point de vue, le parcours de pensée de Lyotard ne représente pas une exception. Dans un travail précédent, j'avais avancé l'hypothèse que le développement de cette pensée pouvait être décrit comme une sorte de dynamique oscillatoire entre le corps et le langage ou, mieux, comme une sorte de mouvement d'aller et retour entre un dehors absolu du langage et un langage sans dehors[2]. Dans *Discours,*

1. D. Stern, *The Interpersonal World of the Infant*, New York, Basic Books, 1985, London, Karnac Books, 1998, p. 162-163 [notre traduction].
2. A. Gualandi, *Lyotard*, Paris, Les Belles Lettres, 1999.

figure, mais aussi, à certains égards, dans *Économie libidinale*, la pensée lyotardienne semblait s'assigner la tâche, paradoxale et impossible, de se placer dans un espace de discours et de vérité complètement extérieur au langage, dans une sorte de dehors pulsionnel du langage, que *Discours, figure* identifiait à la pulsion de mort et *Économie libidinale* à la grande pellicule éphémère du corps désirant. Après les œuvres dites « païennes » de la fin des années 1970 pourtant – dans *La Condition postmoderne* et, de façon encore plus nette, dans *Le Différend* –, Lyotard semble adhérer à un *tournant langagier* radical, grâce auquel l'univers du langage ne connaît plus aucun dehors, puisque le corps de celui qui parle ou écoute, comme tout autre « objet » ou référent de discours, n'existe qu'en fonction de la phrase qui le « présente ». Étonnamment, à partir de *L'Inhumain* et de *Moralités postmodernes*, nous voyons cependant réapparaître un dehors absolu du langage, dans la forme d'un corps sexué, enfantin, analogique et réceptif qui résiste à la violence exercée sur la réalité individuelle et collective par un langage d'une puissance accrue par sa prothèse digitale-cybernétique. Nous voyons réapparaître aussi l'entrelacement pulsionnel d'Éros et de Thanatos sous le dualisme physique des principes d'entropie et de néguentropie. La dernière métapsychologie freudienne, autour de laquelle se développait *Discours, figure*, semble ainsi assumer une valeur cosmologico-ontologique dans le contexte d'une mélancolique « fable postmoderne » qui assigne à l'humanité le but de survivre à la mort thermique du soleil et de son système.

Si cette reconstruction a un sens, la psychanalyse semblerait jouer dans le parcours de pensée de Lyotard un rôle métathéorique privilégié et jamais éclairci, être l'alpha et l'oméga de tout son développement de pensée. De quoi dépend cette surdétermination théorique du discours psychanalytique ? D'une inclination existentielle et subjective ou d'une identification excessive de la psychanalyse à la philosophie ? Et cette identification tient-elle au fait que la psychanalyse sert d'*ersatz* d'anthropologie ou bien d'au-delà métapsychologique et pulsionnel dévoilant le côté obscur de l'inhumain et de la folie ? Dans la mesure où une réponse à ces questions exigerait une analyse détaillée du mouvement oscillatoire dont je parlais, je voudrais me limiter ici à une période intermédiaire de la production lyotardienne où, en adhérant au tournant langagier de la philosophie contemporaine, Lyotard semble se débarrasser complètement de la métapsychologie pulsionnelle freudienne. Le fil conducteur qui peut nous guider dans cette recherche est donc le suivant : malgré l'abandon de toute « physique générale, c'est-à-dire métaphysique[3] » et, conséquemment, de toute métapsychologie, quelle vérité est-il encore possible d'attribuer au discours psychanalytique ?

En considérant la radicalité du tournant langagier que Lyotard entreprend à partir de la fin des années 1970, il semblerait difficile d'entrevoir un espace pour la vérité psychanalytique, et pour son objet spécifique, l'inconscient, en dehors de l'interstice que *Discours, figure* avait précédemment identifié entre corps et langage[4]. Si l'on en croit Lyotard lui-même, adhérer au tournant langagier de la philosophie internationale signifiait

3. *Inh*, p. 13.
4. Dans *Discours, figure,* la vérité du discours psychanalytique s'enfonce comme un coin entre le discours de la perception, des sens et du corps, objet spécifique de la phénoménologie, et le métadiscours sur le langage que Lyotard (en polémique avec Lacan et la tradition structuraliste) reconduit à Frege et à la tradition analytique, plutôt qu'à Saussure. Le discours psychanalytique est doublement révolutionnaire et troublant. D'un côté, il empêche la philosophie analytique et la phénoménologie de s'allier en s'érigeant en description totalisante (et institutionnalisée) de la réalité, en constituant un (double) système spéculatif, opposé et complémentaire. De l'autre, il montre que la distance-négation qui permet au corps de percevoir la réalité – et au langage de la décrire – dépend d'une négation plus fondamentale que Lyotard, à la suite de Freud, nomme *Entzweiung :* la séparation originaire du corps maternel. Selon Lyotard, le monde de la perception et le monde du langage ne pourraient pas se constituer en système si les relations oppositionnelles qui structurent les deux domaines ne s'articulaient autour d'une négation plus originaire qui dévoile l'être humain comme un être fêlé et inachevé, traversé par l'expérience de la séparation, de la perte et, donc, du désir. C'est à ce point que la métapsychologie freudienne se place en position de fondement par rapport à tout autre discours sur la réalité. Si c'est d'Éros et de la pulsion sexuelle que la perception et le langage tirent leur énergie de liaison permettant à la réalité de se structurer comme un système, c'est de la pulsion de mort qu'ils tirent cette force de négation qui permet à la structure de ne pas se refermer sur elle-même en s'ouvrant à une nouvelle vérité dont l'art est le véhicule, par le triple moyen de la « figure-image », de la « figure-forme » et de la « figure-matrice ». À la différence de la vérité psychanalytique, l'art, en effet, ne cherche pas à rédimer le vide, l'angoisse ou le silence qui s'annoncent à travers le rêve ou le symptôme, mais plutôt à transformer ces émotions dans des forces, des matières et des formes par lesquelles la pulsion et le désir acquièrent une visibilité et une consistance laissant émerger toute leur charge destructrice, révolutionnaire et transformatrice dans le monde apparemment autosuffisant et apaisé de la perception-langage. Mais le résultat obtenu par Lyotard pour redonner à l'art sa valeur de vérité ontologique et politique n'est qu'un succès apparent. Pris dans la tâche impossible de *dire*, à travers le langage conceptuel de la philosophie, *ce qu'il n'est pas possible de dire* par un concept, *Discours, figure* débouche sur le paradoxe de rendre indiscernable le discours métapsychologique de la psychanalyse de celui de la philosophie, et de concevoir, en même temps, la pratique

se racheter du « péché de désespoir » représenté par *Économie libidinale*. Cela signifiait aussi se débarrasser de la métaphysique énergétiste de la pulsion et du désir, en réglant définitivement ses comptes avec l'ontologie deleuzo-nietzschéenne des forces actives et réactives, mais aussi avec la métapsychologie freudienne qui semble avoir exercé une fascination très puissante sur la philosophie française des années 1960. Après ce tournant, il n'y a plus que des jeux de langage, et si l'on épure le langage de tout résidu anthropomorphique, il n'y a que des « phrases », des « régimes de phrases » et des « genres de discours ». Maintenant, il n'y a plus ni énergie, ni intensité, ni pulsions, ni corps, mais seulement des phrases cognitives, optatives, impératives ou normatives, appartenant à un genre de discours quelconque (scientifique, éthique, politico-délibératif ou autre), phrases qui dans quelques cas peuvent avoir comme objet, sens ou destinataire le corps, ses vides, ses manques, son désir. Mais où s'insert alors, à l'intérieur de ce dispositif de pensée, le genre de discours psychanalytique ? Et où place-t-on son objet spécifique : l'inconscient ?

Bien qu'à première vue, dans *Le Différend* et les ouvrages qui héritent de son dispositif théorique, ne soit présent aucun interstice séparant le langage de son « dehors langagier », je crois que l'instance paradoxale qui joue le rôle de « dehors du langage » à l'intérieur d'un univers de « langage sans dehors » est parfaitement identifiée par le titre d'un texte prononcé en 1990 devant l'*Association psychanalytique de France :* « Voix[5] ». Exemple magistral du style d'écriture, complexe et entrelacé, que Lyotard a développé dans *Le Différend*, « Voix » a comme objet principal la mise en scène d'un différend concernant la scène analytique elle-même, et en particulier les niveaux multiples où la voix du patient, qui narre à l'oreille de l'analyste ses scènes de vie, est narrée à son tour par l'analyste (à différents niveaux de mise en scène stylistique : « secrètement » dans ses notes de séance et, publiquement, dans la rédaction du cas clinique). Il est presque banal de noter – soutient Lyotard dès le début du texte – que la voix qui émerge de ces trois (ou plus) niveaux de la scène analytique : la scène de vie du patient, la séquence des séances d'analyse et l'exposé public du cas, n'est et ne pourra jamais être la même. À travers ces différents niveaux de mise en scène et de narration, ce qui reste

psychanalytique comme un compromis et comme une adaptation à la réalité, constituant l'envers « politique » exact de la vérité artistique.

5. J.-F. Lyotard, « Les Voix d'une voix », *Nouvelle Revue de psychanalyse*, n° 62, Paris, Gallimard, 1990, republié sous le titre « Voix : Freud », *LE*, p. 129-153.

identique peut être tout au plus la *lexis* – c'est-à-dire le discours articulé en phonèmes, adressé d'un destinateur à un destinataire, et pourvu d'un référent et d'un sens plus ou moins confus. Par rapport à ce contenu, le *logos* savant de l'analyste peut être conçu comme un métalangage capable de mettre de l'ordre dans la *lexis* souffrante, déconnectée et répétitive du patient, en découvrant, derrière ses identités superficielles et secondaires, des identités primaires plus fondamentales et originaires : son fantasme. En tout cas, ce que, selon Lyotard, ce *logos* psychanalytique ne réussira jamais à représenter comme identique est cependant ce qui change inévitablement avec la variation de chacun de ces niveaux et de ces scènes : la *phônè*, c'est-à-dire le son de la voix, le ton de la phrase, la prosodie du discours, ce bruit ou cette musique qui cohabite dans toute *lexis*, en dérangeant l'écoute du message de la part du destinataire et la compréhension que le destinateur a de lui-même. Selon Lyotard, la *phônè* n'est en effet ni un signe, ni un symbole, mais plutôt le signal d'une affection qui se manifeste dans la voix, mais que l'on ne peut pas narrer ou représenter, puisqu'elle ne connaît pas de juxtaposition dans l'espace, ni d'enchaînement dans le temps. La *phônè*, ainsi que l'affect, sont pures manifestations « tautégoriques » d'eux-mêmes et, en tant que tels, même les êtres qui ne signifient pas, mais manifestent des émotions, les *in-fans*, humains ou animaux, les possèdent. En d'autres termes, la *phônè* est ce qui manifeste l'enfance et l'animalité du corps dans le langage, et qui produit la médiation entre le corps néoténique, caractérisé par la *Hilflosigkeit* et la prématuration, et le langage. En tant que telle, la *phônè* est ce par quoi s'exprime de la façon la plus propre l'inconscient, au point que la tâche analytique de favoriser le transfert véritable – transfert que Lyotard redéfinit comme « *phônè* en train de s'articuler[6] » en *lexis* – ne peut être que de permettre au patient d'entendre cette *phônè* qui était d'abord pour lui inaudible, et par rapport à laquelle il était d'abord sourd et muet[7]. En conclusion, pour Lyotard, la scène clinique est un analogon baroque de la scène tragique où le patient-héros acquiert sa capacité d'auto-écoute par une sorte d'identification cathartique avec la sagesse thérapeutique du chœur analytique.

6. *LE*, p. 144.
7. Un exemple significatif des implications cliniques du discours de Lyotard nous est offert par le cas clinique de Marsyas décrit par Didier Anzieu, « L'enveloppe sonore du soi », *Nouvelle Revue de Psychanalyse*, n° 13, Paris, Gallimard, 1976, p.166.

Parvenu à ce point, nous pouvons nous poser quelques questions. Si, pour Lyotard, les narrations multiples qui se présentent sur la scène analytique – narrations oniriques, fantasmatiques, quotidiennes – ne sont importantes que dans la mesure où elles permettent « à la voix affectuelle de se faire entendre, *dans* la voix narrative, et entendre *de* celui, le narrateur, qui ne l'entendait pas[8] », est-ce alors la narration « littéraire » du cas qui se trouve dans une situation de différend avec cette *phônè* (qui ne pourra jamais être reproduite comme identique, mais seulement vécue dans l'ici et maintenant de la séance analytique) ? Ou bien est-ce la théorie analytique elle-même qui se trouve dans une situation de différend inguérissable avec la vérité même de l'inconscient ? Si, pour l'enfant en état de prématuration et de *désaide* (*Hilflosigkeit*), « la rencontre de la *phônè* avec la *lexis* est inévitablement traumatisante, séductrice », et si ce traumatisme habite déjà la *lexis* de l'adulte affectant l'enfant comme un fantasme sonore qui transite à travers les générations, devons-nous alors interpréter le transfert analytique (à travers lequel la *phônè* est en train de s'articuler en *lexis*) comme un processus dialectique par lequel le différend entre la *phônè* et la *lexis* est réabsorbé et donc « fermé » ? Ou bien, ainsi que Lyotard semble nous le suggérer, en concluant que « la relation d'un affect peut, au mieux, susciter un affect, maintenant », devons-nous entendre toute théorie psychanalytique comme la rationalisation de quelque chose qui se produit, ou ne se produit pas, au niveau musical de l'affect, dans l'ici et maintenant d'une pratique thérapeutique où ce qui compte est seulement l'accord ou le désaccord musical entre les sons et les timbres des voix du patient et du thérapeute ? C'est à cette conclusion que parvenait déjà le grand rhétoricien Gorgias lorsqu'il identifiait dans l'*Éloge d'Hélène* le pouvoir thérapeutique du *logos* avec celui séducteur de la *phônè-pharmakon*[9].

Les questions posées par ce texte dense ne sont pas restées inaperçues et sans réponse. On a principalement répliqué à Lyotard qu'une bonne séance d'analyse est celle où l'on n'essaye pas de clôturer une fois pour toutes le différend entre la *phônè* et la *lexis*, l'enfance et l'âge adulte, les processus primaire et secondaire, mais celle où l'on tente de le rendre

8. *LE*, p. 152.

9. On peut montrer que le *logos* « au corps subtil » de l'*Éloge* est en réalité son ; et puisqu'il est son, le *logos* se trouve dans l'impossibilité (*Traité*, troisième thèse) de véhiculer des contenus concernant les autres modalités sensorielles.

productif en le gardant ouvert[10]. La métaphore du *Zuidersee* qui doit être drainée par la conscience et par son discours civilisé n'est plus à la base du discours psychanalytique contemporain, qui a plutôt comme objectif l'établissement d'un nouvel équilibre ou d'une nouvelle communication entre la *phônè* de l'enfance et le langage articulé de l'âge adulte. Il se pourrait que cette solution, proposée par plusieurs auteurs[11], soit la bonne, mais elle est encore trop conciliatrice pour la sensibilité lyotardienne, qui nous semble plus proche de celle de psychanalystes comme Stern pour lesquels entre *phônè* et *lexis*, expérience langagière et pré-langagière, un rapport nécessairement dramatique se produit, lieu d'une différence incommensurable et d'une scission de l'expérience de soi, qui ne pourront plus être récupérées par le langage articulé. On peut en outre noter que la situation où se trouve la psychanalyse à la fin de « Voix » est assez semblable à celle qui se présentait dans *Discours, figure* par rapport à la vérité artistique : la pratique psychanalytique montre une tendance indéfectible à la synthèse et à la recomposition, à la réabsorption de la vérité de l'inconscient et de l'affect à l'intérieur d'une narration, c'est-à-dire à l'intérieur d'un discours où les instances du destinateur, du destinataire, du référent et du sens trouvent une nouvelle place dans un genre de discours capable de donner voix à l'affect. Mais un changement survient ici qui nous intéresse davantage : ce « figural » visuel, dont Lyotard, en 1971, poursuivait les signes tout au long de l'histoire de la peinture et de la culture, est remplacé par un « figural acoustique ». La *Tonkunst*, l'art des sons, des rythmes et des timbres semble se substituer à l'art des formes et des couleurs dans sa capacité à exprimer les mouvements et les dynamiques de l'âme humaine.

Ce changement a une importance considérable pour la théorie psychanalytique contemporaine. Par plusieurs arguments auxquels nous pouvons seulement renvoyer, Michele Gardini a récemment montré qu'à partir de Freud, la théorie psychanalytique a toujours préféré la dimension iconico-visuelle à la dimension acoustique et musicale[12]. L'existence

10. Cf. à ce propos D. Scarfone, « La séance d'analyse, ouverture de différends », in C. Enaudeau, J.-F. Nordmann, J.-M. Salanskis, F. Worms (dir.), *Les Transformateurs Lyotard*, Paris, Sens & Tonka, 2008, p. 247-260.
11. Cf. H. Loewald, *Papers on Psychoanalysis*, New Haven, Yale University Press, 1989 ; Stephan A. Mitchell, *Relationality : From Attachment to Intersubjectivity*, New York, Analytic Press, 2000.
12. M. Gardini *L'inconscio, il tempo, il suono. Su psicoanalisi e musica*, dans « Scienza&filosofia », n° 13, 2015, en ligne : http://www.scienzaefilosofia.it/.

d'un inconscient tactile, olfactif, multimodal et transsensoriel est revendiquée par plusieurs auteurs depuis quelques décennies (Didier Anzieu, Daniel Stern). Mais le fait de penser à un inconscient qui se cristallise originairement en formes acoustiques et musicales, plutôt que tactiles et visuelles, nous pousse à la révision de certains dogmes psychanalytiques comme celui selon lequel l'inconscient ne connaîtrait pas d'ordre et de succession, ni dans le temps ni dans l'espace. La temporalité de l'inconscient pourrait en effet être pensée de la même façon que la temporalité musicale, où la répétition et la variation des mêmes tons, timbres et mélodies fondamentaux, déterminent la forme de la destinée d'une âme individuelle en rythmant profondément ses actes, gestes, paroles, discours. Depuis le début jusqu'à la fin de notre vie, c'est toujours la même phrase-affect qui se répète immuablement jusqu'à ce que « la voix affectuelle » arrive à « se faire entendre, *dans* la voix narrative, et entendre *de* celui, le narrateur, qui ne l'entendait pas[13] ». On pourrait en effet penser qu'à cette seule condition l'être humain parvient à s'entendre lui-même, à donner une voix à l'*infans* qui l'habite, à exprimer et manifester le trauma produit par la rencontre de sa *phônè* avec la *lexis* de l'Autre. Didier Anzieu a exprimé de la façon la plus claire cette idée de la précédence et de l'antériorité de l'espace sonore originaire – sur lequel se bâtit lentement l'être psychique, plus ou moins réussi, de tout individu – par rapport à tout autre espace sensoriel et psychique :

> L'espace sonore est le premier espace psychique : bruits extérieurs douloureux, [...] gargouillis inquiétants du corps mais non localisés à l'intérieur, cris automatiquement poussés avec la naissance, puis la faim, la douleur, la colère, la privation de l'objet [...]. Sur ce fond de bruits peut s'élever la mélodie d'une musique plus classique ou plus populaire, c'est-à-dire faite de sons riches en harmoniques, musique proprement dite, voix humaine parlée ou chantée avec ses inflexions et ses invariants très vite tenus pour caractéristiques d'une individualité. Moment, état dans lequel le bébé éprouve une première harmonie (présageant l'unité de lui-même comme Soi à travers la diversité de ses ressentis) et un premier enchantement (illusion d'un espace où n'existe pas la différence entre Soi et l'environnement [...] auquel il est uni). L'espace psychique sonore ne connaît pas les limites qu'imposent le développement psychomoteur et notamment la coordination visuo-tactile : on entend et on se fait entendre dans le noir, dans la cécité, par-delà les cloisons. Seul l'espace olfactif

13. *LE*, p. 152.

> possède à quelques nuances près un pouvoir analogue de diffusion et de pénétration, mais les odeurs sont toutes subies, le sujet naissant ne sait pas distinguer si elles proviennent de lui ou de l'environnement, il n'a pas cette expérience motrice de leur émission qui dans le cas du cri mobilise presque tous les muscles du corps et il mettra des années avant de savoir s'en servir comme de signaux. L'espace sonore – s'il faut par un recours à la métaphore l'affecter d'une apparence visible – a la forme d'une caverne. Espace creux comme le sein, la cavité bucco-pharyngée. Espace abrité mais non hermétiquement clos. Volume à l'intérieur duquel circulent des bruissements, des échos, des résonances. [...] Les espaces suivants de l'enfant, l'espace visuel, puis visuo-tactile, puis locomoteur, et enfin graphique, l'introduiront aux différences entre le mien et le non-familier, entre le Soi et l'environnement, différences à l'intérieur du Soi, différences dans l'environnement [...]. Mais les déficits originaires de l'enveloppe sonore du Soi handicaperont le développement de cette série[14].

On reviendra par la suite sur ces déficits primaires de l'espace sonore originaire. Pour l'instant je voudrais noter que cette conception de l'inconscient acoustique et musical pourrait nous conduire à une relecture de l'ontologie lyotardienne de la phrase que je voudrais brièvement ébaucher ici.

Le Différend est un livre qui, comme on le sait, tourne autour de cette entité minimale, à l'état naissant, qu'est la phrase. La phrase est présentée par Lyotard comme cet événement anonyme et impersonnel qui répond à la question *« Arrive-t-il ? »*[15]. Dans cet état embryonnaire et naissant, les quatre instances qui constituent toute phrase – destinateur, destinataire, sens et référence – ne sont pas encore clairement distinguables. Ce n'est qu'une phrase venant après elle et s'enchaînant avec elle qui peut déterminer rétrospectivement l'instance dominante et le régime de phrases auxquels la première obéit : en termes kantiens, son appartenance à telle ou telle faculté. Lyotard attribue beaucoup d'importance à ce « venir après », à cette détermination *a posteriori*, à cette actualisation progressive de la phrase. Il explique à plusieurs reprises que c'est par ce processus d'enchaînement que la synthèse du temps se produit. Un processus, que la phénoménologie et la psychanalyse ont respectivement raté puisqu'elles ont manqué l'essence sonore de l'événement temporel. En

14. D. Anzieu, « L'enveloppe sonore du soi », art. cit., p. 176-177.
15. *Dfd*, n° 131 et 132.

d'autres termes, l'ontologie du *Différend* est une ontologie phono-auditive, puisque l'*événement sonore* – événement pur qui se dissout au moment où il se produit, qui meurt au moment où il naît (Erwin Straus) – est ce qui attribue à la phrase sa nature intrinsèquement temporelle. C'est de cette essence sonore que tirent leur force ce que Lyotard appelait, dans *La Condition postmoderne*, les narrations. L'histoire peut alors être comprise comme un immense *Kampfplatz* cacophonique entre genres de discours qui essayent de recruter dans leurs « orchestres » ou dans leurs « partitions musicales » chaque phrase-son qui naît. Mais qu'est-ce qui rend chaque phrase naissante aussi perméable et en même temps aussi résistante aux déterminations langagières extérieures ? En outre, par quel type de bruits ou de mélodies pouvons-nous nous représenter concrètement chaque phrase qui naît ? Jean-Luc Nancy, dans une page très lyotardienne, fait cette suggestion :

> Peut-être faut-il ainsi comprendre l'enfant qui naît avec son premier cri comme étant lui-même – son être ou sa subjectité – l'expansion soudaine d'une chambre d'écho, d'une nef où retentit à la fois ce qui l'arrache et ce qui l'appelle, mettant en vibration une colonne d'air, de chair, qui sonne à ses embouchures : corps et âme d'un quelqu'*un* nouveau, singulier. Un qui vient à soi en *s'*entendant adresser la parole *tout comme* en *s'*entendant crier (répondre à l'autre ? l'appeler ?), ou chanter, toujours chaque fois, sous chaque mot, criant ou chantant, *s'exclamant* comme il le fit en venant au monde[16].

La phrase-cri de l'enfant est une phrase où le destinateur et le destinataire, le sens et la référence ne sont aucunement distingués les uns des autres. Elle est la voix à son état le plus pur, cet état naissant où *phônè* signifie tout simplement « l'être est ». On a déjà décrit la façon dont les instances qui sont à la base du langage organisé, en régimes de phrases et en genres de discours, se différencient progressivement à partir de cette « tautégorie sonore initiale », produite par l'incapacité où se trouve l'enfant de différencier l'identité du son produit et celle du son écouté. Mais, plus important encore pour le discours psychanalytique est de comprendre la façon dont un trouble, une interférence ou un dérèglement, qui rendent impossible au sujet d'entendre son propre timbre

16. J.-L. Nancy, *À l'écoute*, Galilée, Paris, 2002, p. 38-39.

et de comprendre sa propre voix, se produisent dans ce processus de détermination progressive. Dans le texte déjà cité, Didier Anzieu proposait l'hypothèse d'une phrase-cri originaire qui parvient à s'auto-percevoir et à déterminer graduellement ses instances fondamentales à partir d'une *sorte de bain sonore originaire* où elle apparaît indiscernable de la Voix que l'Autre lui renvoie. Ce qui permet à la phrase enfantine de grandir « bien élevée », en déterminant progressivement ses propres instances sans pourtant succomber à des enchaînements préconstitués, à des régimes de phrases et des genres de discours impersonnels et anonymes, c'est le ton de plaisir par lequel l'Autre répond à son ton de plaisir, c'est le son apaisant qui répond à son cri de douleur, c'est le timbre plein qui essaye de soigner son vide, c'est la prosodie par laquelle l'Autre essaye d'harmoniser la fragmentation de ses phrases enfantines.

Selon Anzieu, ce processus de consolidation progressive du Soi audio-vocal traverse trois phases bien identifiables : le cri (de deux semaines à trois mois) ; le babillage (de trois à six mois) ; l'analyse phono-gestuelle du comportement d'autrui (de huit à onze mois). Puisque ces phases peuvent être mises en correspondance avec les deux niveaux d'articulation de la parole mis en évidence par André Martinet, l'analyse expérimentale de la succession des phases conduirait selon Anzieu au résultat fondamental de renverser l'ordre encore dominant dans la tradition française qui voudrait que l'articulation sémantique et gestuelle soit antérieure à l'articulation phono-auditive. Mais ce qui nous intéresse surtout, c'est de noter que dans ces trois phases du bain sonore originaire, des défauts pathogènes du miroir sonore maternel peuvent se produire qui compromettraient l'un, l'autre ou tous les niveaux d'articulation de la parole. Ils peuvent conduire, dans le cas le plus grave, à la schizophrénie, ou bien à des troubles de la personnalité narcissique, dans le cas de troubles légers, ou encore à des troubles psychosomatiques et d'adaptation sociale et scolaire, si le dérèglement a eu lieu à un niveau d'articulation et non à l'autre. Par son timbre monocorde, rauque et métallique, la voix de la mère du patient schizophrénique semble cumuler les trois défauts pouvant affecter le miroir sonore, qu'Anzieu décrit et distingue de la façon suivante : 1) les défauts de discordance, lorsque le miroir sonore « intervient à contretemps de ce que ressent, attend ou exprime le bébé » ; 2) les défauts de brusquerie : « tantôt insuffisant, tantôt excessif, [le miroir sonore] passe d'un extrême à l'autre d'une façon incompréhensible pour le bébé » ; 3) les défauts d'impersonnalité, lorsque « le miroir sonore ne renseigne ni sur le bébé ni sur ce que celui-ci ressent lui-même ni sur ce que sa mère ressent pour lui » :

> Le bébé sera mal assuré de son Soi s'il est pour elle une machine à entretenir, non un corps vivant ayant besoin d'aide pour se développer, ni un objet d'amour ; quand elle lui parle, c'est comme à une machine dans laquelle on introduit un programme. Souvent aussi elle se parle à elle-même devant lui, mais non de lui, soit à voix haute, soit dans le mutisme de la parole intérieure, et ce bain de parole ou de silence lui fait ressentir qu'il n'est rien pour elle. Le miroir sonore puis visuel n'est structurant pour le Soi puis pour le Moi qu'à condition que la mère exprime à l'enfant à la fois quelque chose d'elle et de lui, et quelque chose qui concerne les qualités psychiques premières éprouvées par le Soi naissant du bébé et qui sont le plaisir et la souffrance[17].

Ce texte, qui semble avoir été écrit comme un commentaire en contrepoint aux questions que l'article de Lyotard laisse en suspens, nous offre aussi l'occasion de conclure notre parcours en jetant un regard sur la question de l'humanité dominée par l'inconscient machinal de la technoscience et sur l'entrelacement relatif au complexe conceptuel humain-inhumain. Comme on le sait, pour le « dernier Lyotard », la technoscience n'est pas une émanation de l'homme, mais, de façon plutôt étonnante, le portevoix d'Éros, c'est-à-dire de la tendance cosmologique néguentropique complémentaire et opposée à la pulsion de mort dirigée vers la mort entropique du système. Le but dernier de cette tendance néguentropique de la technoscience serait l'élaboration d'un superprogramme langagier capable d'exploiter les énergies présentes dans le système pour que celui-ci se maintienne en vie par lui-même, indépendamment de toute possibilité de survie de notre corps après le collapse du soleil[18]. Or, nous demande Lyotard, quelles caractéristiques devrait avoir ce superprogramme, si l'on veut qu'il garde encore quelques traces de notre humanité plutôt que les seuls signes impersonnels et anonymes de l'inconscient machinal qui depuis toujours habite ce que Lyotard appelle « le système » ? La réponse de Lyotard est que ce langage doit porter les signes de son enracinement dans les sens et dans le corps, dans l'impensé du désir et de la différence sexuelle : langage analogique et enfantin, signé

17. D. Anzieu, « L'enveloppe sonore du soi », art. cit., p. 176.
18. Cf. *Inh*, en particulier.

par le manque et exposé à la douleur et à la souffrance. En d'autres mots, ce langage qui témoignera de notre humanité ne sera pas un langage cybernétique, stock d'informations désincarnées et numériques, mais une voix humaine qui par ses timbres et ses prosodies, ses harmonies et ses dystonies, ses chuchotements et ses brusqueries, supporte les signes de la blessure originaire de notre mort et de notre naissance, de la dette inguérissable qui, dès le début, nous relie à l'Autre (qui nous sauve ou qui nous damne), de l'effort incessant que notre espèce a toujours besoin de recommencer pour essayer de venir à bout de la folie originaire qui l'anime. Folie qui habite notre nature et notre histoire et qui ne nous quittera que dans l'instant où dans le système solaire ou dans l'univers se répandra le silence.

Phônè ! Dans sa misère et son dessaisissement, l'être humain *est*[19].

19. Je remercie Pierre Dondarini, Corinne Enaudeau et Frédéric Fruteau de Laclos pour la lecture et la discussion du texte français.

Geoffrey Bennington

Lyotard à même le langage

... à même le rien... à même l'eau grise... à même...[1]

« [Emma] se mit à manger à même... »[2]

Lyotard s'est toujours méfié du langage. Protestation d'inspiration phénoménologique au début de *Discours, figure* contre une certaine hégémonie de la linguistique : non, le donné n'est pas un texte, il y a autre chose que le *logos* ; s'il y a à penser, c'est qu'il y a autre chose que la pensée, avant la pensée et *a fortiori* avant le langage ; il faut bien que le donné soit *donné*, il faut donc qu'il y ait de l'autre. Si bien qu'il faut résister à une certaine idée du « texte », que personne n'écrit et qui se lit lui-même, certes, mais qui fait comme si nous étions des êtres bidimensionnels sans le sens, profond, de l'espace, du toucher, du corps. Accord saisissant de ce point de vue entre *Discours, figure* et les textes de la fin, comme par exemple tel admirable essai sur « la crise des fondements, » écrit pour une encyclopédie, très critique par rapport à tout pragmatisme ou méta-pragmatisme, et qui insiste sur l'idée qu'il faut bien que quelque chose nous soit *donné* avant que nous puissions en parler[3].

1. J-F. Lyotard, *Sam Francis, Leçons de Ténèbres, « like the paintings of a blind man », Écrits sur l'art contemporain et les artistes*, vol. III, H. Parret (éd.), Leuwen, Leuwen University Press, 2010, § 17, 30, 31.
2. Gustave Flaubert, *Madame Bovary*. C'est Philippe Bonnefis qui fait remarquer qu'« Emma » est l'image spéculaire d'« à même » (observation rapportée par Elissa Marder, *Dead Time : Temporal Disorders in the Wake of Modernity (Baudelaire, Flaubert)*, Stanford, Stanford University Press, 2001, p. 146). Cet « à même » donnerait peut-être un nouveau sens au motif de la *Nachträglichkeit* dans le texte de Lyotard intitulé simplement « Emma » (in *Misère*).
3. Cf. J.-F. Lyotard, « La Crise des fondements », *Encyclopédie universelle,* t. I, Paris, Puf, 1989, p. 738-750. J'ai commenté ce texte dans « Opening Up », *Cultural Politics*, vol. 9, n° 2, Durham, Duke University Press, 2013, p. 203-213.

Or, s'il y a un livre de Lyotard où cette conviction qu'il existe un excès du donné sur le langage pourrait faire problème, où on pourrait croire qu'il est justement revenu *à même* le langage, c'est bien *Le Différend* lui-même, son « livre de philosophie, » comme il le dit en quatrième de couverture. Car il pourrait sembler que là, précisément, on rencontre vraiment « Lyotard et le langage » : pour le jeune lecteur enthousiaste que j'étais dans les années 1980, par exemple[4], il semblait évident que tout ce qui faisait encore « métaphysique » dans le Lyotard antérieur (résidus phénoménologiques voire psychanalytiques, pour ne pas dire libidinaux) avait été triomphalement surmonté par le tournant linguistique du *Différend*, et notamment par son concept majeur de *phrase*, l'« objet » même du livre (d'après la « Fiche de lecture »), « le seul qui soit indubitable, parce qu'elle est immédiatement présupposée (douter qu'on phrase est en tout cas phraser, se taire fait phrase)[5] ». Dans *Le Différend*, tout revient à la phrase, il semblerait donc au premier abord que le langage occupe toute la scène, que ce que Lyotard avait eu envie de repérer, auparavant, comme extra- ou infra-linguistique soit maintenant repensé comme simple « façon de parler » (comme il le dit en passant du langage énergétique-libidinal dans un texte-transition de *Rudiments païens*[6]). Si bien que non seulement le silence serait une phrase (ou du moins, on vient de le voir, « se taire fait phrase »), mais la « réalité » serait toujours « établie » en phrasant, et serait de toute façon toujours à ramener vers la phrase. Est-ce à dire que tout serait phrase ? Que même ce qui occupe le pôle référent de l'univers que présente une phrase soit toujours lui-même une phrase ? Que le langage, sous la forme de la phrase, soit tout, le tout, tout ce qui est ?

On peut repérer deux modalités que prend cette question, et deux types de réponse possibles. D'une part, Lyotard emploie le langage des phrases pour ainsi dire *analogiquement* pour analyser des situations apparemment non-linguistiques. Ainsi, toujours dans *Le Différend*, l'analyse de l'esthétique transcendantale chez Kant dans la première des Notices Kant[7]. Le donné sensible serait déjà une phrase (ou une « quasi-phrase »), non pas au sens où il n'y en aurait pas avant qu'on en parle, mais bien par analogie avec une phrase linguistique, en ce sens que cette phrase ou quasi-phrase

4. Cf. mon livre *Lyotard : Writing the Event*, Manchester, Manchester University Press, 1988.
5. *Dfd*, p. 9.
6. *RP*, p. 94 (éd.10/18, p. 130).
7. *Dfd*, p. 96 *sq.*

met en place un destinataire (sous les espèces du sujet, ou du moins de la réceptivité d'un sujet), auquel le destinateur de la « phrase » « parle matière (comme on dit : parle anglais) », un destinataire qui va par la suite prendre la position de destinateur d'une deuxième phrase, qui sera celle de la forme, de l'espace-temps, et qui sera bien, selon l'analogie filée ici par Lyotard, adressée au destinateur de la première phrase, destinateur devenu maintenant destinataire à son tour. Cette deuxième phrase, dit Lyotard, est, à la différence de la première, dotée d'un référent, à savoir le phénomène. En quel sens s'agit-il ici de phrases ? Lyotard lui-même hésite entre « phrase » et « quasi-phrase » : d'abord « la quasi-phrase qu'est le donné sensible[8] » ; ensuite « la constitution du donné par la sensibilité exige non pas une phrase (ou quasi-phrase), mais deux[9] ». Ce « quasi » serait peut-être justement la marque de cet usage analogique du langage de phrases : « Les deux premières pages de l'Esthétique transcendantale s'analysent donc en deux moments. Chacun de ceux-ci est structuré comme un univers de phrase ». Mais une fois l'analogie posée comme telle, on peut continuer à parler directement de phrases (« De quoi parle la phrase matière [...] ? La phrase matière ne se rapporte qu'au destinataire [...]. [Le sujet] adresse au destinateur inconnu de la première phrase, devenu dès lors destinataire, la phrase de l'espace-temps, la phrase formée, et celle-ci, à la différence de la phrase matière, est dotée d'une fonction référentielle. [...] Cette deuxième phrase... »). Lyotard se reprend ensuite un peu (« La constitution du donné requiert [...] donc deux phrases ou quasi-phrases »), mais pour ensuite employer « phrase » et « quasi-phrase » comme des synonymes (« Pour doter la phrase-matière d'une valeur référentielle “objective”, il faut lui apporter un supplément au moyen d'une deuxième quasi-phrase, la phrase-forme [...][10] »).

Je reviendrai sur ce qui est en jeu dans ce genre d'analyse et ce concept un peu hésitant de « quasi-phrase », car on peut soupçonner que ce n'est pas un hasard si cela a lieu autour d'un certain Kant « esthétique » qui, on le sait, jouera un rôle si important non seulement dans *Le Différend* lui-même, mais dans tout ce qui va suivre pendant les années 1980 et 1990.

Laissons cela pour l'instant, et reprenons notre question (est-ce que tout est phrase ?) selon sa *deuxième modalité*. Ici, il ne s'agit pas du tout d'analogie, mais d'un geste peut-être plus wittgensteinien, qu'on pourrait

8. *Dfd*, p. 96.
9. *Dfd*, p. 97.
10. *Dfd*, p. 97-98.

résumer par la riposte « c'est toi qui le dis ». Ici encore, nous allons retrouver le silence, et un autre pont (plus aristotélicien cette fois) qui pourra nous indiquer l'après-*Différend* qui nous attend.

Voici quelques extraits dialogués du chapitre « La présentation » : « Donnez une définition de ce que vous entendez par *phrase*. – Avec une telle prescription, vous présupposez un objet nommé *phrase*, la phrase-type [...] [11] » ; « Donnez une définition de ce que vous entendez par *phrase*. – Une définition est une phrase qui obéit à des règles logiques et cognitives. Mais, par exemple, votre *Donnez une définition*... est une prescriptive qui n'obéit pas à ces règles. [...] Vous prenez l'expression *Une phrase* comme une phrase. [...] Vous ordonnez que j'enchaîne sur elle par une phrase métalangagière définitionnelle. Vous en avez le droit. Mais sachez que c'est un ordre[12] ». Est-ce que tout est une phrase ? « Un clin d'œil, un haussement d'épaules, un battement de pied, une rougeur fugace, un accès de tachycardie peuvent être des phrases. – Et le battement de queue d'un chien, les oreilles tirées d'un chat ? – Et un grain qui monte de l'Ouest sur la mer[13] ? ».

Deux possibilités, donc : d'une part, on peut parler de ce qui n'est apparemment pas une phrase au sens littéral du terme en en parlant analogiquement, *comme si* c'était une phrase (ou comme d'une *comme-si* phrase, une quasi-phrase) et, d'autre part, on peut en parler en disant que de toute façon vous en parlez, il faudra en parler, donc faire des phrases, et cela au sujet du langage mais aussi de tout le reste. Et la meilleure preuve du deuxième argument serait que même le silence fait phrase, ou peut faire phrase.

Or, ces deux arguments se rejoignent dans cette question du silence. Dans *Le Différend*, qui fait assez souvent appel au noms composés en « quasi- » (surtout autour de ces « quasi-déictiques » que seraient les noms propres[14], mais aussi du « quasi-fait » ou de la « quasi-expérience » de la loi morale ou de l'obligation[15]), il n'y a que deux autres moments (sauf erreur de ma part) où l'on trouve le syntagme « quasi-phrase » : une première fois dans la Notice Platon et l'analyse de l'épidictique qui, « à la différence de la rhétorique judiciaire ou délibérative », « penche[rait]

11. *Dfd*, n° 106.
12. *Dfd*, n° 107.
13. *Dfd*, n° 110. On n'aura jamais la réponse à cette dernière question dans *Le Différend*.
14. *Dfd*, n° 58, 60, 62, 67, 81.
15. *Dfd*, Notice Kant 2.

plutôt vers la poétique ». Et Lyotard d'enchaîner : « Il ne s'agit pas de susciter chez le destinataire des phrases, mais ces quasi-phrases que sont les sentiments silencieux ». De « vraies » phrases dissiperaient le charme du *pathos* et de son équivocité ; il faut ces quasi-phrases silencieuses pour le maintenir, ce *pathos*, et, dit Lyotard entre parenthèses, « (On observe ici que dans certaines familles de phrases, les poétiques, l'enjeu est le silence du destinataire comme signal du sentiment.)[16] ». L'autre occurrence vient plus tard, dans la Notice Kant 3, sur le « signe », le « comme-si ceci », « l'*analogon* » qu'est le sentiment du veilleur critique qu'il convient de juger même en l'absence de droit établi : « Un comme-si sujet signalerait au philosophe, au moyen du sentiment qu'il éprouve, qu'une quasi-phrase a lieu, sous les espèces de ce signe [...][17] ».

Or, c'est bien l'énigme de ce silence, ou de ces silences (car, comme Lyotard le disait déjà bien avant 1983, dans le titre même d'un texte de 1972 repris dans les *Dispositifs pulsionnels*, il y a « plusieurs silences »), l'énigme de ces silences qui, développée autour du rapport entre *logos* et *phônè*, déjà discrètement signalé au paragraphe 110 du *Différend*, autour des questions de l'animalité et la féminité, sinon encore de l'enfance, va ouvrir la riche veine de recherches sur l'affect et l'enfance qui vont suivre ledit « livre de philosophie ». Pour le dire très vite et en anticipant sur ce que nous allons voir : tout comme la tentative de « mettre la main sur la différence même[18] » a provoqué une crise dans *Discours, figure*, crise qui a commandé en quelque sorte le passage aux « façons de parler » explorées dans *Le Différend*, la tentative de saisir « le différend même » va entraîner une crise dans le langage des phrases tel qu'il est proposé dans *Le Différend*. Simplifions un peu et disons que si la crise de *Discours, figure* a donné lieu a une façon de parler en termes de « façons de parler », justement, un jeu de langage qui parle de jeux de langage, alors la crise du différend va donner lieu à une certaine ruine de ce jeu de langage des jeux de langage, ce jeu des jeux de langage, ou ce genre des genres de discours, et ouvrir à autre chose encore[19].

16. *Dfd*, p. 40.
17. *Dfd*, p. 196.
18. *DF*, p. 278.
19. Ce qui suit résume et développe ce qui a été avancé dans mon texte « The Same, Even, Itself... », *Parallax*, vol. 6, n° 4, Leeds, University of Leeds, 2000, p. 88-98, repris dans mon petit livre *Late Lyotard*, CreateSpace, 2005, p. 43-64.

Dans *Le Différend*, un différend ressortait essentiellement d'une incompatibilité entre genres de discours, et amenait Lyotard à dire qu'il en résultait un *tort* fait par l'un des genres à l'autre, par le fait d'imposer les règles d'un genre aux phrases qui appartenaient à un autre. Dans le *tort*, la victime du différend est toujours aussi en quelque sorte réduite au silence, du fait qu'elle est privée des moyens d'établir la réalité du tort même dont elle souffre. Si la victime pouvait articuler le tort, il disparaîtrait du fait même d'être ainsi articulé et serait, selon les termes du *Différend*, réduit au statut de *dommage*, tout comme le différend lui-même se verrait réduit au statut de *litige*. Entretemps (nous reviendrons sur cet entretemps), le différend et le tort se signalent par le silence en tant que phrase ou quasi-phrase « sentimentale » ou affective. *Le différend ne va jamais sans silence* (« Le différend est l'état instable et l'instant du langage où quelque chose qui doit pouvoir être mis en phrases ne peut pas l'être encore. Cet état comporte le silence qui est une phrase négative [...][20] ») et, comme le montrera la suite du livre, il y a différend à l'occasion du moindre enchaînement (ce serait le lieu du politique, d'après le paragraphe 192). Or, nous venons de le voir, le silence est malgré tout une phrase (ou « fait phrase », la phrase du sentiment, justement), et comme toute phrase devrait présenter au moins un univers, elle ne peut que donner cette impression dont on vient de parler selon laquelle, dans *Le Différend*, *tout* serait en fin de compte phrase, et donc en un certain sens langage. Or c'est ce « silence qui fait phrase », ce silence qui se trouve en quelque sorte *dans* le langage, *à même* le langage, qui va aussi retourner le langage comme un gant chez le dernier Lyotard.

Car, à tourner encore autour du différend *même* – ce qui va donner son premier titre à un petit texte plus connu sous le titre « La phrase-affect[21] » –, c'est-à-dire aussi de ce silence ou de ces silences, Lyotard trouve quelque chose d'équivoque dans les analyses proposées par son « livre de philosophie », et notamment dans ce qui y est dit dans les paragraphes 22 et 105 :

20. *Dfd*, n° 22, p. 29.
21. « L'inarticulé, ou le différend même », in M. Meyer et A. Lempereur (dir.), *Figures et conflits rhétoriques*, Bruxelles, éditions de l'Université de Bruxelles, 1990 ; repris sous le titre « La phrase-affect » dans *Misère*, p. 43-54. Sur le sens du « même » dans ce titre, cf. « Examen oral ».

> Il n'est pas clair si le sentiment est une non-phrase, une phrase négative ou une sorte particulière de phrase. Pas clair non plus si le sentiment résulte d'une impossibilité de phraser un événement ou si, à l'inverse, il est la cause de cette carence. Est-ce qu'on se tait parce qu'on est trop ému, ou bien se trouve-t-on ému parce que les mots manquent et qu'on est obligé de se taire[22] ?

Or, Lyotard va affirmer que le sentiment est bien une phrase (il ne dira plus « quasi-phrase »), mais, comme nous le verrons, une phrase bien particulière, qui pousse à une certaine limite les ressources conceptuelles du jeu des jeux de langage, à mesure que Lyotard poussera son analyse vers le *même* du « différend même », l'être-différend du différend, si vous voulez ; je dirai pour ma part : *à même* le différend. Car, nous le verrons, l'effort d'analyser la phrase-affect *elle-même* va découvrir quelque chose comme un méta-dommage et un méta-tort, un « tort radical » que le jeu des jeux de langage semble s'infliger à lui-même, et qui le réduira en quelque sorte au silence à son tour.

Il se trouve que désormais la phrase-affect est *inarticulée,* c'est-à-dire, à la différence de *toutes* les autres phrases et même des quasi-phrases analysées par *Le Différend,* qu'elle ne présente justement pas un univers avec ses quatre pôles organisés selon les deux axes destinateur-destinataire et référent-sens. Et comme c'est la présentation d'un univers qui est la condition de l'enchaînement de phrase à phrase donnant lui-même lieu aux différents « genres de discours » (car l'enchaînement enchaîne toujours sur l'un ou l'autre des pôles présentés dans l'univers de la phrase précédente), le caractère inarticulé de la phrase-affect semble menacer la possibilité de poursuivre l'analyse en termes de phrases. Voici ce qu'en dit Lyotard :

> De ce que la phrase-affect est inarticulée il résulterait plusieurs traits remarquables. En voici trois : 1. La phrase-affect paraît ne pas se laisser enchaîner selon les règles d'aucun genre de discours ; elle paraît ne pouvoir au contraire que suspendre ou interrompre les enchaînements, quels qu'ils soient ; 2. La phrase-affect fait injure aux règles des genres de discours ; elle crée un dommage ; 3. Ce dommage donne à son tour lieu à un tort. Car le dommage subi par le discours peut être argumenté dans les règles, mais cette argumentation est inappropriée à la phrase-affect

22. *Misère*, p. 45.

> en tout cas, s'il est vrai qu'elle ne donne pas lieu à un genre et ne saurait s'argumenter. Le dommage que la phrase-affect fait subir aux genres de discours se transforme ainsi en un tort subi par la phrase-affect. – Phrase articulée et phrase-affect ne peuvent se « rencontrer » qu'en se manquant. De leur différend, résulte un tort. Si articulation et inarticulation sont irréductibles l'une à l'autre, ce tort peut être dit radical[23].

Ce qui nous porte jusqu'aux limites des analyses du *Différend*, non seulement en ce que le tort ainsi allégué serait universel, mais en ce que la phrase-affect est censée être une phrase sans présenter d'univers, alors que la définition même de la phrase dans *Le Différend* comporte présentation d'univers[24].

Si la phrase-affect est inarticulée et ne présente pas d'univers, elle garde pourtant un point minimal de rapport avec les phrases et les univers tels qu'ils sont présentés dans *Le Différend*, un point qui tient au pôle (déjà passablement obscur, du reste) du *sens*. Lyotard tient que la phrase-affect n'a pas de référent et n'est pas du tout « adressée » (ni destinateur ni destinataire n'apparaissent donc ici) : plutôt que de *présenter* un univers, elle *signale* un sens qui est monotone en ce qu'il s'agit, et ne s'agit que, du sens de plaisir et/ou de peine. La nature de ce signal est complexe, et Lyotard le qualifie de *tautégorique*, employant un mot et un concept qu'il mobilise aussi largement dans les *Leçons sur l'analytique du sublime*. Tautégorique : cela veut dire qu'il est « à la fois un état affectif (plaisir ou peine) et le signe de cet état[25] », statut que Lyotard rapporte à ce que dit Freud de l'affect en tant que non-représentationnel, à la différence des présentations de mots ou de choses : « [les affects] sont des témoins mais qui ne représentent rien à personne[26] ». C'est cette complicité minimale de la phrase-affect et de l'analytique des phrases (il y va quand même du sens, l'un des pôles de la phrase proposés par cette analytique) qui permet malgré tout aux autres phrases d'enchaîner sur elle, mais seulement dans un effort pour la domestiquer ou en faire l'objet d'un discours cognitif. En général, Lyotard semble déplorer ou du moins regretter qu'il en soit ainsi, en présentant la phrase-affect en quelque sorte comme un scandale du point de vue du discours articulé, quelque chose qu'il faudrait

23. *Misère*, p. 47.
24. *Dfd*, n° 111, qui se réfère aux n° 18 et 25.
25. *Misère*, p. 47.
26. *Misère*, p. 48.

respecter sans le réduire à la référentialité cognitive. Mais parfois on voit affleurer une ambiguïté, puisque la phrase-affect semble ne pas vouloir son caractère inarticulé comme tel, mais *veut* plutôt être articulée :

> Il semble que cette transcription soit inévitable, ne serait-ce que parce que la phrase-affect est inopportune, malséante, et même inquiétante dans l'ordre des discours. Il sera montré que votre gaieté, votre souffrance viennent malgré tout en leur temps, qu'elles avaient leur légitimité, qu'elles ne dérangeaient que parce qu'on ne comprenait pas leur « logique ». On dirait presque que la phrase-affect demande à être articulée de cette manière, et même argumentée – comme si le scandale qu'elle procure au discours n'était pas supportable. Le discours ne semble pas pouvoir longtemps supporter qu'un reste inarticulé et inargumenté demeure hors de ses prises[27].

Le soupçon de circularité ici (la phrase-affect demanderait à être articulée parce que son manque d'articulation est insupportable à l'articulé) aide à faire ressortir une tension qui était déjà à l'œuvre dans *Le Différend* lui-même. Là, au moins une fois, le différend en général, *le différend même*, est présenté comme s'il *voulait* s'exprimer sous forme de litige, mais échouait à le faire ; le tort *voudrait* se transformer en dommage et devenir ainsi réparable[28]. Mais évidemment le livre, tout comme le petit texte que nous commentons ici, revendique le plus souvent une dignité du différend comme tel, dignité qui ne peut manquer d'être trahie par toute tentative de le transformer en litige, et son tort en dommage. « Témoigner » du différend, pour citer l'une des formules clés de Lyotard, semble frappé par cette ambiguïté : ce témoignage, et la créativité ou inventivité qu'il appelle, comporte-t-il l'injonction d'inventer des idiomes pour que le différend s'exprime comme litige et le tort comme dommage (et donc se dissipe), ou des idiomes qui, plutôt, expriment le différend *lui-même,* en tant que différend, *le différend même* ? Cette tension, me semble-t-il, va se retrouver dans toute l'œuvre ultérieure.

Dans le petit texte que nous lisons, par exemple, elle émerge, cette tension, autour de l'élaboration de la phrase-affect en termes de *phônè*

27. *Misère*, p. 48.
28. *Dfd*, n° 21-23 ; notamment au n° 23 : « Dans le différend, quelque chose "demande" [quelle est la valeur de ces guillemets ? – G.B.] à être mis en phrases, et souffre du tort de ne pouvoir l'être à l'instant ».

plutôt que de *logos*, selon la célèbre distinction d'Aristote. La *phônè* serait bannie ou refoulée du *logos* par les demandes et les opérations du discours articulé, suivant une opération qui semble identique à celles qui, dans *Le Différend* lui-même, donnent lieu aux différends et aux torts :

> La procédure d'exclusion est classiquement celle du dilemme : si la *phônè* appartient au langage, elle est articulable ; si elle prétend ne pas être articulable (« mon sentiment est indicible »), elle argumente du moins cette prétention (à peu près ce que nous sommes en train de faire), et par là se place sous la règle du *dialektos*[29].

C'est cette concession apparente, selon laquelle le discours qui s'efforce de témoigner et peut-être de rendre justice à la *phônè* la range *de ce fait même* sous l'autorité du *logos* et donc confirme son exclusion – c'est cette concession apparente ouvrant la zone de l'enfance qui va dominer le travail ultérieur de Lyotard. Cette « enfance » a un statut curieux (tout comme l'animalité et la féminité à laquelle elle se voit associée ici et ailleurs), statut qui s'avère dépendre du rapport entre l'empirique (l'anthropologique) et le transcendantal :

> La *phônè* et le *logos* ne peuvent que se rencontrer, et non s'enchaîner. Cette rencontre donne lieu à différend. Pour l'animal humain au moins ce différend n'est pas traitable en litige [Ce qui semblerait apporter sa réponse à l'une des questions que nous posions…]. En effet, l'humain naît, comme tout animal, nanti de l'*aisthèsis* et de la *phônè*. Mais à la différence des autres animaux, excepté domestiques, il naît au beau milieu des mille discours, dans le monde des phrases articulées, et à la différence des animaux domestiques, il lui est donné de phraser de façon articulée, après un certain temps. Ce temps d'avant le *logos* s'appelle *infantia*. Il est celui d'une *phônè* qui ne signifie que des affections, des *pathèmata*, des plaisirs et des peines de maintenant [« maintenant », un maintenant « absolu » et non pas « le maintenant », serait le temps de l'affect, tout comme – mais Lyotard ne le dit pas ici – « maintenant » en ce sens absolu est le temps de la présentation, de l'événement de la phrase en général dans *Le Différend*] sans les rapporter à un objet pris comme référent ni à un couple destinateur-destinataire. Plaisir et douleur se signalent par vocalisations (et j'ajouterais : par gestes – *Le Différend*, 110 [c'est le paragraphe, cité plus haut, qui évoque un grain qui monte

29. *Misère*, p. 52.

> de l'Ouest sur la mer]) à l'occasion d'objets qui ne sont pas conçus, sous le régime d'un « narcissisme » antérieur à tout *ego.* C'est ce que Freud a décrit au double titre de la perversité polymorphe et du narcissisme primaire. – Mais cette description (la mienne ici, souvent celle de Freud) reste anthropologique. Il s'agirait d'élaborer le statut transcendantal de l'*infantia*[30].

Poursuivons cette référence à Freud (plutôt absent du *Différend* lui-même) qui va s'avérer cruciale pour tout ce qui va suivre. L'une des choses que l'analyse de Lyotard laisse inexplorées ici est la *transition*, pour l'humain, de la *phônè* au *logos*. Car on pourrait se demander *comment* « il est donné » (selon la prudente formule de Lyotard) à l'humain de phraser de façon articulée, « après un certain temps ». La question est de taille, car dans la mesure où l'on prétend qu'il y a différend radical entre la phrase-affect et toutes les autres phrases, si bien qu'enchaîner est en quelque sorte impossible (on s'en souvient : *phônè* et *logos* peuvent se *rencontrer,* mais à strictement parler ne peuvent s'enchaîner l'un l'autre) – dans cette mesure même, le fait que les humains passent *en fait* (anthropologiquement) de l'une à l'autre soulève de difficiles questions transcendantales – ou quasi-transcendantales – aussi bien pour la différence des espèces que pour celle des sexes.

Dans l'*Esquisse d'une psychologie scientifique* (de 1895, le texte qui donnera à Lyotard le cas d'« Emma », justement), Freud ébauche une réponse à cette question[31]. Vers la fin du manuscrit, Freud s'efforce d'étendre les rudiments d'une théorie de la mémoire qu'il a proposée au début pour rendre compte non seulement des processus exogènes mais aussi des processus endogènes, à savoir ce qu'il appelle la pensée. La pensée en tant que telle ne donne pas lieu à perception : pour ce faire elle doit être extériorisée. Je m'entends parler, et ma propre perception de ce que je dis donne lieu à des excitations perceptives et mnésiques. Ce qui me permet de diriger mon attention et de me souvenir de ma pensée est le souvenir de l'expérience perceptive de ma propre parole. La pensée atteint sa réalité, et donc la mémoire, en se trouvant extériorisée comme parole et ensuite reconnue par la perception : les excitations endogènes

30. *Misère*, p. 53-54 ; les commentaires entre crochets sont de moi – G. B.
31. Je me permets ici d'étoffer un peu quelques propositions que j'avais avancées de façon plus péremptoire dans un texte antérieur sur Lyotard et la politique : « Peut-être une politique... », *Cahiers philosophiques,* n° 117, 4/2009, p. 46-61.

ont besoin de ce supplément qui les transforme, par parole interposée, en excitations exogènes. Ce mouvement selon lequel le dedans s'expose dehors pour pouvoir rentrer dedans, c'est précisément la fonction du langage, qui est dans cette mesure une condition de la mémoire en tant que la mémoire implique la conscience : comme toujours chez Freud, le conscient, et ce qu'il appellera bientôt le préconscient, est surtout affaire de langage.

Ces opérations « normales » de la psyché invoquent de toute évidence la parole au sens du *logos* plutôt que la *phônè* qui intéresse Lyotard. Mais il se trouve que Freud propose *aussi* de rendre compte du passage de celle-ci à celui-là, et donc de l'origine du langage, d'une façon qui consonne avec ce qu'il a dit plus tôt d'une certaine priorité de la *douleur* dans la constitution du psychisme, et d'ailleurs de l'enfance[32]. L'origine du langage est bel et bien la *phônè,* le cri quasi-animal. Mon cri m'apporte la nouvelle de ce qui me fait mal. Enfant, je crie, mais, en tant que j'entends ce même cri, je deviens un peu adulte ; je crie : *phônè*, je m'entends : *logos.* Ce *logos,* toujours livré après coup, *nachträglich* – ne serait-ce que par le retard minimal entre le cri qui m'est arraché par la douleur et le cri que je m'entends pousser – restera toujours doublé de la *phônè* inarticulée qui sera à la fois enregistrée et refoulée par son devenir-langage, *phônè,* à même le *logos,* qui empêchera pour toujours que le *logos* puisse être entièrement « logique ».

Cette invention – étonnante, décisive – de Freud (que je me suis permis de simplifier un peu ici faute de place) ne laisse pas pour autant comprendre la spécificité humaine (le devenir-humain de l'animal) à l'égard de ce rapport entre *phônè* et *logos* (car on imagine que les bêtes aussi s'entendent crier). Comme Lyotard tout à l'heure, Freud semble s'appuyer sur le fait contingent que les enfants humains *se trouvent* parmi d'autres humains, donc d'autres animaux doués de *logos.* D'où sans doute la nécessité, clairement annoncée par Lyotard, « d'élaborer le statut transcendantal de *l'infantia* ».

Ce qu'il commence à faire, donc, dans les deux courts paragraphes qui terminent ce petit texte sur la phrase-affect. Le premier de ces paragraphes associe la *phônè* avec une sorte d'état pré-corporel : enfants et animaux « n'ont » pas de corps, car un tel « avoir » présupposerait déjà l'axe référentiel du *logos ;* dans un mouvement de pensée proche de celui

32. Cf. S. Freud, *La Naissance de la psychanalyse,* Paris, Puf, 1956, 9ème édition 2009, surtout p. 376-377.

d'*Économie libidinale*, Lyotard dit que « les plaisirs et le peines éprouvés à l'aventure par l'*infans* ne sont attribués à l'excitation de telle ou telle zone érogène que par le discours articulé des adultes, qui prend l'organisme en référence[33] ». Et Lyotard de demander, dans un style transcendantal, justement, qu'on « élabor[e] le statut du monde ou du chaos incorporel associé à l'affect, le statut de la Chose », pour terminer ce pénultième paragraphe sur une autre référence à Freud : « Freud peut s'obstiner à nommer l'affectivité infantile *sexualité*, il est pourtant certain qu'elle ignore complètement la polarisation liée à la différence sexuelle ».

Cette « certitude » (la certitude qu'il y a cette « ignorance ») va pourtant être compliquée dans les investigations lyotardiennes sur la question de l'enfance. Dans ces développements, l'enfance est en effet parfois définie par cette ignorance de la différence sexuelle, mais parfois au contraire comme un *effet* de celle-ci. Un texte sur Hannah Arendt, par exemple, relie l'enfance à deux événements au moins : « L'événement de la reproduction sexuée dans l'histoire des vivants. Et dans l'ontogenèse individuelle, l'écho de la différence sexuelle, qui est l'événement dont toute la vie de l'individu est occupée, inconsciemment, à "régler" la sauvagerie[34] ».

Les effets de ce mouvement sont, chez le dernier Lyotard, séismiques. Si le différend même, qui doit toujours échouer à être lui-même, qui n'est pas *à même* de se phraser selon le *logos*, qui donc reste absolu en quelque sorte – si le différend même a donc un rapport *essentiel* avec la différence sexuelle dans sa *Nachträglichkeit* essentielle (comme nous le dira « Emma », justement), alors son statut « transcendantal », et avec lui celui de l'enfance « elle-même », restera toujours hors de prise pour la philosophie en tant que telle. Pour autant que l'enfance *survit* (et on montrerait facilement que chez Lyotard l'enfance n'est jamais un état présent à lui-même, mais justement sa survivance toujours disloquée d'elle-même, toujours à la fois trop tôt et trop tard), et survit comme la tentative toujours ratée, toujours recommencée, de « régler » l'événement de la différence sexuelle, alors on comprend que le tout dernier travail de Lyotard s'engage dans un chemin biographique (ou « hypo-»biographique) avec *Signé Malraux*, voire autobiographique-confessionnel avec *La Confession d'Augustin*, à la recherche de l'invention de nouvelles possibilités génériques qui permettent à la fois de décrire et de « perlaborer » ce « réglage », à même ce réglage.

33. *Misère*, p. 54 pour cette référence et les deux suivantes.
34. *LE*, p. 64.

Cette recherche, où il y va nécessairement de l'invention linguistique, d'un travail à même le langage, n'est plus strictement philosophique, si la philosophie est le genre qui cherche la règle de tous les genres, y compris celle de son propre genre[35], et désormais n'appartient à aucun genre repérable par la philosophie. Reste donc à relire.

35. *Dfd*, p. 12.

Gérald SFEZ

Le langage à l'instant critique

> « En écrivant ma pensée elle m'échappe quelquefois ; mais cela me fait souvenir de ma faiblesse que j'oublie à toute heure, ce qui m'instruit autant que ma pensée oubliée, car je ne tiens qu'à connaître mon néant. »
>
> Pascal[1]

Je partirai d'une des propositions définitionnelles du *Différend*. Je cite :

> Le différend est l'état instable ou l'instant du langage où quelque chose qui doit pouvoir être mis en phrases ne peut pas l'être encore. Cet état comporte le silence qui est une phrase négative, mais il en appelle aussi à des phrases possibles en principe. Ce que l'on nomme ordinairement le sentiment signale cet état : « On ne trouve pas ses mots », etc.[2]

Et au n° 23 qui succède : « Dans le différend, quelque chose "demande" à être mis en phrases, et souffre du tort de ne pouvoir l'être à l'instant ».

Parler d'instant *du* langage requiert d'abord des précisions. Selon Lyotard, le langage n'existe pas : « Il n'y a pas de "langage" en général, sauf comme objet d'une Idée », écrit-il dans la Fiche de lecture[3]. Lyotard avance cette proposition, dans un paragraphe intitulé *Thèse*, au moment même où il affirme que *ce qu'il y a*, ce sont plusieurs régimes de phrases qui fournissent des règles d'enchaînement de phrases hétérogènes, des règles propres à atteindre des buts. Ce passage débute par l'énoncé suivant : « Une phrase, la plus ordinaire, est constituée selon un groupe

1. B. Pascal, *Pensées*, Lafuma 656 (Brunschvicg 372), Paris, Seuil, Points Essais, 1978.
2. *Dfd*, n° 22.
3. *Dfd*, p.10.

de règles (un régime). ». Le paragraphe antérieur, intitulé *Objet*, s'ouvrait sur l'affirmation selon laquelle la phrase est le seul objet dont on puisse attester l'existence : « Le seul qui soit indubitable, la phrase, parce qu'elle est immédiatement présupposée (douter qu'on phrase est en tout cas phraser, se taire fait phrase). Ou mieux : les phrases…[4] ».

Sur fond de cette absence d'être du langage, « à même l'être qui n'est pas[5] », s'affirme le caractère pluriel du langage en général qui récuse tout nom d'Un. Ce dernier caractère peut se dire de différentes façons : *il y a* des genres de discours ou familles de phrases, comme l'indique la *Thèse* de la Fiche de lecture ; *il y a* des phrases ou occurrences, comme Lyotard le rappelle à maintes reprises : « le langage n'est pas un langage, mais des phrases, ou […] l'être n'est pas l'être, mais des Il y a[6] », ou encore, à la fin de l'ouvrage : « Il n'y a pas "le langage" et "l'être" mais des occurrences[7]. » Enfin, *Il y a* des fins. Cette pluralité des fins est assurée par leurs rivalités au nom d'enjeux différents qui ne peuvent pas se réunifier sous un enjeu commun, ce dernier serait-il celui de la poursuite de la victoire.

Cette pluralité de déclinaisons de l'absence d'être et d'unité du langage fait toutefois immédiatement difficulté. Un premier problème est de savoir si *ce qu'il y a*, ce sont des surgissements de phrases, selon un principe d'anarchie des phrases, de désordre de ce qui surgit, ou bien au contraire, selon un principe de contrainte d'enchaînement orienté, des genres de discours hétérogènes et incommensurables entre eux, déterminants et impérieux, capables d'incliner une phrase vers tel ou tel enchaînement. Il s'ensuit que deux angles de vue permettent de décliner fort différemment le fait de l'instant critique du langage, l'instant tangent et discriminant où, sur le fil du rasoir, se produit ou non le surgissement d'une phrase comme telle.

Selon la première configuration, il y a toujours une phrase antérieure, et cette phrase en appelle une autre. « Qu'il n'y ait pas de phrase est impossible […]. Il faut enchaîner. […] Enchaîner est nécessaire, comment enchaîner ne l'est pas[8] », écrit Lyotard. De ce fait, « une phrase en appelle une autre, quelle qu'elle soit. C'est cela le passage, la phrase

4. *Dfd*, p. 9.
5. *Dfd*, n° 190.
6. *Dfd*, n° 190.
7. *Dfd*, n° 263.
8. *Dfd*, n° 102.

et le temps (temps dans la phrase, phrase dans le temps) qui échappe à l'épreuve du doute[9] ». Ce qui est objet de doute (et n'est pas pris dans la nécessité), c'est seulement le *sens* de la phrase, au terme d'une dispute et d'une séduction exercées par différents modes d'enchaînement : « Un genre de discours exerce une séduction sur un univers de phrase. Il incline les instances que cette phrase présente vers certains enchaînements ou du moins il les éloigne d'autres enchaînements qui ne sont pas convenables par rapport à la fin poursuivie par ce genre[10] ». La phrase est une phrase-événement que différents modes d'enchaînement tentent d'incliner vers leurs fins respectives et rivales : « la téléologie commence avec les genres de discours, non avec les phrases[11] ». La phrase est ainsi passible d'une contrainte d'enchaînement, quel qu'il soit, pour autant que l'enchaînement, lui, est de toute nécessité. Cet état des choses est celui de *l'ininterruption du différend*, mettant « les humains en demeure de se situer dans des univers de phrases inconnus, quand bien même ils n'éprouveraient pas le sentiment que quelque chose est à phraser[12] », les plaçant dans la nécessité d'enchaîner d'une certaine façon, de toutes façons.

Il y aurait, à ce moment, un premier sens de l'instant critique du langage, un sens très général, où l'imminence d'une phrase va se trouver la proie de différents genres de discours. Instant de haute lutte entre des genres de discours qui, indépendamment de notre volonté, entreraient en différend entre eux : les fins saisissent les phrases et nous saisissent nous-mêmes. L'instant critique est alors celui de la *captation* en aval de la phrase et l'instant de la décision de sa tournure.

Un autre sens, fort différent, et qui n'est pas nécessairement convergent, se situerait en amont, du fait que la question de l'enchaînement accompagnant toute phrase « procède du néant qui "sépare" cette phrase de la "suivante" : il y a des différends parce que, ou comme, il y a de l'*Ereignis*[13] ». Ce *néant* entre les phrases pointe le caractère événementiel de la phrase, et cette situation atteste d'un différend plus radical, celui entre le rien et le quelque chose. Ici, l'incertitude de l'émergence témoigne non pas d'un conflit entre des modes d'enchaînement, mais « [...] du rien dans lequel les phrases se déploient » qui renvoie à « un tort radical et non pas

9. *Dfd*, n° 101.
10. *Dfd*, n° 148.
11. *Dfd*, n° 147.
12. *Dfd*, n° 263.
13. *Dfd*, n° 188.

[à] un tort fait au genre de discours par la sélection de l'un d'eux dans un enchaînement[14] ». L'instant critique est, cette fois, celui de l'*émergence*.

La phrase est ainsi exposée à deux incertitudes fort différentes : l'une porte sur la détermination de son identité, l'autre sur l'énigme du surgissement d'une existence dans son indétermination. Le différend entre les genres de discours s'exerce sur le fait que *c'est ceci qui arrive plutôt que cela* et porte sur la détermination de l'affirmation, son *quid*, à la faveur d'un tout autre différend, celui qui a lieu entre le *rien* et le fait qu'il y ait *quelque chose*, un *quod* qui en procède. Sous ces deux rapports concomitants, l'apparition d'une phrase est un instant critique. La phrase est ainsi exposée à ces deux périls : ne pas advenir ; arriver captive et inclinée en un sens, sous le pouvoir du genre le plus performant.

La relation entre ces deux différends est autant de contrariété que de composition : « Cet abîme, le rien qui sépare ces phrases l'une de l'autre, est en outre la “condition” de toute présentation et de toute occurrence[15] ». Ce « néant », condition de l'apparition autant que de la disparition, ouvre à la possibilité du surgissement des phrases et est aussi la condition de la possibilité des finalités propres aux genres[16]. Ce néant entre les phrases est l'élément dans lequel peut avoir lieu la dispute et rend possible à un langage de s'y glisser pour s'approprier la phrase.

Dans ces paragraphes 22 et 23, Lyotard désigne une *condition générale de l'être du langage*, il faut tenir bon sur ce point décisif de la philosophie de Lyotard, qui porte sur sa forme, et non sur des contenus déterminés de situations immédiatement désignables ou concrètes. *Tout l'être du langage se trouve concerné par la condition de l'instant critique*. L'intensité de la *détermination* de cette « demande » est à la mesure de la façon dont quelque chose à la fois s'affronte au mur de silence du néant et se heurte au concours de Babel des langages.

Dans la demande pressante de ce qui doit pouvoir être mis en phrases, il convient de penser les relations entre l'indétermination et la détermination et d'identifier ce sur quoi portent l'une et l'autre.

Cette indétermination se porte d'abord sur qui en est l'origine, sur l'auteur ou le destinateur. Dans l'occurrence-type qui nous occupe, où quelque chose qui doit pouvoir être mis en phrases – ce qui n'implique nullement que les conditions en soient nécessairement réunies – ne peut

14. « Examen oral », p. 141.
15. *Péré*, p. 67.
16. *Dfd*, n° 188.

pas l'être encore, la question se pose de savoir *qui* demande une telle phrase, quels en sont l'origine et l'auteur, ou s'il y a quelque chose de tel. Est-ce un sujet humain ? Est-ce une autre origine qu'humaine qui met les humains en demeure de phraser cette phrase dans son imminence et son appel ? Serait-ce l'Être qui demande à se phraser ? Une autre phrase ? La phrase elle-même ? Au paragraphe 173 du *Différend*, dans le chapitre intitulé « L'obligation », Lyotard répond distinctement à cette question. Il met en scène, sur un mode dialogique et ironique, l'aporie qui se rencontre ici :

> Le *Arrive-t-il ?* n'est donc pas une sorte d'appel émanant d'une phrase en souffrance ? Il n'exige pas une ouverture, une disponibilité à l'occurrence dans son étrangeté ? N'avez-vous pas nommé sentiment l'approche de ce qui n'est pas encore dit (n°22, 23) ? Ce n'est certes pas le moi qui appelle l'événement de la phrase intraduisible dans les idiomes connus. Mais n'est-ce pas la phrase qui de loin en appelle à l'être, à l'occurrence ? Or, en disant que la phrase appelle, ne la situez-vous pas sur l'instance d'un destinateur inconnu dans l'univers d'une phrase interrogative ?

Lyotard ajoute : « Heidegger ne dit-il pas la même chose que Levinas, quoi qu'en dise ce dernier ? Le je n'est-il pas ici aussi déposé de son pouvoir de destinateur du sens pour n'être plus que l'oreille de l'imprésentable qui en appelle à lui ? ». Et Lyotard de répondre, de *se* répondre :

> Non, pour que cette confusion fût possible, il faudrait supposer que la phrase étrangère veuille se phraser par ton truchement, qu'elle te veuille quelque chose parce qu'elle se voudrait elle-même. Que l'être (ou le langage) (*die Sage*) (Heidegger, 1953-54 : 133) ait besoin de l'homme. Mais tu n'es rien que sa venue, destinataire ou destinateur ou référent ou même sens ou plusieurs de ces instances ensemble, dans l'univers présenté dans la phrase qui arrive. Elle ne t'attendait pas. Tu viens quand elle arrive. L'occurrence n'est pas Le Seigneur[17].

Ce passage est très éclairant : on ne peut pas davantage soutenir que le sujet humain en appelle à cette phrase que soutenir que l'Être

17. *Dfd*, n° 173. La référence à Heidegger renvoie à « D'un entretien de la parole » [1953-1954], *Acheminement vers la parole*, tr. fr. F. Fédier, Paris, Gallimard, TEL, 1981, p. 133.

(ou le langage) en appelle à sa profération par le truchement du sujet humain qui la profère, et qu'il ait besoin de l'homme. L'être du langage ne nous reconduit pas à l'appel de l'Être. Ni l'Être ni le langage ne sont transcendants, ne sont Le Seigneur. Récuser le sujet, c'est récuser l'appel de l'Être et toute la religiosité implicite et non questionnée, détournée subrepticement du nom de l'Autre, qui hante la pensée de Heidegger. Il y a donc un sentiment sans envoyeur, sans destinateur de la demande.

Mesurons l'importance du geste de Lyotard ici. Il consiste à alléger l'indétermination plutôt qu'à l'appesantir, à ne pas la pétrifier ou la substantiver dans la figure anonyme de l'Être, comme la subjectivité mystérieuse d'une puissance anonyme. Au moment même où Lyotard paraît majorer l'indétermination, puisqu'on ne sait pas du tout ce qui demande, il la diminue plutôt, car il éconduit l'indétermination comme puissance centrale, il dévalue la valeur de l'Être pur qui l'enracinerait. Indéterminée, la phrase est légère : elle ne revendique pas pour elle la caution de l'Être en son indétermination massive. Du coup, l'indétermination ne s'en trouve pas du tout idolâtrée. L'indétermination n'est pas plus un roc que l'abîme du sans-fond. C'est un état toujours singulier d'apesanteur. Toute occurrence est un surgissement improbable, surgissement d'*autre*, selon une pluralité et une dispersion. Il faut amenuiser la destination, faire disparaître les « moments » d'un destinateur comme origine et d'un destinataire comme médiateur. La phrase qui arrive est toujours orpheline, privée d'origine et sans relais. On ne trouvera pas plus de nom d'auteur à ce qui demande à être phrasé que de nom d'agent. L'indétermination est la privation du destinateur transcendant à la phrase (ni je ni Être), la privation de l'intercesseur, la privation de la destination orientée, de tout destin.

Mais qu'en est-il donc de la phrase avant la phrase même ? Car, s'il y a une telle demande pressante, insistante, persévérante d'un idiome approprié, en souffrance, au propre comme au figuré, cela signifie que nous sommes tout de même assez loin d'une pure et simple indétermination, ductile à toute inflexion séductrice. Cette phrase en puissance *insiste* et résiste. Elle ne se retrouve pas dans les idiomes ou genres de discours concurrents et, si elle se laisse détourner, il faut bien que *son* quod *ait un peu déjà quelque chose d'un* quid. Si quelque chose *demande*, il faut bien que ce qui demande soit, en quelque façon, *un quelque chose de déterminé*. Le sentiment qui signale la phrase en suspens n'est pas purement indéterminé, il est déjà marqué comme lorsque Lyotard écrit que « le marxisme n'a pas fini comme sentiment du différend[18] ». Ainsi, nous ne pouvons reconnaître l'instant critique de ce surgissement de l'être-tel de la phrase à partir du néant qu'à la condition de soutenir *l'idée d'une détermination en pointillé*. Reconnaître ce bord de phrase, c'est reconnaître sa situation de fil d'équilibre entre indétermination et détermination.

Si cela définit la condition générale du langage, cela s'entend toutefois singulièrement à travers le prisme d'un sujet. Cette condition se précipite (en un sens quasi chimique) tout particulièrement dans les situations-types où quelque chose ne parvient pas à se dire dans les idiomes déjà disponibles. Au paragraphe 22, Lyotard décrit cette force d'affirmation, cette détermination de ce qui demande avant la phrase – à travers les valeurs d'alerte et de peine –, cette détermination de la phrase cherchée qui précède le plaisir de la phrase trouvée. Et, au paragraphe 23, il ajoute : les humains « apprennent par ce sentiment de peine qui accompagne le silence (et de plaisir qui accompagne l'invention d'un nouvel idiome), qu'ils sont requis par le langage [...] pour reconnaître que ce qu'il y a à phraser excède ce qu'ils peuvent phraser présentement, et qu'il leur faut permettre l'institution d'idiomes qui n'existent pas encore ». Les humains sont sous l'injonction de cette phrase à venir qui survient au beau milieu d'une trame et l'interrompt. Se montre ici à l'évidence le fait du langage : le désordre du langage – qui est son véritable ordre – perturbe constamment l'ordre du discours.

Cet instant critique se révèle dans des situations concrètes. La philosophie des phrases de Lyotard ne nous dirait rien si elle ne se rapportait pas à des cas de figure déterminés. L'universalité de cette condition générale du différend devient, au contraire, très parlante, dès lors que l'on mobilise la subjectivation de son apparaître, la subjectivation de la quête de la phrase à dire, la peine de la chercher, le plaisir de la trouver, et que l'on convoque la scène judiciaire de la plainte portée, du dommage, du tort, la figure de la victime. Le procès de subjectivation et la scénographie judiciaire révèlent le relief éloquent où la philosophie des phrases se montre à plein.

Pour apprécier la jointure entre indétermination et détermination, il convient de nous rapporter à l'état-en deçà qui demande à être phrasé et à l'être de son au-delà, celui de la phrase trouvée. Au paragraphe 22 du *Différend*, Lyotard parle de cet état qui comporte le silence comme

18. *Dfd*, n° 236.

d'une phrase négative, qui en appelle aussi à des phrases possibles en principe. Quelle est la relation entre ce qui doit pouvoir être mis en phrases et ce sur quoi il débouche ? Le paragraphe 202 du *Différend* est, à cet égard, essentiel : « Il est [...] de la responsabilité devant la pensée, écrit Lyotard, de détecter les différends et de trouver l'idiome (impossible) pour les phraser. C'est ce que fait un philosophe. Un intellectuel aide à les faire oublier, en préconisant tel genre, quel qu'il soit (y compris l'extase sacrificielle), pour l'hégémonie politique. » Que veut dire Lyotard ? Il déclare que la responsabilité devant la pensée est de trouver l'idiome pour phraser les différends incommensurables entre ce qui est à phraser et les idiomes disponibles, reprenant ici l'idée selon laquelle il faut beaucoup chercher pour trouver les nouvelles règles de formation et d'enchaînement de phrases capables d'exprimer le différend et permettre l'institution d'idiomes qui n'existent pas encore[19]. Mais il inscrit dans une parenthèse *tout autre chose :* le fait que cet idiome cherché est impossible à trouver.

Comment l'entendre ? Pourquoi tenter de trouver l'idiome alors que celui-ci est su d'avance impossible ? Il faut entrer en intelligence avec la pensée de Lyotard : le rôle du philosophe ou de l'écrivain, du penseur, est de chercher et de trouver l'idiome *et* de toucher à son impossibilité tout à la fois. Un philosophe tente un idiome pour phraser ce « reste » du différend qui est le différend *même*, sa pointe extrême et sa densité radicale, il l'élabore et y parvient. Mais il y parvient à la seule condition d'attester dans la chair de cet idiome de ce qui lui échappe. Le phrasable porte sa limite comme la motion même de sa relance vers une autre argumentation, un autre idiome, une autre phrase. L'imphrasable colle à la peau du phrasable, il en est le dynamisme, la possibilité se règle sur la structure de l'impossible. La soif anxieuse est inextinguible.

Il ne s'agit pas, pour Lyotard, de clamer simplement que quelque chose est imphrasable (quel intérêt cela pourrait-il avoir ?), mais de soutenir que la phrase juste est celle qui présente *et* qui ne présente pas tout à la fois cet imphrasable, et que c'est cela *bien présenter*. On mesure par là la probité qu'il y a à respecter l'inaccomplissement. Inaccomplissement ne veut pas dire ici indétermination totale, loin s'en faut, ou ineffectivité. C'est pourquoi, on ne réussit à trouver l'idiome qu'à la condition de *mordre sur* cet imprésentable, de trouver le moyen de le dire plus fort, tout en trouvant celui de faire signe vers ce qui lui échappe aussi plus fort. Le philosophe,

19. *Dfd*, n° 22 et 23.

l'écrivain, l'artiste, le penseur trouvent un biais pour à la fois dire ce qui résiste au dire, et dire comment et où il échappe. Aussi bien s'agit-il, au fur et à mesure de plus de détermination du dire, de plus de précisions données sur les termes de l'indétermination. « La dette s'accroît dans la mesure où elle s'acquitte[20] », le non-savoir augmente avec l'augmentation du savoir. Par là même, l'indétermination s'affine et se détermine plus exactement. Ce double mouvement doit donc être entendu de façon plus apaisée que selon le mode d'une alternative exclusive, et de façon plus aiguë, en pleine reconnaissance de la tension de l'idiome cherché. Au contraire de ce que l'on pourrait croire, à une lecture trop rapide, il s'agit de trouver le langage de la plus *forte déterminité*. Alléguer l'imprésentable dans la présentation même, c'est esquisser ce geste contrarié, celui de trouver un langage susceptible de dire et de ne pas dire, et plus exactement ou de façon plus complexe concernant l'imprésentable, *de le dire et de dire qu'on ne peut pas le dire, et cela dans un même dire*. C'est là le sens de la formule de Lyotard : présenter qu'il y a de l'imprésentable ou « alléguer l'imprésentable dans la présentation elle-même[21] ». La justesse d'un idiome trouvé sera celle de ce qui se montre capable de conjoindre, en une co-présentation, que c'est dit et que ce n'est pas dit, et que plus on avance loin dans le dit, plus on avance dans ce qui n'est pas dit.

Ce n'est pas là le *slogan* ni la ritournelle d'une esthétisation de l'ineffable ou l'aveu d'impuissance ou de manque de courage devant la possibilité du dit, l'acte de flancher devant l'innommable, mais une *devise* très profonde. L'acte est toujours et simultanément en double part, c'est l'acte de trouver le biais de *présenter* et d'*alléguer l'imprésentable*, et seul *allègue* qu'il y a de l'imprésentable celui qui arrive à le présenter *d'un biais ;* trouver l'idiome, c'est inventer un mode de cette présentation contrariée, et ce geste relève d'un *art de dire*. Raison pour laquelle Lyotard fait référence à des auteurs comme James Joyce et Gertrude Stein, mais aussi, dans *Heidegger et les « juifs »*, par exemple, à Samuel Beckett[22] ou à Paul Celan[23].

Tout aussi essentiel est d'entendre que cet idiome (impossible) une fois trouvé n'est pas promis au dépassement, qu'il n'est pas voué, du fait de son inaccomplissement, à être périmé et remplacé. L'idiome trouvé,

20. E. Levinas, *Autrement qu'être ou au-delà de l'essence*, La Haye, Martinus Nijhoff, 1978, p.14.
21. J.-F. Lyotard, *Le Postmoderne expliqué aux enfants*, Paris, Galilée, 2005, p. 31.
22. *HJ*, p. 79.
23. *HJ*, p. 71.

si imparfait soit-il, n'est pas un litige ou une transaction provisoire, il atteste du différend sans l'amortir. Il retient quelque chose d'atteint, définitivement. La voie prise par l'idiome trouvé présente, en effet, une puissance d'écart qui n'est pas calculable, à la différence des traductions en litige. C'est cette puissance que manifestent toutes les philosophies comme toutes les littératures, tous les arts. L'écriture n'est pas « résorbable », elle proteste d'une résistance non-finie, dont on ne peut assurer l'infinité, mais pas davantage le terme. Il n'y a pas de destin de l'usure des idiomes trouvés.

Au paragraphe 202 du *Différend* comme en d'autres occurrences, Lyotard ne cesse de répéter que trouver ce dire paradoxal, c'est philosopher vraiment et, plus encore, que c'est philosopher, écrire et penser, tout uniment. Remarquable est ici le fait que, dans ce paragraphe du *Différend*, Lyotard oppose aux philosophes auxquels il rend hommage l'exemple même de celui qui a manqué à cette tâche, Heidegger : « À choyer l'Événement, on fait du Grand Guignol ». De même qu'au paragraphe 173 du *Différend*, Lyotard récuse la sacralisation heideggérienne de l'Être, de même il prend ici ses distances à l'égard de la sacralisation heideggérienne de l'Événement.

Le dire paradoxal de la phrase oblique est celui d'un va-et-vient entre peine et plaisir, chagrin et joie. Sentiment de peine qui accompagne le silence, et de plaisir qui accompagne l'invention d'un nouvel idiome[24] : « Le désespoir de jamais pouvoir présenter dans la réalité quelque chose qui soit à la mesure de l'Idée l'emporte alors sur la joie d'être pourtant appelé à le faire[25] ». Si cette mélancolie est dite vigoureuse, c'est qu'elle n'est pas de renoncement : elle est appel constant à création, à invention d'idiomes. L'idiome même n'est pas trouvable, mais l'idiome exact, l'idiome approché, est celui qui intériorise en lui-même la limite, qui avoue son insuffisance, et son appel à une autre écriture approchante.

Or, ce *sentiment* d'une phrase qui presse d'être trouvée, est *lui-même* posé dans *Le Différend* comme une quasi-phrase. Si, au paragraphe 22, le silence est pensé comme « phrase négative » qui en appelle *aussi* à d'autres phrases possibles, au paragraphe 105, il est nommé phrase tout court, car cette imminence est *comme* une phrase, elle l'est déjà. Lyotard élève une voix pour le silence. Il pose des jalons pour le développement

24. *Dfd*, n° 23.
25. *Dfd*, n° 256.

de sa philosophie. Dans « La phrase-affect (D'un supplément au *Différend*) », Lyotard en vient, en effet, à faire de ce sentiment une phrase qui l'est de plein droit : « Le sentiment est une phrase. Je l'appelle : phrase-affect[26] ». Si la phrase-affect est l'instant du langage, cet instant se situerait ainsi plus en amont, comme pur Maintenant, et non comme moment disparaissant d'un enchaînement. Complète, toute à son entièreté, et à la différence de ce qui demande à être phrasé, la phrase-affect n'attend pas la profération d'une autre phrase du fait même qu'elle n'attend pas d'articulation, qu'elle n'attend rien[27]. Lyotard nous dit à son propos qu'il faut « élaborer le statut transcendantal de l'*infantia* », de l'instance de l'enfance nue, sans parole, qui y préside[28].

Prise au sérieux d'un discours de vérité, la pensée de la phrase-affect n'est pas sans rencontrer des objections sérieuses. Le trait d'union rend perplexe dans les deux directions. La phrase-affect n'est ni sentiment à proprement parler (elle efface la détermination particulière du sentiment en le rendant non identifiable), ni phrase à proprement parler (elle paraît nous reconduire à une essence imphrasable de la phrase). La conjonction qui cumule vaut soustraction qui dissout simultanément l'être du sentiment et l'être du langage. Que gagne-t-on à maximiser ainsi jusqu'à l'indistinction la parenté entre la phrase et le sentiment ? Que devient l'instant du langage dans un tel transfert réciproque des valeurs ? Ne s'agit-il pas là d'une rétrocession de toute déterminité significative du sentiment comme de la phrase à une indétermination définitive ? La question est d'autant plus aiguë que Lyotard ne fait pas d'une telle phrase un cas exceptionnel et singulier de phrase mais ce qui habite et hante toute espèce de phrase, au point *presque* de jouer le rôle de paradigme d'excellence de la phrase. Il semble bien que Lyotard, en plaçant la phrase-affect au principe de toute phrase, soutienne, dans un même mouvement, et qu'il n'y a jamais que du langage, et que le langage ne trouve sa raison d'être que dans un ineffable définitif, ce qui paraît doublement contestable.

Pour éclaircir le problème, il faut, peut-être, considérer les choses sous un tout autre angle. La phrase-affect présenterait ce caractère, qui lui est propre : c'est une *phrase réussie parce que manquée*, c'est son trait pascalien. Et si la phrase-affect est une phrase clairement phrasée, c'est peut-être également parce que l'instant parfait du langage est, *par lui-même*, et très

26. « La phrase-affect (D'un supplément au *Différend*), *Misère*, p.45.
27. *Misère*, p. 53.
28. *Misère*, p. 54.

exactement, celui où *c'est dit et ce n'est pas dit*. Remarquable est, à cet égard, le fait que, lorsque Lyotard, pour parler de la philosophie, vient à évoquer cette structure où « toute présence se donne sur fond d'absence[29] », il use de cette expression : « on l'a et on ne l'a pas[30] ». La phrase-affect ne serait-elle pas alors la manifestation la plus éclatante et la plus extrême du fait de la phrase qui se présente ici sous une forme inversée ? *On ne l'a pas et on l'a*. C'est la phrase de l'*infantia* et de la pensée même. Bien plus qu'un cas extrême, elle serait le point de naissance du paradigme. Elle atteste d'une misère de toute façon présente et se rappelle à la phrase articulée lorsque celle-ci l'oublie.

Cette misère est celle de l'esseulement (*loneliness*), rencontré dans ce qui est surnommé « *private language* » qui transit toute adresse. Ainsi, dans « Un partenaire bizarre », Lyotard envisage l'insistance de la phrase inarticulée qu'est la phrase-affect (et le fait qu'elle traverse toute phrase) comme la condition d'otage animant l'acte de pensée et la prise de parole : le sujet de la parole dialogique est lui-même saisi par un devoir et « il est l'otage d'un autre qui n'est pas son interlocuteur[31] ». Cette relation nous appelle à écrire et à exercer notre faculté de juger. Ce qu'il y a de commun entre la petite fille avec ses chiffons, au plus près de la phrase-affect, et l'écrivain avec ses mots, c'est ce partage de la faculté de juger et d'écrire, de créer : « Avec leurs chiffons, la petite fille et l'écrivain inventent ou découvrent bien des choses[32] ». Ce désordre pragmatique permet que quelque chose de nouveau surgisse dans la pensée et l'écriture et puisse faire œuvre. Bien qu'elle soit autosuffisante, la phrase-affect paraît être ainsi au principe de l'état de langage où quelque chose demande à être phrasé.

C'est là que nous rencontrons une difficulté majeure. Dans « Survivant », parlant cette fois de tout autre chose que de l'état du sujet de l'obligation, évoquant l'état de la singularité impartageable, du soi nu, exposé à la différence sexuelle et ontologique, décroché de la trame du passé comme de celle de l'avenir, Lyotard écrit : « Reste l'interstice, sans extension, qui est *l'instant de juger*, celui de lire, d'apprendre et d'écrire[33] ». L'instant du langage serait ainsi cet instant critique de la faculté de juger réfléchissante, où le sujet, hors de toute la narrativité d'un enchaînement, au plus près

29. J.-F. Lyotard, *Pourquoi philosopher* [1964], Paris, Puf, 2012, p. 108.
30. *Ibid.*, p. 22.
31. « Un partenaire bizarre », *MP*, p. 125.
32. *MP*, p. 128.
33. « Survivant », *LE*, p. 84 pour cette citation et la suivante.

de sa « nudité terrible », livré dans la désolation à l'inquiétude de la naissance et de la mort comme énigme ontologique, atteste que « l'obédience à ce qui est *délié* peut se faire droit ».

Or, si ce qui nous livre à l'instant de juger est, en dernière analyse, cet affrontement à l'énigme de la singularité, depuis une affectivité qui se situe du côté de la Chose, renvoyant à la faculté de juger esthétique fondée sur le plaisir et la peine, et donnant lieu à l'expérience *esthétique* du sublime, comment cela peut-il concorder avec l'instant du langage dont nous avons parlé précédemment, où quelque chose demande à être phrasé, qui est l'instant *éthique* d'une requête et d'une *responsabilité* ? Une question ne manque pas, dès lors, de se poser : avons-nous affaire à une réduction du langage à un indicible dont la formule trouve, *en dernière instance*, sa résolution et son archive dans le jugement esthétique et la faculté du plaisir et de la peine, tels que Kant les entend ? La philosophie de Lyotard relève-t-elle, au bout du compte, d'un esthétisme de l'imphrasable ?

Il faut lever l'objection d'esthétisme qui pèse sur l'œuvre entière. Il y a bien là une difficulté, mais elle n'est pas là où on se la figure. Comme l'exprime le paragraphe 202 du *Différend*, il est de la responsabilité de la pensée de trouver des idiomes. La demande est du registre de l'obligation, et Lyotard nous en parle comme ce qui incombe à notre responsabilité. Nous nous sentons redevables de l'invention d'un idiome pour répondre de ce qui est requis. Cette responsabilité est celle de témoigner pour un tort subi en même temps que de trouver l'idiome approprié, et cette relation est celle d'un devoir envers une dette dont on ne sera jamais quitte. Demande, responsabilité, tort, dette, c'est là une série signifiante qui appartient nécessairement au registre éthique ou à ses parages.

Or lorsque Lyotard, dans « La peinture, anamnèse du visible », définit la spécificité de l'ordre de la loi, il *réserve* la notion de responsabilité exclusivement au registre de l'éthique en l'opposant diamétralement à celui de l'esthétique[34]. Lyotard oppose, à l'autre de la Loi, l'autre de la Chose : « Quant à la chose qui préoccupe l'art et l'écriture, il est vrai qu'elle *commande*, mais elle ne demande rien. C'est en quoi elle diffère si fort de la voix. Elle ne s'adresse pas à toi, elle ne s'adresse pas du tout. Tu n'es pas son "tu" ». Et il ajoute : « Mais il n'y a aucune *responsabilité* dans cette ascèse ou cette anamnèse, puisque la chose ne te demande rien[35] ».

34. « La peinture, anamnèse du visible », *Misère*, p. 105 pour cette citation et la suivante.
35. *Misère*, p.106.

Aussi, plutôt que de parler d'un esthétisme en arrière-fond, il faut considérer que le même instant critique, celui où quelque chose demande à être phrasé, peut s'entendre éthiquement *et* non-éthiquement : comme devoir de justice *et* comme la requête impérieuse de la Chose qui fait écrire. Il se trouve au lieu de leur intersection et, par suite, de leur interférence. Il nous faut, par là même, reconnaître l'existence d'empiétements constants et latéraux entre des ordres pourtant hétérogènes entre eux.

Des deux côtés, en vérité, de celui de la demande obligeante de la Loi comme de celui de la commande indifférente de la Chose, on assiste à un empiétement, à une subreption inévitable des langages. *Du côté de la prescription de la Loi :* répondre à la demande obscure qui ne s'appuie sur la garantie d'aucun contenu ni d'aucune procédure formelle, c'est, dans le dénuement éthique, juger selon le cas ; c'est donc bien l'instant de juger (réfléchissant) qui est ici requis, rapporté, par ailleurs, à l'affrontement à l'énigme ontologique, à l'appel de l'Autre qu'est la Chose. *Du côté de la commande de la Chose :* celle-ci *commande indifféremment* en dés-individuant celui qui en est ici l'otage, mais, si cette ressource est l'instant de juger qui donne à apprendre, lire et écrire, et si l'enjeu du différend est de trouver des idiomes, on ne voit pas comment cette *commande* indifférente ne rejoindrait pas la *demande* et la responsabilité de témoigner du différend. Davantage, la dette au néant, à la naissance et à la mort, est, elle aussi, et, par principe, inacquittable. Or, répétons-le, otage, devoir, dette, renvoient évidemment à une série signifiante qui relève du registre éthique.

Lors même que Lyotard travaille constamment à dissocier les différents Autres, ceux-ci ne cessent d'échanger leurs valeurs, et c'est une même syntaxe qui les traverse. Plutôt que d'un esthétisme, la forme de la « demande » souffre du génie de l'équivoque qui l'anime. Autant Lyotard s'efforce de souligner l'incommensurabilité entre les ordres chaque fois qu'il le peut, autant le parallélisme se reproduit de façon itérative jusqu'au point où l'analogie en est trop rapprochée. Une tension syntaxique introduit un chiasme entre les ordres où toujours l'incommensurabilité et la parenté se croisent, si bien que Lyotard va jusqu'à écrire : « La chose en jeu dans l'anamnèse y est "présente", mais un peu comme le verbe de Jahvé, elle demande à être écoutée, maintenant[36] ». À l'instant.

36. *Misère*, p. 102.

Tout ce qui « fait songer à[37] », tout ce qui est « un peu comme », désigne une communauté de syntaxe qui est foncièrement de facture éthique, d'une éthique de l'Autre qui n'est pas exclusivement celle de la valeur absolue d'autrui. L'instant est équivoque, il est insaisissable du fait qu'il est, et très nécessairement, livré *de facto* à la subreption d'un ordre par un autre. L'Autre se dit selon plusieurs acceptions qui ne manquent pas de se rencontrer et d'interférer entre elles. Lyotard touche peut-être ici à la limite de toute philosophie des ordres.

37. Cf. « Il y a dans Auschwitz quelque chose qui fait songer à l'*aleph* », J.-F. Lyotard, « Devant la loi, après la loi », *Questions au judaïsme. Entretiens avec Elisabeth Weber*, Paris, Desclée de Brouwer, 1996, p. 206.

Index des noms

Les auteurs

Isabelle Aubert est maître de conférences en philosophie du droit à l'université Paris 1 Panthéon-Sorbonne, membre du centre de Philosophie contemporaine de la Sorbonne (pôle NoSoPhi) de l'Institut des Sciences Juridique et Philosophique de la Sorbonne. Elle a publié *Habermas. Une théorie critique de la société* (CNRS éditions, 2015). Ses travaux portent sur la philosophie du droit, la philosophie politique contemporaine et la théorie sociale ; ils mettent en dialogue la Théorie critique de Francfort avec d'autres approches critiques du droit et de la citoyenneté. Elle a traduit et présenté l'ouvrage de Gunther Teubner, *Fragments constitutionnels. Le constitutionnalisme sociétal à l'ère de la globalisation* (Classiques Garnier, 2016).

Geoffrey Bennington enseigne la pensée et la littérature françaises à Emory University (Atlanta, USA). Auteur d'une quinzaine d'ouvrages en français et en anglais, dont *Lyotard : Writing the Event* (1988) et *Late Lyotard* (2005). Il a aussi traduit en anglais plusieurs textes de Derrida et de Lyotard, dont *La Condition postmoderne* et *L'Inhumain*.

Gaëlle Bernard est agrégée et docteure en philosophie ; elle a soutenu sa thèse sur la philosophie de Jean-François Lyotard, sous le titre : « Lyotard : politique, éthique. La justice improbable ». Elle a contribué à plusieurs recueils sur la pensée de Lyotard ainsi que de Levinas. Elle enseigne actuellement la philosophie dans le secondaire à Lille.

Corinne Enaudeau, professeur honoraire de philosophie en khâgne (Paris), travaille sur les rapports entre la pensée contemporaine, la philosophie politique et la psychanalyse. Elle a publié *Là-bas comme ici* (Gallimard, 1998), préfacé *Pourquoi philosopher ?* de Lyotard (Puf, 2012) et codirigé deux volumes collectifs portant sur cet auteur (2007, 2015). Elle est directrice de la collection « Figures du savoir » aux éditions Les Belles Lettres.

Frédéric Fruteau de Laclos est maître de conférences en philosophie à l'université Paris 1 Panthéon-Sorbonne et membre du CHSPM (EA 1451). Il a récemment publié : *La Psychologie des philosophes. De Bergson à Vernant* (Puf, 2012),

Émile Meyerson (Les Belles Lettres, 2014), *Différence, différend : Deleuze et Lyotard* (dir. avec Corinne Enaudeau, Encre marine, 2015), *L'Angle mort des années 1950. Philosophie et sciences humaines en France* (dir. avec Giuseppe Bianco, Publications de la Sorbonne, 2016). Il a également coédité des travaux du psychologue et philosophe français Maxime Chastaing, *Les Autres comme soi-même. Le faux problème de la connaissance d'autrui* (avec Jacques Chastaing, Classiques-Garnier, 2016).

Alberto Gualandi est philosophe. Il a publié en 1999 aux Belles Lettres une monographie sur Jean-François Lyotard et participé à plusieurs colloques internationaux et ouvrages collectifs dédiés à cet auteur. Dernièrement, ses intérêts se sont concentrés sur l'anthropologie philosophique, la philosophie de la biologie, la psychiatrie, la psychanalyse, l'esthésiologie. Il vient de publier chez Hermann un ouvrage dédié à ces problèmes interdisciplinaires concernant la nature humaine : *L'Œil, la main et la voix. Une théorie communicative de l'expérience humaine.*

Laurence Kahn, membre formateur et ancien président de l'Association psychanalytique de France, a publié de nombreux articles et plusieurs livres parmi lesquels *Cures d'enfance* (Gallimard, 2004), *Fiction et vérité freudiennes – entretiens avec Michel Enaudeau* (Balland, 2004), *Faire parler le destin* (Klincksieck, 2005), *L'Écoute de l'analyste* (Puf, 2012) et, dernièrement, *Le Psychanalyste apathique et le patient postmoderne* (éd. de l'Olivier, 2014). Ses recherches actuelles portent sur les répercussions du nazisme sur le devenir de la psychanalyse.

Charlotte Murgier est maître de conférences en philosophie antique à l'université Paris-Est Créteil Val de Marne. Ses recherches portent sur les philosophies de Platon et d'Aristote. Elle a publié chez Vrin en 2013 *Éthiques en dialogue : Aristote lecteur de Platon*, ouvrage issu de sa thèse de doctorat.

Andreas Niederberger est professeur de philosophie pratique à l'université de Duisburg-Essen. Ses recherches portent surtout sur les conditions de légitimité de l'ordre politique et du droit dans la perspective de la mondialisation. Il s'intéresse également à la question de l'ontologie sociale.

Sophie Nordmann enseigne l'histoire de la philosophie juive moderne et contemporaine à l'École pratique des hautes études. Elle est chercheuse au GSRL (UMR 8582 – Groupe Sociétés, Religions, Laïcités). Ses travaux portent sur la philosophie judéo-allemande et sur la pensée juive en France à l'époque contemporaine. Elle est l'auteur de : *Du singulier à l'universel. Essai sur la philosophie religieuse de Hermann Cohen* (Vrin, 2007), *Phénoménologie de la transcendance* (Éditions d'écarts, 2012), *Philosophie et judaïsme : Cohen, Rosenzweig, Levinas* (Puf, 2008) et *Levinas et la philosophie judéo-allemande* (Vrin, 2017).

Michel Olivier est docteur en philosophie et ancien élève de l'École polytechnique. Ses recherches en philosophie du langage et en philosophie morale portent notamment sur les processus de légitimation collective. Il a publié *Peirce, la pensée et le réel* chez Hermann en 2013 et *Quine* aux Belles Lettres en 2015. Il est également dirigeant d'une société privée.

Claire Pagès est maître de conférences à l'université François Rabelais de Tours et directrice de programme au Collège international de philosophie. Elle est l'auteur de *Hegel & Freud. Les intermittences du sens* (CNRS Éditions, 2015), *Qu'est-ce que la dialectique ?* (Vrin, 2015) et *Lyotard et l'aliénation* (Puf, 2011). Elle a dirigé le volume *Lyotard à Nanterre* (Klincksieck, 2010).

Ronit Peleg, docteur en philosophie, enseigne la pensée politique contemporaine et la philosophie aux départements de science politique de l'université de Tel Aviv et de l'université hébraïque de Jérusalem, ainsi qu'au programme d'études culturelles de celle-ci. Elle est l'une des fondatrices et la directrice du Séminaire de philosophie continentale (Tel Aviv). Elle est également la rédactrice en chef d'une nouvelle revue, intitulée *Cahiers de philosophie continentale*. Elle est l'auteur de divers articles sur Lyotard et d'un livre sur *Le Différend* à paraître prochainement en hébreu aux éditions Resling.

Gérard Raulet est professeur d'histoire des idées allemandes à l'université Paris-Sorbonne, directeur du Groupe de recherche sur la culture de Weimar (Fondation Maison des Sciences de l'Homme & UMR 8138 SIRICE), directeur de l'UPRES-A 8004 « Philosophie politique contemporaine » (CNRS / École normale supérieure de Lettres et sciences humaines) de 1999 à 2003. Publications en philosophie politique contemporaine, notamment : *Critical Cosmology. Essays on Nations and Globalization*, Lanham MD, Lexington Books, 2005 ; *La philosophie allemande depuis 1945*, Paris, Armand Colin, 2006 ; *Republikanische Legitimität und politische Philosophie heute*, Münster, 2012 ; *Philosophische Anthropologie. Themen und Positionen*, Band 2 : Philosophische Anthropologie und Politik, Nordhausen, 2013 (dir. en collaboration avec Guillaume Plas) ; *European Constitutionalism. Historical and Contemporary Perspectives*, Bruxelles e.a., 2014 (dir. en collaboration avec Alexandre Dupeyrix) ; *Wissen in Bewegung. Theoriebildung unter dem Fokus von Entgrenzung und Grenzziehung* (dir. en collaboration avec Sarah Schmidt), Berlin, 2014.

Bibliographie complète sur www.weimar.msh-paris.fr et sur www.irice.univ-paris1.fr

Jean-François Rey, agrégé et docteur en philosophie, professeur honoraire à l'IUFM de Lille/université d'Artois. A publié deux ouvrages sur Levinas aux éditions Michalon, *Levinas, passeur de justice* (1998) et *La Mesure de l'homme* (2001), ainsi que deux ouvrages sur Henri Maldiney, *À dessein de soi* (Le cercle Herméneutique, 2014) et *Constellations. Henri Maldiney et la psychothérapie institutionnelle* (La Boîte à Outils, 2015). Membre de la SIREL, il est président de CITEPHILO, semaines européennes de la philosophie (Lille).

Jean-Michel Salanskis, professeur de philosophie des sciences, logique et épistémologie à l'Université Paris Nanterre. A travaillé en philosophie des mathématiques, philosophie contemporaine et sur la tradition juive.

François-David Sebbah est professeur de philosophie morale contemporaine à l'Université Paris Nanterre, membre de l'Institut de recherches philosophiques (IRePh). Il travaille sur les enjeux éthiques du contemporain, la phénoménologie et la post-phénoménologie françaises, les rapports entre philosophie et technique, l'intersection entre phénoménologie et sciences cognitives. Parmi ses ouvrages : *Levinas, ambiguïtés de l'altérité* (Les Belles Lettres, 2000) ; *L'Épreuve de la limite. Derrida, Henry, Levinas et la phénoménologie* (PUF, 2001) ; *Levinas et le contemporain. Les préoccupations de l'heure* (Les Solitaires Intempestifs, 2009) ; *Qu'est-ce que la technoscience ?* (Encre Marine, 2010).

Gérald Sfez, agrégé et docteur d'État en philosophie, a enseigné la philosophie en Première Supérieure jusqu'en 2016. Spécialiste de la philosophie politique classique et contemporaine, à laquelle il a consacré de nombreux ouvrages. Il a notamment publié sur l'œuvre de Lyotard les ouvrages suivants : *Lyotard, la faculté d'une phrase* (Galilée, 2000) ; *Lyotard, la partie civile* (Michalon, 2007) ; *Logiques du vif, Lyotard en éclaireur* (Hermann, 2016).

Rieke Trimçev est assistante de recherche à l'université de Greifswald. Dans sa thèse de doctorat, elle étudie l'histoire des métaphores du jeu et du théâtre dans la philosophie politique de la deuxième moitié du vingtième siècle. Ses recherches portent principalement sur l'histoire des idées et l'histoire des concepts, ainsi que sur la théorie de la mémoire sociale. Elle est membre de *CONCEPTA – International Research School in Conceptual History and Political Thought.*

Table des matières

Deuxième partie
Consensus et différend

Troisième partie
Droit à la parole, droit au silence

Quatrième partie
Désarticulations du langage

Ce volume,
le quatorzième de la collection « Continents philosophiques »,
publié aux éditions Klincksieck
a été achevé d'imprimer en mars 2017
sur les presses de la Nouvelle Imprimerie Laballery
58500 Clamecy